海悦千流

——山东大学(威海)本科生科研成果汇编

(2014)

王景瑞　主编

山东大学出版社

图书在版编目(CIP)数据

海悦千流:山东大学(威海)本科生科研成果汇编.2014/王景瑞主编.
—济南:山东大学出版社,2014.12
ISBN 978-7-5607-5214-3

Ⅰ.①海… Ⅱ.①王… Ⅲ.①社会科学—文集②自然科学—文集
Ⅳ.①Z427.6

中国版本图书馆 CIP 数据核字(2014)第 012866 号

策划编辑:王桂琴
责任编辑:刘森文 耿 斐
封面设计:张 荔
封面题签:刘家相

出版发行:山东大学出版社
社 址 山东省济南市山大南路 20 号
邮 编 250100
电 话 市场部(0531)88364466
经 销:山东省新华书店
印 刷:山东旅科印务有限公司
规 格:787 毫米×1092 毫米 1/16
28 印张 643 千字
版 次:2014 年 12 月第 1 版
印 次:2014 年 12 月第 1 次印刷
定 价:68.00 元

#《海悦千流》编委会

做一个坚持梦想的人

（代序）

张星洲

小时候，每当被问到“你的理想是什么?”，我们都会兴高采烈地说：“我要做发明家”“我要成为明星”“我要做科学家”，等等。但是，当我们逐渐长大、在现实中摸爬滚打之后，便会感叹当初是多么幼稚，梦想变得越来越现实。可实际上，梦想无论怎样模糊，总潜伏在我们心底，使我们的心境永远得不到宁静，直到这些梦想成为事实才会停止；像种子在地下一样，一定要萌芽滋长，伸出地面来，寻找阳光。我也曾有一个科学家的梦想，我带着它来到威海。

大学的科研梦起源于《海悦千流》，2010 年 9 月的一天，科研班主任吕琳在科研班会中为我们介绍了诸多的科研创新类活动后，留下两本《海悦千流(2010)》让我们传阅。学长学姐们的优秀论文给我以极大的震撼，看着各种不懂的科学术语和专业图表，我想着什么时候也能像他们一样有能力做科研、发论文，我想着发了论文之后是不是离科学家就不远了。这次班会为我打开了一扇窗，窗外，科学家的梦想仿佛触手可及。下课后我便匆忙组队参加第十二届“挑战杯”课外科技学术作品大赛，尽管连学院初赛都没过，却在参与中得到了锻炼和学习，更重要的是，我找到了梦想的方向，种子开始萌芽。

到了大二，误打误撞地成为了校大学生科技创新中心的一员。我在科创中心的主要工作就是整理《海悦千流(2012)》的稿件。这一年，在王松老师的严格要求、学长学姐的耐心帮助和同学同事的支持鼓励下，我快速成长。还记得由于工作的事颤抖着给大神级的学长作者打电话，每一次打完都像触电一般，一种强烈的念头在心中迸发：我一定要加倍努力，向学长学姐一样，做出些东西来！

大三那一年，是最忙碌的一年，学习、科研比赛、学生工作、科研班主任、科研助理等事情同时进行，压得我喘不过气来，很多时候都想放弃，想想这么累是为了什么，到底值不值，但每一次都坚持了下来。至今清晰地记得，很多次在路上不断告诉自己：“张星洲，你要坚持，坚持，坚持!”仿佛前方有异常美好的东西吸引着我，稍一松懈便会失去。最终真的坚持了下来。这一年，是收获最多的一年，也是成长最快的一年。这一年，我们团队获得了“挑战杯”、科研立项、软件设计大赛等各奖项和荣誉，也在这一年，我的论文投稿至《海悦千流(2013)》。

大四，幸运地参加了第十三届“挑战杯”课外科技学术作品大赛的决赛，在苏州，我见到了许多优秀的同龄人,他们对于专业的深刻理解、科学的执着追求甚至对公益的热心投入都深深地感染了我。印象最深的是来自于西安电子科技大学的两位同学,他们为了帮助智障患者,立志研究出一种能够检测人大脑意识的装置,由于要带着很多机械器材往返于西安、上海两地做实验,他们便买了一辆二手卡车。每学期都会开着卡车两地奔波,他们说他们不辛苦,能够为别人做点事并实现自己的价值是一件很幸福的事。在那一刻,我突然发现,在不同的地方,有很多人有着一样的逐梦的心。只要追求梦想的意志足够坚定,就没有什么能够绊住前进的脚步。梦想的种子已经长成大树,深深地扎根于心的土壤,无论风雨如何,我只岿然不动!

坚持梦想的过程是辛苦的。在面对诱惑时,我们往往心神动摇、意志崩溃,但只要想到这一点,在心里深刻地责问自己,是否这就是我所追求的,我的理想难道就因为眼前这点小小的困难而停滞不前吗?当心领神会、恍然大悟的时候,才会发现自己愚不可及,竟然会被这小小一点诱惑迷失方向。其实生活中我们不需要太痛苦,不必为一时的迷失而自责,因为梦想始终在心中,当内心意识到自己正在为梦想而努力时,你会发现那是多么的快乐!不管怀抱何种梦想,都要增长见识,充实自己,不懈奋斗!记得去中科院面试时,与导师聊了一个多小时的家庭、书籍、理想等话题。最后导师问我还有没有疑惑,我说,我担心资质不够,难以在科研上取得成果,担心能力达不到老师的要求。老师回答道:“人最大的危险不是看不到自己的缺点,而是看不到自己的潜力!如果对未来没有自信,说明还没有付出足够的努力,如果坚持一万个小时全身心的学习,就会成为行业的大牛。”

面对各种干扰,如何去坚持梦想?这个问题恐怕无解,中科院计算所研究员、IEEE遴选的大陆计算机领域第一位Fellow闵应骅的人生格言倒是可以给我们一些参考:“决不人云亦云,做独立的人;决不云里雾里,做切合实际的人;决不坐井观天,做世界的人;决不讲假大空,做老实的人。”

想起了一个故事:拿破仑小时候,他的叔叔问他:“将来长大想要做什么?”小拿破仑说:“我要建立一个统领整个欧洲的超级大帝国,并且让自己成为大帝国的皇帝。”叔叔当场嘲讽道:“空想!那是不可能的!依我看,还是去当一个小说家,反倒更容易实现皇帝迷梦!”小拿破仑被叔叔这一阵抢白,非但没有动怒,反而静静地走到窗前,指着远处的天边,问道:“叔叔,你看得到那颗星星吗?”这时还是正午时分,拿破仑的叔叔茫然地答道:“什么星星?现在是中午,怎么能看到星星?”面对叔叔的质疑,小拿破仑冷静地说道:“就是那颗星星啊!我真的看得到,它依然高挂在天边,不分日夜,一直为了我而闪烁着,那是属于我的希望之星;只要它存在一天,我的梦想就永远不会破灭。”

事实上,那颗希望之星从未高悬天际,它一直躲藏在拿破仑的内心深处,凭借心中希望之星的引导,拿破仑终于成为真正的法兰西帝国皇帝。新东方创始人徐小平这样说:“事实上,哪个男孩女孩没有做过上天入地、移山倒海的梦啊,只不过在生活面前,很多人慢慢放弃了自己童年的梦想,所以他们沦为失去梦想的人;而有些人,无论生活多么艰难,从来没有放弃梦想,于是,他们成为永葆青春梦想、永葆奋斗激情的人,能够改变世界、创造未来的人。”

大学四年,我参加过三届“挑战杯”竞赛,两届科研立项,经手编校了三辑《海悦千流》

论文集,做过科研班主任、科研助理,这些都让我受益匪浅。这一切起源于梦想,受惠于老师、学长学姐的帮助,如今,《海悦千流(2014)》即将出版,希望我们能够从中汲取营养,找到方向,做一个坚持梦想的人!

[张星洲,2010～2014 年在山东大学(威海)机电与信息工程学院计算机科学与技术专业学习。2013 年获得第十三届“挑战杯”大学生课外科技学术作品大赛国家三等奖、美国数学建模大赛国际二等奖及第七届大学生科研立项(SRTP)校级一等奖。2012 年获得第七届“挑战杯”大学生创业计划大赛省级二等奖。被评为“优秀科研班主任”“优秀科研助理”。2013 年 9 月被录取为中国科学院计算技术研究所直博生。]

目 录

上 卷

法律社会

论夫妻共同财产的认定与分割 …………………………………………………… 李　婧(5)

农村社区服务视角下大学生村官人才队伍建设探究

——基于山东省滨州市、东营市、泰安市的实地调研 ………… 白　兰　张元春(10)

智障群体的情感需求和社会支持现状探析

——以威海市残疾人托养中心为例 ……………………………………… 常晓梦(16)

刑事被害人谅解对刑罚的影响研究 ……………………………………………… 郭建潇(24)

德、英民诉制度在山东租借地的"本土化"研究 ……………………………… 江　川(31)

明代等级生活与权力运作管窥

——以叶县县衙为例 ………………………………………………………… 李强楠等(38)

家庭教育模式形成的基础性影响因素探析 …………………………………… 刘祥东等(48)

明星药品代言的法律责任分析

——基于侵权民事责任归责原则的探讨 ……………………………… 孟丹阳等(55)

英租威海卫时期婚姻制度及原因探讨 ………………………………………… 张　悦(62)

经济管理

对家庭因素在大学生择业和就业上影响程度的调查分析与思考 …………… 雷　雪(71)

"北参南养"背景下北方海参养殖产业面临的冲击与应对策略 …………… 别晓东(80)

地方经济投资主体行为及效率差异的比较研究

——基于山东省1978～2011年的实证研究 ……………………………… 丁雪玲等(92)

基于文化旅游特征的高密市文化旅游发展战略研究

——以莫言获诺奖为契机 ……………………………………………………… 高　欣(103)

山东省高速公路运营成本以及免费政策研究
——以“济青高速”为例 …… 李君煜(110)
软信息生产、关系型信贷与小微企业融资解困研究
——基于山东省威海市的调研数据 …… 李 琪(118)
“十一”黄金周游客“井喷”现象的背后
——对我国带薪休假制度落实情况的反思 …… 余雅婧等(126)
沾化冬枣产业发展现状探究 …… 孟祥娜(139)
城乡女性群体社会养老保险运行比较分析 …… 沈丽杰(147)
高校自习室座位使用实时查询系统 …… 张 蔷等(155)
利率市场化背景下对银行净利差的实证分析
——以威海市银行业为例 …… 王 欢(163)
公交站台外观对城市形象的影响探析
——以青烟威地区为例 …… 侯燕泥(171)
在威海高校区建立第三方外卖服务平台的市场条件调查报告 …… 王 博(179)

文学艺术

TOEFL 的学术性特点对 HSK 发展的启示 …… 孔亚鲁(191)
大学英语专业学生晨读现状透析 …… 张 蓉(195)
韩国历史剧对韩国国民爱国情感的影响 …… 宋紫伦(200)
韩国历史剧对韩民族“恨”情结的影响及其启示 …… 马晓萌(205)
北京名人故居保护探究
——以康有为故居为例 …… 张馨元(210)
试析解放战争时期威海地区的党委机关报办报特色 …… 王 怡(220)
“杀”“煞”在《醒世姻缘传》中的用法分类与比较 …… 曹亚辉(226)
泛动词“整”“搞”和“弄”比较分析 …… 赵明明 王文帅(234)
对“耍孩儿”表演特色的实践调研 …… 侯欣蕊(239)
戏曲声腔对中国民族声乐发展的影响
——以长沙花鼓戏为例 …… 王宁芝(244)

下 卷

工程技术

便携式风光及手摇互补发电装置 …… 侯志敏等(255)

基于单片机的智能车自动泊车入位系统 …… 李腾斌等(266)
无线实时温度测量系统 …… 刘　重　王　通(271)

生物科技

活性干酵母中海藻糖的提取与应用探究 …… 张　迪等(283)
干旱胁迫下壳聚糖对大豆幼苗保护酶的影响 …… 李玉婷等(290)
海洋琼胶细菌的多样性调查及其琼胶酶性质研究 …… 袁　媛(296)
黄精—大枣药对协同抗氧化及提高免疫活性的对比研究 …… 褚福龙等(306)
对金针菇产生漆酶发酵条件的优化 …… 高　璇(312)
牡蛎活性多肽的抑菌作用与抗氧化性能研究 …… 卢学敏(320)
泡盛曲霉产菊粉酶发酵条件的探究 …… 鲍文琪等(327)
一株产黄色素海洋细菌的筛选、鉴定及其发酵条件优化 …… 王晓磊等(333)
Aroclor1254 对牙鲆性腺组织切片观察及性腺内 GSH，MDA 酶活力的影响 …… 孙凯博等(341)
对紫球藻 EPA 主要合成途径的初步探究 …… 娄森森(348)

数理研究

山东省商业银行个人理财产品现状分析 …… 刘　哲等(357)
大学生体能测评软件的开发 …… 王　玥等(369)
家庭因素对农村少年儿童接受教育的影响 …… 臧金鹏等(378)
低温等离子体土壤中全汞含量的定量检测分析 …… 刘　苹等(383)
基于 AZO 和 Ag 复合薄膜的光电特性稳定性研究 …… 李亚节等(392)
中子星状态方程的系统研究 …… 葛帅良等(398)
光纤星图与天球仪的研制 …… 王明琦等(406)
基于太阳能充电的便携式多功能应用箱的研究 …… 黄美玉(414)
近球形核 ^{89}Sr 的能级结构研究 …… 李传洋等(425)

在不懈努力中等待、创造、把握机遇(代后记) …… 伊焱垚(434)

上　卷

法律社会

论夫妻共同财产的认定与分割

李　婧❶

《最高人民法院关于适用〈中华人民共和国婚姻法〉若干问题的解释(三)》将重点放在夫妻财产关系上,其19个条文中有关夫妻财产问题的条文达12条之多,占全部条文的63.15%。[①] 在此,我们试就有关夫妻共同财产的认定与分割作出解读。

一、夫妻共同财产的认定

(一)夫妻共同财产的含义及范围

夫妻共同财产是指夫妻双方或一方在婚姻存续期间所得,除法律另有规定或夫妻另有约定外,归夫妻共同所有的财产。[②]

《中华人民共和国婚姻法》第17条:"夫妻在婚姻关系存续期间所得的下列财产,归夫妻共同所有:(一)工资、奖金;(二)生产、经营的收益;(三)知识产权的收益;(四)继承或赠与所得的财产,但本法第十八条第三项规定的除外;(五)其他应当归共同所有的财产。夫妻对共同所有的财产,有平等的处理权。"由法条可知,以上都是婚姻关系存续期间一方或双方劳动收入、资本性收益。有些学者对于奖金的归属颇有疑义:虽然奖金是因一方在自己工作领域的特殊贡献而获得,具有一定的人身属性,但是婚姻是一种共同体关系,一方的劳动成就离不开另一方的支持,因而把其作为夫妻共同财产是无可争议的。[③] 除此之外,之前也有很多学者认为此法条第五项规定虽属于兜底条款,但是过于模糊,法律实务中出现很多的纠纷与争议仍然无法解决。故《婚姻法司法解释(二)》第11条对"其他应当归共同所有的财产"作了明确的规定。

---

❶法学院2011级法学专业。

① 参见薛兰宁:《〈婚姻法司法解释(三)〉财产性规定解读》,2011年8月16日《中国妇女报》。

② 参见王丽萍:《婚姻家庭继承法学》(第2版),北京大学出版社2013年版,第71页。

③ 参见杨晋玲:《夫妻财产制比较研究》,民族出版社2004年版,第80页。

(二)新修正《婚姻法》中夫妻共同财产的认定

众所周知,当今我国公民的个人财富增长快速、种类繁多,关于婚姻中夫妻共同财产纠纷日益复杂化,如果想快捷简便地审理案件并解决纠纷,从理性的角度出发自然会比较容易。新修正《婚姻法》正体现了这一趋势,相对减少了对夫妻双方情感因素的考量,在司法实务中面对情感与理性的冲突时,法律的天平倒向了理性这一方。现试就其中的一项法条为例加以分析。

《婚姻法司法解释(三)》第5条:"夫妻一方个人财产在婚后产生的收益,除孳息和自然增值外,应认定为夫妻共同财产。"

孳息,指由原物产生的物,依其性质可分为天然孳息和法定孳息。① 一般而言,夫妻一方财产在婚后的包括孳息、投资、经营收益及自然增值,但是在《婚姻法》及《婚姻法司法解释(二)》都对孳息和自然增值这两种情形如何认定未予明确。而《解释(三)》在较大程度上解决了这方面的问题,它把纠纷点明确,便于高效合理地审理相关案件。但是,其中仍有模糊地带,比如自然增值归属的认定。笔者认为,对于明确规定的自然增值完全属于个人财产这一项有待商榷。在婚姻关系存续期间,自然增值的对象大多为房产,但是,在房屋属于夫妻中一方个人财产的情况下,如果对方配偶在成立家庭之初以其个人财产购买了家具、电器或是负责装修,那在数年后,这些大多为动产的财产必然会贬值且产生人为的损耗,这样对购买家具、电器和负责装修的一方是不公平的。因此我们一概将自然增值视为一方个人财产是有瑕疵的,应根据是否存在对方的协同合力来判断。如果财产增值是由于市场行情或是通货膨胀所致的,与对方无关,则可以属于个人财产。但如果财产的自然增值明显存在如上述对方贡献的因素,则其相应的增值部分也应当视为夫妻的共同财产,实行按份共有。

二、夫妻共同财产的分割

(一)夫妻共同财产分割的重要分类

1. 夫妻共同财产中不动产的分割

在新修正《婚姻法》中,离婚时不动产的分割,从不动产的获得性质来说,主要分为两个方面:一方面是夫妻双方购买的不动产,另一方面是父母为子女购买的不动产。

(1)夫妻一方支付首付,共同还贷的情形

在新修正《婚姻法》第10条的规定下,夫妻在不动产分割时,一种情况依协定进行处理;另一种情况则是在不能达成协议的情形下,则对不动产登记为一方对于另一方贷款与增值部分转化为个人债务,使另一方获得相应的补偿。

(2)双方为其一方父母购买的不动产的分割的情形

对于此种现象,夫妻双方离婚时,一方提出对此不动产进行分割,人民法院不予支

① 参见孙宪忠主编:《民法总论》(第2版),社会科学文献出版社2010年版,第193页。

持。但其中一方在购买房屋时的出资，也可以根据《债权法》作为债权处理。

2. 夫妻双方关于养老保险金的分割

(1)养老保险金的定位

《婚姻法司法解释(二)》第11条:"婚姻关系存续期间，下列财产属于婚姻法第十七条规定的'其他应当归共同所有的财产';(三)男女双方实际取得或者应当取得的养老保险金、破产安置补偿费。"因此，按照法律规定，养老保险金是夫妻共同财产。

其次，养老保险金是国家通过社会保险机构向退休职工发放的生活费，其养老保险金的取得以职工已向社会保险机构缴纳了养老保险费为前提条件，职工按规定逐月向社保机构缴纳的养老保险费具有工资属性。因此，无论是事先缴纳的养老保险费还是退休后才开始领取的养保险金均具有工资属性，依法应属于夫妻共同财产。

(2)法条中关于养老保险金分割的规定

新修正《婚姻法》第13条:"离婚时夫妻一方尚未退休、不符合领取养老保险金条件，另一方请求按照夫妻共同财产分割养老保险金的，人民法院不予支持;婚后以夫妻共同财产缴付养老保险费，离婚时一方主张将养老金账户中婚姻关系存续期间个人实际缴付部分作为夫妻共同财产分割的，人民法院应予支持。"

(二)夫妻共同财产分割的条件

我国《婚姻法》没有对夫妻共同财产的分割进行定义，但在《婚姻法》的司法解释中，有关夫妻共同财产分割的内容占有很大的比例，因此首先对夫妻共同财产分割的条件进行分析。

1. 夫妻共同财产分割的主体是具有婚姻关系的夫妻。未形成婚姻关系的男女两性，如未婚同居、婚外同居等，以及无效或被撤销婚姻的男女双方，不能成为夫妻共同财产的主体。

2. 夫妻共同财产分割的客体是夫妻双方共同财产。夫妻对共同所有的财产，有平等的处理权。

(三)夫妻共同财产分割的程序

1. 夫妻共同财产分割的程序

(1)首先，明确夫妻共同财产的范围。确定夫妻共同财产的范围，要以当事人提供为前提，法院不主动调查确定。夫妻财产分割范围仅限于夫妻之间的共同财产，如果是"小家庭"与"大家庭"一起共同生活，还未分家的，那首先要分析家产，严格分清夫妻间共同财产、个人财产及大家庭共同财产，将夫妻间的共同财产区分出来。

(2)其次，进行夫妻共同财产分割。在分割夫妻间共同财产时，应先调解，调解不成再判决。如果离婚双方协商不成的，法院应先提出分割方案，尽量使当事人能在互谅互让的基础上，达成财产分割协议。如果还是达不成调解协议的，再进行依法判决。

2. 夫妻共同财产分割的原则

《婚姻法》第39条规定了婚姻法分割财产的基本原则:"离婚时夫妻的共同财产由双方协议处理;协议不成时，由人民法院根据财产的具体情况，照顾子女和女方权益的原则判决。夫或妻在家庭土地承包经营中享有的权益等,应当依法予以保护。”即(1)尊重当事人意愿的原则;(2)男女平等原则;(3)照顾无过错方原则;(4)照顾女方和子女利益的原则;(5)有利生产与方便生活原则;(6)不损害国家、集体和他人利益的原则。

(四)夫妻共同财产的分割方法

1.《婚姻法》第39条规定:离婚时,夫妻的共同财产由双方协议处理;协议不成时,由人民法院根据财产的具体情况,照顾子女和女方权益的原则判决。目前婚姻法夫妻共同财产的分割大致上分为两种。一种为协议分割,若未达成协议也可进行判决分割。协议分割可以减少成本,达成双方所能接受的方式。判决分割可能影响双方夫妻双方的协商意愿,也大大增加了财产分割的成本。另外,值得注意的是,在分割财产时,可能某种共有物涉及其精神价值,而不能用市场价值衡量,因此在判决时应了解夫妻的意志,最大可能地满足双方的期望值。

2. 在实践中进行夫妻财产分割时主要有三种方法:实物分割;价金分割;价值补偿。[①]

(五)我国夫妻婚内共同财产分割制度的提出与完善

1. 夫妻婚内共同财产分割的提出

改革开放以来,我国的经济发展迅速,人们更加注重婚姻的质量,离婚率逐年增高。人们的财产的来源呈现多元化的态势,人们的独立与自我维权意识大大地增强,进行婚内共同财产分割实际上是顺应了时代的发展。在现行的《物权法》第99条中就规定了有重大理由需要分割的,可以请求分割。

2. 夫妻婚内共同财产分割的完善

尽管《婚姻法司法解释(三)》中规定了一些夫妻可以提出分割共同财产的情形,但是不够全面,我们应当就分割共同财产的情形问题作进一步的探讨。其中第四条第二款所规定的一方负有法定扶养义务的人患重大疾病需要医治,另一方不同意支付相关医疗费用的规定范围过于狭窄。应将不履行扶养义务扩大为不承担应当履行的家庭义务。除此之外 ,以下情形也可纳入允许分割婚内共同财产的情况之中:

(1)若夫妻双方在自愿的情况下达成协议,取消夫妻共同财产制而改为个人特有财产制。但是我国对于约定财产制的规定十分模糊,然而,近几年来夫妻以契约约定财产所有关系的情况会越来越多,夫妻约定财产制的法律地位因此也显得越来越重要,婚姻立法仅以除外条款来允许约定财产制存在,而不以具体规定其内容的办法来规定约定财产制,是不适应社会发展的需要的。

(2)夫妻当中一方被宣告失踪而失踪方恶意制造债务。当一方被宣告失踪后,婚姻关系属于存续期间,若有债务的产生,为了保护债权人的利益,可以由未失踪一方承担债务。但对于若失踪一方故意失踪并恶意制造债务而需要用夫妻共同财产追偿的情况,笔者对此还是持保留的意见。

---

① 参见陈丽华:《婚姻家庭继承》,中国社会科学出版社2006年版,第77页。

(3)分居达到一定时间。现实中存在一种情况是存在长期分居但是未结束婚姻关系的情况。建议规定以合理的时间,夫妻中一方可以提出进行共同财产的分割以防止另一方恶意对共同财产用于个人挥霍。

(4)有其他重大理由。若继续实行共同财产制使夫妻一方的利益受到严重影响的其他重大情况也可以申请进行婚内财产分割,作为一项兜底条款。①

最后需要注意,我国的财产分割制度应进一步具体化,使其具有更强的实践性。另外应当建立起有效的清算制度,完善清算的程序,以更宽广的民法视野来看待和处理夫妻共同财产认定与分割这一重要的法律问题。当现实中出现种种现存法律无法解决的问题的时候,法律人才会不断求索,增加法律规定的深度及广度,唯有这样法律才会不断完善,才会尽可能地保证公平、稳定社会。

参考文献

[1]蔡梅风:《浅谈夫妻共同财产分割》,2009 年 11 月 18 日,http://www.110.com/ziliao/article-151461.html.

[2]杨大文:《婚姻家庭法学》,复旦大学出版社 2002 年版。

[3]奚晓明:《最新婚姻继承法适用一本通》,人民法院出版社 2010 年版。

[4]夏吟兰等:《婚姻家庭法前沿》,社会科学文献出版社 2010 年版。

[5]吴晓芳:《有关婚姻家庭案件的问题探讨》,2011 年 1 月 11 日,http://www.law-time.cn/info/hunyin/hyflw/2011011194892.html.

[6]夏吟兰:《美国现代婚姻家庭制度》,中国政法大学出版社 1999 年版。

[7]王泽鉴:《民法概要》,中国政法大学出版社 2003 年版。

[8]夏吟兰、何俊平:《婚姻家庭法教程》,中国政法大学出版社 1999 年版。

[9]林秀雄:《夫妻财产制之研究》,中国政法大学出版社 2001 年版。

[10]陈苇:《婚姻家庭继承法学》,法律出版社 2002 年版。

[11]马俊驹、余延满:《民法原论》,法律出版社 2007 年版。

[12]杨遂全:《新婚姻家庭法总论》,法律出版社 2007 年版。

[13]巫昌祯:《婚姻家庭法新论》,中国政法大学出版社 2002 年版。

[14]蔡福华:《夫妻财产纠纷解析》,人民法院出版社 2003 年版。

(指导教师:马莉萍)

① 参见王玙珺:《建构我国夫妻共同财产分割制度的案例性考察》,西南政法大学硕士学位论文,2011 年。

农村社区服务视角下大学生村官人才队伍建设探究

——基于山东省滨州市、东营市、泰安市的实地调研

白　兰❶　张元春❷

2011年12月20号，国务院办公厅下发关于社区服务体系建设规划的通知，文件提出"到2015年每一个社区至少拥有一名大学生或者社会工作专业人员""建立一支以社区党组织和社区自治组织成员为骨干，以社区专职工作人员为重点，以政府派驻人员、其他社区服务从业人员和社区志愿者为补充的社区服务人才队伍"的规划。

2005年6月，中共中央办公厅、国务院办公厅下发了《关于引导和鼓励高校毕业生面向基层就业的意见》，大学生村官制度被作为建设新农村、巩固基层政权和缓冲就业压力的一项战略措施推上我国历史舞台。全国各地的大学生响应中央号召，纷纷到农村任职。2010年5月10日，中组部、中宣部等13个部门出台了《关于做好大学生"村官"有序流动工作的意见》，引导聘用期满大学生村官通过留村任职工作、考录公务员、自主创业发展、另行择业、继续学习深造等五条出路实现有序流动。

选聘大学生当村官，从地方政策上升到国家战略，无疑是为满足新农村建设、基层政权巩固、就业压力缓冲等多重现实需求。大学生村官工作应改善村干部队伍的结构，解决村级基层组织后继乏人的问题，为社会主义新农村建设提供人才支持和组织保证，希望大学生村官成长为能密切联系群众、带领农民致富、促进农村稳定的农村基层干部，大学生村官被看作党政机关培养和储备来自工农一线后备人才的重要来源。

一、大学生村官工作中的问题

本次调查主要由网上调查与实地调查组成，通过网络笔者与全国个别省份的大学生村官进行自编问卷调查与访谈，同时通过在山东省内实地调查大学生村官以及与其比较深入的访谈，笔者较全面地了解了现今大学生村官工作中存在的问题：经济待遇低；长期被借调乡镇、充当临时"打杂工"现象盛行；创业资金缺乏，优惠政策不够；大学生村官所学专业能力不能充分发挥；没有充分细化任职细则，个人出路问题没有充分解决等（见表1、表2）。

---

❶法学院2011级法学专业；❷法学院2011级社会工作专业。

表 1 全国范围内大学生村官急需改善问题

问　题	数量	百分比(%)	最终百分比(%)	累计百分比(%)
经济待遇低	12	9.8	9.8	9.8
长期被借调乡镇、充当临时“打杂工”现象盛行	40	32.8	32.8	42.6
创业资金缺乏,优惠政策不够	38	31.1	31.1	73.8
大学生村官所学专业能力不能充分发挥	25	20.5	20.5	94.3
没有充分细化任职细则,个人出路问题没有充分解决	7	5.7	5.7	100.0
总　计	122	100.0	100.0	

表 2 山东省大学生村官急需改善问题

问　题	数量	百分比(%)	最终百分比(%)	累计百分比(%)
经济待遇低	5	15.6	15.6	15.6
长期被借调乡镇、充当临时“打杂工”现象盛行	16	50.0	50.0	65.6
创业资金缺乏,优惠政策不够	5	15.6	15.6	81.2
大学生村官所学专业能力不能充分发挥	6	18.8	18.8	100.0
没有充分细化任职细则,个人出路问题没有充分解决	0	0	0	
总 计	32	100.0	100.0	

通过调查,笔者发现无论是对于全国范围还是山东省本地,特别是山东省本地,“长期被借调乡镇,充当临时打杂工现象盛行”的问题被认为是目前大学生村官中急需改善的问题,这说明大学生村官目前作为村级特设岗位的工作人员仍然存在角色定位模糊的问题,村级特设岗位不属于任何行政编制和事业编制,大学生村官只能作为村主任助理或者村委书记助理协助村主任和村委书记进行工作。笔者通过与烟台市担任某村村委书记的王某在网上进行的交谈了解到,村主任或者村委书记只有写报告和年终总结的时候想起大学生村官,日常村里的管理工作都不会考虑到大学生村官,而且多数大学生村官集中在镇政府里工作,每周仅下乡一次。

大学生村官是村级特设岗位,国家有说明其本身的职责,没有明确规定其应该具有的权利。由于大学生不了解农村基本情况、村主任及村委书记对其架空、村民的不充分信任、乡镇机构的频繁借调,导致大学生村官不能够真正地深入到农村开展工作,只能完成大量的文案工作。

关于大学生村官所学的专业能力不能得到充分发挥这一问题是普遍存在的,大学生村官进入农村基层工作,所需要完成的工作是学生时代没有掌握的,农业相关专业的大学生村官境况能相对良好一些,但同样面临被借调的问题,这使其不能发挥所学的专业技能。

二、大学生村官擅长工作项目

大学生村官擅长什么工作项目？他们究竟应该重点完成什么工作？笔者对大学生村官擅长的工作项目进行了调查，归纳总结为以下几个项目：富民建村任务；做好村内综合治理(计划生育、矛盾调解、社会保障等服务工作)；协助做好制度规范、文字和档案管理工作；协助做好科技普及和精神文明推广、开展农村娱乐活动、丰富农村文化工作；本村的社会调研工作。

通过调查，笔者发现大学生村官比较擅长的工作项目主要包含两方面，即富民强村的建设任务和农村的社区服务工作，文案的处理以及综合治理能力则稍弱一些。从全国个别省市大学生村官擅长的工作项目调查中，笔者发现相对于富民强村的建设任务，大学生村官对于农村的社区服务工作的掌握程度(32.8%)明显要比富民强村的建设程度(23%)要高一些。同时，从山东省大学生村官的擅长工作项目调查中，笔者发现大学生村官对于农村的社区服务工作的掌握程度(40.6%)明显要比富民强村的建设程度(21.9%)要高一些，并且差距较全国个别省份大学生村官的统计结果更大。

这说明，目前山东省内关于大学生村官出路未涉及有关于农村社区服务领域的政策方面，完全可以考虑从大学生村官群体中挖掘从事农村社区服务的工作人员，因其本身就十分擅长这项工作。

三、大学生村官进入社区情况

关于大学生村官进入农村社区工作的一系列情况是笔者此次调研的重点研究内容。通过调查，笔者发现无论是全国其他个别省市还是山东省内，大学生村官基本具备比较充足的社区工作经历，特别是浙江省的大学生村官。大学生村官具有充分的意向进入社区工作，并表示进入社区工作对其村官工作的开展有一定的帮助。此外，在国家、政府能够提供与公务员同等待遇的前提下，大学生十分愿意继续留任从事与社区相关的工作。

无论是全国个别省份还是山东省，大学生村官参与农村社区工作的经历是比较丰富的，对于全国个别省份，大学生村官参与社区工作的经历大部分为“非常多”(41.7%)以及“数量一般”(36.7%)的比例，对于山东省内的大学生村官，大学生村官参与社区工作的经历大部分为“数量一般”(65.6%)以及“非常多”(34.4%)的比例。另外，通过在调查过程中对大学生村官的访谈，笔者了解到山东省内有一部分大学生村官并且大多数是负责邻近城市的农村，这样的大学生村官接触社区工作的时间更为全面，而由于现今山东省广大农村地区实行的多村一个农村社区服务中心，因此在大学生村官一周的工作中有2～3天的时间参加农村社区工作，因此对于山东省而言，大多数大学生村官的社区工作经历比重偏向于“一般多”。

但值得注意的是，山东省内鲜有从没接触过社区工作的大学生村官，这说明大学生村官进入社区工作并且在聘期已满后从事与社区相关的工作是积极可行的。另外，笔者了解到大学生村官对于社区组织结构的了解程度比较高，没有大学生村官对社区的组织机构流程不了解。同时，无论是全国个别省份还是山东省的大学生村官都具有比较充分的进入社区工作的意向。更值得注意的是，从全国个别省份和山东省的两份调查表显示，在提供社区培训的前提下，“十分愿意”进入社区工作的比例有所增加。这说明只要提供与社区工作相关的培训项目，大学生村官是倾向于进入社区工作的。

四、大学生村官社区工作益处

通过此次调查，笔者了解到进入社区工作对于大学生村官与村民进行了解与沟通具有比较大的益处，这不妨被设为大学生村官与村民了解沟通、亲近村民，与村民进行互动的良好方式。此外，本小组通过调查发现，进入社区工作对于那些所学专业与村官工作不相符合的大学生村官认为进入社区工作能发挥其自身的特长，并且通过进入社区进行基层的服务工作，有助于大学生村官了解乡村情况，能够为其将来进行农村创业提供良好的基础。因此，大学生村官在聘期和聘期已满后从事与社区相关的工作势在必行。

五、建议与对策

(一)对政府的建议

1. 赋予现任大学生村官兼任农村社区服务工作人员职位，并适当提供福利待遇

大学生村官通过考试后，是党员的成为村委书记的助理，不是党员的为村主任助理。目前农村社区服务组织由村党支部领导下的以社区党小组为主要领导班子，下设农村社区理事会，理事会下设党群功能服务站即各便民服务中心，社区党员以及由村民组成监事会监督社区党小组、社区理事会以及各功能服务站的工作。而对于进入邻近郊区和农村的城市街道办事处(社区)工作的大学生村官，作为包村干部的同时，其较多的工作时间集中于处理社区工作，每周下乡处理问题一次。

对于分配至县、乡级工作的大学生村官，针对其自身擅长社区建设的情况，可以考虑将其纳入到农村社区服务建设体系中，在大学生村官担任村委书记助理或者村主任助理的同时，赋予其农村社区工作人员的职位，对于在农村社区工作中表现突出优秀的，可以考虑赋予其社区理事会会长或者副会长的职位，是党员的可以考虑赋予其社区党小组组长或者副组长的职位。对于进入邻近郊区和农村的城市街道办事处(社区)工作的大学生村官，可以考虑在其担任村委书记助理或者村主任助理的同时，令其兼任城市各社区工作站工作人员，对于在农村社区工作中表现突出优秀的，可以考虑赋予其城市个别社区工作站站长的职位。

2. 建议县政府、镇政府民政局或民政办公室面向聘期已满大学生村官招录工作人员，并优先录取

根据山东省 2013 年新发布的关于选调生不再面向高校应届生招生而将选调生与大学生村官考核相结合的有关政策，自 2013 起，担任大学生村官满两年经考核后可以直接招录为选调生，并依据此次调查结果显示，大学生村官具有充分的农村社区工作经验并

且具有充分的意向从事与社区相关的工作,因为要全面贯彻落实国务院颁发的关于社区建设规划的重要文件,民政局或民政办公室目前的工作重点很大程度上安排在了社区建设的工作层面上,这就要求民政部门需要大量的招纳具有丰富社区工作经验的专业素养较高的人才,而大学生村官经过2~3年社区基层工作的锻炼,对社区工作已有全面的了解,十分适合从事与社区相关的工作。

3. 针对在任大学生村官与聘期已满大学生村官建立完整的社区工作培训机制以及考核机制

山东省招考的大学生村官,大多数并不具备专业的社会工作教育背景和从业能力,所以对大学生村官进行职业培训极有必要。一是进行上岗资格培训。可举办农村社区专职社工从业资格培训班,让大学生村官通过考试,获得统一颁发的社区工作从业资格证书,并持证上岗。二是进行在职培训。具体形式可多样化,如邀请民政、劳动等相关部门负责人对开展农村社会工作的相关政策规定进行讲解,提高"大学生村官"社工对开展农村社会工作的政策把握能力;邀请民政、农办、乡镇等相关部门负责人介绍农村社区服务中心中的主要业务、业务工作流程、业务工作方法和技巧、业务流程中应负的责任等。

(二)对高校的建议

高校应响应党和国家的号召,加快教学改革步伐,在设计专业体系时,应充分考虑农村及农村社区的实际需要,使学生所学有用武之地;学校还可以在农村社区建立实习基地,组织模拟管理,为学生接触、了解农村社区和将来服务农村社区搭建桥梁。

(三)对大学生村官的建议

1. 加强大学生村官观念教育,树立长期在农村服务的意识

高校可以通过宣传动员,营造大学生村官服务农村的氛围;通过宣传大学生村官服务农村的优秀榜样和先进事迹,引导大学毕业生树立正确的人生观,积极响应国家号召,到祖国所需要的地方,到农村去建功立业。大学生也应该认清就业形势,转变就业观念,同时不应该把到农村任职当作是一种暂时的就业方式和"跳板",而应该把它看作是一个自己创业的大好时机;应该把它当成是一种责任和使命来对待;要甘于寂寞,扎根在农村社区工作。

2. 从农村社区建设的现实出发,完善自身知识结构

大学生村官毕业生专业各异,理工、农医、文法,一应俱全。专业不对口、才能难施展的情况在基层日渐突出。这就要求"村官"们必须面对现实,以务实的工作姿态和饱满的工作热情,刻苦钻研农村社区建设的理论知识和学习相关的建设经验以及农业法律法规和农业技术,弥补自身的知识缺陷。

参考文献

[1]付建军:《角色认同视角下大学生村官农村社会化研究——以河南省鹤壁市大学生村官为例》,《广东青年干部学院学报》2010年第3期。

[2]赵爱宝、丛晓峰:《从农村党建角度看大学生村官的实职化问题》,《德州学院学报》2009 年第 3 期。

[3]卢芳霞:《论大学生村官之出路——基于浙江绍兴市的调研》,《中共浙江省委党校学报》2010 年第 2 期。

[4]谭林丽:《新农村建设的新创举 大学生就业的新思维》,《中国农业银行武汉培训学院学报》2008 年第 2 期。

[5]许芸、张浩:《社会工作视角下大学生村官的角色定位和能力培养》,《常州大学学报》(社会科学版) 2011 年第 4 期。

[6]李秀义:《从大学生村官到大学生社工——选聘到村大学生工作模式的经济学视角分析》,《淮海工学院学报》(社会科学版学术论坛)2010 年第 7 期。

[7]卢芳霞:《农村社区服务中心在发达地区的推进模式及启示》,《中共浙江省委党校学报》2011 年第 3 期。

[8]李秀义:《大学生“村官”工作效果创新发展研究——基于从经济、行政型职能向社会服务职能转变的思考》,《安徽农业大学学报》(社会科学版)2010 年第 6 期。

[9]卢芳霞:《重视大学生“村官”农村任职“四难”问题》,2009 年 3 月 17 日《绍兴日报》。

[10]卢芳霞:《中国农村社会管理创新之路径与模式初探——以“枫桥经验”为例》,《中共杭州市委党校学报》2011 年第 5 期。

(指导教师:张　乐)

智障群体的情感需求和社会支持现状探析

——以威海市残疾人托养中心为例

常晓梦[1]

智力障碍又称“智力缺陷”，一般指的是由于大脑受到器质性的损害或是由于脑发育不完全从而造成认识活动的持续障碍以及整个心理活动的障碍。目前，威海市需要托养与训练的残疾人共有 49410 名，其中，智力残疾人 9027 名。探索该群体的情感需求，了解智障群体的社会支持现状及其存在问题，分析如何更好地满足智障群体的情感需求，是我们改善智障群体生存现状、维护其权益的重要前提。

本研究中，笔者以威海市残疾人托养中心的智障人士为例，对机构中的智障群体展开了情感需求和社会支持现状的研究。本研究将主要的研究重点放在智障群体的情感需求层面，并对其进行系统的探讨与思考。由于精力和能力所限，本研究的社会支持研究主要集中在机构和社区对智障群体的情感社会支持方面，并以此来探究现有的机构和社区提供的情感支持是否能满足智障群体的情感需求。

一、机构内智障群体的情感需求

本文运用了参与观察法和访谈法对机构中智障群体的情感需求进行了系统的研究。在研究过程中，笔者使用了徐启斌等在《论人的需求》中对情感需求的分类，将情感需求分为情感宣泄需求、情感呵护需求、情感慰藉需求、情感接纳需求、情感激励需求、情感答偿需求六大类，以此为基础，结合机构内智障人士的具体情况，对其情感需求进行探究。同时，研究者结合了四个辅助个案，对其进行深入访谈，在与其交流中进一步了解该群体的情感需求。

[1] 法学院 2010 级社会工作专业。

表1 个案基本信息

	姓名	性别	年龄	爱好	机构居住时间
个案一	王某	男	26岁	看电视、写字	一年
个案二	宫某	男	20岁	捉迷藏	六个月
个案三	于某	女	19岁	唱歌、背诗	一年
个案四	李某	女	26岁	唱歌、跳舞	一年三个月

(一)情感宣泄需求

经过长期的参与观察后,笔者发现,由于其生理缺陷,智障群体情绪不稳定且自制力差,对于情绪的控制能力较差。相较于普通人而言,该群体对于情感宣泄的需求更强烈,当其需求得不到满足时,便会通过大声喊叫、哭泣等方式进行情绪的宣泄,这种宣泄方式不加掩饰,也不会考虑到周围人的反应与感受,是其内心的真实表达。

(二)情感呵护需求

过高的情感呵护需求和专业人员紧缺导致了机构内智障群体情感呵护需求不能得到满足的现状。笔者在志愿服务过程中曾目睹个案三中的于某被其他同伴孤立,当问及其原因时,她很委屈地告诉笔者,"他们都说我偷东西,说我偷了老师的本子,"然后自己又补充道:"我没有偷,本子是老师给我的。"她在被同伴进行言语攻击的时候曾向机构老师求助,但并没有引起机构工作人员的注意,于是她哭着告诉笔者:"他们都欺负我,老师也不喜欢我。"

(三)情感慰藉需求

机构中的智障群体的挫折和苦闷主要来自于身体的不适和与同伴的矛盾,当生理或心理的不适产生时,情感慰藉需求随之而来。机构内智障群体的情感慰藉需求提供者主要是同伴和机构工作人员。当笔者问及"身体不舒服时,你最想干什么"时,性格内向的个案二中的宫某回答说:"每次肚子疼,我都是喝杯热水,在桌子上趴着。"当笔者又问他"你希不希望别人在你不开心的时候陪着你"时,他说:"希望,但老师很忙,别人都不理我。"同样的问题个案四中的李某回答说:"我不开心会找老师,老师就安慰我,有的时候汤某(李某的同伴)拉着我跳舞。"可见这种需求得到满足的程度与其在机构中的表现及自身性格密切相关。

(四)情感接纳需求

智障群体作为社会的弱势群体,长期被排除在社会主流群体之外,其先天的缺陷导致了该群体被歧视甚至被虐待的现象屡屡发生,而生存能力和人际交往能力的不健全也使得该群体很难融入社会。在与个案一中的王某进行交流时,当被问及"你喜欢在家还是喜欢在这里(指机构)"时,王某回答"我喜欢在家里",他解释说:"家里我奶奶喜欢我,奶奶带我出去玩,大家都很喜欢我。”个案三中的于某回答:“我想出去挣钱,给自己买新衣服穿,买生日蛋糕吃。”个案一中的王某希望身边的人都能够接受他,喜欢他。

(五)情感激励需求

在笔者及其团队成员参观智障人士工作间时,很多人现场向我们展示他们组装输液袋的工作能力,并向笔者展示做好的成品,希望得到肯定与赏识。当笔者对其行为进行赞扬时,个体所表现的情绪变化明显大于一般人,甚至会向同伴“炫耀”自己得到了老师的夸奖,并且会在下次劳动时表现得尤为卖力,这说明他们渴望得到更多的承认与赞同。

(六)情感达偿需求

智障群体由于其自身认知能力的有限,对于别人给予的帮助,在经过系统训练以后,可能会说“谢谢”,但却并不知道这两个字所代表的真正含义,也很难明白什么是感恩与报答。因此该群体的情感达偿需求相较于常人并不明显,甚至表现很弱。

二、机构对智障群体的社会支持状况

在了解到机构智障群体的情感需求现状后,研究者继而对机构和社区的情感支持现状展开了研究,旨在分析现有的情感支持是否能够满足智障群体的情感需求。笔者通过实地的参与观察,对机构提供的情感支持进行了深入的探究和总结。机构情感支持的来源主要来自于机构工作人员和机构志愿者以及智障群体中的非正式团体。对于情感支持的分类,本研究借鉴李新宇和雷静在《远程学习中教师对学生情感支持的构成——理论和实证研究》中对情感支持的分类,将情感支持分为反思支持、审美支持、理智支持和社交支持。考虑到机构和智障群体的特殊性,结合实际情况,本研究增加了情感寄托这一项分类。接下来,本文将对机构给予智障人士的情感支持进行详细的阐述。

表 2　　情感支持类型及提供者

情感支持类型	情感支持提供者
反思支持	机构工作人员、机构志愿者
审美支持	机构工作人员、机构志愿者、非正式团体
理智支持	机构工作人员、机构志愿者
社交支持	机构工作人员、机构志愿者、非正式团体
情感寄托	机构工作人员、非正式团体

(一)机构工作人员提供的情感支持

机构工作人员以机构老师为代表,是机构中智障群体情感支持的主要提供者,在平时的康复训练和日常生活中,智障人士通过与老师的交流和互动提高自我认知,从而产生了一种具有反思性的情感体验，工作人员对某一行为的鼓励会刺激智障人士提高这种行为的出现频率，工作人员对某一行为的惩罚会使得智障人士降低这种行为的出现频率，机构工作人员通过对智障人士的行为作出特定而持续的反应，促使智障人士来认识到自己的行为是否受欢迎，从而完成了对该群体的反思支持。

（二）非正式团体提供的情感支持

在实地的调查过程中，通过参与观察和深入访谈，笔者发现机构的智障群体之间存在着非正式团体的现象。非正式团体是人与人在交往的过程中，根据自己的兴趣、爱好和情感自发产生的，它的权利基础是由下而上形成的，成员之间的相互关系带有明显的感情色彩，并以此作为行为的依据。这种非正式团体的存在对智障人士的日常生活和人际交往都产生了不容忽视的影响。

（三）机构志愿者提供的情感支持

机构志愿者作为机构中流动性最大的一群人，带给了机构中智障人士一种不同于工作人员和小团体的情感体验，由于实行封闭式管理，智障群体与外界接触的机会较少，志愿者成为其与外界接触的主要组成部分，也在某种程度上承担了其与社会交流的媒介，志愿者为智障群体带来新鲜的事物，与智障群体的交流促进了其情感认知和感受，机构志愿者成为机构智障群体人际关系网络中日渐重要的一部分。

三、社区对智障群体的社会支持状况

在对社区的社会支持现状展开研究时，研究者运用了问卷调查法。得出的统计结果具体如下：

（一）接纳程度及交流意愿

涉及对智障群体的接纳程度时，93％的受访者表示对该群体表示同情，7％的受访者表示没有感觉，没有受访者对该群体感到厌恶。

表 3 社区居民对智障群体的感觉

	频率	百分比（％）	有效百分比（％）	累积百分比（％）
同情	66	93.0	93.0	93.0
没感觉	5	7.0	7.0	100.0
合计	71	100.0	100.0	

当被询问到是否介意自己的孩子与智障群体进行接触时，虽然有 73.2％的社区居民表示不介意，但仍有 12.7％的居民表示介意，还有 14.1％的居民说不好自己是否介意；此外，有 87.3％的居民表示愿意陪伴智障人士，并了解其内心的想法，有 12.7％的居民表示不愿意与智障群体进行交流。

表4　　是否介意自己孩子与智障群体进行接触

	频率	百分比(%)	有效百分比(%)	累积百分比(%)
介意	9	12.7	12.7	12.7
不介意	52	73.2	73.2	85.9
说不好	10	14.1	14.1	100.0
合计	71	100.0	100.0	

表5　　是否愿意陪伴智障人士

	频率	百分比(%)	有效百分比(%)	累积百分比(%)
愿意	62	87.3	87.3	87.3
不愿意	9	12.7	12.7	100.0
合计	71	100.0	100.0	

(二)尊重程度及能力认可程度

受访者中有56.3%的人认为社会上大多数人对智障群体持一种不够尊重的态度，26.8%的人认为大多数人尊重智障人士；此外在涉及对智障群体的能力认可时，87.3%的受访者认为智障人士可以在别人的帮助下生存，8.5%的居民认为智障人士完全可以独立生存，还有4.2%的人认为智障人士生活需要完全依赖别人的帮助。

表6　　你认为社会上大多数人对智障群体的尊重程度如何

	频率	百分比(%)	有效百分比(%)	累积百分比(%)
尊重	19	26.8	26.8	26.8
不够尊重	40	56.3	56.3	83.1
不清楚	12	16.9	16.9	100.0
合计	71	100.0	100.0	

表7　　你认为智障群体的生存状况如何

	频率	百分比(%)	有效百分比(%)	累积百分比(%)
完全可以独立生存	6	8.5	8.5	8.5
在别人帮助下可以生存	62	87.3	87.3	95.8
完全依赖别人	3	4.2	4.2	100.0
合计	71	100.0	100.0	

根据问卷统计的结果分析，研究者可以对机构所在的社区的社会支持现状作一些探讨，以此来发现社区提供的社会支持的现状及其存在问题，并对其是否能满足机构中智

障群体的情感需求进行一定的思考。

1. 社区居民多持同情态度，表示愿意同智障群体进行交流

调查数据显示，绝大多数的居民对智障群体持一种同情的态度，并表示愿意与智障人士进行交流，了解其内心想法，但在涉及是否介意自己孩子与智障群体进行接触时，1/5左右的居民表示介意。因此，大多数居民虽然能够对智障群体表示接纳与认可，但能够提供的情感支持仍旧是有限的。

2. 社会缺乏足够的尊重，对智障人士能力认可较低

问卷调查发现，超过半数的人认为社会总体上对智障群体不够尊重，社区并没有形成一种包容、平等与尊重的良好氛围，歧视和不平等的现象依然存在。同时极少数人认为智障人士可以独立生存，这说明社区居民对于该群体的能力认可普遍较低，认为其不能完全融入社会。而这种不够尊重的氛围与较低的能力认可度，也是该群体难以融入社会的重要原因，社区对该群体提供的情感支持有待提高。

四、结　论

在上文中，研究者重点探讨了两点内容：一是机构内智障群体的情感需求现状；二是智障群体所在机构和所在社区为其提供的社会支持（主要指情感支持）。其中情感需求根据主体情感状态的不同将其细分为情感宣泄需求、情感呵护需求、情感慰藉需求、情感接纳需求、情感激励需求、情感达偿需求六大类六个方面，机构所提供的的情感支持具体包括反思支持、审美支持、理智支持、社交支持和情感寄托五个方面，社区提供的情感支持则包括社区接纳、社区居民交流意愿、社区尊重及平等氛围和社区居民能力认可四个方面。

综合定量和定性两方面的研究，笔者发现，机构、社区提供的社会支持与智障群体的情感需求关系如图 1 所示（箭头表示支持关系）：

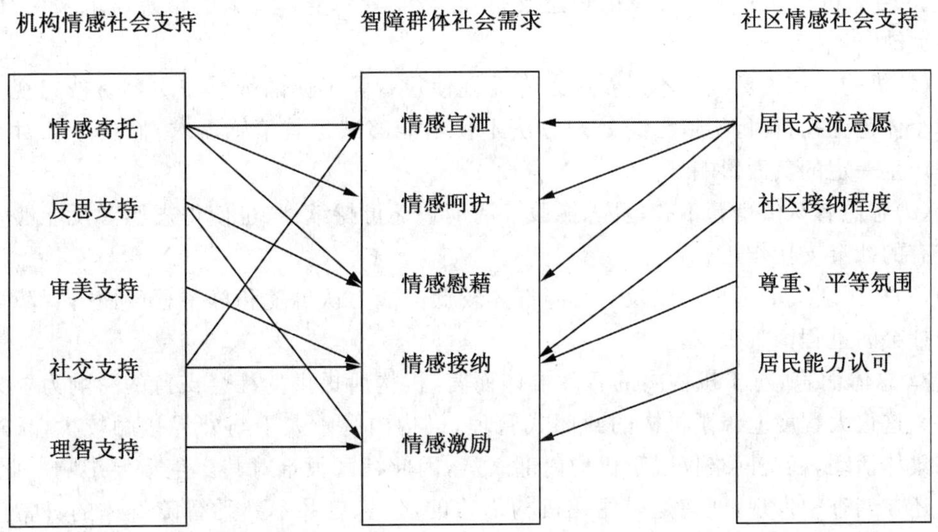

图 1　智障群体情感需求及社会支持现状关系

因此由图1显示的社会支持现状与情感需求关系图,可以得出以下观点:

1. 智障群体的情感需求在现有的机构及社区情感支持下可以得到一定程度的满足。其具体的满足情况如下:

(1)智障群体的情感宣泄需求、情感呵护需求和情感慰藉需求可通过机构工作人员和非正式团体提供的情感寄托支持、社交支持和社区中居民交流意愿来得到满足。智障人士在与机构工作人员和非正式团体的长期生活中形成了较为深厚的感情,当其内心有不良情绪需要宣泄时,便可通过对工作人员和同伴的倾诉或者其他活动得到排解和舒缓。同样,社区居民的交流意愿也使得社区居民成为智障群体社交网络中的一部分,与社区居民的交流活动也有助于情绪的宣泄和释放。当智障人士遭受困难、心情苦闷时,机构工作人员、志愿者、同伴和社区居民的安慰与鼓励便满足了其情感呵护和情感慰藉需求。

(2)智障群体的情感接纳需求可通过机构提供的审美支持、社交支持和社区的接纳、尊重、平等的氛围得到满足。在机构工作人员和非正式团体的审美选择对个体产生影响后,个体受到榜样力量和从众心理的影响,其喜好与行为更加趋向于模仿同伴和工作人员,这种行为会产生机构与非正式团体对个体的认同,从而使得个体更容易被群体接纳。同时志愿者、机构工作人员和非正式团体所提供的社交支持扩大了智障人士的社会交际网络,一定程度上增加了其人际交往活动,从而更有利于其被更多的人认可、接纳。而社区所营造的接纳、尊重、平等的氛围为智障群体接纳需求的满足提供了一个更为优良的外部环境。

(3)智障群体的情感激励需求可以通过机构提供的理智支持和社区居民的能力认可得到满足。在机构工作者和志愿者提供理智支持的过程中,工作者和志愿者的鼓励可以激发智障群体的成就感和对事物的求知欲,从而达到情感激励需求的满足,社区居民对其能力的认可也能够促使智障群体的自我认同和自我价值感的提升。

2. 当下机构和社区所提供的情感支持,相较于智障群体巨大的情感需求来说,仍旧存在欠缺。

(1)机构工作人员人手不足及缺乏专业性使得智障个体的情感需求容易被忽视。当智障个体遭受挫折时,不恰当的处理方法不仅不能够满足其情感需求,而且还会对个体心理产生一定的负面影响。

(2)志愿者队伍良莠不齐,且志愿服务活动缺乏可持续性,也使得志愿者没能够发挥其应有的社会支持作用。

(3)社区居民的不理解以及对智障群体较低的能力认可度和尊重程度使得智障群体融入社会的进程困难重重。

3. 总体而言,对于机构内的智障群体而言,机构所提供的社会支持的影响力要大于社区。这很大程度上源于机构的封闭式管理,机构内智障人士与外界接触较少,且外出时多集体活动,社交网络仅限于机构内部人员,因此社区很难对其产生重要影响。此外,笔者还在调查中发现,即使是居住在机构周边的居民,也并不熟悉智障群体的日常生活情况,只在他们外出活动的时候见过他们,很少有过与其交流对话的经历。社区居民的不了解以及居委会相关工作的疏漏,使得社区的社会支持力度较小,并不能满足智障人士的需求。

探究智障群体的社会支持现状是一个庞大而复杂的工程，除了机构和社区外，政府、社会团体等其他主体也同样发挥了重要的社会支持作用，本文仅抓住机构和社区两方面来进行重点讨论，希望能从中获得一些思考，并以此反思现有的社会支持是否可以满足其需求。总之，社会支持需要更多的资源来壮大，我们也希望伴随着社会的发展，智障群体能够在多方面的支持下，获得应有的权益保护和认可接纳，能够有尊严地生存下去，成为这个社会有分量的一分子。

参考文献

[1]徐启斌:《论人的情感需求》,《上饶师范学院学报》2008 年第 10 期。

[2]李新宇:《远程学习中教师对学生情感支持的构成——理论和实证研究》,《电化教育研究》2012 年第 5 期。

[3]张云齐:《社会支持与心理健康关系研究进展》,《改革与开发》2012 年第 8 期。

[4]汪直:《浅析智障儿童交往能力的培养》,《农业纵横》2009 年第 1 期。

[5]马红英:《智障人士社会接纳度调查》,《中国特殊教育》2003 年第 3 期。

[6]席洪强:《当前我国社会弱势群体的社会支持网络研究》,《科技信息》2009 年第 23 期。

[7]杨光民:《社会转型期弱势群体对社会支持的需求》,《广东青年干部学报》2004 年第 3 期。

（指导教师：周　慧　张　乐）

刑事被害人谅解对刑罚的影响研究

郭建潇❶

随着刑事和解理论的兴起与实践现量刑制度改革的不断推进，被害人在刑事诉讼中的作用逐渐受到关注，人民法院在办理案件过程中也越来越重视被害人的意见，“被害人谅解”逐渐出现在司法领域的视野之中。虽然目前我国刑法没有明确规定将被害人谅解作为法定或酌定的量刑情节，但综观近几年来的司法解释、最高法文件以及相关规定中对此均有大量的表述，而且在新修订的《刑事诉讼法》之中也将被害人谅解纳入其中；在我国的刑事司法实践中，被害人谅解对加害人定罪量刑的制约作用正处于越来越广泛的状态，被害人谅解作为一种酌定量刑情节已经逐步适用于我国的立法和司法活动之中。然而，被害人谅解作为酌定量刑情节，是否有其适用的刑罚根据及现实需求更应该值得探讨。对于司法实践中被害人谅解对刑罚的影响也并非简单直接，而应予以综合考量和规范修正。

一、被害人谅解的司法适用现状

笔者通过调查发现，被害人谅解多存在于侵犯人身权利的案件中，而少存在于普通的财产侵犯案件中，尤其是在故意伤害案件当中，被害人谅解最为显著。当然，基层法院与中院在出现被害人谅解比例上及其对刑罚的影响程度上也存在较大的差异。由于基层法院审理的案件性质都比较轻微且案情简单，一般经过法院的调解，被害人较容易达成谅解。在东营市某一基层法院的调研中，笔者从 2011 年刑一庭审结的 86 件刑事案件中选取了 8 起故意伤害案件和 11 起交通肇事案件，其中存在被害人谅解的案件数分别为 4 件和 9 件，比例分别达到了 50％和 80％。中院所审理的案件虽多为二审且案情复杂，当事人间的矛盾较深，但据东营市中级人民法院的刑庭法官介绍，中院出现被害人谅解的情形也不在少数，2011 年甚至达到了 50％左右。

被害人选择谅解的原因根据案件的不同而有异，但其中最主要的原因还是犯罪人真诚悔罪、赔礼道歉或作出经济赔偿，而且其对于被害人谅解可谓是起到了主导性的作用。

---

❶法学院 2010 级法学专业。

在调研过程中，无论是哪一个法院的法官都明确表示，被害人谅解与犯罪人的悔罪是密切关联的，其中判定犯罪人悔罪的最直接方式就是看犯罪人的认罪态度和补偿措施。因此，谅解总是与赔偿挂钩。但这并非可以直接把赔偿作为谅解的前提，司法实践中关于赔偿与谅解间的关系也复杂多样。

法官在审理案件时，通常会以《人民法院量刑指导意见（试行）》实施细则为参照，把赔偿和谅解分开处理：比如犯罪人确实悔罪且已赔偿，但被害人就是不表示谅解，这样法官在量刑的时候会根据赔偿情况酌定减轻刑罚，但谅解部分没有达成，相应的从宽幅度就没有；再者，在犯罪人没有能力赔偿或者只进行了部分赔偿的情况下，被害人也有可能会谅解，亦即出现"单纯善意谅解"的情形，法官也会作出从宽处理。但从总体情况来看，法官作出裁量时一般还是依照"'悔罪—赔偿—谅解—从宽'的基准模式"[①]。在既有赔偿又有谅解的情况下，法官在量刑时会将两个因素同时纳入其中并根据量刑幅度进行一定的相加，但并不是完全的同向相加，也没有固定的程度标准，还是需要在处理时依具体的案件情况、综合各方面因素进行考量。同时，这也是对法官自身素质、审判经验以及合理发挥自由裁量权的考验。

二、"单纯善意谅解"的个案考察

由于在调研之前收集到的材料显示，被害人谅解总是与犯罪人的悔罪、赔偿等情节相关联，在量刑时分别酌定的界限也不鲜明，因此笔者对是否存在被害人"单纯善意谅解"的情况[②]以及单独适用此情节对刑罚产生的影响进行了特别关注和统计，以考察其是否有作为单独的酌定量刑情节存在的必要。

在司法实践当中，被害人单纯善意谅解的案例可谓是比例极少，一般只出现在以下几种情况：一是未成年人或者刚成年的人犯罪；二是亲属之间的犯罪；三是案件发生久远。此外，也可能由于犯罪人是初犯、偶犯、过失犯罪等。而且，被害人单纯善意谅解的前提一般是犯罪人的犯罪情节轻微，即使未赔偿也对被害人做出赔礼道歉、认真悔过等补偿措施。毕竟，犯罪行为给被害人带去的不仅是身体或者物质的损害，更大可能地造成其精神受挫或者惊吓，甚至失去正常的生活能力或者生命，单纯善意谅解的情形自然不多。

被害人表示谅解并不意味着犯罪人不需要承担刑事责任，其作为酌定量刑情节予以考量时，也总是伴随着犯罪人的悔罪、道歉或赔偿等，而少有的"单纯善意谅解"也只是出于被害人的善良品德和宽容本性，并不能否定犯罪人的主观恶性和人身危险性。由此可以看出，被害人谅解很难成为一个单独的酌定量刑情节。

---

① 王瑞君：《赔偿该如何影响量刑》，《政治与法律》2012年第6期。

② 此处的"单纯善意谅解"是指在不存在加害人悔罪、赔偿等情节或者赔偿的数额不足以弥补被害人损失的情形下，被害人仍表示谅解，对加害人不追究刑事责任或请求从宽处罚的行为。

三、被害人谅解适用的刑罚根据探讨

对于刑事被害人谅解能否作为酌定量刑情节对刑罚产生影响,学术界和实务界众说纷纭。支持者认为,“在宽严相济的刑事政策的法治背景下,被害人谅解作为量刑情节,在理论上有依据、在法律上有渊源、在实践中有需要,它不仅是法治日臻完善的象征,更是社会和谐发展的体现”①。反对者认为,“将被害人谅解作为量刑情节不符合刑法罪刑相适应原则,缺乏法律依据,不利于树立司法公正形象;被害人的谅解,既不是犯罪事实的组成部分,也不是刑法规定的量刑情节,不能反映犯罪行为的社会危害性和犯罪人的人身危险性,不能据此评价犯罪人的刑事责任大小”②。

笔者认为,张明楷教授对于量刑情节存在必要性的探讨非常值得借鉴,他指出:“对影响量刑的任何情节,都不能只看表面,而要看其实质。影响量刑的情节,要么是影响责任刑的情节,要么是影响预防刑的情节;而影响预防刑的情节,只能是影响一般预防的情节与影响特殊预防的情节。”③因此,对于被害人谅解能否作为酌定量刑情节的考察,要看其是影响责任刑的情节,还是影响预防刑的情节。

对于影响责任刑情节的认定,责任的存在是对犯罪人处以刑罚的前提,而行为人责任的减少则是其得以从宽处罚的依据。对于被害人谅解,我们可以界定为:在刑事案件发生后,由于犯罪人本身的某种特质或是犯罪人对被害人作出一定的补偿措施,而使得被害人一方对犯罪人表示原谅和宽宥,从而对犯罪人作出不起诉或者请求法院从宽处理的行为。但值得注意的是,被害人自身表示的谅解仅仅是被害人对伤害所作出的可选择性的回应,而无法成为犯罪人责任减少的依据,因此也不得成为影响责任刑的情节。例如前述的被害人“单纯善意谅解”情形下,当犯罪人并未对被害人作出任何补偿措施时,被害人仍由于其善良宽容而作出单方面谅解,但这不能成为犯罪人责任减少的依据。

对于影响预防刑情节的认定,可以分为影响一般预防和影响特殊预防的情节。显然,被害人谅解不是影响一般预防的情节,因为对于尚未犯罪的人而言,不会因被害人谅解情节对刑罚的影响而消除犯罪意念和减少犯罪几率。从特殊预防的角度出发,虽然被害人的谅解行为可以使犯罪人产生心灵上的愧疚,从而主动承担责任和打消再次犯罪的念头,但不能据此完全断定犯罪人人身危险性的降低。而且,被害人达成谅解基本是由于犯罪人的真诚悔罪、赔礼道歉、积极赔偿等,而这些情节本身就是犯罪人人身危险性降低和特殊预防必要性减少的证明,被害人谅解只不过是衡量的辅助依据罢了。因此,将被害人谅解作为影响特殊预防的情节也存有不妥。

综上分析,“由于被害人谅解无法改变所犯罪行的性质和轻重,也无从证明犯罪人犯罪时的主观心理状态的减轻”④,因此在影响责任和预防情节角度出发,被害人谅解缺乏

---

① 付雷、张晓雯:《也谈“被害方谅解能否成为量刑情节”》,2012 年 10 月 15 日,http://www.chinacourt.org/html/article/200808/26/318737.Shtml.

② 刘兵:《被害方谅解能否成为量刑情节》,2008 年 8 月 5 日《检察日报》。

③ 张明楷:《责任主义与量刑原理——以点的理论为中心》,《法学研究》2010 年第 5 期。

④ 王瑞君:《刑事被害人谅解不应成为酌定量刑情节》,《法学》2012 年第 7 期。

成为酌定量刑情节的依据。

量刑情节与其他社会现象一样，并不是从来就有的。量刑情节依附于刑罚制度，是随着量刑根据的变化而发生演变的。“被害人谅解”虽然是一种简单的单方意思表示，但其能否作为刑事审判中的量刑情节予以考虑却是在现代文明社会才真正被人们提出和争论。因此，从刑罚根据的历史演变探究被害人谅解能否成为酌定量刑情节可以准确地把握其产生背景和正当化依据。

从历史发展的角度来看，报复刑时期表现出鲜明的刑罚与犯罪形态的对等统一，“以眼还眼，以牙还牙”是那个时代的刑罚观，“刑罚的裁量仅以犯罪造成的客观损害后果为唯一根据，犯罪人的主观恶性及与惩罚犯罪考虑的其他功利因素，都不在权衡之内，量刑与定罪同时完成，不存在独立的量刑阶段”①。因此，在这一时期下，不存在“被害人谅解”作为量刑情节予以考量的情形，亦不会对刑罚产生影响。18～19世纪，受德国古典哲学思想的影响，强调功利主义的刑罚观，注重刑罚威慑与犯罪预防，关注犯罪行为本身而很少关注被害人，此时，被害人谅解也很少受到重视并很难对刑罚产生影响。到了近代学派产生时期，刑法是以预防再犯、防卫社会为目的的，对犯罪人判处刑罚的轻重根据罪犯人身危险性和社会危害性的大小来决定，同时强调刑罚的轻缓化，“宽宥”制度的出现说明被害人谅解作为量刑情节已出现在立法中。② 但由于当时人们“杀人者偿命，欠债者还钱”的思想根深蒂固，因此宽宥制度多为立法中的摆设，而极少运用到司法实践当中，自然对刑罚的影响也微乎其微。

直至20世纪六七十年代，随着恢复性司法的提出与适用，被害人的权利逐渐受到关注，此时对于犯罪的处理，强调在犯罪方和被害方之间建立一种对话关系，以犯罪人主动承担责任消弭双方冲突，并通过社区等有关方面的参与，修复受损的社会关系和维护人际和谐。在此基础上，刑事和解制度应运而生，被害人与加害人之间的协商和沟通、调停人的帮助与调解都对刑事案件的有效解决起到推动作用，其目的是弥补被害人受到的伤害、恢复被加害人所破坏的社会关系并使加害人改过自新，重返社会。而正是在这样的理论支撑下，被害人谅解成为酌定量刑情节具有正当性和必要性。

从被害人的角度看，首先是被害人的权利和诉求得到实现与尊重，再者，被害人谅解后一般能够得到犯罪人的认真悔罪和积极赔偿，在精神和物质上都能够得到抚慰与补偿，避免造成二次伤害。从犯罪人的角度出发，在取得被害人谅解后，能够得到从轻处罚，有利于认罪反省和最后复归社会，并可能会对今后的改过自新产生一定的积极意义。再者，被害人谅解不仅有利于形成良好的审判效果，而且对于双方当事人关系的修复、社会矛盾的化解以及社会稳定秩序的巩固都有一定的意义。可以说，恢复性司法和刑事和解制度为被害人谅解影响刑罚提供了重要的理论支撑，同时被害人谅解的适用也有效地推动了刑事和解的达成和恢复正义的实现。

---

① 周金刚:《量刑情节研究》,法律出版社2012年版,第22页。

② 参见何勤华、夏菲主编:《西方刑法史》,北京大学出版社2006年版,第292页。

四、被害人谅解影响刑罚的条件和规则设计

通过对被害人谅解适用的刑罚根据的探讨,可以看出,虽然被害人谅解总是与犯罪人的悔罪、赔偿等情节相关联,但并不能由此否认其作为独立量刑情节的正当性和必要性,谅解对于刑罚的影响更是恢复正义和修复秩序的诉求。而在司法实践当中,被害人谅解虽作为酌定量刑情节被广泛运用,却仍缺乏明确和细致的规范。笔者认为,对于被害人谅解影响刑罚的条件和规则设计也应引起足够重视。

(一)自诉案件中的被害人谅解

在自诉案件当中,由于被害一方的起诉才是启动司法程序和追究加害人刑事责任的前提,所以被害人对加害人表示谅解、不提起诉讼即是放弃对加害人施以刑罚的权利。此外,根据新《刑事诉讼法》第 206 条的规定"人民法院对自诉案件,可以进行调解;自诉人在宣告判决前,可以同被告人自行和解或者撤回自诉……"达成和解或者撤回自诉也说明被害人对被告人达成了谅解,因此对于被告人的刑罚也因此而消灭。

(二)公诉案件中的被害人谅解

1. 对被害人行使谅解权的规制①

虽然谅解作为被害人的一种权利不容忽视,但在公诉案件当中,其行使并非随意,仍然要符合一定的法定条件:一是必须基于被害人的自愿。但笔者认为,如果被害人为了能够获得赔偿而对犯罪人表示谅解,也属于出于其自愿的范畴。二是犯罪人必须对其罪行予以承认。如果不认罪,实质是对侵害行为和造成后果的否定,即使被害人谅解,对于犯罪人也难以起到预防再犯的作用。三是必须具备案件事实清晰明确、证据确实充分的客观前提。四是被害人必须向司法机关说明对犯罪人已表示谅解,请求司法机关对犯罪人免于刑事责任或者从宽处罚。被害人谅解虽然是被害人的单方意思表示,但一旦涉及刑罚与裁判,就必须依照法定或正当的程序进行,否则对于被害人谅解权的滥用或者臆断,都不利于保护被害人的利益和维持公平正义。

2. 和解公诉案件中的被害人谅解

对于可以适用和解的公诉案件,被害人谅解是达成和解的必要前提。因为只有通过当事人之间的磋商,被害人对犯罪人的行为表示了谅解,才利于双方在司法机关的主持下进一步形成和解协议。我国《刑事诉讼法》第 277 条规定了可以适用和解的公诉案件范围:一是因民间纠纷引起,涉嫌侵犯公民人身权利、民主权利和侵犯财产犯罪案件,可能判处三年有期徒刑以下刑罚的;二是除渎职犯罪以外的可能判处七年有期徒刑以下刑罚的过失犯罪案件。在以上案件当中,犯罪嫌疑人、被告人真诚悔罪,通过向被害人赔偿损失、赔礼道歉等方式获得被害人谅解,被害人自愿和解的,双方当事人可以请求司法机关制定和解协议,从而使得犯罪嫌疑人、被告人免予刑事处罚或得到从宽处罚。

---

① 参见张少林:《浅谈被害人谅解行为制度的建构》,《江西公安专科学校学报》2009 年第 1 期。

值得注意的是，并非所有可以和解的公诉案件最终都能够达成和解，即便被害人表示了谅解，双方之间也形成了磋商意见，但公诉案件中的刑事和解毕竟不同于民间“私了”，仍需司法机关综合案件性质、案情发展及犯罪人表现等多重因素作出最终裁决。如果最终未形成和解协议，案件即照正常模式处理，但这也并不意味着被害人谅解在此时没有发挥作用，谅解仍可作为酌定量刑情节对犯罪人的刑罚产生一定程度的影响。

3. 不可以和解公诉案件中的被害人谅解

不可以和解的公诉案件在刑事案件中占有很大的比例，在这些案件中也不乏被害人谅解的情节。综观我国目前有关被害人谅解的规定，多把其适用范围限定在犯罪情节轻微或者犯罪性质危害性不大的案件当中。但是，在重罪甚至是死刑案件中，也不排除被害人谅解的情形。在这种情况下，司法机关不能忽视被害人可以行使的谅解权，也不能以正常或超常的量刑幅度衡量被害人谅解所应发挥的作用，而是可以在部分重罪案件乃至部分死刑案件中谨慎、限制性地适用被害人谅解，综合犯罪性质、罪行轻重、人身危险性等因素定罪量刑。笔者认为，可以在以下几个方面考虑被害人谅解在重罪及死刑案件中对量刑的影响：

首先，从犯罪主体角度考虑，特定主体的犯罪案件中被害人谅解可以作为被告人减轻、免除刑罚的情节，包括未成年人犯罪后如实交代罪行、真诚悔罪、尽力减少和赔偿损失且社会危害性不大的案件，成年人为初犯、偶犯、从犯、被教唆犯等主观恶性和人身危险性较小的案件，亲属之间矛盾能够有效化解的案件等，这些案件适用被害人谅解，不仅可以教育和预防犯罪人再犯，而且还会使被害人得到精神慰藉和物质补偿，有利于化解双方矛盾与稳定社会关系。

其次，从犯罪客体考虑，对于部分侵害个人法益的重罪或死刑案件，如果被害人表示谅解，法官可以在量刑时综合案情适当予以从宽，但一定要注意从宽的限度；但在侵害国家、社会法益的情况下，被害人无法代国家和社会公众行使处分权[①]，因此谅解行为不应成为影响量刑的因素。

再次，从犯罪人的主观方面考虑，过失犯罪案件的被害人谅解适用范围可以适当放宽，而对于主观上为故意的重罪或死刑案件，被害人谅解影响刑罚的作用则微乎其微，甚至不应在实质上影响刑罚的最终确定。

最后，从犯罪的客观方面来看，也应该综合考虑危害行为、危害结果以及犯罪方法等对犯罪人的人身危险性和社会危害性大小进行衡量，从而确定被害人谅解能够在多大程度上对犯罪人的刑罚产生影响。

五、结　语

刑事被害人谅解是被害人参与案件、表达意愿的权利，更是对加害人是否应当应承担刑事责任和在多大程度上施以刑罚的重要考量因素。司法机关在处理刑事案件的过程中，应当尊重和保障被害人参与表达的权利，也应该出于缓和双方矛盾、稳定社会秩序

① 参见陈罗兰：《重罪案件刑事和解适用范围研究》，《法律适用》2010年第6期。

的需要,对当事人进行调解或主持和解,但最为重要的前提,是必须维护刑法的严肃性和刑罚的正当性。在目前的刑事司法中,被害人谅解行为作为一种酌定量刑情节予以适用有其刑罚根据和独立存在的必要及价值,但在适用限度上不应当无所节制,而应限定在适当的范围内。对于刑事被害人谅解的适用,仍需要法律人不断地探索求知,法律的完善和社会的稳定更需要每一个公民的参与。

(指导教师:王瑞君)

德、英民诉制度在山东租借地的"本土化"研究

江　川[1]

近年来，法学界涌现出各类要求完善我国民事诉讼制度的思潮，学者们在认真反思我国民事司法中的种种缺憾的同时，普遍将兴趣转向了域外的法制资源，希冀借助对发达国家民诉机制的吸收与移植，为我国司法改革注入新鲜血液。不过，西方国家的法律制度毕竟发端于特定的西方社会，所能发挥的最大功效也仅限于斯。每一类具体诉讼程序的背后，都蕴含着独特的人文色彩。如何遴选出符合我国发展要求的程序机制并加以可操作的改造，成为中国法律人不得不思索的一大难题。颇为微妙的是，百年前的英国、德国殖民者们初次进入完全陌生且纷繁复杂的传统中国土地时，也为怎么能将与之几乎格格不入的程序制度植入这典型的乡土农耕社会所困扰。笔者将以一种逆向的研究视角，即外来法律制度本土化的角度，通过威海和青岛两地成为"租借地"时期的史料分析，解析英德两国向"租借地"移植的民事诉讼制度经过了怎样的调整改变，从而较为成功地减轻了变革的阵痛，顺应了当时社会商品经济发展的潮流。此前，有必要介绍的是19世纪英国、德国自身也分别经历的一场划时代的民事司法革新，即便是远离本土的威海、青岛两地，民诉法制建设也深受此次改革的影响。

一、英国民事诉讼制度在山东租借地的"本土化"进程

(一)19世纪英国民事诉讼制度改革简介

19世纪30年代伊始，老成谋国的英国人开始了近一个世纪的循序渐进的民事司法及诉讼制度改革，逐步确立了一整套完善缜密、可操作性强的民事程序制度。这场改革主要包括以下核心内涵，而这些内容也几乎能原封不动地从日后英租威海卫民事司法体例与民事诉讼中提炼出来。

1. 统一司法权，规范各类司法组织，明确划分各法院管辖权，避免交叉管辖；成立枢

---

[1]法学院2011级法学专业。

密院司法委员会总揽大不列颠及北爱尔兰联合王国和各海外殖民地、自治领的上诉案件。[①]

2. 简化诉讼程序,裁汰不必要的诉讼环节;废除令状制度,起诉材料规范但力求简约;提高法院审判效率,避免案件积压,但保留重视程序的法治原则。[②]

3. 规定合理的诉讼费用,禁止法官及法院职员收受、索取额外费用,同时严惩贪腐行径。

4. 对书面材料、判决书等要式要求较为宽松,判决内常引经据典,形式较为散漫。[③]

经过这次完全的民事诉讼程序的改革,英国的民事司法制度步入了一个蕴含自由民主平等思想的新时代,基本完成了民事法律制度的现代化。这也让法治观念真正深入社会生活。诞生于改革的现代化的司法机制为英国民主制度的发展奠定了坚实的基础,而这次改革的余晖,也不遗余力地照耀在远在天涯的威海卫。

(二)英租威海卫时期的民事诉讼制度简述与比较分析

总体而言,英租时期的威海卫内存在着一种二元法律体制,区别于英国本土的普通法与衡平法分立的二元法律结构,该制度包含着一些无奈的因素,这并非是一个刻意设计、精巧计算的结果,而是"徘徊于东西方之间"[④]的产物。本性趋于保守的英国人不大可能也没有必要强行推行不切实际的法制,这样可能带来的社会动荡与大英帝国声誉扫地的隐患更值得担心。所幸的是,这套二元体制成功地完成了它的任务,它不仅维系了当地的稳定,而且还促进了威海港商品经济的发展,各位行政长官颇受爱戴,大英帝国的名誉也没有受到任何冲击。

1. 民事司法组织与司法人员

1901 年英国设立威海行政公署,作为租借地最高管理机构。行政公署下设正副华务司作为行使司法权的主要机关,其中正华务司主管审理民事案件,亦分管财政、民政、文案、狱政等行政事务,且正副华务司长官同时兼任南北两大行政区行政长官。从英国法制在威海卫"本土化"的角度,这套体制始终带着源自英国的烙印,19 世纪的英国本土司法改革的一点核心内容即是统一司法权,建构司法的中央集权制度,分明法院管辖权限,法院体系结构简单,同时对法官素质的要求也颇高。行政与司法权集中于长官一人之手,司法并不独立与行政政治,或多或少地承担着维系社会稳定的职能。

2. 一般诉讼流程

英租时期威海卫的民事诉讼一般流程包括以下内容:

(1)诉讼当事人(一般为原告)前往司法官官邸或法庭将诉状递交给司法官,或将诉状投入专门的诉状箱内(租借地内曾试行了一段时间的特许状师制度,但后来由于操作性的原因状师行当被完全取缔)。

(2)诉状提交后,司法官择日开庭并传唤各当事人到庭接受询问。

---

① 参见程汉大:《英国法制史》,齐鲁书社 2001 版,第 71 页。

② 参见毛玲:《英国民事诉讼的演进与发展》,中国政法大学出版社 2005 年版,第 64 页。

③ 参见程汉大:《英国法制史》,第 72 页。

④ 张志超:《徘徊于东西方之间:英租威海卫时期的法治》,《开放时代》2009 年第 2 期。

(3)法庭审判程序较为宽松,双方当事人由于没有律师的相助,往往由亲属陪同到庭并共同参与证据认定与法庭辩论等环节,司法官也并不如英国本土的法官“消极”等待陪审团认定事实,听取律师辩论。相反,时常要承担普及法律、充当双方法律顾问、纠问案件实情等职能。

3. 民事纠纷调节

威海卫租借地另一类重要的民事纠纷解决机制是民事调解制度。殖民当局保留了在基层中国原有之村董制,并以此为基础建立总董制。日常民事纠纷由村董、总董及其他族内长老调解,且法庭通过专门下发“息诉凭单”赋予之法律效力,调解成功则据此为书面凭证而不得再兴诉讼,再诉法院不予受理。调解制是中国传统的纠纷解决机制,英国式司法体制借助村董、总董的力量与权威与之联结,进一步完善了英租威海卫的民事司法体制。

4. 诉讼费用

英租威海卫政府收取的诉讼费用较为低廉,甚至存在近十年间不收分文诉讼费的情形。不该当忽视的是,此亦为英国司法改革中的核心要求之一。这套体制下人们乐于以法律解决纠纷,甚至出现过“健诉”的诉讼心理,迫使当局后期以收取较高费用为手段减少不必要的诉讼。[①]

5. 民事判决文书

英租时期的判决文件可称是中西合璧的最好阐释,一方面既继受了英国法律判决形式不拘一格、散漫多变、好引经据典的内涵要式;另一方面则常常以道德经典、圣贤之帝的圣谕为所引之典,比较好地能让民众接受。

在一些宝贵的资料卷宗中,时常体现着当时的法官(常为行政长官)并不严格执行规定的具体诉讼环节,法庭中常常是双方当事人拖家携口各执一词,场面激烈,而法官为确定案件事实间或亲自策马去案发地了解情况,之后快速判决,判决书中也常常引用道德教化格言或圣谕。同时法院审理效率极高,诉讼拖延极其难见,诉讼费用低廉,适应了当时商业发展要求快捷高效结案的趋势。而最为关键的一点则在于威海卫地区社会变革“出人意料”地缓慢,立法与司法中存在的法律供求关系在三十年中始终处于相对均衡的状态,“直到1930年中国政府收回威海卫时,租界内的男人还梳着辫子,女人还裹着小脚。”[②]用本土法制资源之形而行英方所欲之内核,顺民情,得民心,是英国殖民者在威海卫租借地治理得当的关键。

二、德国民诉制度在山东租借地的“本土化”进程

(一)19世纪德国民事程序制度的传承与发展

1862年,德国集中其国内法学界几乎所有精英人物,花费十余年的时间,制定了在世

① 《法庭诉讼和收费规定》,威海市档案馆馆藏,档号229-001-140-0645。

② 王一强:《“你们倒使我们的人中国化了”——威海卫办事大臣庄士敦临别演说词的法文化解读》,《法制与社会发展》2004年第5期。

界民事诉讼法发展史上可称为里程碑的近代民事诉讼法典——《德国民事诉讼法》[①],并于 1877 年颁布。该民事诉讼法(简称 CPO[②])历经帝国时期、魏玛共和国时期、纳粹统治时期、二战后的联邦共和国时期,沿用至今。虽历经多次(有时规模还很大)修改,但从未将整个法律废除,彻底更新。[③] 1877 年颁布的《德国民事诉讼法》在德国民事诉讼法制史上具有继往开来、承前启后的作用。它主要蕴含着以下一些内涵:

1. 司法机构法定统一

统一后的帝国用铁腕手段将日耳曼民族推上资本主义发展的狂飙时代的同时,这部 1877 年《帝国民事诉讼法》让德国的大部分地区开始适用与其已经熟悉的民事诉讼法——有的已经适用了上百年——完全不同的民事诉讼法。[④] 通过国家集权的方式,德国民事诉讼制度摆脱了传统各邦纷繁复杂的诉讼法令之羁绊,更是开现代诉讼法制之先河。

2. 自由主义思潮下科学完备的证据制度与诉讼原则

德意志帝国的崛起并非建立在皇权的高度专制与容克贵族的专横掠夺之上,弥漫在欧洲大陆的自由主义思潮深深影响了每一位参与立法的德国绅士,以直接审理主义、程序与辩论的公开主义为核心的言辞主义被 1877 年德国诉讼法接受,这部法典同时逐步废除了此前繁苛、易被操控的书面主义。此外,反专制制度在自由民主的呼声下被接受,国家采取秘密行动(秘密羁押、拷问等)的权力被剥夺,"外行"组成的陪审团也参与到案件事实认定中。更为重要的是这部法典确立的一系列如"作出判决的法官要据自己的体验了解案情与参与人,而非通过已经被他人主观化的转述""裁判者不关心微不足道的法律不利"、集中审理主义、"你给我事实,我给你审判"等审判、管辖原则至今仍然为主流观点所接受。

日后的胶澳地区在被德国租借期间各类纠纷接连不断,据《青岛开埠十七年—〈胶澳发展备忘录〉全译》一书的相关数据,胶澳德国皇家法院连续五年受理案件的数量都在 1 万件以上,每位法官年平均受理案件三四千件,每天要处理十几起案件。[⑤] 如此繁重的工作量,没有一套科学合理的诉讼程序自然是无法完成的。而上述核心内容正是这套高效运作的诉讼制度的灵魂。

(二)德租时期胶澳地区的民事诉讼制度简介与比较分析

1898 年,德国趁山东曹州"巨野教案"之机率先租借胶澳湾。德国为将胶澳建成"样板"殖民地供其他海外殖民地效仿,不仅向这个海滨城市投注了大量金钱与人力,更通过

---

① 参见张卫平:《大陆法系民事诉讼与英美法系民事诉讼——两种诉讼体制的比较分析》(上),《法学评论》1996 年第 4 期。

② 参见[德]卡尔·奥古斯特·贝特尔曼:《民事诉讼法百年——自由主义法典的命运》,赵秀举译,中国政法大学出版社 2005 年版,第 50 页。

③ 参见《德意志联邦共和国民事诉讼法》,谢怀栻译,中国法制出版社 2000 年版,第 1~2 页。

④ 参见[德]卡尔·奥古斯特·贝特尔曼:《民事诉讼法百年——自由主义法典的命运》,第 52 页。

⑤ 参见青岛市档案馆编:《青岛开埠十七年——〈胶澳发展备忘录〉全译》,中国档案出版社 2007 年版,第 10 页。

土地改革建立起一整套完善的法律体系与司法制度。[①] 据《中德胶澳租借条约》第3条规定："德国所租之地，租期未完，中国不得治理，均归德国管辖，以免两国争端。"据此，德国获得了在青岛一系列的管辖权，司法管辖亦括在内。[②] 殖民者在胶澳租借地设置了一整套司法体制，针对德国等西方国家包括日本人设置了胶澳皇家法院，针对华人则设置了青岛区公所和李村区公所，行政兼理司法。[③] 1898年《中德胶澳租借条约》签署后，德意志帝国事实上获得了对胶澳租借地司法的控制权，并在财政支出中追加了非经常性的开支，用于胶澳地区的司法建设，包括派出法官、设立法院等司法机构所需费用。由于德国政府的大力支持，胶澳租借地的司法框架很快搭建起来。

1. 民事司法组织与司法人员

德国人登陆之初，即在胶澳湾地区设立了区公所这一极富殖民色彩的司法体制。一份落款为1898年4月15日的文件显示，租借区以内在青岛李村两处设立地方官署，专理华人词讼。[④] 区公所在受理的案件上也有严格的限制，只能受理民事中诉讼标的额小的或者承担刑事责任较轻的案件，其余则要归胶澳皇家法院受理。民事诉讼中物产钱债则管至250元，如果在250元以上则要归胶澳皇家法院受理。

2. 一般民事诉讼流程

在德租胶澳湾地区的诉讼制度中非常明显地被打上了其本国的1877年《帝国诉讼法》核心内核的烙印，胶澳皇家法院自不用多叙，但即使是在为华民而设的区公所，所体现的言辞主义也比较明显。如除特殊情况下，当事人不得在诉讼过程中委托全权代表，须亲自出庭应诉；对于判决书要装订卷宗，并且把证人证词等书面法律文件录入卷宗。[⑤] 另外，所有涉及可能罚款的案件都需要缴纳"堂费"，即所谓的诉讼费，对于涉及金钱的案件，原告须预交诉讼费，诉讼费按照所控数额的2%收取，但是胶澳皇家法院至少以10元为限，区公所以1元为限。由败诉方承担诉讼费用，其赔还原告并且区公所的行政长官有权减免当事人所应当缴纳的诉讼费。[⑥]

3. 无法抹去的殖民色彩

在民事诉讼过程中，即使是在自己的国土上，华人须遵守清朝法律与德国人之法律，德国人却只需遵循德国本国法。这种不平等更体现在案件的判决中，对华民的歧视似乎根深蒂固，德国人伤害华人的案件中，德国国民仅仅负象征性的民事赔偿，反之华人伤害德国人的案件则大多判处刑罚。国力衰微之际，王朝尚不能自保，大清帝国哪有余力顾及远在胶澳湾的华夏子民，这也属于德国人对华民保留不尊重、歧视态度的一大原因。

德意志帝国在胶澳湾地区成功地建立起了一套成功的"现代化"民事诉讼法制模式，

---

① 参见解锟：《"样板"殖民地的法制模式——1897～1914年德属胶澳租借地时期法制考略》，华东政法大学硕士学位论文，2007年。

② 参见王铁崖：《中外旧约章汇编》第1册，三联书店1962年版，第168～169页。

③ 参见褚衍文：《"区公所"——德国侵占我国青岛时期德国对华人的司法审判制度探究》，《法制与社会》2011年第9期。

④ 参见谋乐：《青岛全书》(上卷)，青岛印书局1914年版，第20页。

⑤ 参见谋乐：《青岛全书》(上卷)，第55页。

⑥ 参见解锟：《样板'殖民地的法制模式——1897～1914年德属胶澳租借地时期的法制考略》，华东政法学院硕士学位论文，2007年。

反向而言即是使胶澳地区较为成功地接受了德意志本土民事诉讼制度,日耳曼人借鉴了他们自身继受罗马法的经验,不急于清除当地的原有的法律制度与社会规范的同时,积极主动地探寻一种能顺应当地商品经济发展、适应同化华民的新的法律秩序,也通过社会政策抵消民众对殖民行径的反感,更主要的是由于德国对胶澳湾的高投入极大地刺激了当地经济的发展,迫不及待地投身工商业发展的人们对诉讼程序高效的渴求甚至超过了公正本身,在商品经济的大潮中传统社会土崩瓦解,一套全新的法律体系需要与社会磨合的时间较少。纵然如此,德国殖民当局还是因其较为严厉的统治手腕,残酷的殖民掠夺,对华人的歧视态度在历史上留下了毁誉参半的名声。殖民色彩浓厚的法律制度,势必与历史大潮相悖,纵然再"进步科学",终究也不能获得真正的认可。

三、启示与借鉴

诉讼制度作为程序法制的关键部分,关于其能否移植的争论一直不绝于耳。我国于2013年正式施行的新诉讼法有参考国外各域诉讼法学理论的痕迹,但依旧是走中间路线,不温不火,踏实稳重。达玛什卡曾深刻地指出:"如果激发国内改革的源泉是一种外来的理念,而且这种理念所来自的国家具有一套不同的程序制度,这种程序制度根植于人们对待国家权力结构的不同态度以及不同的政府职能观念,那么,改革者们必须对此保持高度的谨慎。"①

历史似乎在告诉我们这样一个真理,"中国的事务只有用中国特有的方式解决"。这片富饶而复杂的社会土壤里,沉淀着浩瀚的哲思与韬略,类似于酱缸文化的儒学文明用中庸之道将各类本自成体系的思想作出符合中华民族思维逻辑的解释,而这种顺应民族性格的解释也成了让国人心悦诚服接受新兴事务的基础。纵然社会学家称理性是一切权威的来源,趋于现代性的变革由于民众整体的理性判断而获得支持。但美国学者加尼班也曾提出:"在这个世界上,你可以超越习俗与限制,但不能无视他们走太远。"

英、德殖民当局清醒地意识到强行将外来的民事诉讼法律制度嫁接至传统乡土社会的结局必然是民众作为或不作为的抵制,祖祖辈辈接受"礼治"思想的传统中国国民并不在乎甚至不会察觉所谓"程序正义",一个合理的、符合皇帝圣谕与道德伦常的判决对于他们而言即是满意的结果。费孝通先生如此描绘道:"生于斯、长于斯、死于斯的社会所信赖的是公认合式的行为规范,而维持'礼'这一行为规范的是社会所积累的经验——传统。"②德国与英国发觉这一关键后作出了不同的对策,雄心勃勃的德国人向胶澳湾投注了大量资金与人力后掀起当地资本主义经济发展的狂潮,在商品经济与雇佣劳动将传统乡土社会连同传统行为规范冲击得体无完肤后,推出一整套合理高效的诉讼体制,并将"西人"与华民分而治之,从而巧妙地用一次剧烈且全面的社会变革化解了当地居民对新的法律制度的抵触。而资金、人力投入都相对较少的英租威海卫,治理殖民地经验丰富

① [美]米尔吉安·R·达玛什卡:《司法和国家权力的多种面孔——比较法视野中的法律程序》,郑戈译,中国政法大学出版社2004年版,第131页。

② 费孝通:《乡土中国》,人民出版社2011年版,第72~73页。

英国人选择了顺应乡土社会及其行为规范的方式，拾起中国的惊堂木与杀威棒，以村董制借助氏族长老的权威治理地方，在诉讼过程中重视调解，在判决中加入道德教化，在东西方之间保持着微妙的平衡，奠定了威海卫三十余年平稳安定的社会基调。从法律移植的宏观维度层面观察，二者殊途同归。

除笔者讲述的英、德民诉制度在山东租借地的“本土化”进程外，日耳曼人继受罗马法、日本仿效德意志法均取得了良好的社会法律效果。这一系列成功的法制移植的案例中，本国（本土）的法律传统与面临的现代性转向以双向思维，即平等协商的方式达至一种微妙的平衡。概括而言，是用本国国民能够接受的传统方式表现现代的法治精神，当这种精神被完全领悟后再对之作出以现代形态的表达。这种循序渐进的方式成本低廉，产生的社会阵痛感相对较轻。一个有远见并不断发展的民族不会害怕社会变革。转型期，新的经济、政治、社会因素的涌现时常挑战相对滞后的法律，若法律不因时而变，社会中机会型违法将与日俱增，传统的道德因素也将受到质疑，这对一个民族的精神内核来说无疑是不可逆性的破坏。然而若其他国家或地区也经受过类似的考验，那么借鉴相关经验则非常重要。但单纯地制度移植不能解决根本问题，最初受到变革挑战的国家并无先例可循，人类先辈的探索势必是以其所处时空维度的社会土壤、文化元素为参考，借鉴并接受的仅仅是一种创造性思路。当然东西方法律传统内均有的“为善”“良知”“人性”等概念则是构筑社会变革模型中的基础共通性参数，但法律制度如何移植才能不产生排异反应，关键就在于对本土法律资源的合理使用与激活。

（指导教师：张其山）

明代等级生活与权力运作管窥

——以叶县县衙为例

李强楠[❶] 尤晓岩[❶] 赵 萌[❶] 郑睿骥[❶] 常 爽[❶]

建筑，是用木、石书写的史书，在它身上铭刻着当时人的印记。古建筑作为历史的遗迹，为我们认识古代社会提供了一扇窗口。然而，由于年代久远，大部分的古建筑遭到了严重的毁坏。衙署建筑因其特殊地位，成为保存最少的一类。

儒家文化在使中国传统社会发展成为拥有完善礼制的等级社会方面，发挥了巨大的作用。《礼记》曰："夫礼者，所以章疑别微，以为民坊者也。故贵贱有等，衣服有别，朝廷有位，则民有所让。"[①]因而受儒家文化影响而形成的一整套社会伦理观念具有强烈的弥散性。服饰、饮食、建筑等的建制成为王朝更替之后历代君主巩固自身统治地位的重要内容，也成历朝历代典章制度中浓墨重彩的一笔。它们以"礼"的具体表现形式对社会进行引领和整肃。

"所谓的'礼'，并不仅限于一般意义上的文明礼貌，而是中国传统社会等级观念的基础。"[②]作为现实生活重要组成部分的建筑，也成了"礼"所规制的对象。在中国传统社会，无论是建筑的布局形式，还是屋顶的式样、装饰等都成为等级制度的现实体现。正所谓"礼者，天地之序也"[③]，作为礼本质的"序"，皆可在建筑中寻到踪迹。治乱交替、朝代更迭，尽管中国传统建筑规制在几千年的历史中或被僭越或被重新定义，但是礼制作为中国传统社会等级观念的基础，其实质和精神一直为社会各阶层所恪守。而被僭越抑或是被重新定义，皆可看作是从另一个角度对礼制和等级制度的反向论证。

"在儒家正统思想看来，礼就是要做到上下有别。上栋下宇的建筑形象，就是礼的基本观念的写照。"[④]因此，把建筑本身的结构、规模、形式等同社会的政治、礼制、等级制度结合起来，并相互论证，成了中国传统社会的重要特点。等级意识成了建筑无形的构架和组成部分，中国古代的衙署建筑正是其典型代表。

---

❶法学院2010级行政管理专业。

① 杨天宇：《礼记译注》，上海古籍出版社2004年版，第676页。

② 孙杰：《礼文化在中国传统建筑中的体现》，《南方建筑》2003年第3期。

③ 杨天宇：《礼记译注》，上海古籍出版社2004年版，第476页。

④ 王鲁民：《中国古典建筑文化探源》，同济大学出版社2009年版，第115页。

一、等级链条上的衙署

“中国古代城市有三个基本要素：统治机构、手工业和商业区、居民区。”①作为统治的权力象征，统治机构在城市布局中占有重要位置，体现着传统封建社会的礼制和等级制度。如果从等级的角度说中国古代建筑构成了一个联系紧密的封建等级链条，那么衙署建筑就是这个等级链条上的重要节点。因此对这个节点的研究和把握对于我们认识中国古代建筑、古代等级制度和政治文化具有重要意义。本文试以明代叶县县衙为例，对明代的等级生活和权力运作方式进行一定程度的研究。河南叶县县衙始建于明洪武二年（1369 年），是目前我国现存唯一的明代县衙建筑群。

（一）叶县县衙体现的等级精神

1. 空间布局：等级秩序的静态铺展

叶县县衙的空间布局采用了传统的中轴线布局手法。除了位于中轴线上的大堂、二堂、三堂外，其东侧副线上由南向北依次分布着监狱、厨院、知县宅等建筑，西侧副线上有古时衙署内工作人员办公及休息的西群房，有知县反省自身功过的虚受堂、思补斋及南北书房等建筑（如图 1 所示）。

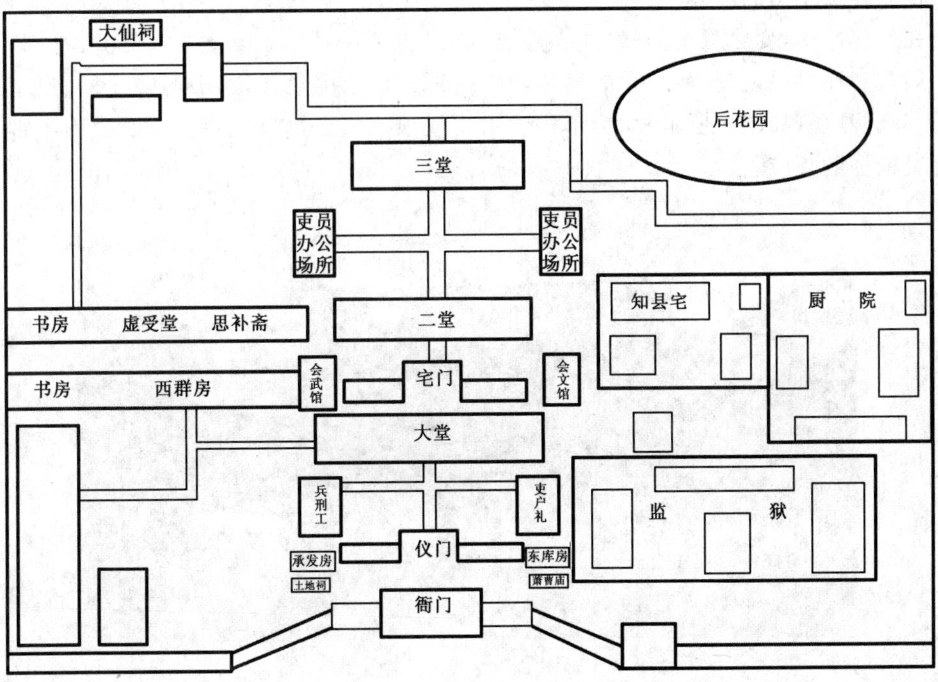

图 1 叶县县衙平面图

① 姚柯南、李陈广：《衙门建筑源流及规制考略》，《中原文物》2005 年第 3 期。

就叶县县衙的空间布局和县衙规格而言,等级秩序呈静态铺展。中轴线、东西两侧副线体现了主从有序、主次分明的等级精神。而这些对于封建统治基层权力象征的县衙,绝非可有可无,它是国家权力的渲染。这样一座建筑群落,已将主从有序、主次分明的等级精神体现得淋漓尽致。

2. 中轴对称:等级秩序的一元凝聚

"礼的本质是'序',在建筑中的体现就是形成一元构图——中轴对称,突出重点。"[①]在古代衙署的建筑群体组合中,这样的排列正是传统社会等级文化在建筑中的反映。《中庸》有言:"中者,天下之正道。"[②]中正思想也深深影响了中国的建筑文化。

就群体建筑而言,建筑虽多,但一条中轴即可以统构全局。就单体建筑而言,不论是屋顶瓦兽、檐下斗拱,还是梁栋、檐椽,皆遵从对称之制,虽稍显单一却异常规整。中轴对称成为了等级秩序在现实生活中的诠释。在叶县县衙建筑中,权力的中心占据中轴,统摄全局。等级秩序从这一中心出发向四周弥散。

3. 屋顶台基:等级精神的一呼一应

"宋代民间著名建筑师俞皓将单体建筑分为三部分,上分屋顶,中分屋身,下分台基。"[③]而"三分"本身即融合了中国的传统文化和价值,与"天下三分""天、地、人"等观念遥相呼应。中国的传统文化和价值的稳定也使得这种建筑划分和建筑营造方式得以长期地保存,并在此基础上逐渐发展,在屋顶与台基之间演变出等级规制,建筑被演化成为现实社会等级生活的注脚。

在"三分"中,变化最为显著的是屋顶,形式包括庑殿、歇山、悬山、硬山、卷棚、攒尖等。通过对比可以发现,除北京故宫博物院屋顶为重檐庑殿式外,山西霍州署、河南内乡县衙、叶县县衙(如图 2 所示)均为单檐硬山式屋顶。屋顶台基,一高一低,成为了古代建筑等级精神的呼应。

图 2　大堂与卷棚

① 孙杰:《礼文化在中国传统建筑中的体现》,《南方建筑》2003 年第 3 期。

② (宋)朱熹:《中庸集注》,上海古籍出版社 2006 年版,第 4 页。

③ 赵广超:《不只中国木建筑》,三联书店 2006 年版,第 76 页。

4. 建筑细节:等级精神的弥散强化

根据《明史》记载:"一品、二品,厅堂五间九架,屋脊用瓦兽;梁栋、斗拱、檐桷青碧绘饰;门三间五架,绿油,兽面锡环。三品至五品,厅堂五间七架,屋脊用瓦兽;梁栋、檐桷青碧绘饰;门二间三架,黑油,锡环。六品至九品厅堂三间七架,梁栋饰以土黄;门一间三架,黑门,铁环。"①

叶县县衙除大门间数后根据《大清律例》增加到三间五架,其余皆按规制所设。五间厅堂,屋脊上用瓦兽,梁栋檐桷皆用青碧绘饰,门用锡环(如图3所示)。这些都在细节方面体现着传统社会的等级精神。

图3 大堂

(二)王权至上与伦常至尊

"建筑显著特征所以形成,有两因素:有属于实物结构技术上之取法及发展者,有缘于环境思想之趋向者。"②而属于环境思想方面的"受道德观念之制裁"成为中国古代建筑的一个重要影响因素。"制裁"中国古代建筑"道德观念"的主体就是中国传统的政治文化价值。作为封建社会等级链条上的重要一环,县衙文化的直接指向是王权至上和伦常至尊。

在中国传统社会,王权的至上性和崇高性成为了古代社会生活的一个重要特点。在中国传统社会,"儒家文化目光所及的任何权威都要遵循道德规范,儒家文化通过伦理道德为人类社会提供了从政治到人生的最基本和最全面的规定性"③。儒家文化语境中的

---

① (清)张廷玉等:《明史》,中华书局2000年版,第578页。

② 梁思成:《中国建筑史》,百花文艺出版社2005年版,第3~13页。

③ 葛荃:《中国政治文化教程》,高等教育出版社2006年版,第47页。

道德规范即是囊括了从政治到社会、文化一系列的规定。伦理道德成为了维系传统社会的血液。在此基础上,伦理道德和政治相互涵化、相互渗透。也正是基于这种政治价值准则无形中的强大约束力,才使得在今天看来数量众多、地位较低的基层政权单位在分散的小农经济形式中得以长期地存在和稳定地发展,而这种政治价值准则也构成了传统社会建筑的灵魂。

二、衙署结构:静态化权力运作

"建筑之始,产生于实际需要,非着意创制形式,更无所谓派别。"①作为中国古代衙署,其布局、建筑特点等既受中国传统礼制和政治文化的影响,也有衙门建筑功能上的要求。

现代建筑学领域中"空间句法"理论的创始人比尔·希列尔从系统论的角度出发,解决了形式与功能对应关系的经典问题。"建成形式通过空间影响功能形态,而功能形态又通过空间反作用于建成形式的更新与发展,它们之间的反馈生成了形式与功能基本吻合的建筑环境。"②

正是基于形式和功能之间存在的这种紧密关系,使得我们可以从功能的角度反观现存衙署文物中的衙署布局,进而了解中国古代衙署的日常权力运作。衙署结构,在政治权力运作系统较为成熟、稳定的传统社会,成为了中国封建社会政权运作静态化的凝结。

(一)县衙结构体现的权力日常运作

叶县县衙整座建筑由 41 个单元、153 间房屋组成。主体建筑有大堂、二堂、三堂、狱房、厨院、知县宅、大仙祠、虚受堂、思补斋等。东侧副线上分布着监狱、厨院、知县宅等建筑,西侧副线上有西群房、虚受堂、思补斋及南北书房等建筑。

在叶县县衙建筑群中,各单体建筑按功能和作用可以分为政权运作、文化生活、神庙祭祀三个系统。其中政权运作系统主要包括在中轴线上分布的大堂、二堂、三堂和附属建筑、监狱。文化生活系统包括西侧副线分布的西群房、南北书房、虚受堂、思补斋,东侧副线上分布的知县宅和后花园。神庙祭祀包括仪门两侧的土地祠、萧曹庙和后花园分布的大仙祠。

县衙权力的日常运作与县衙的人员息息相关。"县衙中的人员分为官、吏、役三等。知县总管一县之政务,佐贰、首领则分别分工负责劝农、水利、清军、巡缉等某一方面的事务;吏员主要在六房、粮科、马科等各房科中办事;衙役则司职站堂、看管、守卫、抓捕等事,听候官吏差遣。"③县衙的人员设置与衙署的权力运作、建筑布局呼应。

县衙作为基层政权,涉及政权运作的事务主要包括处理日常政务和刑名之事。就日常政务的处理,自下而上的政务先由吏户礼兵刑工六科的吏员向上禀告。"遇有大小事

---

① 梁思成:《中国建筑史》,第 3 页。

② 郑硕、李明聪:《基于空间句法分析的城市行政中心选址研究——以九江市为例》,2013 年 3 月 11 日,http://www.doc88.com/p-785674212622.html.

③ 何朝晖:《明代县衙规制与日常政务处理程序初探》,《安徽大学学报》2005 年第 6 期。

务，该吏先于长官处明白告禀，次于佐贰官处商确既定，然后当该吏典幕官书卷，才方自下而上以次佥押讫，正官下判日子，当面用使印信，随即施行”①。六科吏员应先禀告县令，然后再与佐贰官首领讨论，拟定解决办法，最后交由县令决断（如图4所示）。遇到有上级或同级的文件来往，先经紧靠仪门的承发房进行分类，再交由相应的科房，由科房吏员禀告县令，根据县令的决定进行下一步的处理（如图5所示）。因此在日常政务的处理过程中，政务、政令在中轴线上往来穿梭。而此时主要涉及大堂的附属建筑——六科、三堂及附属建筑，权力的核心主要在三堂。

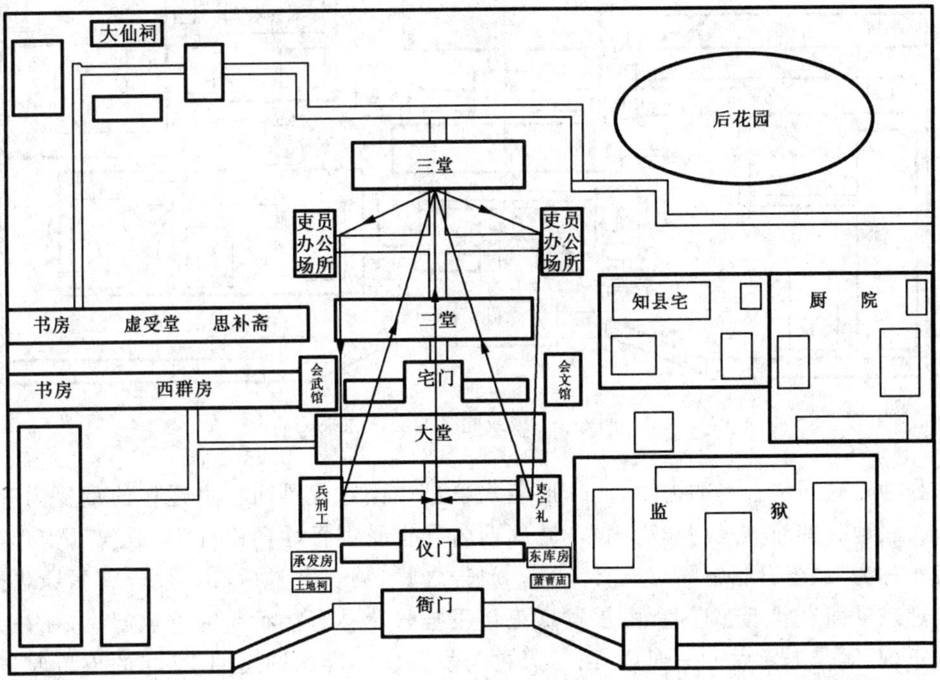

图4 自下而上的政务处理

① 汪天锡：《官箴集要》卷下，明嘉靖十四年刊本。

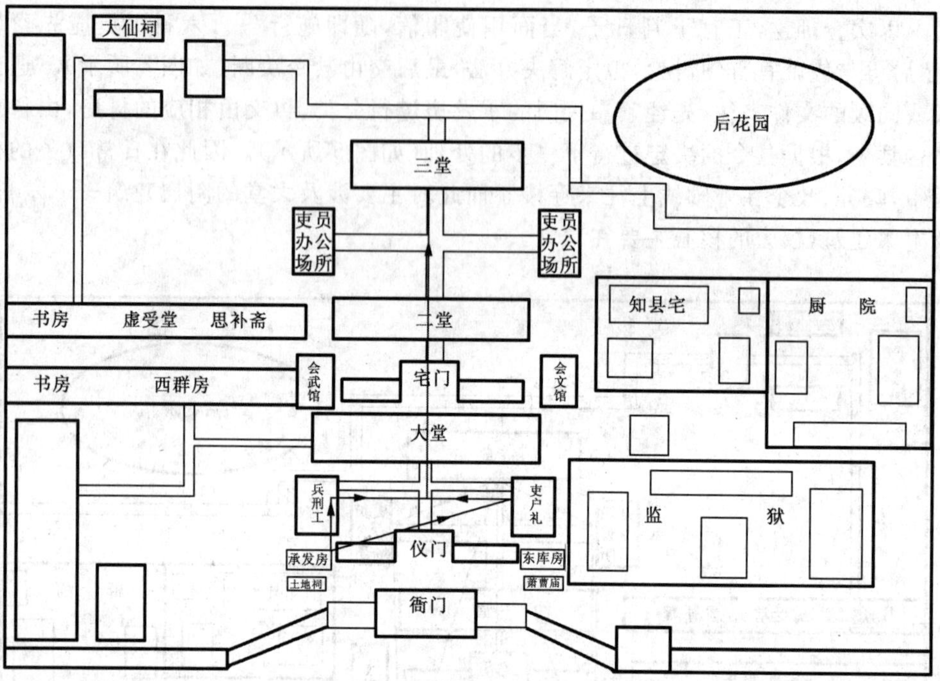

图5 上级或同级的文件往来

作为行政司法合一的国家,处理刑名之事是中国古代县衙权力运作的重要内容,也是权力在地方的充分运用和巩固。“处理刑名县官受理百姓词讼称为‘放告’,受理词讼的日子称为‘放告日’,每隔三五日一次。放告之日,县官升堂后,出‘放告牌’,原告捧纸依次递进县衙。状纸递进后,由承发房吏接下挂号。县官接状后为慎重起见,往往并不立即审理,而是退堂后一一细览,第二天再与发落。不准状的退回,准状的再传原告、被告、证人三方细审。”[①]这是由史料记录下来的刑名之事处理程序,极具代表性。而在处理刑名之事的过程中,主要包括立案、堂审和判处三个程序,权力主要在中轴线的二堂之前展开。此时权力的运作轨迹是由外而内,再由内而外(如图6所示)。堂审和判处通常向民众开放,权力借此得以与社会联系。

① 转引自何朝晖:《明代县衙规制与日常政务处理程序初探》,《安徽大学学报》2005年第6期。

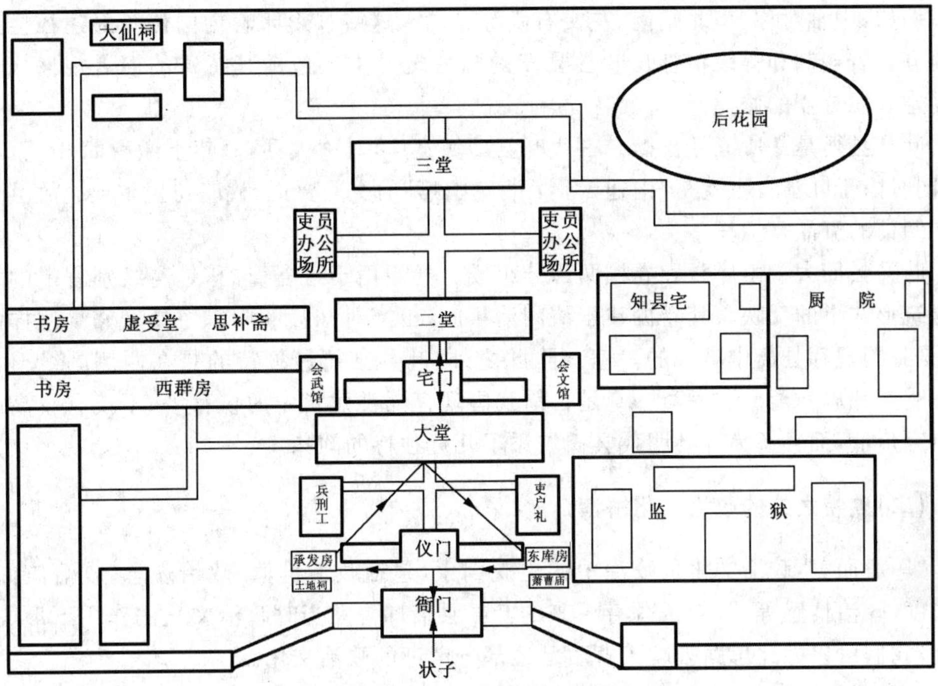

图6 刑名之事处理

(二)明代县级权力运作的特点

作为中国传统社会发展的后期，明代各项的政治制度已经发展完备，并不断走向权力集中。专制主义中央集权也在衙署建筑布局上留下了深深的烙印。重重大门、高墙的设置，使得权力的运作被紧紧局限在衙署之内，权力的运作轨迹始终都在衙署的中轴线上往返。即使偶有通过审案对民众进行开放，也是在三班衙役的“威武”声中开场，在县令的惊堂木下作结，开放的目的仍是为了显示权力的崇高性、权威性和不可撼动性。高度的封闭性、内向性成为明代县级权力运作的最主要特点。

高度的封闭性、内向性使得权力在分散的小农经济生产形式下得以长久稳固的保存，这对社会秩序和政治秩序的构建是必需的。但是当权力运作被紧紧局限在狭小的空间之内时，权力自身的强化、膨胀则会成为必然。而世俗社会对自身利益的诉求也伴随社会的发展不断增加，缺乏相应的社会疏导机制和安全阀，内外“压强”的不同势必最终会导致权力自身的不稳定。最终使得权力本身被解构，农民起义风起云涌。

三、叶县县衙独特之处的政治文化意味

(一)与内乡县衙的比较

叶县县衙与享有“龙头在北京，龙尾在内乡”之美誉的河南内乡县衙虽属不同时期建

筑,然而在中国传统封建社会政治制度和礼制的辐射之下,二者在结构上表现出很大相似。例如,中轴对称、坐北朝南、左文右武等布局。这些都影印着中国传统封建社会严格的地方官署规制和等级精神。叶县县衙的独特之处主要包括其特殊的衙署规格、卷棚、虚受堂和思补斋的修建。

叶县县衙是一所五品县衙。古代叶县地域宽广,时称大县,每年上缴税赋 10 万石以上;同时由于叶县自古就是"南通云贵,北达幽燕"的交通要道,战略位置重要。故县令多由同知衔的五品官担任。

叶县县衙大堂由厅堂和卷棚两部分组成。卷棚用于官署衙门,是高级别官衔的官员在建筑形式上的反映。其卷棚建于清同治年间,由当时知县欧阳霖主持增修。这样的卷棚,是我国现存县衙中唯一的一座。除此之外,叶县县衙最独特的是在西侧副线上分布的虚受堂和思补斋。这一斋一堂是目前我国现存同类建筑中的仅存者,不仅有较高的学术研究价值,而且还为叶县明代县衙增添了几分独特的韵味。

(二)独特之处的政治文化解读

"一般而言,政治文化是政治中的主观因素,包括政治价值、政治观念、政治信仰、政治态度、政治情感等。"①今天保存下来的叶县县衙即是在当时政治文化的作用下形成的。因此,我们可以循此思路去解读背后已经部分消逝的政治文化。

三间大门、五间厅堂的布局和卷棚的设置是衙署被物化的等级符号,是礼制在建筑中的存在方式。《荀子》曰:"礼者,贵贱有等,长幼有差,贫富轻重皆有称者也。"②作为中国传统社会等级链条上的衙署,叶县县衙的此种特征正是中国传统社会礼制文化、等级森严的体现。

虚受堂和思补斋的存在为森严、肃穆的县衙增添了几许生机与韵味。尤其是虚受堂和思补斋门口的楹联让我们体察到了传统政治文化中贤人之治政治理想的印痕。思补斋楹联为:孔子乃至圣先师每日犹洁身三自省;吾侪本无名后学时刻须补过多反思。虚受堂楹联为:虚心竹有低头叶;傲骨梅无仰面花。修身齐家治国平天下,是中国古代文人官员的理想路径。通过修身而成为有德之人,成为很多官员对自身的要求。由具有极高道德修养的领导者践行的"贤人之治""圣人以道治天下"则成为中国传统社会的一致期盼与政治期许。虚受堂和思补斋的存在,即是这种政治期许的最好注脚。

四、结 语

作为我国现存的唯一一座明代县衙,叶县县衙是古代建筑中明代县级政权衙门的实物标本。通过对明代叶县县衙古建筑的研究,我们对明代的等级生活与县级权力运作有了基本的了解。作为各项制度发展较为成熟的明代,县衙成为了基层权力运作动态过程的静态凝结。在权力运作动态过程与衙署建筑静态凝结相互作用、相互转化之中,既赋

① 葛荃:《中国政治文化教程》,高等教育出版社 2006 年版,第 5 页。

② 张觉:《荀子译注》,上海古籍出版社 2012 年版,第 120 页。

予了有形建筑无形的建筑文化和政治文化，也使得这些静态建筑在时隔百年之后，在等级精神逐渐褪去、建筑功能已经消逝的今天，依然可以以其特有的建筑群体组合型制、布局形式、尺度、装饰等为我们呈现其所承载的建筑文化、政治文化和权力的动态运作。也正是在此基础上，我们可以通过对衙署古建筑的研究，探寻古代的等级生活与权力动态运作，在想象中还原中国古代政治生活的那种具体和鲜活，并进一步印证了我们对中国传统政治文化等级性、伦理性特征的认知。

参考文献

[1]杨伯峻:《孟子译注》,中华书局 2008 年版。

[2][日]伊东忠太:《中国建筑史》,上海书店出版社 1984 年版。

[3]范文澜:《中国通史》,人民出版社 2009 年版。

[4](宋)李诫:《营造法式》,人民出版社 2006 年版。

[5]钱穆:《四书释义》,九州出版社 2010 年版。

[6]曹国媛、曾克明:《中国古代衙署建筑中权力的空间运作》,《广州大学学报》2006 年第 2 期。

[7]焦雷、郑青松:《叶县县衙建筑历史文化实例分析》,《中外建筑》2007 年第 10 期。

[8]佚名:《新官轨范》, 2013 年 3 月 10 日,http://club. xilu. com/wave99/replyview－950484－25873. html.

（指导教师：贾乾初）

家庭教育模式形成的基础性影响因素探析

刘祥东[❶]　师　哲[❶]　张佳怡[❶]

《中国大百科全书》教育卷关于家庭教育的解释是:“父母或其他年长者在家庭内自觉地、有意识地对子女进行的教育。”这一定义明确地指出家庭是家庭教育的实施场所,父母或其他年长者是施教者,受教者则是子女或其他年幼者,家庭教育这一活动无意识地发生着。亲子教育是家庭教育内涵的深化和发展,它包含亲职教育和亲情教育两个主要部分:一为“怎样做父母”的尽职教育;二为父母“如何与建立正向的亲子关系”的高情感教育。研究家庭教育模式形成的基础性影响因素便是在澄清二者关系的基础上,探析一种更适合时代发展要求的家庭的教育模式——亲子教育模式。

一、研究框架与方法

家庭是子女的第一课堂,在其一生的成长中发挥着至关重要的作用,其基本原因有二:一是子女从出生到步入社会,其三分之二的时间是在家中度过,即对人具有终生影响意义的早期漫长社会化过程多是在家庭中完成;二是人从出生就将具有以家庭为基本单位的某一阶级、民族、地区等因素雕刻的文化烙印。除此之外,家庭教育还具有早期性、连续性、权威性、感染性和及时性五大特征[①],任何一特征都可以对家庭教育研究的必要性作很好的解释。

根据课题的研究性质和研究目的,笔者将研究报告定位为描述性报告。课题旨在通过对家庭教育模式形成的基础性影响因素的分析,为中国家庭教育提供参考意见,使教育之本更加稳固。课题研究对象为家庭教育模式,研究方法为文献研究法。

---

❶法学院2011级社会工作专业。

① 参见马琳:《关于家庭教育的自我思考》,《文学教育》(下)2011年第9期。

二、研究结论

(一)六种主流家庭教育模式

家庭成员间的地位差异与互动关系影响彼此间的远近亲疏关系，而这种远近亲疏很大程度上影响着家庭教育模式的选择。根据家庭角色的差异，可以将家庭教育模式划分为“权威型”“专制型”“宽容型”“放任型”“民主型”和“溺爱型”六大类。

“权威型”教育模式的特点是子女的行为不仅受到父母表面上的影响，而且还在不经意中接受父母“内在的”要求，成员的关系实质上是不平等的。“权威型”家庭的子女相对成熟、独立，具有更多的社会责任感和成就倾向，子女的行为认知和父母的行为认知是同向的。

“专制型”教育模式的特点是显著的强制力，父母与子女的地位在表现上与实质上都是不平等的。父母对子女的限制是无目的、不合理的，甚至出现体罚行为。这种模式容易扼杀孩子的个性，对其形成积极向上的人格产生消极影响。

“宽容型”教育模式是指父母对子女的成长控制较少，很少加以引导和管教。父母比较尊重子女的意愿，在孩子由于心理、生理上不成熟出现不恰当的想法与行为时需要父母及时的、必要的约束与引导。

“放任型”教育模式是指因父母工作长期不能陪伴、照看孩子，无人管教或由其他亲人“代替”父母照顾孩子。孩子在学习生活中没有得到符合其年龄阶段特点应有的管教，父母完全放任的行为和忽视的态度不利于孩子形成健康的人格，相对容易造成人格的畸形发展。

“溺爱型”模式是指父母对子女过分监护与娇惯，孩子集“万千宠爱于一身”。父母对子女的要求百依百顺、有求必应，不考虑子女要求是否合理。这种模式极其容易对子女产生不良影响。第一种是使孩子形成不明是非、自私、任性的性格；第二种是在孩子与他人交往时容易表现出脆弱和无能。

“民主型”教育模式是指孩子在认知模式与行为模式上有较多的自主权，可以自由地表达与行动。“民主型”模式中家庭角色之间的地位是平等的，角色间拥有良好的互动。“民主型”模式下成长的孩子一般都具有活泼、开朗的性格，有较强的独立性，容易形成积极的人生观与价值观。

(二)父母家庭地位对教育模式形成的影响

1.“严父慈母”型与“严母慈父”型

核心家庭中，父母扮演着不同的角色。在长期的教育过程中，父母的教育角色趋向稳定，形成了相对固定的地位。正是在家庭教育过程中父母的地位差异形成了两种稳定的家庭教育模式：“严父慈母”型与“慈父严母”型教育模式。

从规范上说，父亲一般对子女的学业成绩与行为表现抱有较高的期望，因而常对子女采取比较严厉的态度和必要的惩罚，母亲对子女则采取慈爱宽容的态度，对子女的要求一般都予以满足。与“严父慈母”型模式正好相反,“慈父严母”型模式中母亲取代了父亲的形象,在家庭角色的地位上颠覆了传统思想的界限,父亲给予了孩子更多的空间,慈父取代了传统上的严父形象。

2. 父母地位对教育模式的影响

古人云:“慈母养育,孝子报恩,严父施令,教敕子孙。”[①]父亲在家庭中居于核心地位,并且是典型的严父形象,承担着施令教子的责任。在对子女的教养过程中,母亲和子女听从父亲的教育意见,父亲在价值观、人生观、职业观等方面对子女进行持续性的影响。[②]从某种意义上严父的角色使子女心中产生了一种畏惧感,按照规矩办事,在严父的压力下自强不息。而母亲则作为一种辅佐,更多体现的是一种耐心,目的是让子女理解严父的教导以达到教育过程中微妙的平衡。

“严父慈母”型教育模式在传统社会中广泛存在,而随着时代的变迁,“慈父严母”型教育模式为越来越多的家庭所认可。现代男性的首要任务是工作,因此多数家庭教育、抚养下一代的任务落在了母亲的肩上。严母慈父模式中母亲的教育地位明显高于父亲,在教育的问题上具有主动权和话语权。

3. 对两种模式的综合建议

父母是子女的第一任老师,正向的、积极的指引更能为子女提供学习的榜样。对父母之间的良好配合大体有以下建议:第一,在“严”和“慈”之间,父母应该慎重选择,在夫妻双方充分沟通的基础上,做到相互配合。从一定意义上来说,一个人如果经历这两种类型的教育模式,他就会把人类经验的积极方面吸收到自己的个性中去。第二,父母要认识各自在家中的不同社会角色对儿童和青少年成长影响的不同特点,发挥各自的教育优势。父亲要加强和子女的情感交流,母亲在教育中要增强理性成分,切忌感情用事。第三,父母在教育观念和教育行为上要协调,要步调一致。父母对教育的态度要统一,在教育的过程中相互尊重,相互支持,为子女展现出对待教育时认真的态度。[③]

(三)父母对子女的教育期望

父母对子女不同的教育期望相应地影响到家庭教育模式的形成。父母对子女的影响决定性因素是父母与子女的关系,而不是父母的职业和受教育水平。无论是“严格教育模式”还是“宽松教育模式”,都有对应的成功的案例。[④]

笔者于2012年7月获得有关家庭教育现状的调查数据,以父母的学历和父母每周对子女的学业辅导时间为例:父代和母代的学历背景具有很强的相似性,但对于子女的学历要求存在一定差异。父代希望子女具有本科学历和博士学历的比例分别为45.24%、36.90%,母亲希望子女具有本科学历和博士学历54.93%、23.94%。可是据调查,父亲在一周中用0～2小时、2～4小时、4～6小时对子女进行学习辅导的比例分别为40.47%、14.29%、19.05%,母亲在一周中用0～2小时、2～4小时、4～6小时对子女进

① (元)陈致虚:《周易参同契分章注》,清文渊阁四库全书本。

② 参见赵洪:《“慈母严父”型家庭教养模式浅析》,《西部教育发展研究》2011年第4期。

③ 参见赵洪:《“慈母严父”型家庭教养模式浅析》,《西部教育发展研究》2011年第4期。

④ 参见凌志军:《他们为何与众不同》,《云南教育》2004年第11期。

行学习辅导的比例分别为40.85%、10.56%、7.75%。可见,虽然父代教育期望高,但是实际行动却出人意料:平均每天对子女辅导时间不足两小时。也就是说,父母对子女的教育期望与实际的教育经历投入存在较高的差异。

从经济学角度学分析,经济基础决定上层建筑。对于经济实力较强的家庭来说,父母对子女的陪伴教育具有更高的可能性。然而对于经济实力较弱的家庭,甚至是较富有家庭而言,隔代教育在广大乡村及城市中的比例占到50%以上[①],这加剧了父母对子女的教育期望与实际的教育精力投入的反差。父母的陪伴教育除了可以保护子女健康成长,还可以为孩子营造温馨的家庭环境。所以,父母的教育投入若是能够与其教育期望相协调,那么子女的亲情教育与亲职教育就会有更好的发展。

(四)教育主导内容的趋向选择

在家庭教育内容上,中国家长往往认识到应该注重子女的德、智、体、美、劳全面发展。然而在实质上的应试教育背景下,对于多数家庭来说,却把智育放在第一位,忽略了其他方面的培养,尤其是德育。[②] 厦门大学的一项调查报告也表明,无论是在独生子女还是非独生子女家庭中,学习成绩都是父母最关心的部分。其中,非独生子女家庭家长作此选项的比例为48.48%,独生子女家庭家长作此项选择的比例为36.74%;被家长们排在第二位的是孩子身体的健康;第三才是道德品行。[③]

我国伦理学者樊浩认为:"人的德性和道德教育的历史价值始点就是:家庭。"[④]然而,在现实生活中普遍存在的客观事实早已将传统家庭教育德育职能至上的观念弃之一旁。现代家庭的德育职能逐渐退化,出现家庭道德教育空白的现象。

回归道德教育,夯实教育基础,家长首先要做的就是在观念上发生改变。家长需要在教育内容上作合理的调整,既重视智育,也不忽略德育——要实现德、体、美、劳全面发展是一个比较艰难的过程,但这也是时代教育的要求。[⑤]

(1)转变学校德育主体观念,注重家庭德育与时俱进。英国教育家洛克曾说:"家庭教育不仅是基础教育,而且还是主导教育。它给子女深入骨髓的教育,是任何学校教育和社会教育永远代替不了的。"

(2)仁义礼智信并重,因材施教。不是所有的子女将来都适合做学者、专家,相反大多数子女可能要从事工人、服务员、清洁工等普通职业。

(3)以身作则,营造和谐家庭环境。营造和谐的家庭环境,父母以身作则的重要性自然不言而喻。父母需不断提高自身道德素养,以身作则,让子女耳濡目染地吸收优秀道德文化。

(4)大众传媒的双重影响。市场经济中的利益因素必然会对社会产生双重影响,这

① 参见周平:《解读隔代教育》,《中华家教》2005年第1期。

② 参见余逸群:《北京独生子女社会适应能力现状透析》,《北京青年论坛》1999年第4期。

③ 参见胡荣:《父母眼中的独生子女——关于厦门小学生行为、学业及家庭的调查》,《当代青年研究》1996年第4期。

④ 樊浩:《道德教育的价值始点及其资源性难题》,《教育研究》2003年第10期。

⑤ 参见王雷、王冰洁:《在早期家庭教育中运用道德他律理论的思考》,《科技文汇》2011年第1期。

就需要社会媒体承担积极导向作用。

(五)影响家庭教育模式形成的社会因素

父母对家庭教育、学校教育、社会教育的认知。子女接触的第一教育人和教育空间是父母和家庭。在子女成长的早期,家长几乎可以是子女的全职教师。当孩子进入校园,父母观念上总认为教育的担子已转移到专职教师身上,形成"教师中心"意识。如果父母单纯地把学校教育作为孩子的教育园地,后果也只能是教育的缺失——只顾子女的成才发展而忽略了子女的成人发展。

社会教育,即以报纸、电视等媒体、学校专职教育等教育为媒介或施教主体,对社会大众进行的教育,教育对象广泛,实施机构众多,实施形式灵活多样。大众教育对一个在情感、态度、价值观形成时期的孩子来说,具有重要的影响,因而社会教育对子女的发展成才具有极其重要的作用。

影响家庭教育的内外部因素。家庭教育在很大程度上受到外界社会的影响,各种教育形式均渗透其中。换个角度来说,共生理论已拓展到用以分析人类社会个体和组织普遍存在和发展的必然属性,引发了教育学界的关注。[①] 由于教育活动本身就属于社会范畴,家庭教育尽管相对封闭,其内容、途径、观念均是现实社会(包括学校教育、文化背景、大众媒介等)的折射。[②]

1. 家庭教育规范的内部影响因素

如果家庭教育只是一味地参照所谓的"社会教育"的标准,忽略个人的特殊性,也就忘记了教育的对象;家庭教育的规范,很重要的一点就是自我规范;慎重考量,恰当选择真正适合子女的教育方式。

2. 家庭教育规范的外部影响因素

在市场经济条件下,亲子教育工作必须用市场经济的模式来运行,才能生存和发展。商家抓住现代社会家长重视家庭教育这一特性,打上"专家"旗号,制定所谓"逻辑严密、成效百倍"实则无根可据的教学计划,再加以宣传,便顺顺利利地诱使众多家长上钩。现今教育诈骗案件层出不穷,教育规范迫在眉睫。

3. 社会教育的规范讨论

共生理论和系统理论都要求我们拥有大局观,注重目的性、整体性、开放性和组织性,全面地联合各项资源和环境要素,力求建构立体型家庭教育模式。建构立体型家庭教育模式是对学校、家庭、社会三位一体开放式教育模式的积极探索。[③]

(1)建立家长学校,从沟通走向合作,形成教育合力。家校之间的互动和沟通是家庭和学校的共同愿望,是促进学生发展的平台和手段,但互动和沟通决不能只停留于表面的交流,而是要走向新的阶段——合作。[④] 在家校双方沟通、切磋和磨合的过程中,寻找有效的合作方式和途径,为学生的全面健康发展创造更好的教育环境,同时在探索和交

---

① 参见吴晓蓉:《共生理论观照下的教育范式》,《教育研究》2011 年第 1 期。

② 参见李涛:《建构立体型家庭教育模式的可行性探讨》,《福建师范大学学报》2001 年第 1 期。

③ 参见李涛:《建构立体型家庭教育模式的可行性探讨》,《福建师范大学学报》2001 年第 1 期。

④ 参见张勇:《从沟通走向合作——形成家校教育合力的必然途径》,《德育与心理》2011 年第 3 期。

流中起到规范家庭教育的作用。

(2)推进社区服务辅助家庭教育。事实上,现代社区的合理规划为构建立体型家庭教育模式提供了条件。[①] 社区内开展家庭教育可以借助各种有形的和无形的人力、物力、财力及机构设施的便利,实现社区与家庭资源共享以及教育规范。加强社区社工服务,探索运用社会工作的理念方法,推进家庭教育指导与服务社区,辅助家庭教育。

(3)加强家庭教育立法。为促进教育发展,国家先后制订了教育法、义务教育法、教师法等多项法律,然而即使在学校教育方面已作出了较为完备的法律体系,但在社会教育和家庭教育方面却仍显空白。全国妇联书记处书记、中国家庭教育学会常务副会长赵东花在中国家庭教育研讨会暨全国网上家长学校网站开通仪式上指出:把配合参与家庭教育立法作为当前和今后一个时期家庭教育工作的重要任务。

(六)家庭教育与亲子教育

"亲子教育"是时代发展的产物,是一种在家庭教育的基础上产生的新的教育类型。美国人类学家莱德把社会化模式分为三类,即后喻文化(子女向父母或长辈学习)、并喻文化(子女和父辈分别向同辈人学习)和前喻文化(父母或长辈向子女学习)。亲子教育便是这三种社会化模式的综合体,是以家庭成员互动教育为基础的、自主的家庭教育类型,主要是通过对父母的"教育"改善对子女的"教育"。在这种家庭教育方式中,教育成为一种互动的成长行为。互动过程中,家庭成员彼此平等、尊重、理解,在爱的氛围中培养高情感,尤其是父母对子女的道德教育更加投入;教育内容方面,父母或长辈对子女的亲职教育(生活技能社会化)和情感教育(社会规范社会化)、子女对父母或长辈的教育反哺成为主要内容。

近年来,我国经济快速发展,人们日益增长的物质文化需求越来越高,对亲子教育越来越重视。教育观念亦当与时俱进,家庭的教育方式应当从传统"家庭教育"发展到现代的"亲子教育"。亲子教育的方法与民主型家庭教育模式具有很大的相似性,比如其实施的环境都要求在平等、尊重、理解家庭氛围中。讨论二者最大的区别,我们认为亲子教育是家长的自我教育和家庭的互动教育,而家庭教育仅仅是家庭互动教育的一个方面的体现。社会工作专业服务理念强调相信每个人都拥有天赋的尊严、独立的人格,都有发生改变和成长的潜力。从优势视角来看,与家庭教育相比,亲子教育中更加注重父母对子女的直接或间接的积极评价。这种积极评价实际上也可以使用社会工作的"标签理论"加以解释:以积极的标签给子女正强化,塑造子女的自信与自尊,促进子女的健康成长。

参考文献

[1]刘知林:《对家庭教育模式的新探索》,《教学与管理》2001 年第 8 期。

[2]邹玉龙:《家庭教养方式研究综述》,《赤峰学院学报》(科学教育版)2011 年第 1 期。

① 参见李涛:《建构立体型家庭教育模式的可行性探讨》,《福建师范大学学报》2001 年第 1 期。

[3]陈建国:《中西方教育现状的反思》,《青海师专学报》2006年第S1期。

[4]余广俊:《中国现代家庭教育模式的构建》,《理论与实践》2010年第11期。

[5]杨红娟:《浅谈新形势下的亲子教育》,《学周刊》2012年第8期。

[6]刘胜利:《论语》,中华书局2006年版。

[7]徐景彩:《对家庭教育、学校教育、社会教育的认识——基于“药家鑫事件”》,《新西部》2011年第7期。

(指导教师:张　乐　周　慧)

明星药品代言的法律责任分析

——基于侵权民事责任归责原则的探讨

孟丹阳[1]　王　钰[1]　张永飞[1]

“毒胶囊”事件曝光后,人们在谴责使用“毒胶囊”企业的同时,也把批评的矛头指向代言这些药品的明星。对明星代言药品究竟应该承担什么样的责任,我国法律目前尚无明确规定,这引发了人们对明星药品代言责任的广泛讨论。普遍的观点认为,应该通过完善《广告法》的方式来解决诸如“毒胶囊”事件的明星药品代言问题。然而,在立法之前,需要对该问题相关的公共舆论进行调研分析,才能制定出符合我国国情的法律规范。本研究的目的在于对网络以及现实中的公共舆论进行调研,在舆论基础之上,整理调研数据并作进一步分析,结合国外关于明星代言的立法规定以及我国的理论研究成果和司法实践的经验,为完善立法提供实践依据和建议。据此,我们在实地调研和网络调研相结合的基础上,整理调研数据并作了分析,为进一步的展开论述提供了数据基础。

一、明星药品代言的行为定性

所谓明星代言,是指利用明星的平面肖像或录像,通过一系列的宣传载体让产品的终端受众广为知晓的一种营销手段。与其他商品相比,由于药品的特殊性,人们往往更倾向于向专业医师的帮助,而不是轻信明星的代言。

表 1　　明星代言的药品广告的依赖度

信赖度	人数	百分比
非常相信	2	1%
比较相信	42	22%
无所谓	106	55.5%
反而不太相信	40	21%
其他	1	0.5%

[1]法学院 2011 级法学专业。

但表1的调查数据表明,仍有高达23%的调查对象相信甚至非常相信明星代言的药品广告。

明星药品代言这一行为中,主要存在三方法律主体,即明星、广告方(包括广告主、广告经营者、广告发布者)和广告受众(消费者)。三方主体之间存在怎样的法律关系,明星代言行为该如何定性,目前学者有不同的认识。

有观点认为明星药品代言可以视为代理行为,是明星(代理人)以广告主、广告经营者、广告发布者(被代理人)的名义,在代理权限内与消费者(第三人)的法律行为,其法律后果直接由(被代理人)广告主、广告经营者、广告发布者承受。这一性质的认定似乎符合《广告法》的相关规定,比如《广告法》的第37条和第38条。然而将明星代言药品广告的行为认定为代理行为存在着两个方面的缺陷:

其一,明星与消费者之间不存在法律行为。明星代言广告,只是利用个人的社会影响力对产品进行宣传,不是合同成立要件中的要约,只能看作是要约邀请。而且,面向社会公众的代言行为也不符合合同订立中"当事人主体确定"这一要件。故代言明星与消费者间不存在订立合同的法律行为。

其二,代言的后果不能完全由广告主、广告经营者、广告发布者承担。如果依据现行的《广告法》,即使明星为不实产品进行代言,因为明星不是经营者,也不是信息发布者,虽然广告有虚假内容可能对消费者构成了误导,但目前并不必承担法律责任。不仅如此,药品代言广告中的明星能够利用公众对明星的信赖和支持获得巨额的广告收益。根据权利与义务的对等,明星获得了巨大广告收益,相应地就应该对公众负有对等的义务,即保证自己在广告中的证言真实的义务。而现行的《广告法》却未课以代言明星相应的义务,权利与义务严重失衡。公正的做法应该是,损害结果不仅仅由广告主、广告经营者、广告发布者承担,还有相当的一部分由明星承担。因此,不应将明星代言虚假药品行为简单地视作代理行为。

我们认为明星代言药品可以看作是一般的广告宣传行为,一般情况下明星代言药品应尽到谨慎审查的义务。如果明星明知或者应该知道药品质量安全无法保证或者是虚假药品仍为其代言,应该追究明星的责任。事实上,根据我们表2的调查结果,明星代言问题药品的事件中,主要的原因就在于明星由于主观或客观的原因,没有尽到谨慎审查的义务。将明星代言药品定性为一般的广告宣传行为,将代言明星的权利和义务统一起来,有助于明星在代言时,采取更为审慎的态度,最大限度地保护消费者的利益。

表2　明星代言问题药品的原因

明星代言问题药品广告的原因	人数	所占比重
唯利是图,明知无法确保药品安全性,只图谋取个人收益	98	35.6%
疏忽大意,缺乏专业的医学知识,只凭感觉以为不会出问题	82	29.8%
无法预见,明星已经采取了与其能力相当的措施来鉴别和保证自认为药品安全性有权威认证,问题的发生超过了其应有的专业判断	92	33.5%
其他	3	1.1%

二、明星药品代言的法律责任认定

明星药品代言的责任承担，是指明星在代言虚假广告，给消费者造成人身伤害、财产损失时所应该承担的责任。其承担责任的前提是对药品的事实、性质、前景等作出不实、严重误导或者含有重大遗漏的虚假陈述或者诱导。在我们的调查中发现，几乎所有的受访者都认为，明星代言虚假药品广告时应承担责任，但对应该承担什么样的责任的认识上存在着分歧。[①]

表 3　明星代言虚假广告的责任承担

明星应承担的责任	人数	所占比重
与药品生产商一起承担生产问题药品带来的刑事责任和民事赔偿责任	62	34.6%
承担问题药品带来的刑事法律责任	17	9.5%
承担因误导消费者而产生的民事赔偿责任	78	43.6%
只应谴责其道德，并没有严重到承担法律的责任	23	12.3%

学术界在这一问题上也存在着不同的观点。比如，西南政法大学的蒙晓阳和李华认为，在"明星代言虚假广告案件中，作为广告代言人的明星所承担的责任应以行政责任为主，而非以民事责任为主，其责任形式应主要表现为罚款而非损害赔偿"[②]。华东交通大学钟金和谢乒认为明星应承担行政责任、民事责任和刑事责任，其中包括罚款和禁止明星从事公众活动的行政责任，损害赔偿等民事责任，在刑事责任方面，应借鉴世界先进立法国家的经验。[③]

我们认为，明星代言问题药品，应该承担包括民事、刑事以及行政等诸多方面的责任。承担民事责任是因为代言明星按照广告商的要求严重误导消费者，主观上具有欺骗或误导的故意，是一种侵权行为，理应承担民事责任。之所以要求代言明星承担刑事责任，是因为通过刑事手段威慑，使明星因代言虚假广告付出惨重的代价，让其得不偿失，可以遏止明星肆意代言虚假广告，不敢再践踏法律的禁区。而行政责任则是对于明星违反药品管理秩序的制裁。具体的责任内容如下：

(一)行政责任

在我国国情下，我们认为有必要运用国家手段，进行明星代言责任的干预，以净化我们的药品广告市场，维护广大消费者的权益。具体的手段可以有以下两种：

---

① 根据我们的调查，有 89%的人认为明星应该承担相应的法律责任，仅有 11%的人不赞同代言明星承担责任。

② 蒙晓阳、李华：《名人代言虚假广告的法律责任——兼评三鹿奶粉事件与〈食品安全法〉》，《河北法学报》2009 年第 6 期。

③ 参见钟金、谢乒：《论我国名人代言虚假广告的法律责任》，《华东交通大学学报》2007 年第 6 期。

1. 罚款

明星参与代言活动,目的是为了谋取个人利益,因此从经济上对其进行处罚可以收到良好的效果。应当没收广告代言人的违法所得,并处违法所得数倍以上的罚款,使代言人和广告主等主体承担同等的责任。

2. 禁止其从事公众活动

明星为保持其影响力,必须保持一定的曝光率,降低其曝光率会影响到其个人形象和经济收益。因此,国家运用强制手段禁止虚假代言的明星参与公众活动,能有效地减少虚假药品广告代言情况,使代言明星得到一定的警醒。

(二)民事责任

明星代言虚假广告,是对消费者的欺骗,是对不特定消费群体的知情权和自主选择权的侵犯,应最基本地承担公开赔礼道歉的民事责任,对于特定的受害消费者,如果因为明星的虚假代言导致了消费者的人身损害和财产损失,还应承担赔偿的民事责任。其中民事责任主要是产品责任。

(三)刑事责任

情节严重的,根据主客观相一致原则,如果明星主观存在过错,明知药品有问题,仍为其代言,并且造成了客观上的损害结果,那么应该追究明星的刑事责任。

《关于办理生产、销售假药、劣药刑事案件具体应用法律若干问题的解释》[①]对于明星的代言行为,如果是明知他人生产、销售假药、劣药,符合《刑法》规定,也应视作生产、销售假药、劣药共同犯罪处理。

三、明星药品代言的归责原则

刑事责任是一种过错责任,即只有当行为人存在着故意或过失时,才能追究行为人的刑事责任。行政责任则主要是一种客观责任,即只要违反行政法规的强制性规定,即要求承担行政责任。对于明星药品代言的刑事责任和行政责任的归责原则的探讨意义不大,因此,该部分的内容主要是对于其民事责任的归责原则的研究。

明星代言药品的责任总的来说是特殊的产品责任问题,也即产品侵权损害赔偿责任。在我国产品责任的归责原则上,现行立法采用依照《产品质量法》而形成的严格责任和过错责任相结合的双重归责原则。

我们认为,明星药品代言的民事责任仍然应该按照产品责任的严格责任原则进行处理,基于以下的理由:

1. 从危险程度而言,药品关乎人的生命健康,直接体现着生命健康权等人最基本的人身权,药品出现问题将是对生命健康等人最基本的人身权利的侵犯,严重的甚至可能

① 参见最高人民法院、最高人民检察院:《关于办理生产、销售假药、劣药刑事案件具体应用法律若干问题的解释》,2009年5月13日发布。

剥夺生命权，其危险程度不言而喻。

2. 在虚假药品的侵权行为中，侵权行为人与受害人在举证的便利程度上不对等性有着明显的体现。明星作为药品的广告代言人从其经济、社会地位以及代言药品信息的了解范围和程度，较之普通的消费者都体现出了明显优势，特别是对于医学知识了解尚浅的普通消费群体，不可能掌握鉴别药品质量安全的信息。明星因为其代言的高收入，根据权利与义务对等原则，应当尽到谨慎义务的责任。

当然，药品可以划分为处方药和非处方药，保健药品也不在少数。如果明星代言了处方药品，不管是否造成了危害后果，明星都要承担责任；对于保健药品，出现无效的情况是常态，但是若对使用者有危害，同样适用严格责任原则。

所以，我们认为将明星虚假药品责任归结为严格责任，从整个社会的利益权衡考虑，通过法律的规范实现社会上权利形式上的公平。其中涉及的免责事由参照《产品质量法》的相关规定。

此外，明星代言民事责任究竟属于连带责任还是相应责任，学术界也存在着不同的争论。中国政法大学民商法教授李显冬认为，明星代言广告的过失责任与生产商的食品安全责任是两种不同的责任，连带责任可能导致明星去承担生产商的责任，应将“连带责任”改成“相应责任”。①

西南政法大学的蒙晓阳和李华则认为：“名人代言虚假广告的主要损害对象是社会公共利益(广告行业的信誉、广告秩序、消费者的合法权益，等等)。在作为广告代言人的名人与作为主要受害者的消费者之间，前者的代言行为与后者所受损害缺乏相当的因果关系，因而二者难以形成民事损害赔偿关系。”②

我们认为，明星代言药品广告承担责任的方式主要为连带责任。正是由于明星的影响力和社会公信力，才会使广大消费者相信此药，明星实质上起到了辅助的作用，即正是由于明星的代言，在缺陷产品造成他人损害的事实中，产品代言行为依附于缺陷产品的生产经营行为，最起码是致他人损害的助成原因，并非没有直接的原因力。因此，适用产品侵权责任法律规则，才能够建立产品代言连带责任的法律基础，才是确定其承担连带责任的法律依据。

让明星承担与广告主等主体的连带责任，一方面是对消费者利益的保护，使消费者可以向广告主或明星任一主体承担责任，是对消费者潜在利益的双重保护；另一方面也将广告主等主体和明星等代言人的利益绑在一起，加重了代言明星的负担，相对于“相应责任”的承担次要地位的责任而言，连带责任使明星更加能够在代言前采取充分必要的措施，维护社会公众的合法利益。因为明星代言药品广告涉及的社会公共利益，包括对广告行业的信誉、广告秩序以及消费者的合法权益，所以承担加重负担即是对受害个体利益的维护，更是对社会公共利益的维护。

据此，明星在接受广告时，应当请相关专家、质检部门来进行检测，有相关的产品合

① 参见李显冬：《“名人代言”该担何责有分歧》，2009年2月27日《法制日报》。

② 蒙晓阳、李华：《名人代言虚假广告的法律责任——兼评三鹿奶粉事件与〈食品安全法〉》，《河北法学报》2009年第6期。

格报告才能对药品进行代言,即明星代言前要尽到谨慎的审查义务,否则承担与生产商的连带责任。

四、我国明星药品代言的立法完善及制度构建

世界很多国家对名人代言广告都有十分严格的法律规定。在日本,代言伪劣产品的明星名声扫地,不仅要向社会公开道歉,而且还会长时间找不到工作。在法国,法律上有关于明星代言虚假广告的专门的罪名,而且规定了代言虚假或欺骗性广告被判处罚款或有期徒刑的具体的惩罚措施。相比之下,我国对于明星代言的法律规定却存在着很大的缺陷。目前,与明星代言广告最为相关的法律规范是《广告法》的第4条和第37条等。

仔细分析会发现,条款只是对于广告主、广告经营者、广告发布者的承担的责任进行了阐述,但并没有涉及代言问题药品的明星,这也导致了出现问题药品无法追究代言明星的法律责任。考虑到《广告法》的制定距今已有很长时间,由于法律的滞后性,导致明星代言的相关内容在法律中没有体现出来,因此,对于明星代言的责任问题,有些学者认为有必要将这一部分内容纳入法律规范的调整范围,完善《广告法》的相关立法内容。通过立法来规范明星药品代言广告也为我国民众所期望。在表4的问卷调查中,超过84%的受访者表示应该在立法上对明星代言的责任加以规定,以起到规范制约的作用。

表4　通过立法规范明星药品代言行为的必要性

态度	人数	所占比率
是	157	84.4%
不是	16	8.6%
无所谓	13	7%

完善我国明星药品代言的立法规定,首先需要在立法上规定代言明星的法律责任,并且在程序上保证对其责任的追究。在民事上要求明星亲自公开道歉作出相应的赔偿,保证再不代言虚假或无法证实产品质量安全的广告。对于严重危害他人人身安全、财产安全的明星广告代言行为,要追究其刑事责任。在维权方式上,由于消费者在对抗明星时的天然的弱势地位,受访者普遍认为应该在立法上直接规定法律诉讼程序,使公民能够有合法的渠道进行诉讼,进而维护自身权益。而且还应该在立法内容上加以规范,让实质内容规范和程序规范双管齐下。明星承担相应的举证责任,证明自己代言药品之前进行过必要的措施证明产品质量安全,否则追究其法律责任。

在此,我国不妨借鉴一些国外的先进的经验。美国广告法规定:广告代言人必须是产品的实际使用者或是受益者,广告中有关产品效果的部分必须有事实依据,否则会受到严重惩罚。在我国,可以通过一些形式性的审查,检查代言明星是否有药品使用的相关报告或证明等资料,以保证明星代言的药品有了一定的担保,明星尽到了谨慎的注意义务,这样,可以减轻或者免除明星的责任。

除了从立法上完善明星药品代言的法律责任以及维护权利的法律程序,相关制度的

建设也为受访者所关注，主张借鉴国外对明星代言的管理经验，建立起广告预审制度、明星禁言制度等一系列的相关配套制度。

表 5　　符合我国国情的制度建设

应设立的相关制度	人数	所占比重
建立广告预审制度，在广告播出前由广告审议机构预审	150	44％
进行罚款处理，没收一定数额的广告费用	124	36.2％
根本上限制代言问题药品的明星从事之后的公众活动	66	19.2％
其他	2	0.6％

从表 5 可以看出，44％的受访者表示应该建立广告预审制度。广告预审制度是韩国用来规范电视广告内容的真实性和客观性的一种法律制度。在广告播出之前，由专门的审议委员会对广告进行预审，以确保其质量。通过广告预审制度，韩国基本杜绝了虚假广告与观众见面的机会，也为明星卸掉了与之相关的沉重的社会责任和法律责任。

综上所述，法律制定机构应当在在参考借鉴外国先进立法实践经验的基础上，立足于我国实际情况，完善我国的广告制度，切实维护消费者的合法权益。

参考文献

[1] 张更全、马望：《名八代言虚假广告的法律透视》，《法制与经济》2007 年第 9 期。

[2] 董正伟：《明星"代言"的法律责任》，《法人》2007 年第 5 期。

[3] 查志刚、李文英：《明星代言虚假广告的法律责任》，《新闻爱好者》2007 年第 9 期。

[4] 赵建军：《明星代言的法律责任》，《中国律师》2010 年第 2 期。

[5] 高志宏：《广告代言人的法律地位及其责任》，《兰州商学院学报》2007 年第 6 期。

[6] 赵文博：《浅论虚假广告代言人的法律责任》，《法制与经济（中旬刊）》2008 年第 11 期。

[7] 周勇、陈尚海：《广告代言人的法律责任》，《中国广告》2008 年第 4 期。

[8] 吕永红：《名人代言虚假广告的法律责任研究》，《现代商贸工业》2010 年第 11 期。

（指导教师：张其山）

英租威海卫时期婚姻制度及原因探讨

张　悦[❶]

当中国各地在剥茧抽丝地经历着重生阵痛时，1898～1930年的威海卫，安静地偏坐在近代史的一隅。这里正悄悄发生着两种制度和文化的碰撞与新生，英国人将他们的普通法和文化输出到威海卫，与根深蒂固的中国传统习惯与理念相交融。

一、英租威海卫时期的历史背景

"威海卫，维多利亚帝国王后皇冠上最小的明珠之一，是一个占地285平方英里的租界，坐落在中国山东半岛东北海岸，位于半岛顶端。"[①]1898年，英帝国殖民势力的阴影覆盖威海卫，英国希望以此与俄国占领的旅顺口相抗衡。以后的32年里，尽管伴随着殖民者内部对强占威海卫成本收益争论不休，英国的统治一直稳定地维持着，直到威海卫成为近代英国在东亚最早失去的领地。

1901年，英人强占威海卫的第四年，《1901年枢密院威海卫法令》颁布。该法令为英国统治构建了基本制度框架，"是具有宪法性地位的文件"[②]。该法令以成文法形式确定了英国在威海卫的高层人事任命权、立法权、司法权等重要统治权，并赋予最高行政长官除军事指挥权之外的几乎所有殖民管理权力，这是一种直接、专制的统治。该法令第19条规定："照本法令其他条文之规定，所有民刑诉讼管辖权，得酌量情势，以英国现行法律之原则，及英国法庭之手续习惯，分别施行之。为便利实施此种法律起见，法院得以不背原质，加以变通，以便适合当地情形……倘遇华人民事案件，法院应以中国法律，及当地习惯为依归。但以不背公允与道德者为限。"[③]这确立了英统治威海卫的总体方略和法律适用原则：刑事事务遵循英国法运行，民事事务则尊重中国法律和习惯。威海卫的法

❶法学院2010级法学专业。

① ［美］克拉伦斯·B·戴维斯、罗伯特·J·高尔：《英国人在威海卫：帝国非理性之例研究》，王瑞君译，《山东大学学报》（哲学社会科学版）2005年第4期。

② 王一强：《英租威海卫法律制度研究札记》，《环球法律评论》2004年春季号。

③ 朱世全：《英国租占威海卫三十二年·英国租借威海卫时期之地方情形》，威海政协文史资料委员会编：《威海文史资料》（第10辑），1998年，第49～54页。

律制度与实践是中西法律与文化的混生，正如苏亦工教授所说："一元是在引进的英国法基础上建立的普通法体系，这是主导的一元；另一元是保留割让前适用的中国清代的法律和习惯，这是次要的一元。"①

二、英租威海卫时期的婚姻立法与制度

英租威海卫当局在调整西人之间婚姻关系的同时，依中国传统习惯所设定的仪式风俗调整华人传统婚姻关系，由此形成二元婚姻制度，一元是西方近代式，一元是中国传统式，二者并行不悖。

（一）英租威海卫时期的婚姻立法

英租威海卫当局颁布了三部法律和一个修正案调整婚姻家庭关系，分别是《1903 年威海卫婚姻条例》《1913 年中国婚姻保护条例》《1916 年大不列颠臣民婚姻条例（促进法）》《1921 年威海卫婚姻（修订）条例》，形成了较为系统的婚姻法律制度体系。

1. 调整和促进英国人婚姻的法律

在英租威海卫当局总体统治政策的指导下，英国对威海卫传统婚姻不过多干预，这也突出反映在立法数量上：在三部婚姻法令中，《婚姻条例》和《婚姻条例（促进法）》都是调整英国人的婚姻关系的。

作为英租威海卫当局在威海颁布的第一部婚姻立法，《婚姻条例》由 40 个条文和 8 个图表组成，正文分为婚姻的准备和举行两大部分。在婚礼的准备上，从拟结婚者向政府秘书发出拟结婚通知书、通知书存档展示、拟结婚方作出誓章，到行政长官许可、婚姻登记官载入登记册，《婚姻条例》对整个准备过程均作了详细规定。在婚礼的举行上，《婚姻条例》中对婚礼形式、场所、主持人员、结婚证书、婚姻效力、临时婚礼情形等事无巨细地加以规定，连宣述具体内容都一一呈现。附件的 8 个表格图表更是把缔结婚姻过程中拟结婚人和政府部门所要使用的通知书、声明、证明、许可等要式文件加以明确。

《婚姻条例（促进法）》在英国人定居威海卫日益增多的背景下应运而生，旨在促进在大不列颠属地居住的臣民与在联合王国居住的臣民之间的婚姻，共 3 个条文。主要内容就是承认大不列颠臣民于英国本土取得的相关证书在威海卫举行婚礼时的效力和承认生活在英国和威海卫的臣民在英国本土缔结婚姻时威海卫发出的相关证书的效力。

《1921 年威海卫婚姻（修订）条例》对《婚姻条例》的适用对象加以补充，即排除了结婚双方均为华人或华人后裔的婚姻，《婚姻条例》的内容对绝大多数当地华人并不适用，它对威海本地居民生活的影响少之又少。

2. 调整和保护中国人婚姻的法律

《婚姻条例》颁布时隔 10 年后，骆克哈特颁布的调整根据中国法律或习俗缔结的婚姻关系的《婚姻保护条例》开始施行。相比《婚姻条例》，仅有 8 条的《婚姻保护条例》很是单薄。《条例》第 2 条明确释义，"按照法律和中国习俗结婚的妇女"，意指包括某一中国

① 苏亦工：《中法西用——中国传统法律及习惯在香港》，社会科学文献出版社 2002 年版，第 69 页。

男子的第一任妻子或者第二任妻子(填房)。[①] 从内容上看,《婚姻保护条例》主要规定了三方面内容:"对已婚妇女通奸和窝藏已婚妇女的刑事处罚、对受害丈夫的补偿和相关诉讼程序。"[②]尽管从条例名称看这是一部旨在保护中国婚姻的立法,但其内容却鲜有涉及。

(二)英租威海卫时期的婚姻制度实践

二元法律背景下,威海卫婚姻制度实践也呈现出二元化特点。英租威海卫当局通过《婚姻条例》第40条中"但已按本身所受约束的法律及信奉的宗教正式举行非基督教的婚礼者除外"的规定以反向参照的方式对于中国传统婚姻予以承认。实践中,已经开启资本主义文明的英国人并未过多改变威海卫传统婚姻制度,占据主导地位的自始至终都是中国传统婚姻。

1. 威海卫二元婚姻制度中主导的一元:中国传统婚姻制度

同中国其他地方并无二致,威海卫本地居民在缔结婚姻时严格遵循着"父母之命,媒妁之言"。即便在被英国强占之后,"人们仍然坚持传统的婚俗"[③]。婚姻缔结前一般要经历订婚,婚约对日后婚姻的正式缔结有很强的约束力,违背婚约将会受到包括习惯法在内的严惩。婚礼举行上,绝大多数婚礼遵照传统方式展开,红色花轿、聘礼嫁妆等是婚礼必备要素,传统婚礼中的繁文缛节被保存下来。婚后农民过着自然经济下的传统生活,"每周三次他们用驴子驮着沉重货物到威海卫市场去,妇女们则留在家里缝缝补补……如果不发生官司或家庭纠纷,他们生活通常风平浪静,或许还称得上幸福。"[④]

时任威海卫最高行政长官的骆克哈特在1908年年度报告中说:"由于此地区的落后,婚姻法的好处还没有被充分利用,但婚姻方面的陋习会逐渐消失。"[⑤]而事实上,英租威海卫当局虽然对某些习俗难以理解,但是他们仍愿意"尊重"。例如,尽管威海卫英国官员对童养媳这种畸形婚姻的害处很清楚,但他们只将其看作中国习惯的一部分加以"尊重",并没有打算改变这种风俗。[⑥]

2. 威海卫二元婚姻制度中次要的一元:西方近代婚姻制度

对信奉基督教的英国人来说,婚礼是一种神意,宗教色彩浓厚,如在1924年,"根据欧洲人登记情况,本年度3对新人成婚,其中2对为宗教婚姻"[⑦]。英国人在缔结婚姻中的形式要件比前期获得政府许可还重要,如《婚姻条例》对神职人员主持婚礼专门作了六点要求。英国人在《婚姻条例》中的细致严谨正是源于这种对婚礼形式的追求。英国人大多身着礼服和婚纱在教堂里完成终身大事,在神职人员的主持见证下结为夫妻,获得法律的保护。从婚礼的筹备到举行,英国人严格按照《婚姻条例》进行,在此过程中格外追求程序合法。

---

① 《1913年中国婚姻保护条例》,1913年,威海市档案馆藏,档案编号:229-1-618。

② 邵宗日:《英国租借时期威海卫法律制度研究》,法律出版社2011年版,第97页。

③ 邓向阳:《米字旗下的威海卫》,山东画报出版社2003年版,第220页。

④ 《威海卫1904年度报告》,1904年,威海市档案馆藏,档案编号:229-1-318-1719。

⑤ 《威海卫1908年度报告》,1908年,威海市档案馆藏,档案编号:229-1-1722。

⑥ J. Johnston, *Lion and Dragon in Northern China*, London: J. Murray, 1910, p. 195.

⑦ 《威海卫1924年度报告》,1924年,威海市档案馆藏,档案编号:229-1-1735。

(三)英租威海卫时期的婚姻家庭观念

1. 从一而终的贞洁观仍是主流

庄士敦在谈及威海卫农民花钱买妻的行为时提到,尽管这种行为被认为是可耻的,在法律上是应受惩罚的,但对于妇女自身而言,她们大部分会认可这种事实。实际上,当政府发给她们自由令,允许她们回到家乡时,她们很少有人愿意离开她们的新家。[①] 从妇女自身而言,她们认同封建礼教赋予她们的从一而终的使命。这还体现在寡妇再醮上。宋明理学之后,寡妇再醮成为了一种为世俗社会所不齿的行为,寡妇守节被视作一种道德上的义务。虽然禁锢了女性的自由,但大多数女性在心理上却认同这种贞操观,甚至不惜以死来对抗婆家以谋取遗产为目的的强迫改嫁,这与千百年来形成的文化传统有关,也与女性本身缺乏社会地位和自我觉醒有关。

2. 夫权在婚姻关系中占据主导地位

在威海卫的婚姻关系中,夫本位传统根深蒂固。在《婚姻保护条例》中几乎看不到西方资本主义的自由和法治气息,不仅对旧式婚姻制度中的陋习无意改进,而且把对已婚妇女通奸的处罚上升到刑罚层面。即便是对已婚妇女的保护,也是建立在承认男子对妻子拥有"家长权"的基础上。在婚姻关系的终止上,妇女除死亡外无法摆脱一段婚姻,丈夫却可以轻而易举地休妻。在《中国北方的狮子与龙》一书中,庄士敦指出,实施自杀的人大多数是年轻已婚女性或寡妇。[②] 这与她们在婚姻中孤立无援的附属地位密切相关。尽管女性自杀频发,但当地人看来,"只有一种自杀行为被公众所谴责,即当年轻已婚妇女没有给她的夫家生下一个儿子或者当她正在哺育婴儿时"[③]。

3. 权利意识的萌发——出现健讼现象

尽管中国人有"厌讼"传统,但威海卫居民却呈现出了陈玉心女士在《清代健讼外证:威海卫英国法庭的华人民事诉讼》描述的热衷于打官司的局面。她在文中写道:"一位受到伤害的丈夫会步行 20 里去向裁判官诉说他全然无力使其妻子恪守为妇之道。"[④]这反映出人们在婚姻家庭生活中的权利意识开始觉醒,开始通过民事诉讼保护权利。事实上,解决婚姻家庭纠纷的案件占据了民事案件总数相当的比例。以 1924 年为例,在 193 件民事案件中,婚姻纠纷有 17 件之多。[⑤] 难怪庄士敦在描述婚姻家庭生活时说:"间或发生争吵,一直闹到法庭才罢休。"[⑥]

---

① J. Johnston, *Lion and Dragon in Northern China*, London:J. Murray,1910,p. 175.

② J. Johnston, *Lion and Dragon in Northern China*, London:J. Murray,1910,p. 224.

③ 《威海卫 1907 年度报告》,1907 年,威海市档案馆藏,档案编号:229-1-1721。

④ [马来西亚]陈玉心:《清代健讼外证——威海卫英国法庭的华人民事诉讼》,《环球法律评论》2002 年秋季号。

⑤ 参见《威海卫 1924 年度报告》,1924 年,威海市档案馆藏,档案编号:229-1-1735。

⑥ 《威海卫 1904 年度报告》,1904 年,威海市档案馆藏,档案编号:229-1-318-1719。

三、英租威海卫时期婚姻制度形成原因探析

(一)英租威海卫当局统治政策的直接影响

英国学者威廉·布莱克斯通认为英国的殖民方式很智慧,“对于被英国征服或割让给英国的地区而言,由于这些地区已经有自己的法律了,英国国王实际上有权对这些法律进行修正和变更。但是国王实际变更这些法律之前,当地原有的法律将继续有效,除非这些法律与我们的神法相悖。”[①]英租政府在传统文化根深蒂固的威海卫的统治便依照上述方式。

这种“以中国法律及当地习惯为依归”的统治政策直接影响了其婚姻制度。在此原则指导下,英租威海卫当局对中国传统婚姻充分尊重,这种尊重也表现在对诸多婚姻陋习的容忍:“这种交易的成分在威海卫直言不讳的农民头脑中是如此平常,他们谈论买卖妻子就像在谈论在邻村集市买卖的农产品一样,午报上赫然书写的卖身价钱恰好印证了这一点。”[②]英租威海卫当局的统治如同一层保鲜膜罩在威海卫之上,使其与界外的沧海桑田浑然割裂,使并不先进的婚姻制度保持着生命力。

(二)英国总体殖民战略和殖民成本考量

威海卫像不起眼的灰姑娘,并没有得到英国过多重视。威海卫在军事上缺点甚多,如陆地交通不便、出产粮食不足、港内地位小等。[③] 殖民者对威海卫的角色定位决定了其投入成本:英国并不打算在威海卫投入过多的人力、物力,只是基于“帝国非理性”才不愿意“拱手相让”。威海卫在英国殖民总体布局中尴尬的地位,使一切以追求文明开化为目的而可能会带来麻烦的治理变得可笑。

利用最低成本维持界内基本稳定是殖民政府施政的头等要义。精明的英国人熟练地运用着“以华制华”的策略,最大限度地维持着威海卫民事传统原貌,避免界内居民的反抗。威海卫的农民不仅对界外翻天覆地的变化浑然不觉,即便最初的反抗曾“让洋人心惊”[④],在经过英租威海卫当局一段时间的稳定治理之后,“威海卫的当地中国人确实把英国裁判官视同于租借前的中国地方长官”[⑤]。在英国总体殖民框架下,威海卫以最低的殖民成本维持安定,与之相对应,传统婚姻制度大范围保存下来。

---

① [英]威廉·布莱克斯通:《英国法释义》,游云庭、缪苗译,上海人民出版社2006年版,第122页。

② 刘娜:《英租威海卫法律文化解读——基于女性保护的视角》,山东大学硕士学位论文,2010年。

③ 参见朱世全:《英国租占威海卫三十二年·英租威海卫之经过》,威海政协文史资料委员会编:《威海文史资料》(第10辑),第19页。

④ 邓向阳:《米字旗下的威海卫》,第214页。

⑤ [马来西亚]陈玉心:《清代健讼外证——威海卫英国法庭的华人民事诉讼》,《环球法律评论》2002年秋季号。

(三)"英国观念"[①]在治理方式上的延伸

对法的本质,萨维尼认为:"法并不是立法者有意创制的,而是世代相传的民族精神的体现;只有民族精神或民族共同意识,才是实在法的真正创造者。"[②]英租政府的殖民统治与其民族文化有着深层次的联系。

作为老牌资本主义国家,英国具有更显著的保守主义,英国人不愿意因为变革在威海卫触发不稳定的因素。他们确信一旦建立起来的法则就是神圣的,是不该被轻易改变的。在这一法文化特征指导下,英租政府最大限度地对原有社会治理结构和习惯风俗进行保留,庄士敦在告别威海临别演讲词中说:"你们现在是中国式,和我们三十二年以前初来威海的时候是一样,我们没有一点野心要使你们变成别种人。"[③]在庄士敦看来,用强迫手段改变婚姻制度等稳固的社会传统是粗暴和不明智的,相比之下尊重和劝导更符合其固有的"英国观念"。

(四)威海卫最高行政长官个人的影响

威海卫最高行政长官骆克哈特和庄士敦分别在威海卫生活了 19 年和 16 年,两位痴迷中国传统文化的中国通对影响威海卫生活传统起着举足轻重的作用。

骆克哈特笃信儒家学说,早在香港任职时他就认为应该尽可能保留新界的现有生活方式、风俗习惯和价值观,不主张进行急剧改变。[④] 待其任职威海卫后,承袭了推行旧制政策。有"洋儒生"美誉的骆克哈特凭借对中国传统文化的精炼掌握,将颁布的法令裹以儒学教义的外衣行使教化职责。庄士敦,字志道,溥仪对这位帝师的赞誉是"雄文高行,为中国儒者所不及"[⑤]。他初来威海时就决心在此为"儒学思想的生命作最后一搏"[⑥]。他坦诚地表露了自己的"中国化":"恐怕我们没使你们英国化,你们倒使我们的人中国化了。"[⑦]王一强先生认为,无论是庄士敦本人的"中国化"还是威海卫治理方式的"中国化",实质上其核心都是"儒家化"。[⑧] 在儒家思想的影响下,庄士敦的许多价值观已经背离了英国法,被英国法视为犯罪的自杀行为在庄士敦看来,变成了"毫无疑问,一个女人追随其夫而死是值得称赞的行为"[⑨]。

(五)威海卫传统民俗习惯的持久影响

位于山东最东部的威海卫在中国版图上偏居一隅,交通闭塞,社会经济并不发达,技

---

① 参见王一强:《法律文本的矛盾——从英租威海卫时期的一份鞭刑文件说起》,《山东大学学报》(哲学社会科学版)2005 年第 4 期。

② 转引自何勤华:《历史法学派述评》,《法制与社会发展》1996 年第 2 期。

③ 《威海卫办事大臣庄士敦临别演讲词》,1930 年,威海市档案馆藏,档案编号:229-1-77。

④ 参见刘存宽:《骆克与香港新界》,《广东社会科学》2001 年第 5 期。

⑤ [英]庄士敦:《紫禁城的黄昏》,陈时伟等译,求实出版社 1898 年版,第 5 页。

⑥ 邓向阳:《米字旗下的威海卫》,第 39 页。

⑦ 《威海卫办事大臣庄士敦临别演讲词》,1930 年,威海市档案馆藏,档案编号:229-1-77。

⑧ 参见王一强:《"你们倒使我们的人中国化了"——威海卫办事大臣庄士敦临别演说词的法文化解读》,《法制与社会发展》2004 年第 5 期。

⑨ 《庄士敦给骆克哈特的信》,1930 年,威海市档案馆藏,档案编号:229-1-111。

术、基础设施都比较落后,自给自足的自然经济占据主导地位,先进的法律制度缺乏推行土壤,反倒是温和的民事政策更适应社会发展需要。从文化环境上看,威海卫地处孔孟之乡,儒家思想占据主流,在世世代代的文化养成中,封建纲常礼教深入人心,加之信息闭塞,新式思想不易进入,即便进入短期内也难被认同。在此环境下,威海卫的传统民俗习惯得以稳定地沿袭。传统婚姻制度有稳固的土壤继续生长,稍加呵护便更加枝繁叶茂。

另外,威海卫的农民保持着淳朴本性,善良友好,尊重传统。骆克哈特这样评价威海卫的本地居民:“在管理过程中,这里的华人并不像某些对中国一无所知的人所描述的那样难以理解……从管理的角度而言,中国人是很好统治的,因为他们信奉家族权力,他们主要愿望就是管好自己的家庭,作为一条不成文的规矩,他们要持重、有序、对父母子女和善,他们勤奋安分[①]”。在这样的性格之下,威海卫本地居民对传统婚姻秩序天然地进行维持,同时也不会剧烈排斥英国人不与其文化传统相悖的规定。

(指导教师:王　强　汪全胜)

① 邓向阳:《米字旗下的威海卫》,第214页。

经济管理

对家庭因素在大学生择业和就业上影响程度的调查分析与思考

雷　雪❶

“大学生的就业行为不仅关系到大学生本人人生价值的实现，而且还关系到家庭教育投资的一个收益过程，是高等学校实行可持续发展的关键部分，更是人力资源投入社会发挥作用的重要步骤，大学生希望通过就业来体现其个人的价值，家庭期望通过就业来完成对大学生教育投资的回报。”①到底家庭因素能在多大程度上影响大学生择业和就业，我们能通过家庭因素的分析给大学生提供怎样的择业和就业建议，如何在改善大学生就业问题上提供有效的信息，这都是非常值得探讨的问题，也是启动本项目的原因。

一、本　论

（一）研究假设

在市场经济条件下，我国经济类型出现多元化倾向，大学生的就业取向也不可避免地出现多元化现象。因此，本研究在统计上将非正规就业的毕业生纳入大学生就业统计中，将其视为已经就业，扣除了不愿意就业的大学生。除此以外，选取了接受大学本科教育的大学生作为被测对象，排除了辍学、休学等情况造成的受教育水平的差异，在控制毕业生受教育水平变量后，通过对家庭因素对大学生择业和就业取向影响的相关文献研究，结合实地调研、问卷数据分析等，从家庭背景的各个方面分析其对择业和就业取向所产生的影响。

基于上述分析，本文提出如下假设：

假设1：家庭结构复杂程度对大学生择业和就业取向有影响。

假设2：家庭经济资本拥有量对大学生就业取向有显著影响。

---

❶商学院2010级人力资源管理专业。

① 曾一鸣：《家庭背景对大学生就业取向影响的实证研究——以浙江师范大学为例》，浙江师范大学教师教育学院硕士学位论文，2010年。

假设3:家庭成员身体素质对大学生择业和就业取向有影响。

假设4:家庭文化社会资本拥有量对大学生就业取向有显著影响。

(二)模型设计

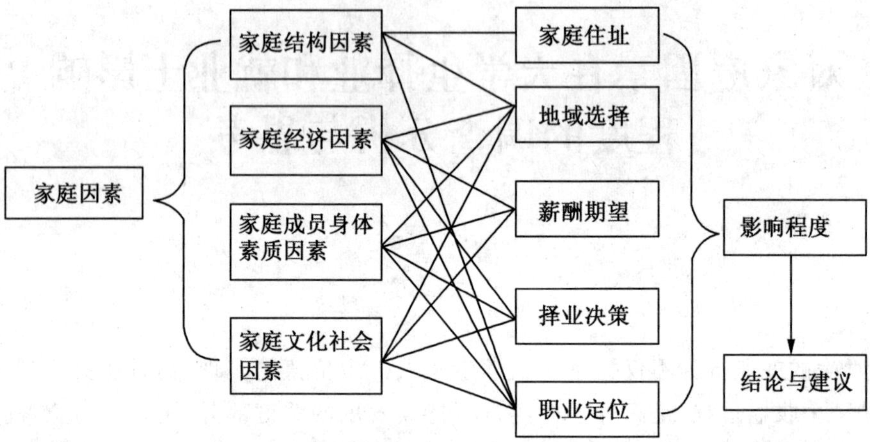

图1　家庭因素对大学生择业和就业取向影响模型设计图

(三)实证分析

1. 家庭结构因素(Family structure)

与传统的数代同居的大家庭相比,一家三口的"核心家庭"更加容易形成民主的家庭气氛,有利于培养孩子的独立性。但是结合家庭生命周期理论以及中国现阶段人口老龄化和"空巢"问题,我们发现独生子女更加倾向于考虑家庭因素而选择职业、就业地等,并不符合理论知识上所说的"独立性",而是体现了在家庭功能(Family function)中的赡养上一代问题。而非独生子女家庭由于有兄弟姐妹的相互照应和对父母的轮流照顾,在选择职业上更加倾向于自己和社会导向。

表1　家庭结构(是否为独生子女)对大学生择业和就业的影响

维度	F 值	显著性
地域选择	1.179	0.326
职业定位	1.539	0.198

数据来源:调查问卷(学生卷)。

通过表1单因素方差比较分析(本文单因素分析均采用 $\alpha=0.05$)发现,不同家庭结构的大学生在地域选择和职业定位上均无显著的差异。

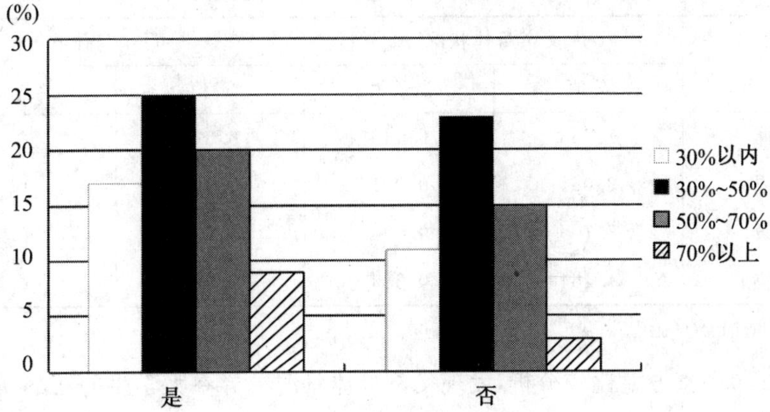

图 2　"是否为独生子女"与"家庭因素在职业规划中所占比例"的关系

数据来源：调查问卷(学生卷)。

从图 2 可以看出，家庭结构不同，家庭因素在职业规划中所占比例不同，而独生子女认为家庭因素在职业规划中所占比例高于 50% 的人数又比非独生子女多。符合先前假设 1 家庭结构复杂程度对大学生择业和就业取向有影响。

2. 家庭经济因素(Family economic status)

"最早的社会环境就是家庭，家庭对个体自我意识的形成、发展起着关键性的作用。"[①]家庭经济环境造就的子女教育状况和关系网络氛围影响着相当一部分大学生的就业地域选择、薪酬期望、择业决策和职业定位。

表 2　　家庭月收入对大学生择业和就业的影响

维度	*F* 值	显著性
地域选择	1.753	0.146
薪酬期望	3.064	0.021
择业决策	2.705	0.036
职业定位	1.164	0.333

数据来源：调查问卷(学生卷)。

通过表 2 单因素方差比较分析，发现不同家庭经济条件的大学生在薪酬期望与择业决策上有显著的差异。符合先前假设 2 家庭经济资本拥有量对大学生就业取向有显著影响。

3. 家庭成员身体素质因素(The physical quality of the family)

父母身体越不好，孩子越会考虑家庭，这跟道德伦理是密切相关的。与母亲的身体状况相比，父亲的身体状况波动更能带动孩子在职业上的选择，这与在中国父亲是一家顶梁柱的传统思想是分不开的。

① 文东茅：《家庭背景对我国高等教育机会及毕业生就业的影响》，《北京大学教育评论》2005 年第 3 期。

表 3 父母身体素质状况对大学生择业和就业的影响

维度	父亲身体状况		母亲身体状况	
	F 值	显著性	F 值	显著性
地域选择	1.753	0.146	0.329	0.858
薪酬期望	3.064	0.021	2.644	0.039
择业决策	2.705	0.036	1.971	0.106
职业定位	1.164	0.333	1.693	0.159

数据来源:调查问卷(学生卷)。

通过表 3 单因素方差比较分析,发现父母身体状况差异在大学生的薪酬期望上有显著的差异。符合先前假设 3 家庭成员身体素质对大学生择业和就业取向有影响。

4. 家庭文化社会因素(Family culture and social status)

母亲的文化程度对大学生就业取向的影响比父亲所产生的影响要明显,这与中国传统的教育习惯有关,通常母亲的教育付出在孩子成长过程中所占的比重更大。一般情况下,拥有较多文化资本的父母会更加注重子女的教育情况,塑造良好的家庭文化氛围,培养子女良好的学习习惯,进而使子女获得更多更优质的教育。

表 4 父母学历对大学生择业和就业的影响

维度	父亲学历		母亲学历	
	F 值	显著性	F 值	显著性
地域选择	1.451	0.225	2.444	0.049
薪酬期望	0.897	0.469	1.208	0.314
择业决策	1.001	0.412	1.598	0.182
职业定位	0.751	0.560	0.851	0.497

表 5 父母职业对大学生择业和就业的影响

维度	父亲职业		母亲职业	
	F 值	显著性	F 值	显著性
地域选择	0.399	0.809	0.504	0.733
薪酬期望	0.757	0.556	0.445	0.776
择业决策	1.419	0.235	1.390	0.244
职业定位	0.337	0.852	0.154	0.961

数据来源:调查问卷(学生卷)。

通过表 4 和表 5 的单因素方差比较分析,发现母亲学历差异在大学生的地域选择上有显著性差异,而其余均未达显著差异水平。不符合先前假设 4 家庭文化社会资本拥有量会对大学生就业取向有显著影响。

从图 3 至图 6 可以看出，父母亲的文化程度和职业差异，导致家庭因素在职业规划中所占比例不同，虽然不符合先前假设 4 家庭文化社会资本拥有量对大学生就业取向有显著影响，但仍然可以说明家庭文化社会资本拥有量对大学生就业取向产生影响。

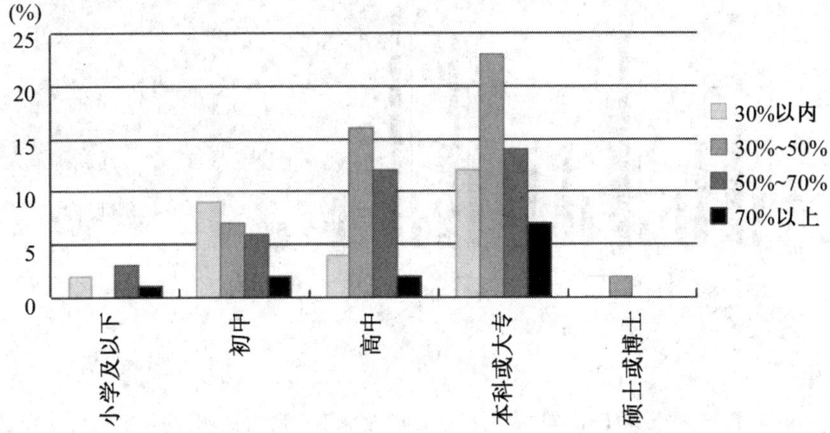

图 3　“父亲学历”与“家庭因素在职业规划中所占比例”的关系

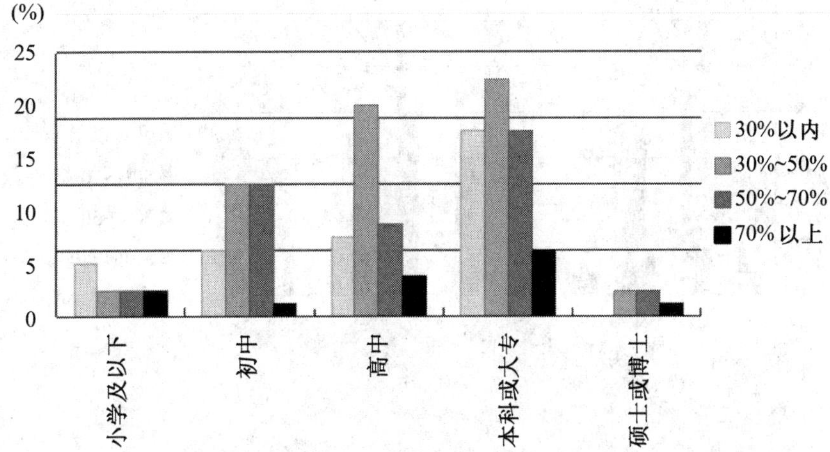

图 4　“母亲学历”与“家庭因素在职业规划中所占比例”的关系

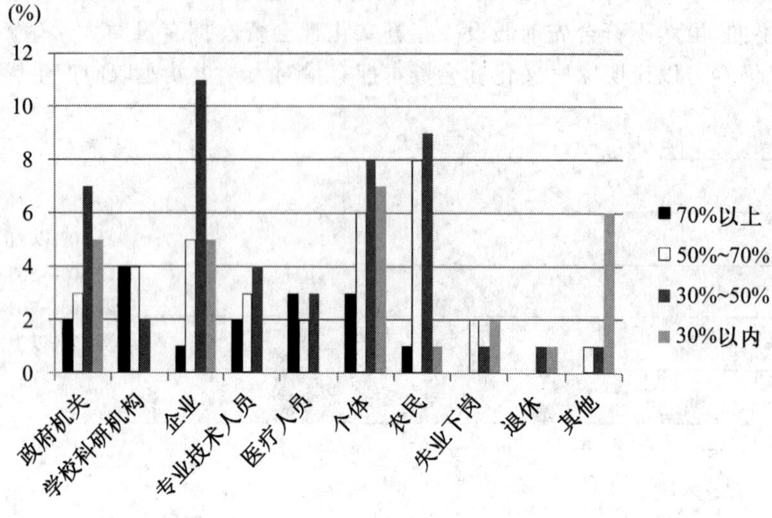

图 5　“父亲工作”与“家庭因素在职业规划中所占比例”的关系

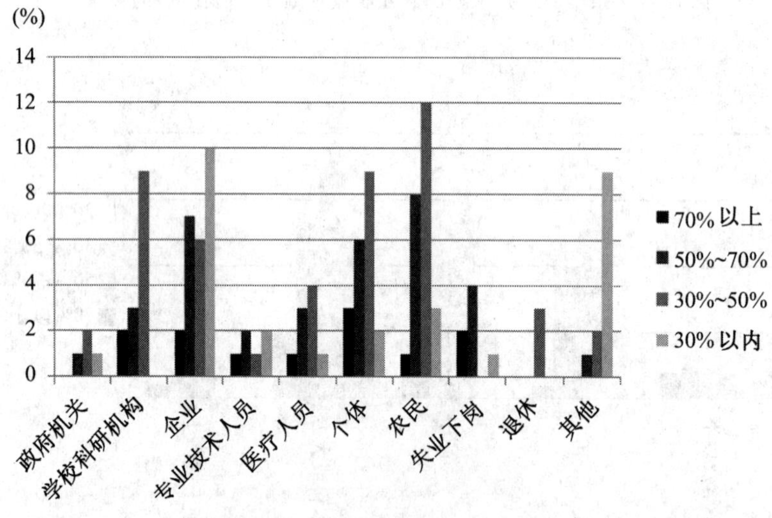

图 6　“母亲工作”与“家庭因素在职业规划中所占比例”的关系

数据来源：调查问卷(学生卷)。

综合考虑，家庭背景(结构、经济、成员身体素质、文化社会)影响着大学生的择业和就业选择。

二、结论与建议

(一)结论

根据本论实证分析部分主要内容,结合学生问卷数据分析、企业人力资源部门和员工、教师、学生家长的访谈情况分析等角度,整合文献资源等手段,得出以下结论:

1. 家庭背景

家庭居住地较发达、独生子女、父母亲文化程度较高、父母亲工作单位较好的学生更倾向于有利于自身发展、兴趣偏好的职业,但生源地工作的欲望也更强烈。而与之具有相反条件的学生相比之下则更愿意在外地发展、追求能力提升、能有高物质享受的职业。家庭成员尤其是父母的身体状况也对大学生的就业取向产生影响。父母身体越倾向于差,孩子越会考虑家庭,这跟道德伦理是密切相关的。另外,代与代之间的教育水平和职业,即家庭文化社会背景也在很大程度上影响着孩子择业和就业的选择。

2. 父母态度

大部分父母对子女择业和就业选择持支持态度,尊重孩子的选择。但身体状况不佳、孩子为独生子女或者父母社会资源比较丰富的家长会希望孩子听从自己的意见,留在家乡或者生源地附近工作。

3. 自身规划

多数大学生对自身职业发展有明确的规划。其中半数学生会为了自身的发展或者兴趣爱好选择职业、工作地等。而另一半的学生则较为依赖父母,更愿意留在父母身边,边工作边照顾父母。根据布劳—邓肯模型,工业化程度越高,子女更倾向于通过个人努力自发进行社会流动,削弱了家庭背景因素的影响。

4. 企业要求

从实地走访调查结果分析可以发现企业在招聘人才过程中会适当考虑应聘者家庭方面的因素,但是不会过于关注应聘者的籍贯等问题,家庭因素只是作为是否录取的参考指标之一。企业在招聘时最终录取员工的决定因素还是个人能力因素;其次,他们也很注重员工的稳定性,即员工是否愿意长期在企业中工作。

(二)建议

以上的实证结果让我们看到了家庭因素对大学生就业的影响,同时也使我们意识到要解决大学生在进入劳动力市场时的种种问题可能是一个漫长的过程。然而,只要持之以恒地进行改革建设,大学生就业问题终究会得到解决。

1. 毕业生个体特征建设

大学生应加强职业生涯规划意识,可以根据 MBTL 实验方法的 16 种不同性格类型分析等职业性格分析工具,提高自我认知能力。培养独立意识,提升自身的综合素质和创造力。树立正确的就业目标,及时调整就业意愿。本着人文关怀的理念,在择业的过程中综合考虑自身所处的环境,尤其是家庭因素给自己带来的影响,不要盲目追求事业上的发展而忽略了最基本的家庭责任。

2. 高校办学和用人单位需求建设

高等学校应加强教育改革，适当控制高等教育发展速度及规模；加强对大学生的职业规划和就业指导；推进校企合作办学，积极探索和完善大学生就业信息平台，转变大学生就业观念，消除就业盲目性。① 鼓励大学生毕业后自主创业，培养大学生的创新意识。而用人单位应秉承规范而公平的招聘政策制度，杜绝任人唯亲、乱搞裙带关系。同时，制定更为积极的大学生就业吸纳政策。

3. 国家就业政策和劳动力市场制度建设

一方面，我国劳动力市场制度尚不完善，城乡分割、地区分割的状态成为大学毕业生自由流动和自主择业的障碍，大学生就业市场尚未实现充分竞争。② 国家应该根据如今的社会现状来及时动态地调整就业政策和劳动力市场制度。另一方面，需要不断加强对第三产业的支持力度，提供更多的岗位供大学生选择，同时为鼓励大学生创业而颁布实施相关制度和政策。

4. 社会养老保障制度建设

一方面，在人口老龄化程度不断提高的情况下，我国养老保障制度面临着重大挑战。为此，需要解决好养老金隐性债务等问题。③ 另一方面，针对“4050”群体的适度社保补贴和再就业政策须进一步落实。同时住房问题和户籍制度引发的家庭压力问题须得到进一步解决，以减轻父母的家庭压力和对孩子的依赖程度，使得即将就业的大学生免去后顾之忧，以自身最佳职业规划来进行择业和就业。

5. 传统文化建设

中国社会的传统文化重视人际关系和权力等级，以家庭为核心载体的社会资本代代延续，并在广度和深度上不断地扩展。虽然转变人们在为人处世中对社会资本的依赖和信任在短期内难以实现，但社会各阶层在大学生就业问题上仍需相互配合，以共创“能岗匹配，任人唯贤”的社会氛围。

参考文献

[1]田菁:《新形势下大学生就业期望及其影响因素探究——以武汉大学为例》,《企业导报》2012 年第 5 期。

[2]张文、张墨:《浅谈家庭因素对大学生择业的影响》,《商业经济》2011 年第 8 期。

[3]何期:《大学生职业决策中家庭因素分析及对策》,《学术论坛》2008 年第 6 期。

[4]乔冬:《家庭主要因素对大学生职业选择的影响》,《出国与就业》2010 年第 7 期。

[5]刘晓明:《我国人口老龄化背景下社会养老保障体系存在的问题及对策》,《中共济南市委党校学报》2010 年第 4 期。

① 参见李玲:《大学生择业心理及调试办法研究》,《科技创业月刊》2011 年第 6 期。

② 参见刘宝驹:《社会变迁中的家庭——当代中国城市家庭研究》,巴蜀书社 2006 年版,第 286 页。

③ 参见张世青:《适度的社会保障:“4050 人员”的有效选择》,吉林大学硕士学位论文,2007 年。

[6]瞿国忠、于壮强、蔡丽莎:《大学生就业意向实证分析》,《北京科技大学学报》(社会科学版)2004 年第 4 期。

[7]况源:《充分发挥家庭因素在大学生就业过程中的作用》,《重庆工商大学学报》(社会科学版)2007 年第 3 期。

[8]冯娜娜、叶泽林、汪涓、邹瑶:《大学生就业依靠家庭因素分析》,《内江师范学院学报》2008 年第 1 期。

[9]尉建文:《父母的社会地位与社会资本——家庭因素对大学生就业意愿的影响》,《青年研究》2009 年第 2 期。

[10]R. Albert and G. Wayne,"Family effects in youth employment," National Bureau of Economic Research working paper,1979,No. 396, pp. 1-13.

(指导教师:刘 文)

“北参南养”背景下北方海参养殖产业面临的冲击与应对策略

别晓东[1]

蓝色海洋经济作为中国经济发展的新航标，带动了海珍品产业的发展。海参作为其中一种主要的高附加值产品，其养殖产业也迅速发展壮大。近几年海参养殖中出现的“北参南养”现象使得南方海参养殖业迅速崛起，并对北方传统海参养殖业形成极大威胁。在学术领域内，对海参产业这一新近变化及相关问题的专题研究仍为空白。本文基于翔实的调查数据对北方海参养殖业面临的冲击及海参产业南移的可能性进行了量化分析与深入研究，并通过建立数学模型对未来南北方海参养殖产业的发展方向进行了预测，具备很高的理论价值和应用价值，从而向北方海参养殖业尽快采取措施以应对这一威胁提供可靠依据和现实指导。

一、“北参南养”背景下的海参产业格局

中国的海参养殖始于1957年。在宏观经济发展、技术更新及市场化竞争之下，中国的海参产业细分出三大板块。第一大板块以辽宁省大连市为核心，拥有传统的海参养殖基地，是我国海参产业的领跑者。第二大板块以山东省烟、威、青三市为核心，以规模化养殖及产品精深加工为主，结合稳步的区域扩张，成为北方又一重点海参养殖板块。第三大板块以福建省宁德市为核心，是近几年崛起的新兴板块，虽处发展初期，但依靠价廉、量大的优势，迅速进入全国海参市场。

这一新兴海参养殖板块的形成，最初源于海参对海水温度非常挑剔，过去在冬季的三四个月时间内，在北方养殖的海参会进行冬眠，生长缓慢。2000年前后，北方养殖户开始尝试在冬季利用南方地区气候温和且拥有大量港湾的优势，将海参运送到南方过冬，规避海参冬眠、加速生长。自2005年起，南方依托“北参南养”所实现的技术支撑及自身气候优势大力发展海参养殖，在丰厚利润的吸引下由为北方养殖户代理养殖转变为独立养殖，并大举增加资本投入、扩大养殖面积，由此南方海参养殖板块以迅猛的发展态势严

---

[1] 商学院2010级金融学专业。

重威胁传统的北方两大海参养殖板块。我国海参养殖产业格局正在发生深刻的变化,因此有必要对此现象展开调研。

二、"北参南养"现状分析

海参养殖业的丰厚利润、中国海参市场的巨大消费需求及南方海参(以下简称"南参")养殖的技术突破和成功实践向精明的南方人展现出巨大商机,南方养殖户纷纷北上从长岛、蓬莱等地购买大量海参苗,开始独立养殖海参,并取得了初步的成功。自2010起,南方各海参养殖地纷纷加大资本投入力度,南参养殖产业发展大幅加速。虽然目前由于技术等因素限制,南方还无法实现自主育苗,优质海参苗的购进完全依赖北方,但调查数据显示,南参养殖仍以迅猛增长的态势对传统的北参市场形成冲击。

(一)北参经营指标恶化,南参北销抢占市场

1. 北参市场占有率下滑

据统计数据显示,2010年全国海参总产量超过10万吨,其中大连海参(以下简称"辽参")产量占全国总产量的近45%,山东海参(以下简称"鲁参")产量占全国总产量的51%左右。然而据调研数据显示,自2010年南参养殖户资本大进军后,2011年大连、山东海参产量在全国总产量中所占比重均有所下降(见表1及图1)。而另一方面,南参养殖产量却实现跳跃性增长,仅以福建一省为例,较2010年、2011年全省海参养殖产量增长了331%,养殖面积增长了460%(见图2)。海参养殖海域的延伸进一步促使海参产业格局发生改变,使北参"市场霸主"的地位受到威胁,市场占有率[①]不断下滑。

表1　2004～2012年全国及核心产地海参年产销量一览表　单位:吨

年份 产地	2004	2005	2006	2007	2008	2009	2010	2011	2012
全国	53315	65283	75725	77517	92567	102159	130303	137754	149669
辽宁	11529	16157	21236	22158	29034	36134	59764	60985	60863
山东	40370	46017	53080	53572	60689	62792	66300	67095	72235
福建	0	238	324	651	1224	1338	1643	7082	10800

① 我国海参消费市场供给小于需求,因此可认为南北方海参的产量等于销量。

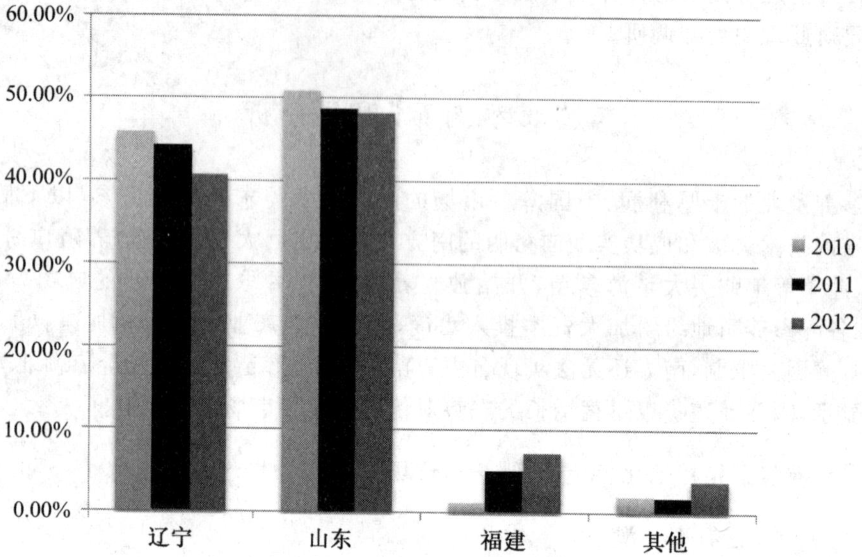

图 1　2010～2012 年北参主产地海参产销量比重变化图

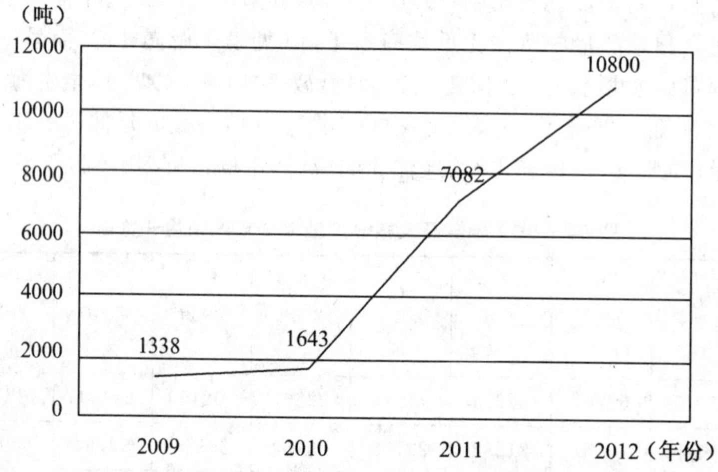

图 2　2009～2012 年福建海参产量走势图

2. 北方海参利润缩水

利润水平是衡量经营主体生产经营状况的基本指标，南参 2010 年资本进军的结果迅速在 2011 年海参市场的价格及利润水平上显现出来。据调研数据显示，在价格方面，2011 年北方鲜参的平均价格剧烈走低(见图 3)。此外，作为海参制品中最常见、产量及消费比重也最大的一种海参深加工产品，干海参的生产销售也严重受到南参北销的影响，自 2010 年后市场价格变化不容乐观(见图 4)。在利润水平方面，2011 年，北方春季鲜参[①]的成本利润率比 2010 年下滑 7%～8%；2012 年，利润率继续下滑，平均下滑 16%～30%（见图 5）。据此，2012 年北方春季鲜参的成本利润率已由 2008 年的 55%～56%直线下滑至 35%～43%（见表 2、图 6）。

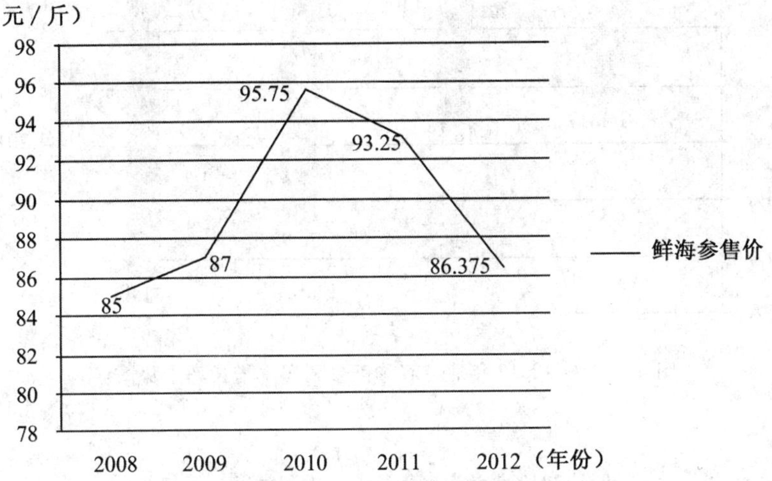

图 3　2008～2012 年北方春季鲜参价格走势图

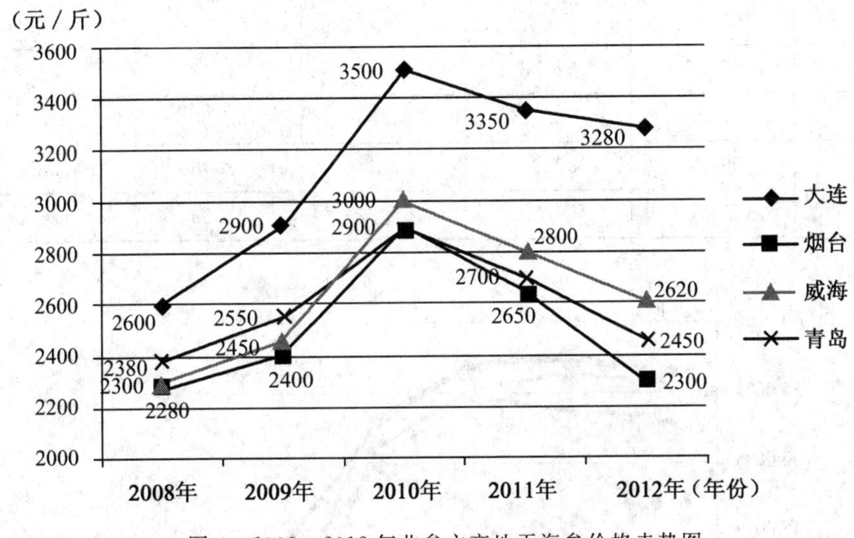

图 4　2008～2012 年北参主产地干海参价格走势图

① 由于南参多集中于 4 月初上市，因此对北方春季鲜参的冲击最大。

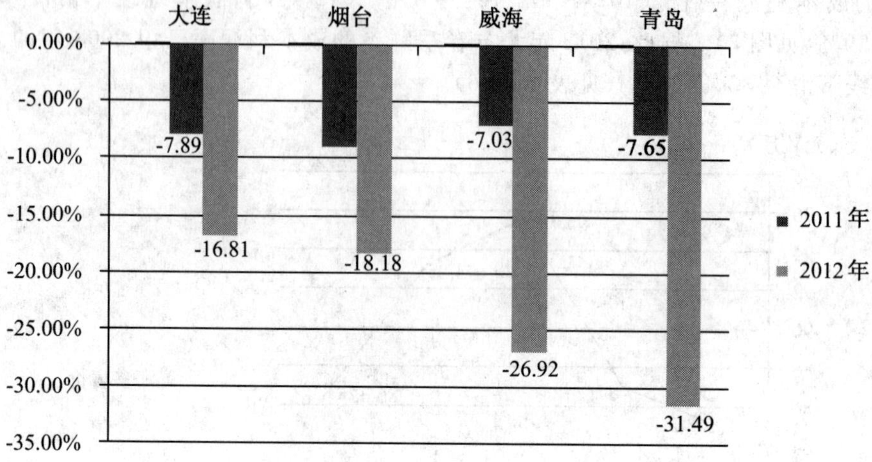

图 5 2010～2012 年北方春季鲜参利润率增长率走势图

表 2 **2008～2012 北参主产地春参成本利润率一览表** 单位:%

产地 \ 年份	2008	2009	2010	2011	2012
大连	56.25	57.78	57.14	52.63	43.78
烟台	53.33	53.66	54.84	50.00	40.91
威海	56.25	57.30	57.14	53.13	38.82
青岛	55.70	56.32	55.32	51.09	35.00

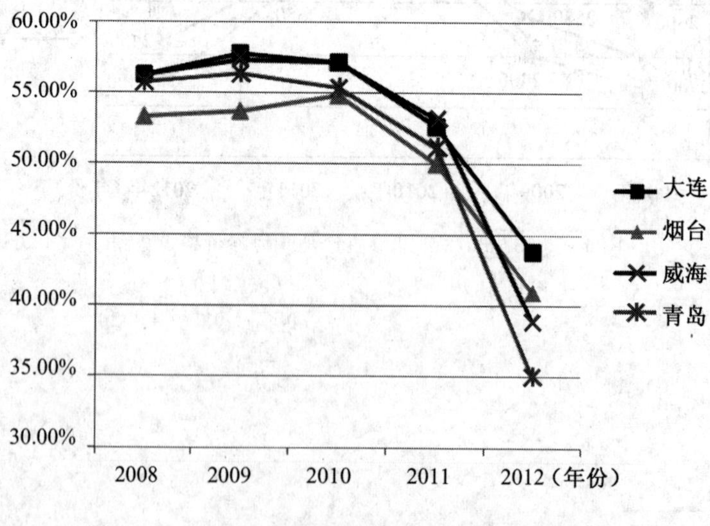

图 6 2008～2012 年北参主产地鲜参成本利润率走势图

3. 南参返北销售网络建立

据调研情况显示，目前南参已初步形成以福建省宁德市为中心、辐射周边的十多个省市的海参销售网络，以不可小觑的姿态逼进全国海参市场。同时，南参的销售具体可分为四个方向：东北三省、京津鲁、本地和其他。目前基于消费传统、养生理念的不同，南参大部分销往北方的东北三省（40%）、京津鲁（35%）及其他地区（15%），少量南参内销（见图 7）。

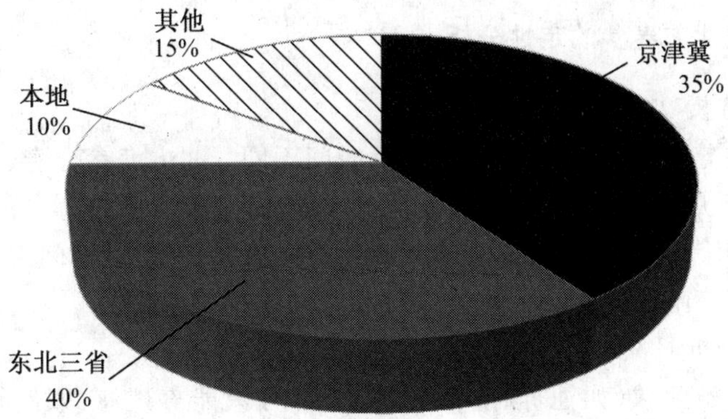

图 7　南参各地销售比重一览图

（二）冲击出现主因——南参隐含的天然养殖优势显现

海参养殖条件较为苛刻，以前南方因气候湿热和技术落后的双重限制而无法养殖海参，因此辽宁半岛和胶东半岛是我国的传统海参养殖区。然而伴随近年来“北参南养”的兴起，自 2005 年南方成参培育技术取得突破后，南参养殖在短短几年内从无到有发展起来，增长迅速以致冲击北方传统海参养殖地。究其原因，主要是在相关课题攻关和技术支撑下，其在海参养殖尤其是海参越冬方面隐含的一些北方所无法匹敌的天然优势逐渐显现。

1. 水文环境适宜，海参生长加速

在北方，海参一年有夏眠、冬眠两个休眠期，除去这两个休眠期后，北参一年中生长的时间非常短，致使其生长周期长达 3～5 年。而南方兴起的多个海参养殖区域冬季气候、水文条件适宜，能规避海参冬眠。南方抓住该天然优势，大大缩短了海参生长周期，从开始养殖到出成参只需要 1～2 年时间。海参生长周期的缩短大大加快了资金的流动速度，从而使南方养殖户有充足的资金来扩大养殖规模。

2. 南参饵料充足，养殖方式优越

中国暖温性海带的人工养殖区主要分布于浙江、福建沿海，南方网箱吊养的海带可直接成为海参饵料来源。事实上，由鲍鱼产业带动的南北接力养殖的交流以及较长的海岸线具备网箱养殖的有利条件都是目前“北参南养”成功的助力因素，同时也使南参养殖在饵料方面更具优势，相应成本也得以降低。

3. 南参提早上市，抢占销售先机，拉低市场价格

由于气候差异，每年南方在 4 月上旬就开始收参，而北方则在 4 月下旬，南方收参后

随即投放到市场,抢占销售先机,并形成一个较低的市场价格。在市场选择的作用下,南参的提早上市无疑逼迫养殖实际成本更高的“北参”的养殖户被动降低销售价格,这也就不可避免地缩小了北方养殖户的利润空间。

三、“北参南养”背景下南北海参产业发展未来预测

(一)南参取代北方春参的定性分析

1. 气候差异分析

基于气候的差异,我国南北方海参上市的时间不同。北方海参分春、秋参两种,春参于每年4月下旬、5月上旬上市,秋参于每年10月左右上市。南方海参由于气候限制只能于每年4月上旬上市,品质与北方春参大致无差。因此,就上市时间来讲,南参主要是对北方春参造成销售上的冲击。

2. 成本差异分析

北方海参的养殖区域(如池养、底播养殖)大部分只能养殖海参、鲍鱼,产品种类单一,应对风险的能力较差。同时,北方海参养殖周期长、人工投入大,其成本必然会随之上升。而南方在冬季养殖海参的参池、海域,又可以在其他时间养殖虾、蛤蜊等海产品,产品替代性大、更多样化,资金可以经历养殖海参、养殖虾蟹等多个循环,流动性高,周转速度快。同时南方海参养殖周期短,一般1～2年即可出成参上市,资金投入少,资金周转速度也更快。因此,在成本方面南方具有更大的优势。

综合上述分析可以得到的初步结论是:南方海参有可能会取代北方春季鲜参。

(二)南参取代北方春参的模型探讨——基于两家上市海参企业的数据分析

1. 模型简介

为了刻画北方海参养殖户(企业)的生存发展状况,我们引入成本利润率这一概念并对其进行预测。

$$成本利润率 = \frac{北方海参销量\times(销售价格-成本)}{成本}$$

(1)因变量设置:设置因变量为“北参养殖的成本利润率”。根据机会成本的原理,我们假设当养殖海参的利润率低于养殖其他海产品的利润率时,经营主体将转产。

(2)自变量设置:根据利润率公式,需要用的自变量有北方春参的销量、售价及成本。

2. 模型假设

(1)海参养殖业未来无技术变革,故养殖成本不变[①]。

(2)海参苗成活率保持行业最好水平,约为90%。

(3)各种养殖方式下的产量所占比重不变[②]。

① 此处指剔除通货膨胀率的实际成本。

② 当比重不变时,预测出的未来价格才具可信性。

3. 模型数据选取

为使所建模型更贴近现实，故选取了辽宁半岛海参产业的龙头——獐子岛海参及胶东半岛的海参龙头——好当家海参，用这两家代表企业[①]的春季鲜参养殖成本[②]来刻画北方春参的养殖成本。同时以往年北方春季鲜参的平均销售价格、销售量[③]作为样本数据[④]代入。

其中成本部分未来几年波动不会太大，仅受通货膨胀率的影响；销售价格根据近九年的数据，利用时间序列模型对其进行预测；北方海参销量部分则利用 BP 神经网络模型，针对近九年的海参销量及其影响因素训练神经网络，并利用该网络对未来几年北方海参销量进行预测。

4. 模型建立[⑤]

(1)对北方海参售价的预测

海参养殖产业近几年才发展起来，可利用的数据较少，经调查分析我们认为近九年的数据才具有参考价值。针对这一情况，我们对北方海参销售价格的预测采用了时间序列模型[⑥]。

基于 2004～2012 年北方海参销售价格数据，通过调整加权系数使得模型的预测误差达到最小，得到 2013 年的北方海参销售价格预测，并将其作为已知数据代入模型中继续预测下一年的数据。如此重复，得到了 2013～2025 年一系列预测数据[⑦](见表 3)。从预测数据看，未来几年北方海参销售价格波动幅度较小(见图 8)。

表 3　　2013～2025 北方春参销售价格预测值一览表　　单位:元/斤

年份	价格	年份	价格
2013	87.88	2020	86.98
2014	87.92	2021	87.04
2015	87.89	2022	87.00
2016	88.10	2023	87.00
2017	87.96	2024	87.00
2018	86.94	2025	87.00
2019	87.15	—	—

① 两家企业市场占比很大、可以代表市场平均水平。

② 两家企业均有自己的养殖场，相关数据通过实地走访与网上查询得到。

③ 一般来讲，北方春参、秋参收成比率大约为 1∶2。

④ 对于样本数据还需相关数学上的处理，详见下。

⑤ 由于本模型是基于以往的数据进行预测，不能预料到未来的变动，故会存在一定的误差。

⑥ 时间序列模型是一种回归模型，兼顾了事物发展的规律性及受偶然因素影响而产生的随机性，具有计算速度快、计算精度较好的特点，适合做短期预测。

⑦ 所得的预测数据均经过 CPI 处理，并假定未来各期的 CPI 值均维持在 2012 年的水平。

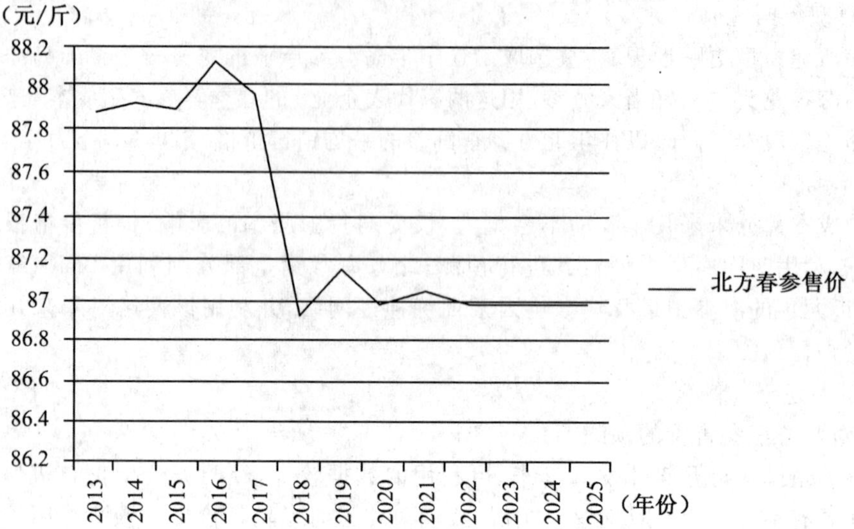

图 8　2013～2025 年北方春参售价预测值走势图

(2)对北方海参销售量的预测

北方海参销售量的影响因素较多，各因素与销售量间关系复杂，很难确定它们之间的一个函数形式，基于这种情况，可以使用 BP 神经网络模型①对未来北方海参销售量进行预测。

通过筛选、合并与合理假设，抽象出北方春参销售价格、南方海参销售价格、鲍鱼销售价格、人均可支配收入四个影响因素，以近九年的数据训练神经网络。其中北方春参销售价格与销售量成反比，数据预处理中给这一变量赋予一个负的权值；南方海参进入北方市场并形成影响的时间较晚，仅近三年的数据有参考价值，所以 2004～2009 年数据均为零。我们设定精度为 1×10^{-2}，最大循环次数为 1×10^{5} 次，既保证了精度，又避免了误差无法达到要求而导致的程序无法终止。模型实际训练过程中误差达到预期精度而停止运行。训练数据的真实结果与网络计算结果对比如图 9 所示：

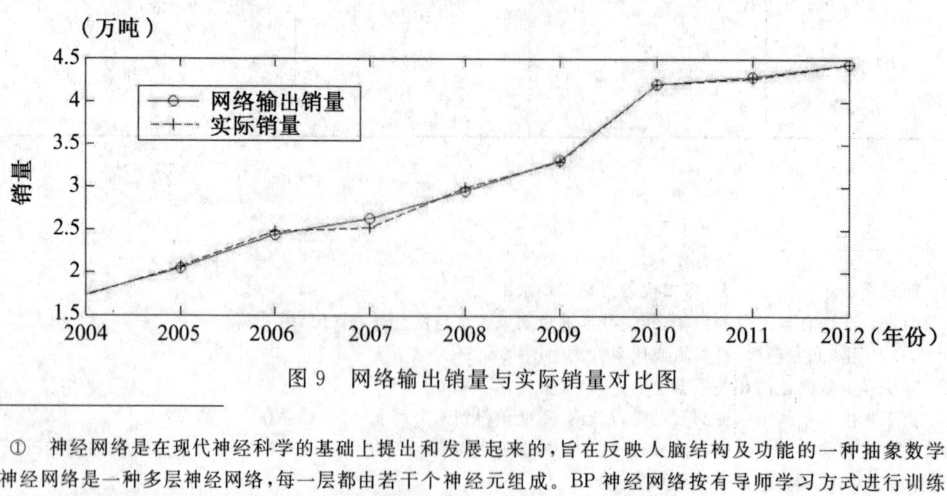

图 9　网络输出销量与实际销量对比图

① 神经网络是在现代神经科学的基础上提出和发展起来的，旨在反映人脑结构及功能的一种抽象数学模型。BP 神经网络是一种多层神经网络，每一层都由若干个神经元组成。BP 神经网络按有导师学习方式进行训练，采用误差逆传播算法，在循环过程中，随着误差逆传播训练的不断修正，网络的输出向量正确率也将不断提高。

利用训练得到的网络对未来13年销售量进行预测，得到结果如下：

anew =1.0e+004 *

4.8471　5.0497　5.3054　5.5159　5.7836　5.6807　5.9295　5.9053

5.9141　6.2593　6.3794　6.5062　6.6370

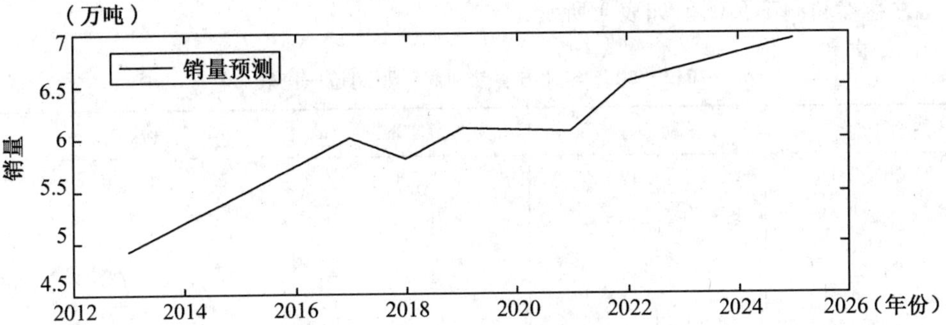

图10　2013～2025年北方春参销量预测值走势图

由预测数据可以看出，未来几年北方海参销量有一定幅度的波动，但整体呈上升趋势。

(3)对利润率的预测

基于上述北方海参售价与销售量的预测数据，便可以根据公式计算出利润率的预测值。计算结果如下：

lirun =1.0e+004 *

0.4647　0.4192　0.3741　0.3340　0.2899　0.2349　0.1989　0.1589

0.1232　0.0873　0.0531　0.0199　-0.0122

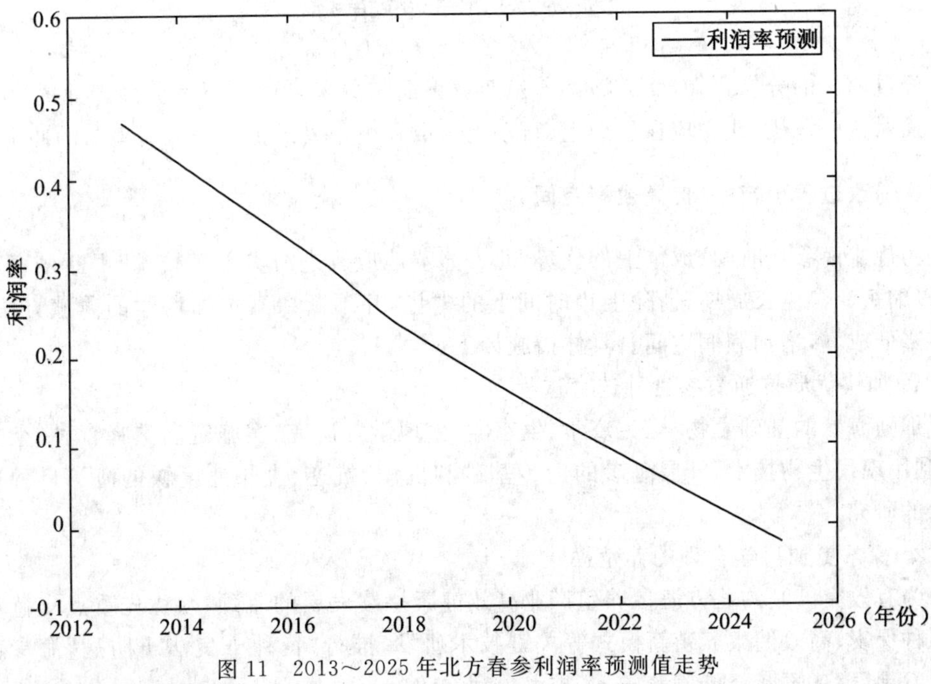

图11　2013～2025年北方春参利润率预测值走势

由此可以看出，虽然北方海参销售量整体呈上升趋势，但由于成本的限制、通货膨胀的影响以及南参的进入拉低北参售价，北方春参的利润率在未来几年将持续下降，并在2025年产生负利润率。

5. 模型输出结果分析

北方春参利润率预测值如表4所示：

表4　　2013～2025年北方春参利润率预测值一览表　　单位：%

年份	利润率	年份	利润率
2013	46.47	2020	15.89
2014	41.92	2021	12.32
2015	37.41	2022	8.73
2016	33.40	2023	5.31
2017	28.99	2024	1.99
2018	23.49	2025	−1.22
2019	19.89	—	—

根据预测结果可以看到，在2017年北方春参的利润率可能将会首次跌至30%以下，2019年预计会跌破20%，2022年可能会跌破10%。

综合上述分析可得，北方春参将于4～8年后被南参取代。

四、应对冲击的措施

经过前文的分析可知，北方海参养殖产业正面临着来自南方海参养殖产业的剧烈冲击。面对这一危机，北方应在思想上、行动上采取积极稳妥的措施来应对南参的冲击。

(一)改进养殖技术，提高盈利空间

为规避南参在时间、成本上的优势，北方养殖地应改进海参养殖技术、不断培育新品种，以缩短海参生长周期，消除上市时间上的劣势，并不断探索更加科学的养殖方法，进一步降低成本，增加利润空间。具体措施如下：

1. 加快优质抗逆海参良种选育进程

加强海参的基础生物学、免疫学、生态学、生理学等研究，实施定向选择育种、杂交育种，利用现代生物技术，开展海参的遗传基础和抗病、抗逆、生长速度快的海参良种选育技术的研究。

2. 探索更加科学合理的养殖模式

为有效突破制约北方海参养殖产业高效健康持续发展的瓶颈，须优先重点支持对海参原种保安、高效健康养殖新模式等关键技术研发，推行“良种＋良法＋防病”海参养殖产业发展思路，不断降低养殖成本，扩大盈利空间。

(二)合理控制收参时间,避免集中上市

由于南参主要集中在春季上市,并略早于北方春参的上市时间,同时结合模型预测结果——北方春参将于4～8年后被南参取代,北方养殖地应该合理控制春、秋参的收参比重,尽量减少春参数量,避免遭受价低的南参冲击,将更多的养殖资源投入到秋参的养殖中,提高秋参品质,从而在秋参市场上形成垄断地位,获取高额利润。

参考文献

[1]常亚青、隋锡林、李俊等:《刺参增养殖业现状、存在问题与展望》,《水产学》2006第4期。

[2]朱文嘉、荣小军、林洪等:《我国海参标准体系的现状与发展方向》,《水产科技情报》2011年第1期。

[3]李庆志、马艳丽:《烟台海参资源的开发与管理》,《安徽农业科学》2007年第14期。

[4]卓金武:《Matlab在数学建模中的应用》,北京航空航天大学出版社2011年版。

(指导教师:闫涛蔚　侯旭光)

地方经济投资主体行为及效率差异的比较研究

——基于山东省1978～2011年的实证研究

丁雪玲❶　赵思聪❷

作为我国经济发展大省，山东省非常重视民间资本的发展，并于2002年和2009年分别出台了《关于进一步加快民营经济发展的决定》《关于促进和支持民间投资发展的意见》。在新的政策环境下，各投资主体投资效率是否得到切实的提高，关系到经济发展的步伐。因此，有必要分析山东省投资主体的行为变化，并在此基础上，研究资本的投资效率，以明确投资对经济发展的贡献率，保证经济的可持续发展。

鉴于此，本文对投资主体的行为特征进行全面的比较，然后采用静态指标增量资本产出比(Incremental Capital-output Ratio，ICOR)和动态指标DEA数据包络模型相结合的方法，深入剖析山东省投资主体投资效率的现状，并通过资本投入冗余量的分析，探寻提高资本投资效率的方法和建议。

一、文献综述

在市场机制比较完善的西方发达国家，投资主要是企业的事情，不存在所谓的宏观投资效率问题。因此关于宏观投资效率问题的研究文献多见于对原计划经济和东南亚等存在较多政府干预的所谓"转轨"国家的研究。研究中通常与经济增长关系结合在一起，具有代表性的理论模型主要是哈罗德—多马经济增长中的资本—产出比率和Solow(1956)提出的投资收益率。关于投资效率的衡量指标可以分为动态指标和静态指标两种。[①] 动态效率指标多数是在研究"过度投资"和"投资不足"时使用，大多数研究都是以Abel等(1989)的AMSZ准则为基础进行。[②] 静态指标是利用现有数据通过计算整理形成数值，利用该数值按照研究目的对投资效率进行比较，通常选用增量资本产出率ICOR

---

❶商学院2012级金融专业；❷商学院2012级西方经济学专业。

① R. M. Solow, "A Contribution to the Theory of Economic Growth", *Quarterly Journal of Economics*, 1956, 70(1): pp. 65-94.

② A. Abel, N. G. Mankiw, et al., "Assessing Dynamic Efficiency: Theory and Evidence", *Review of Economic Studies*, 1989, 56(185): pp. 1-20.

(Incremental Capital-output Ratio)，资本产出比 K/Y，投资产出比 I/Y 作为衡量指标，代表性研究如，Toh 和 Ng(2002)，Zhang(2003)。[①] 国内学者关于宏观投资效率的研究比较多，主要是基于经济增长和投资效率指标建立两者的关系模型，并通过实证研究对经济波动与投资效率的相互作用机理进行系统分析，如沈坤荣、孙文杰(2004)、周建等(2006)。[②] 投资效率指标的选取和计量则呈现多样化，如张永军(2004)、王立国等(2009)对边际资本产出比的衡量[③]，陈诗一(2008)的多指标组合分析法[④]，沈山州(2003)、庞明川(2007)的回归系数拟合法[⑤]等。以上研究主要针对政府投资效率展开，关于民间投资效率和外商投资效率的研究则比较少。目前具有代表性的成果主要是于谨凯、单春红(2003，2004)对于民间投资效率的实证分析和对民间投资效率和政府投资效率的比较研究。[⑥]陈晓红等(2007)分别采用传统的资本对 GDP 的贡献率的评价方法和数据包络分析法(DEA)，测算了温州地区近年来民间金融资本运用效率的变化趋势。[⑦]

二、模型选择及数据来源

(一)模型选择

1. 静态度量指标——ICOR

选取评价宏观投资效率的常用指标增量资本产出比 ICOR，具体衡量资本对经济的贡献率。ICOR 表示为资本存量增量与产出增量之比，具体计算公式为：增量资本产出比 ICOR＝报告期投资量(I)/国内生产总值增加量(ΔY)。它代表的经济含义是单位产出增长所需要的投资量。ICOR 的值越大，说明增加单位产出所需要的投资量越大，这意味着投资效率的下降。

2. 动态评价模型——数据包络分析 DEA 模型

我们选择投入导向型的 DEA 的 C^2R 模型。设有 n 个决策单元 DMU_j($j=1,2,\cdots,n$)，假设每个决策单元有 m 项投入，s 项产出，则它的输入、输出指标矩阵可以分别表

---

① M. H. Toh, and W. C. Ng. "Efficiency of Investment in Asian Economies: Has Singapore Over-invested," *Journal of Asian Economics*, 2002, 13(1): pp. 52-71; Zhang Jun, "Investment, Investment Efficiency, and Economic Growth in China," *Journal of Asian Economics*, 2003, 14(5): pp. 713-734.

② 参见沈坤荣、孙文杰：《投资效率、资本形成与宏观经济波动——基于金融发展视角的实证研究》，《中国社会科学》2004 年第 6 期；周建、汪伟：《资本形成、投资效率与经济增长之间的动态相关性——来自中国 1978～2004 年数据的实证研究》，《财经研究》2006 年第 2 期。

③ 参见张永军：《从增量资本产出率的变化分析投资效率》，《中国经贸导刊》2004 年第 11 期；王立国、敖磊：《辽宁省投资及其效率区域差距的考察》，《财经问题研究》2009 年第 12 期。

④ 参见陈诗一、张军：《中国地方政府财政支出效率研究：1978～2005》，《中国社会科学》2008 年第 4 期。

⑤ 参见沈山州：《中国投资体制的变迁及其对投资效率的影响：政府的视角》，复旦大学博士学位论文，2003 年；庞明川：《中国的投资效率与过度投资问题研究》，《财经问题研究》2007 年第 7 期。

⑥ 参见于谨凯、单春红：《投资管制与民间资本投资效率分析》，《经济评论》2003 年第 3 期；于谨凯、单春红：《我国的国有投资于民间投资效率实证分析》，《河北经贸大学学报》2004 年第 5 期。

⑦ 参见陈晓红、周颖、佘坚：《基于 DEA 方法的民间金融资本运用效率研究——对温州市民间金融的实证分析》，《经济问题探索》2007 年第 5 期。

示为：

$$X^{(\mathrm{T})}=(x_1,x_2,\cdots,x_n)^{\mathrm{T}}=\begin{pmatrix} x_{11} & x_{12} & \cdots & x_{1n} \\ x_{21} & x_{22} & \cdots & x_{2n} \\ \vdots & \vdots & \vdots & \vdots \\ x_{m1} & x_{m2} & \cdots & x_{mn} \end{pmatrix}_{m\times n}$$

$$Y^{(\mathrm{T})}=(y_1,y_2,\cdots,y_n)^{\mathrm{T}}=\begin{pmatrix} y_{11} & y_{12} & \cdots & y_{1n} \\ y_{21} & y_{22} & \cdots & y_{2n} \\ \vdots & \vdots & \vdots & \vdots \\ y_{s1} & y_{s2} & \cdots & y_{sn} \end{pmatrix}_{s\times n}$$

设 λ_j 是各省市投入和产出的权向量，$\lambda_j \geqslant 0(j=1,2,\cdots,n)$。对于投入主导型 C^2R 模型而言，每个决策单元 DMU_j 都有相应的效率评价指数 θ，且满足：

$$\text{s. t}\quad \begin{cases} \min_{\theta,\lambda}\theta \\ \sum\lambda_j \chi_j - \theta\chi_0 \leqslant 0 \\ \sum\lambda_j y_j \geqslant y_0 \end{cases}$$

以上就是 C^2R 模型的理论公式，我们以投资额为投入变量，以 GDP 为产出变量，得到资本利用的综合效率(TE)。

(二)概念界定及数据来源

民间资本是中国特有的概念，相关数据不能直接获取。根据国家统计局 2012 年对民间固定资产投资的定义，本研究将固定资产投资总额减去国有经济固定资产投资额减去外资经济固定资产投资额再减去港澳台经济固定资产投资额的差作为民间资本。相关数据来源于《山东省统计年鉴》，具体见表 1。

表 1　　山东省 1978～2011 年 GDP 和资本投资年度数据　　单位：亿元

年份	民间投资	国有投资	外商投资	固定资产总额	GDP
1978	12.6	29.27	NA	41.87	225.45
1979	29.73	31.62	NA	61.35	251.6
1980	34.14	35.83	NA	69.97	292.13
1981	49.97	29.63	NA	79.6	346.57
1982	41.71	43.29	NA	85	395.38
1983	47.35	49.11	NA	96.46	459.83
1984	73.06	67.09	NA	140.15	581.56
1985	93.91	100.42	NA	194.33	680.46
1986	101.13	121.95	NA	223.08	742.05

续表

年份	民间投资	国有投资	外商投资	固定资产总额	GDP
1987	142.12	155.65	NA	297.77	892.29
1988	177.62	192.2	NA	369.82	1117.66
1989	143.24	162.3	NA	305.54	1293.94
1990	150.22	185.44	NA	335.66	1511.19
1991	205.78	234.04	NA	439.82	1810.54
1992	258.33	343.17	NA	601.5	2196.53
1993	416.22	476.26	NA	892.48	2779.49
1994	570.41	537.59	NA	1108	3872.18
1995	591.66	599.79	117.17	1308.62	5002.34
1996	714.75	681.94	131.81	1528.5	5960.42
1997	844.23	767.66	130.64	1742.53	6650.02
1998	869.51	930.43	135.64	1935.58	7162.2
1999	1075.45	1052.61	92.51	2220.57	7662.1
2000	1260.93	1167.85	102.32	2531.1	8542.44
2001	1452.98	1175.3	160.4	2788.68	9195.036
2002	2055.91	1211.16	216.24	3483.31	10275.5
2003	3305.99	1595.62	413.53	5315.14	12078.15
2004	4630.12	1750.2	590.3	6970.62	15021.84
2005	6907.18	1674.475	725.6434	9307.299	18366.87
2006	8417.237	1728.567	965.6174	11111.42	21900.19
2007	9787.98	1723.876	1025.845	12537.7	25776.91
2008	12064.53	2280.654	1090.746	15435.93	30933.28
2009	14908.14	2884.311	1242.08	19034.53	33896.65
2010	18581.49	3393.997	1305.025	23280.52	39169.92
2011	21989.75	3448.686	1311.238	26749.68	45361.85

注:NA为缺失数据。

三、实证分析和结论

(一)各投资主体行为特点描述

1. 国有投资、民间投资、外商投资比重差异的比较

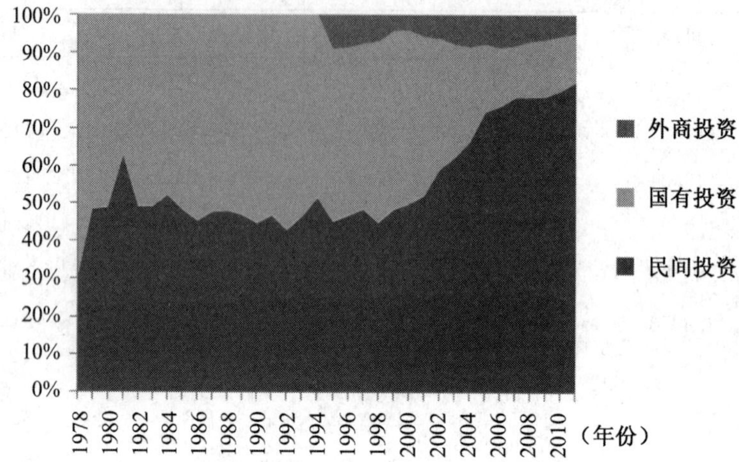

图1　1978～2011年山东省各投资比重图

全社会固定资产投资由国有投资、民间投资与外商投资共同组成，由图1可以看到，国有投资从1978年改革开放到1993年内基本都占据着主导地位，其中1978年的比重达到0.699；随着市场经济的快速发展，国有投资的比重逐渐减少，且从2002年开始加速减少，并出现了1998年和2008年两个转折期。可见在亚洲金融危机和美国次贷危机时，我国通过增加国有投资来减少经济衰退，刺激经济的复苏。从1999年开始，民间投资一直占据着绝对主体地位，由1978年的0.301增加到2011年的0.822，从2001年开始，民间投资占总投资的比重超过国有投资和外商投资比重之和，且差距逐年增大，可见民间资本成为促进经济发展、产业结构升级转型等的坚实力量。外商投资经历了由无到有的阶段，从图1可以看出，山东省作为东部沿海大省，外商投资却不占优势，总投资的比重一直处于最低水平，位于0.1以下。

2. 国有投资、外商投资、民间投资波动性差异的比较

从图2可以看出，以2002年我国加入世界贸易组织为界点，将山东省投资发展分成两个阶段，2001年之前各投资主体规模均在1500亿元以下，增长较为平缓；后一个阶段由于非国有经济投资环境得到不断改善，加之相关鼓励外商资本和民间资本发展政策的实施，在山东省经济快速增长的同时，各投资也竞相焕发出新的活力。其中，民间资本发展最为迅速，国有投资和外商投资则逊色很多。

从图3可以看出，1990年前民间投资发展不稳定，增长率波动较大，之后虽然仍不断波动但增长率均为正，说明这一时期山东省民间投资呈加速增长状态；自1995年以来，外商投资增长率变动较大，由1999年的－0.318增加到2003年的0.912，最大跨度达1.23，但因为其绝对量不大，所以投资额变化不显著；相对而言，国有投资的增长率最为稳定，除个别年份增长率为负之外，其余年份均稳步加速增长。

3. 国有投资、外商投资、民间投资周期性差异的比较

与国有投资、外商投资相比，民间投资利益驱动性特征更加明显，更加贴近市场。一方面山东省经济良好的增长势头，对民间资本形成强有力的吸引，民间投资呈持续增长

势头;另一方面,民间投资力度的加强,又反过来影响经济增长的速度。无论从图 2 还是图 3 各投资中均可发现,民间投资同 GDP 的走势表现出强烈的吻合性。随着市场经济体制的完善,民间投资成为推动经济增长的重要动力。相对而言,国有投资、外商投资与 GDP 的发展差异性较大。虽然 2008 年开始,国有投资有所增加,但与 GDP 增速相比就显得比较微弱。而从增长率来看,国有投资表现出与 GDP 相反的变化趋势,可见国有投资对经济发展起到很好的补充作用,在经济发展出现低迷时,通过国有投资刺激经济的增长。而外商投资与 GDP 增长趋势几乎没有趋同性。由以上可见,国有投资已经退出拉动经济增加的主导地位,由民间投资取而代之;而外商投资在经济增长中发挥的作用最小。

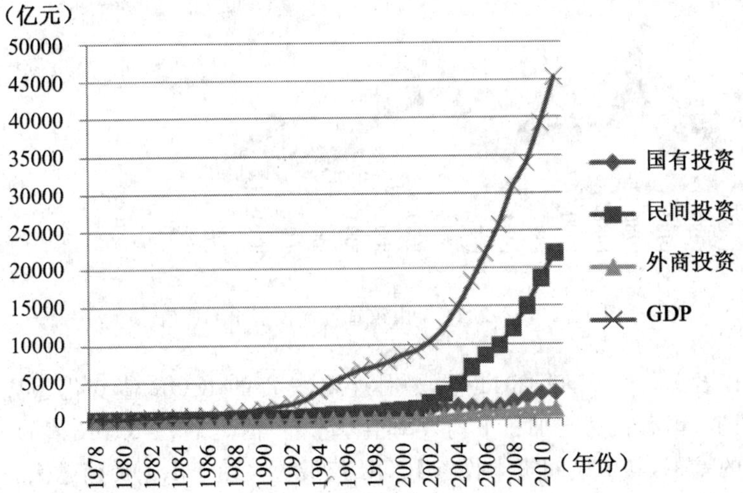

图 2 各投资主体与 GDP 绝对量趋势图

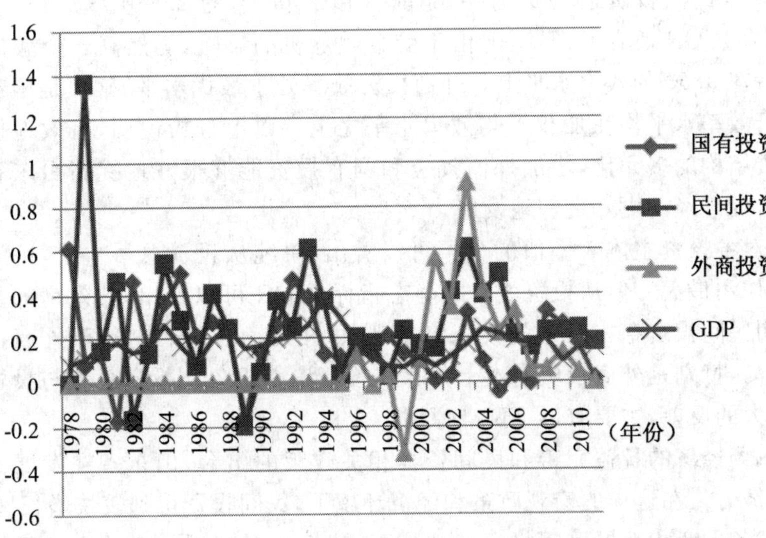

图 3 各投资主体与 GDP 增长率趋势图

(二)各投资主体投资效率的比较

1. 基于ICOR的投资效率分析

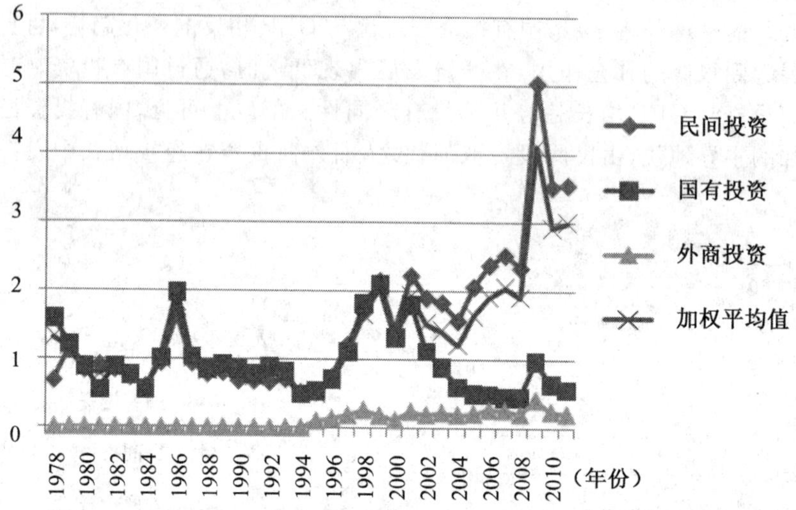

图4 1978～2011年山东省资本投资ICOR值

从图4可以看出,从1978～2011年,总体上各投资的ICOR值变化趋势一致,2002年之前,民间投资、国有投资与加权平均效率值基本对等,之后在ICOR值的大小上开始逐渐拉开一定的差距,其中民间资本投资ICOR值最大。由于ICOR值越大,资本投资效率越低,所以民间资本投资效率明显低于国有投资效率和外商投资效率,且在加权平均效率之下。山东省资本投资的ICOR在1997年、2008年波动较大,并在2009年达到历史最高值。其中,民间投资表现最为突出,其中由2008年的2.340增加到2009年的5.031,虽然之后ICOR值有所回落,但由于受金融危机的影响,仍然高于金融危机前的水平,基本维持在3.50的效率水平上。外商投资效率处于最优水平,其次是国有资本投资,它们的投资效率水平均在加权平均效率水平之上。以上分析说明,有效地控制民间投资,促进投资结构的多元化,增加外商投资和国有投资能够很好地提高山东省资本投资的整体效率,促进经济更好更快地发展。

综合前面对各投资主体效率值的分析可以看出:单纯从投资总量上看,民间投资对经济增长拉动作用最大。但从投资效率的静态指标ICOR可以看出,其效率却总体呈现降低趋势,说明民间投资存在严重的投资浪费现象;相对而言,国有投资、外商投资静态投资效率比较高,特别是外商投资基本上不存在投资浪费现象。投资总量与投资效率之所以存在如此大的反差,主要有以下两点原因:

(1)随着市场经济的日益完善和民间资本相关政策的出台,山东省在发展民间资本方面做了很多努力。在这样的宏观政策和经济环境下,民间投资得到较快增长。

(2)在全国各省竞相发展民间投资的情形下,特别容易忽视由于历史遗留问题带给民间资本的天然脆弱性。投资环境的改善是一个循序渐进的过程,民间资本相关政策和法规得到具体的落实也需要一定的时间，投资过急必然不同程度地引起投资的浪费。

2. 基于DEA的资本投资效率分析

表2　　山东省1978～2011年资本综合效率及投资冗余情况统计

年份	民间投资综合效率	国有投资综合效率	外商投资综合效率	加权平均值	民间投资冗余量（亿元）	国有投资冗余量（亿元）	外商投资冗余量（亿元）
1978	0.214	0.092	NA	0.129	9.900	26.570	NA
1979	0.101	0.095	NA	0.098	26.716	28.606	NA
1980	0.102	0.098	NA	0.100	30.641	32.331	NA
1981	0.083	0.140	NA	0.104	45.819	25.479	NA
1982	0.114	0.109	NA	0.111	36.974	38.554	NA
1983	0.116	0.112	NA	0.114	41.842	43.602	NA
1984	0.095	0.104	NA	0.099	66.094	60.124	NA
1985	0.087	0.081	NA	0.084	85.760	92.270	NA
1986	0.088	0.073	NA	0.080	92.242	113.062	NA
1987	0.075	0.069	NA	0.072	131.432	144.962	NA
1988	0.075	0.070	NA	0.072	164.233	178.813	NA
1989	0.108	0.095	NA	0.101	127.741	146.801	NA
1990	0.120	0.098	NA	0.108	132.119	167.339	NA
1991	0.105	0.093	NA	0.099	184.094	212.354	NA
1992	0.102	0.077	NA	0.087	232.020	316.860	NA
1993	0.080	0.070	NA	0.075	382.928	442.968	NA
1994	0.081	0.086	NA	0.084	524.030	491.210	NA
1995	0.101	0.100	0.511	0.137	531.743	539.873	57.253
1996	0.100	0.105	0.542	0.140	643.357	610.547	60.417
1997	0.094	0.104	0.610	0.137	764.577	688.007	50.987
1998	0.099	0.092	0.632	0.133	783.722	844.642	49.852
1999	0.085	0.087	0.992	0.124	983.675	960.835	0.735
2000	0.081	0.088	1.000	0.121	1158.610	1065.530	0.000
2001	0.076	0.094	0.687	0.118	1342.840	1065.160	50.263
2002	0.060	0.102	0.569	0.106	1932.830	1088.080	93.162
2003	0.044	0.091	0.350	0.082	3161.320	1450.950	268.860
2004	0.039	0.103	0.305	0.077	4450.190	1570.270	410.371

续表

年份	民间投资综合效率	国有投资综合效率	外商投资综合效率	加权平均值	民间投资冗余量(亿元)	国有投资冗余量(亿元)	外商投资冗余量(亿元)
2005	0.032	0.131	0.303	0.071	6687.180	1454.480	505.648
2006	0.031	0.152	0.272	0.071	8154.920	1466.250	703.300
2007	0.032	0.179	0.301	0.074	9479.230	1415.120	717.093
2008	0.031	0.162	0.340	0.072	11694.000	1910.140	720.232
2009	0.027	0.141	0.327	0.064	14502.100	2478.300	836.071
2010	0.025	0.138	0.360	0.060	18112.300	2924.830	835.854
2011	0.025	0.158	0.414	0.061	21446.400	2905.350	767.901

注:NA 为缺失数据。

(1)综合效率分析

由表 2 可以发现,在 2002 年之前国有投资、民间投资变现出强烈的趋同性,基本处于加权平均综合效率水平上,之后开始分别位于加权平均综合效率的两边。而外商投资呈现出不同的特征,在 2000 年间出现一个峰值,综合效率值达到 1,处于 DEA 有效状态,实现了技术和规模上的有效性,之后由于规模不足引起综合效率的下降,在山东省经济与民间投资蓬勃发展的情况下,外商投资明显不足;与外商投资相比,民间投资表现逊色很多,综合效率值从 1995 年开始呈缓慢递减的态势;国有投资位于二者之间,综合效率值在波动中有所上升,虽受金融危机的影响 2009 年有所降低,但从 2003 年开始一直处于加权平均效率水平之上。

(2)投入变量冗余情况

通过上面对资本投资综合效率有效性的分析,我们发现除了外商投资在 2000 年实现了 DEA 有效,其他资本投资效率都是非 DEA 有效,为了进一步确定在投入主导型的模型中,使非 DEA 有效决策单元 DMU 转变成 DEA 有效决策单元的投入指标的冗余量,即在实现同等量的产出水平下,投入变量的可减少量,我们列出投资冗余量。由非零松弛变量理论,产出变量松弛值为零,故我们不再一一列出。

由表 2 可以看出,在现有产出水平下,非 DEA 综合效率有效的资本,存在不同程度上的投资浪费。其中,民间资本浪费情况最为严重,最高冗余率达到 0.975,额度达到 21446.417 亿元;其次是国有资本,受 1998 年的亚洲金融危机和 2008 年美国次贷危机的影响,投入冗余率升高,其投入冗余量在 2008 年也有了较大幅度的增加。这说明我们在进行资本投入的时候,存在片面追求投资规模的现象,当务之急是完善投资结构,以提高投资效率;与其他两种资本相比,外商投资效率最好。

(3)两种方法的比较

为了给资本投资效率提供一个较全面、科学的指标体系和评价模型,我们采取静态指标与动态指标相结合的方法,通过国有投资、外商投资和民间投资的值和 DEA 综合效率值的比较,更加全面地评价各投资主体的投资现状。从实证分析可以看出,两种方法测算的结果大体一致的情况下，略有不同。2002 年之前两种方法测算的国有投资、民间投资效率基本一致，且与加权平均效率值对等；2002 年之后，按效率由高到低排列，依次都是外商投资、国有投资、民间投资，相比较而言，都是外商投资效率远在国有资本和民间资本之上，且国有投资效率也都处在加权平均效率值之上。所不同的是：第一，动态指标测算的外商资本投资效率在 1995～2002 年波动较大；第二，两种评价方法测算的各资本投资效率的变化过程有所差异。静态指标测算的资本投资效率表现出相同的走势，而动态指标测算的投资效率各有其独特的变化特点。这主要因为，静态指标根据研究目的，通过比较来评价投资效率状况；而动态指标可以根据计算结果直接研究“投资不足”或“投资过度”等情况。综上可知，我们不能单从静态的角度或者是动态的角度研究资本投资效率情况，而是应该将两种方法结合起来，构建一个更加科学的评价体系。

（三）实证结论及分析

1. 投资主体行为特征

民间投资取代国有投资，成为山东省经济发展的主要推动力量，但是作为东部沿海较为发达的城市，山东省外商投资力度明显不足。民间投资的趋利性，使得其无论在总量上还是增长率方面均与 GDP 的波动趋势相似，呈现强烈的周期性，但总体而言，民间投资又比 GDP 增长率波动幅度大，揭示了山东省民间资本还不够成熟，短期逐利性特征较为明显，存在潜在的脆弱性。

2. 投资主体投资效率

相比较而言，外商投资、国有投资在制度、政策环境方面的优越性使得他们的投资效率更高，民间资本虽然规模壮大，但投资效率最不乐观，经济的增长不是单纯靠投资的增加带来的，还要重视投资效率的提高，努力改变粗放型经济增长模式，实现经济的可持续发展。另外，外商资本存在明显的投资不足问题，加大外商投资力度有利于经济的进一步发展。

四、结论及政策建议

（一）结论

第一，发展经济，进行投资规划时，要全面考虑投资量与投资效率的关系，应该加大外商投资力度，加强对民间资本浪费现象的警惕。第二，由于在很长时间内民间资本与国有资本、外商投资在资本性质、社会地位以及所面临的投资环境等方面存在较大的差异，因而在投资效率方面有众多不同的表现。第三，1998 年的亚洲金融危机和 2008 年美国次贷危机对我国产生巨大的冲击，山东省也未能幸免，使得经济增加速度放慢，宏观环境的这一变化，使得资本投资的风险加大，投资效率降低，这在静态指标值上表现得尤为突出。第四，无论从静态的角度还是从动态的角度分析，山东省民间资本投资效率都不容乐观，这与其自身的制约也密不可分。

(二)政策建议

第一,政府要加快落实民间资本投资相关的政策规定。第二,在资本投资渠道拓宽的基础之上,应该注重办事效率的提高,精简程序申报的环节,切实为资本发展提供一个良好的投资环境。第三,丰富投资形式,吸引更多的外商资本,提高资本运作效率,加大高附加值产业中的民间资本投资比例。第四,在进行投资规划,应该综合考虑宏观经济状况和投资环境特征,根据实际情况合理安排各种投资类型的比例和额度,切不能盲目追求规模的扩大,引起不必要的投资浪费现象。

(指导教师:陈学胜　郭建强)

基于文化旅游特征的高密市文化旅游发展战略研究

——以莫言获诺奖为契机

高　欣❶

一、绪　论

(一)研究背景

高密市历史悠久,文化灿烂,古迹、遗址众多,是东夷文化的发祥地和齐鲁文化的重要组成部分。高密市名士俊杰众多,有春秋时期著名的政治家、齐国名相晏婴,东汉时期经学大师郑玄,清代乾隆年间吏部尚书、体仁阁大学士、书法家刘墉和当代著名作家莫言等。以茂腔、剪纸、扑灰年画、泥塑为代表的高密民间文化"四宝",久负盛名,分别被列为首批和第二批国家级非物质文化遗产保护项目。1992 年,高密市被国家文化部命名为"中国民间艺术之乡",2007 年被国家文化部命名为"中国扑灰年画之乡"和"中国扑灰年画保护基地",这些都为高密市发展文化旅游业奠定了良好的基础。

莫言出生于山东高密原大栏乡平安庄,但是从短篇小说《白狗秋千架》开始,莫言就把自己的老家改成了"高密东北乡"。高密东北乡是莫言成长的地方,更是莫言文学世界和精神世界的源头,成长于斯的莫言,受这片土地的影响最为深刻。莫言获得诺贝尔文学奖之后,无数媒体记者、普通游客乃至知名作家蜂拥而至,为的就是亲眼看看一代文人成长的地方。

(二)研究意义

一个国家或地区的旅游吸引力主要来自其旅游资源的特色,而这种特色在很大程度上取决于人文旅游资源的独特性。工业化促进了世界一体化,而世界一体化又使得文化个性受到越来越多的青睐。特色鲜明的文化资源在旅游市场竞争中起到近似垄断的作用,能不断刺激旅游业的发展。

---

❶商学院 2011 级会计学专业。

从旅游者的角度看,他们旅游的主要目的之一就是为了获得精神上的享受,旅游的过程也可以说是旅游者文化消费或审美消费的过程。因此,旅游业的核心产品必须具备较强的文化性,旅游经营者也必须为旅游者提供充足的文化享受。对旅游者的文化享受满足程度越高,旅游地的吸引力就越强。所以,旅游地要提高自身的吸引力,就必须在文化上下工夫,加大文化的开发力度,为旅游者提供具有鲜明文化特色的旅游产品。

(三)研究思路

本文采取发现问题—分析问题—解决问题的思路。首先,通过莫言获得诺贝尔文学奖这一事件提出了发展高密市的文化旅游的设想。其次,通过对高密市文化旅游发展现状及优劣势分析,借助文化旅游的特征这一理论依据,对高密市文化旅游的发展提出了以下设想:兴办高密市民间艺术节,实施文化旅游兴市战略、莫言旧居旅游资源开发与保护、区域文化旅游一体化,设立宣传片和文化旅游特色网站,做大红高粱文化产业,进而为高密市的文化旅游发展建言献策。

二、研究的理论依据

(一)文化旅游的内涵

文化旅游是在观光旅游的基础上,体验社会风俗,感悟历史遗迹,追寻文化时尚的深层次旅游态势,它不同于单一以自然风光为内容的观光旅游,而是以内隐于民族之中的各种形态的文化为主要内容,必须予以研究和开发;文化类特殊专题旅游项目,主要凭借旅游地独特的文化历史背景和自然人文景观中所蕴含的丰富文化知识内涵,开辟寓文化、知识和教育于游乐活动之中的特色项目,以满足各种旅游者学习文化、了解历史、宗教朝圣、探求知识的需要。

(二)文化旅游的特征

1. 民族性

文化旅游实际是跨越民族文化的过程。由于区域文化的差异发展,各民族形成了各自的文化特色,这种区域文化之间的互异性是旅游者进行决策的主要诱因。

2. 艺术性

文化旅游是一项品位极高的艺术活动。从广义上说,文化本身就是一种艺术,而艺术的生命力是不受时空限制的,不仅古老的艺术遗产受到人们青睐,而且现代艺术还具有强劲的生命力。文化旅游正是针对以提高艺术品位为目的的旅游者而兴起和发展的。

3. 神秘性

东西方很多文化遗产都具有浓厚的神秘性,其载体具有旅游开发价值,神秘性是一种研究隐秘生活的学说,是一门讲究精神生命和宇宙生命的综合学问,强调直觉,是一种真实的和自我的生命体验。各国不同文化中的神秘性是人类文化的一部分,影响着人们生命智慧的启迪和精神境界的开拓,这种神秘性对文化旅游者产生着一种强烈永恒的旅游吸引力。

4. 多样性

文化旅游活动也具有多样性的特征。旅游者在不同的文化区域内易受异域文化的冲击,这种冲击会成为下一次旅游的动因。

5. 互动性

文化旅游是不同价值观和价值标准相互碰撞的过程,在旅游跨文化传播中,需要发现两种文化差异中的共通性,从而达到文化互补交融,而不是争胜对峙的最佳效果。

(三)文化旅游的功能

文化旅游的过程就是旅游者对旅游资源文化内涵进行体验的过程,这也便是文化旅游的主要功能——给人一种超然的文化感受,这种文化感受以存有文化内涵的旅游景点为载体,体现了审美情趣激发功能、教育启示功能和民族宗教情感功能。

(四)述评

考虑到文化旅游的本质属性和功能,针对文化旅游者参与旅游的独特目的,文化旅游可定义为:文化旅游者通过旅游这种方式进入到异质文化的现实氛围中,以切身体验和了解其生活习惯、社会风俗、宗教、艺术、文化、历史发展、民族特点的行为。其目的绝非单纯的消遣娱乐,更重要的是获得异质文化的相关知识和体验。而文化旅游者通常是指那些将文化旅游作为一种爱好,具有较高的文化素养和知识水平,有较强的求知欲和对于异域文化的好奇心,知识的开放性强,乐于与人切磋交流,获取新知识以提高自身的文化旅游参与者。基于此,本文以莫言获诺奖为契机,分析合理的策略将会带动高密市旅游业产生巨大的飞跃。

三、高密市文化旅游发展的现状及优劣势分析

(一)文化旅游业的发展现状

缺乏亮点特色一直是高密产业发展的问题之一。长期以来,因缺乏秀丽的自然风光,高密市的旅游发展一直处于缓慢状态,尽管拥有高密茂腔、扑灰年画、剪纸、泥塑等一大批入选国家、省级物质文化遗产名录的独特艺术,但因其知名度不高、宣传方式单一、众多传统艺术面临失传等原因,使高密市的旅游业陷入"单条腿走路"的窘境,只能将高密市本地市民拉到外地,不能将外地的游客拉回本地。

(二)文化旅游发展的优势

1. 文化底蕴深厚

高密至今已有2200多年的历史,文化底蕴深厚,除了莫言,春秋名相晏婴,汉代大司农、大经学家郑玄,清代大学士刘墉也都出生在这里。单就人文资源这一方面,高密就具有很好的开发前景。如此深厚的文化底蕴,加上文豪莫言的出现,将会推动高密市文化

旅游资源的开发和文化旅游业的发展,成为高密文化旅游史上的一大飞跃。

高密扑灰年画、泥塑、剪纸、茂腔被称为民间艺术“四宝”,已列入国家非物质文化遗产保护名录。红高粱在高密历史悠久,苏轼曾在《黍麦说》中记载:“吾昔在高密,用土米做酒。”在漫长岁月里,高密的“红高粱”逐步“文化”起来,升华为高密人的一种象征,成为一种符号乃至一种品牌和流派。20 世纪 80 年代,莫言创作了小说《红高粱》和张艺谋根据小说拍摄的电影《红高粱》,均在现实生活中引起了极大的轰动,在世界影坛刮起了一阵红高粱旋风。因此,高密的文化很大程度上就是莫言文化,就是红高粱文化。

2. 地理位置优越

高密市位于山东半岛东部胶东地区,胶莱平原腹地。东邻胶州市,西依安丘市、昌邑市,南连诸城市,北接平度市。气候宜人,四季分明。距省会济南 265 千米,距旅游名城青岛市不足 70 千米,距世界风筝之都潍坊市 75 千米。胶济铁路、胶新铁路、海青铁路(在建)、济青高速公路、平日公路、沂胶公路、潍胶公路纵横贯通,四通八达,是山东沿海通往内陆的交通枢纽。在游客的心理预期中,交通无论在时间还是费用上都是耗费最多的,高密市便利的交通大大缩短了空间上的阻隔,缩短了游客的心理距离,有利于拉近与各地的市场空间,增加高密市的游客量,为高密市旅游业的发展提供了极为便利的条件。

(三)文化旅游发展的劣势

高密市前一阶段的文化旅游产业缺乏明显推动力。当地基础设施建设不完善,城市公交线路不发达;绿色植被较少,城市绿化停留在初级阶段,导致了高密市的空气质量赶不上邻近地区。由于没有认真分析自身的优势所在,高密市的旅游方式单一,并没有找到适合自身发展的路子。长期以来,高密市拥有高密茂腔、扑灰年画、剪纸、泥塑等一大批入选国家、省级物质文化遗产名录的独特艺术,但却由于不受重视而面临失传。

四、基于文化旅游的特征的高密市文化旅游发展战略

(一)莫言旧居旅游资源的开发和保护

基于文化旅游的神秘性和多样性,我们以莫言获诺奖为契机,利用大家对莫言家乡的兴趣,利用莫言的旧居在游客眼里的神秘性和高密市的神秘性以及游客们对高密市作为莫言家乡的好奇心理,我们提出开发和保护莫言旧居旅游资源的意见和建议。

1. 充分利用高密市的神秘性进行系统解说创新,实现文化旅游产品差异化

借助影片、谈话、老照片、模型、器物、用具等多元化叙述的手法,借助高密市的神秘性,实现旅游产品的差异化,从而为景区景点的生存与经营提供一条借鉴之路。目前高密市对于莫言旧居的参观上,并没有配备单独的解说员或者解说介绍,只能单纯性地让游客单方面地参观,让游客被动地接受,不能产生良好的交互效应,从而更不能通过参观进一步使游客感受高密市文化。同时,由于缺乏解说词等其他方式,景点相似程度太高,旅游产品差异性难以实现,使游客难以对景区产生兴趣。因此,高密市应当在现有基础上,对现有莫言旧居进行分类化改造,并建立专门的解说系统,进一步实现旅游产品差

异化。

2. 充分利用莫言文学作品的神秘性，实现文化旅游产品个性化

时至今日，莫言先生许多作品中的经典人物如《蛙》中的“姑姑”、《红高粱》中的“奶奶”早已深入人心，而东北乡一直以来都是莫言作品中不可或缺的重要部分。游走高密，追寻莫言文学作品的世界，更能找寻莫言文学作品中的现实风貌，游客何乐而不为？因此，高密市应当向蒙哥马利故居学习，将《红高粱》等系列文学作品中的场景原景重现，利用其作品的神秘性，让游客在游览的过程中不断体会莫言作品深意，进一步体会作品的精神主旨，同时，实现景点的个性化，增加景点的可观赏性。

(二)实施文化旅游区域一体化

文化旅游具有多样性，鉴于这一点，笔者认为高密、潍坊、青岛要做好区域总体发展的规划。文化旅游是多样的，在发展高密市自身的文化旅游的同时，也要做好区域发展营销。目前，全世界的目光集中在“高密东北乡”这样一个文学概念的“国度”中，高密不仅成为了山东的一个文化符号，而且还可能成为和长城一样的中国的象征。

区域旅游合作应有统一的区域旅游品牌，统领区域内不同城市旅游品牌的确立、不同城市间的旅游合作。高密、青岛、潍坊的旅游品牌建设可以融入到山东省整体的旅游品牌之中，所以就山东省整体而言，应当建立省级旅游品牌作为母品牌，在此之下，以旅游资源、旅游产品等特点为基础，培育区域旅游品牌。如母品牌：“好客山东”；区域品牌：以高密、潍坊、青岛为中心的“红高粱，莫言乡，海岸逍遥游”品牌。

(三)兴办高密市民间艺术节

文化旅游具有明显的艺术性特征，旅游因为文化的存在而变得充满艺术气息，笔者充分利用其艺术性，提出兴办高密市民间艺术节的设想，意在宣扬文化旅游的艺术性，充分推动高密市的文化旅游走上一个新的巅峰。

按照资源共享特别是管理资源共享的理念，保护和开发高密民间艺术，应该把高密民间艺术作为一个整体推向世界，让民间艺术与当地经济融为一体，形成规模优势，使其参加聚会的范围更广，参加的人数更多，影响面更大，推动旅游业发展，扩大知名度，拉动经济增长。举办民间艺术节是一种有效的形式，要有效地开发与组织举办各种形式的民间艺术活动，通过市政府出面组织举办高密民间艺术节，扩大知名度。艺术节的成功举办，不仅可以增强人们保护民间艺术的意识，而且还能提高各级领导保护民间文化艺术的主动性和积极性，高密的民间文化艺术保护会由此步入良性发展轨道。

(四)建立民俗村，传承民俗文化

文化旅游具有民族性和互动性，在此基础上，建立民俗村传承民俗文化以农家乐和主题民俗村的形式让高密市的民俗文化充分为游客所知，让游客以体验和互动的方式亲身接触到高密市的文化，促进高密市文化旅游的发展。

1. 农家乐

一提到乡村旅游，我们首先想到的就是“农家乐”。如今，许多“农家乐”只是提供休

闲和聚会的环境和餐饮(安排住宿的不多),并没有真正让游客感受到农家乐的真正含义。在此方面,高密市可以学习成都的农家乐,将自己的地方特色体现出来,不仅为游客提供当地的特色美食如高密炉包、高密石磨火烧、大蜜枣、高密烧鸡、高密烧肉等,而且还为游客准备高密当地的农村特色,带游客欣赏独特的农村美景以及"红高粱"等,让游客在短短几天中,除了感受莫言笔下的美景外,也切身体会高密本身的魅力。

2. 主题式民俗村

"主题式民俗村"模式是在对乡村特色资源深度关联的基础上,选取一个重点区域进行主题式包装打造,以点带面,全面带动相关产业发展的乡村旅游开发模式,其核心是树立形象品牌,打造地区旅游的核心主题形象区,强化资源的地域形象,大力发挥形象区的展示、辐射作用,服务本地市场,推出地区名特优产品,整合营销、统一品牌,形成连片专业规模经营,使土地集约化、规模化,促进农业产业化健康发展,提高土地的生产能力。高密市可以根据莫言笔下以"红高粱"为主的乡村美景,建立"主题式民俗村",还原莫言作品的美景,让全世界各地的文学爱好者来此尽情享受。同时,在城市化不断发展的今天,人们越来越怀念过去的乡村美景,相信在这种背景下,建立"主题式民俗村"会让更多的游客前来体验难得的安谧之旅。

四、结 语

文章通过对莫言获得诺贝尔文学奖这一名人事件的阐述,基于文化旅游的特征功能,在现阶段高密市文化旅游产业的发展基础上,从区域一体化、文化兴市的发展战略等多个方面论述了高密市以莫言获诺奖为契机发展文化旅游业的可行性;基于文化旅游的神秘性,提出开发和保护莫言旧居的旅游资源;基于文化旅游的多样性,提出实施文化旅游区域一体化;基于文化旅游的艺术性,提出兴办高密市民间艺术节;基于文化旅游的民族性和互动性,提出建立民俗村传承民俗文化;基于文化旅游的内涵,提出做大红高粱文化产业;基于文化旅游的动机和功能,提出设计文化旅游宣传片。

参考文献

[1]郑四渭、贝勇斌:《国外城市文化旅游研究:基于旅游吸引力视角的一个文献综述》,《旅游论坛》2009 年第 2 期。

[2]肖星:《旅游开发与规划策划案例研究》,华南理工大学出版社 2010 年版。

[3]刘德谦:《关于乡村旅游、农业旅游与民俗旅游的几点辨析》,《旅游学刊》2006 年第 3 期。

[4]童伟民:《发挥名人效应 推进产业发展——对发展罗田万密斋中医药文化产业的调查与思考》,2010 年 4 月 2 日《黄冈日报》。

[5]丘兆文:《借名人效应招商引资 促来宾经济快速发展》,《市场论坛》2007 年第 10 期。

[6]唐鸣镝:《新形势下北京乡村旅游的实践探索——以顺义焦庄户"地道战主题民

俗村”为例》,《北京第二外国语学院学报》2009年第1期。

[7]吴光玲:《关于文化旅游与旅游文化若干问题研究》,《经济与社会展》2006年第11期。

[8]王淑良:《中国现代旅游史》,东南大学出版社2005年版。

[9]马勇、周霄:《WTO与中国旅游产业发展新论》,科学出版社2003年版。

[10]吴芙蓉、丁敏:《文化旅游——体现旅游业双重属性的一种旅游形态》,《旅游经济》2010年第5期。

(指导教师:吴佩林)

山东省高速公路运营成本以及免费政策研究

——以“济青高速”为例

李君煜[1]

一、绪　论

(一)研究背景与意义

1. 研究背景

一方面,人们普遍认为,公路作为公共产品,理应由政府财政建设、维护,纳税人已经通过税收为其买单,再度设置过路费则涉嫌重复征税。中国需要效仿国外,实行高速公路免费政策。另一方面,媒体通过大量采访、调查,推导出高速公路收费造成的物流成本上升,已经成为蔬菜等生活必需品价格上涨的推手,甚至有媒体据此得出结论称,只要取消高速公路收费,大城市的蔬菜价格立时可以下降近一半,等等。

然而与此同时,有交通主管部门及部分舆论认为,中国不能简单地向国外发达国家看齐。截至2011年底,中国高速公路总里程已达8.5万千米,仅少于世界高速公路最多的美国5000千米而已。中国高速公路追赶式的快速建设,必然导致建设资金紧张,多渠道融资、多元资本进入乃势所必然,而政府贷款修路、收费还贷或民间资本投入经营性公路等,都是导致中国高速公路收费里程稳居世界第一的原因。

2. 研究意义

近几年来关于收费公路的相关改革也正在实施当中,从取消二级公路收费到逐步实现重大节假日高速公路免费。这无疑是一大社会热点问题,针对该现象本文提出了新的想法。

本文通过研究以“济青高速”为代表的山东高速公路,探求设计、建造、运营以及后期维修整个过程中成本、收益情况,从经济学角度来衡量免费高速公路的可行性,给予可行性分析。同时,通过问卷调查、实地走访等多种多样的方式,收集百姓对于高速公路收费的看法与意见,充分了解民意,再结合经济方面的分析,得出免费高速公路是否可行的结

[1]商学院2011级会计学专业。

论,作为给予相关部分的参考意见,促进我国公路健康发展。

(二)国内外研究动态

本文有两个关键性的问题:成本与收益。国内外在这方面的研究已经开展了将近40年,出现了很多成果,并且在实际中得到应用。

高速公路收费模式的演变经历了几个不同的阶段,从国家投资修路到如今的"贷款修路,收费还贷"的政策。几十年来,我国的公路覆盖率大幅度提升,但是也随之带来了一些问题,比如收费站超期收费的问题以及其他乱收费的现象。

国内外研究大多以某条高速公路为例,依据实地采集的交通量观测资料,对高速公路的道路资源利用状况和收费站通行能力进行分析,并提出了适合高速公路收费道路现状的收费方案——统征方案。

(三)研究内容与方法

1. 研究内容

本文首先对山东最有代表性的高速公路——济青高速为研究对象,深入研究该条高速公路从建设初期的设计,到施工,直至正式通车运行,以及后期养护整个全过程中的成本(设计成本、征地成本、建设成本、养护成本、公司运营成本)、收益(高速收费、广告投资)问题。进而以此为中心,推而广之,从现行收费费率、收费年限等方面分析现行收费现状,进一步探究免费高速公路的可行性,提出合理的解决建议,以便更好解决现在存在的问题,对我国未来交通健康快速发展有着重要的意义。

2. 研究方法

研究方法是科学研究所遵循的思想和采用的手段,它是获取正确的、具有说服力的研究结论的基本保证。本文在研究过程中遵循如下方法:

(1)系统分析法。选取山东最有代表性的高速公路——济青高速为研究对象,深入研究整个全过程中的成本问题,进一步结合现行收费费率、收费年限等方面分析现行收费现状,探究免费高速公路的可行性。

(2)问卷调查法。通过制作关于对现行收费模式满意度的问卷,了解被访市民对于现行收费的基本态度与行为,从而更好地分析收费的合理性。

(3)访谈法。通过与山东省交通规划设计院专家深入交谈,了解最新行业动态,获取第一手资料。

二、山东省济青高速成本与收益分析

(一)济青高速概况

济青高速公路(现为国家高速公路网规划的一条东西横向线,编号G20青银高速公路,是青岛—银川高速公路的东段)是中国高速公路15年15项最具影响力重大工程候选项目之一。济青高速公路全长318千米,西起济南市大桥路,东至青岛市北郊的西袁庄,横贯山东半岛17个市、县(区)连接济南、淄博、潍坊、青岛等重要工业城市,穿越5条国道、15条省道。

(二)济青高速成本核算

成本核算与控制是济青高速公路施工财务管理的中心环节。

济青高速公路扩容的方案提上日程,2005年,济青高速公路南线正式开工建设,至2007年12月22日,正式建成通车。此外济青高速公路的全程视频监控系统也随之实行,每两千米安装一对摄像头,路况、车况现场直播,遇到交通事故系统将自动报警。同时,对道路内侧的防护栏区也进行了绿化,总造价不菲。并且济青高速公路作为山东省内交通比较繁忙的一条公路,交通事故频发,对道路、防护栏等屡屡造成损害,此外大雨、大雪等恶劣天气也对路况造成影响,其道路维修费用与日常保养费用同样是一笔不小的数字。

(三)济青高速收入情况核算

1. 济青高速收费标准

按照国家规定,将车型划分为五类,具体分类如下:

A. 2吨(含2吨)以下货车,7座(含7座)以下客车为第一类车。

B. 2～5吨(含5吨)货车,8～19座客车为第二类车。

C. 5～10吨(含10吨)货车,20～39座客车为第三类车。

D. 10～15吨(含15吨)货车,20英尺集装箱车,40座(含40座)以上客车为第四类车;

E. 15吨以上货车,40英尺集装箱车为第五类车。

2. 按车型收取车辆通行费收费标准

表1　　高速公路车辆通行费收费标准

类别	车型及规格		收费系数	收费费率(元/千米)
	客车	货车		
第一类	≤7座		1	0.40
		≤2吨	1	0.40
第二类	8～19座		1.25	0.50
		2～5吨(含5吨)	1.8	0.72
第三类	20～39座		1.5	0.60
		5～10吨(含10吨)	2.5	1
第四类	≥40座		1.875	0.75
		10～15吨(含15吨) 20英尺集装箱车	3	1.20
第五类		>15吨 40英尺集装箱车	3.5	1.40

表 2 高速公路特大桥(隧道)车辆通行费收费标准

类别	车型及规格		收费系数	收费费率(元/车次)
	客车	货车		
第一类	≤7 座	≤2 吨	1	15
第二类	8~19 座	2~5 吨(含 5 吨)	1.33	20
第三类	20~39 座	5~10 吨(含 10 吨)	1.67	25
第四类	≥40 座	10~15 吨(含 15 吨) 20 英尺集装箱车	2	30
第五类		>15 40 英尺集装箱车	2.33	35

表 3 普通路桥车辆通行费收费标准

类别	车型及规格		收费系数	收费费率(元/车次)
	客车	货车		
第一类	≤7 座		1	10
		≤2 吨	1	10
第二类	8~19 座		1.5	15
		2~5 吨(含 5 吨)	1.5	15
第三类	20~39 座		1.5	15
		5~10 吨(含 10 吨)	2.0	20
第四类	≥40 座		1.5	15
		10~15 吨(含 15 吨) 20 英尺集装箱车	2.5	25
第五类		>15 吨 40 英尺集装箱车	3.0	30

3. 载货汽车计重通行费收费标准

(1)计重收费车辆按车辆总质量限认定标准

两轴车辆总质量限为 17000 千克,三轴车辆总质量限为 27000 千克,四轴车辆总质量限为 37000 千克,五轴车辆总质量限为 43000 千克,六轴及六轴以上车辆总质量限为 49000 千克。

(2)不超限车辆计重通行费收费标准

①高速公路计重费率

基本费率为 0.08 元/吨千米。根据实际车货总质量,小于或等于 10 吨的车辆按基本费率计收;10 吨以上至 49 吨的车辆,按 0.08 元/吨千米线性递减到 0.03265 元/吨千米的费率计收;车货总质量不足 5 吨的,按 5 吨计收;收费金额不足 15 元的,按 15 元计收。

表4　　高速公路计重费率

类 别	车货总质量≤10吨	10吨<车货总质量≤49吨	备注
高速公路	0.08元/吨千米(不足5吨按5吨计)	从0.08元/吨千米线性递减到0.03265元/吨千米	

②高速公路特大桥(隧道)计重费率

基本费率为1.5元/吨车次。根据实际车货总质量，小于或等于10吨的车辆按基本费率计收；10～49吨的车辆按1.5元/吨车次线性递减到0.714元/吨车次计收；车货总质量不足10吨的，按10吨计收。

表5　　高速公路特大桥(隧道)计重费率

类 别	车货总质量≤10吨	10吨<车货总质量≤49吨	备注
高速公路上单独计费的特大桥(隧道)	1.5元/吨车次(不足10吨按10吨计)	1.5元/吨车次线性递减到0.714元	

③普通路桥计重费率

基本费率为1.5元/吨车次。根据实际车货总质量，小于或等于10吨的车辆按基本费率计收；10～49吨的车辆按1.5元/吨车次线性递减到0.6元/吨车次计收；收费金额不足10元时，按10元计费。

表6　　普通路桥计重费率

类 别	车货总质量≤10吨	10吨<车货总质量≤49吨	备注
普通路桥	1.5元/吨车次	1.5元/吨车次线性递减到0.6元/吨车次	收费金额不足10元的按10元计费

(3)超限运输车辆加收通行费标准

济青高速，投资33.8亿元的济南至青岛高速公路，经测算收回投资并有合理回报的收费年限为12.65年，但批准的收费年限为30年，按2005年收费水平测算，将增加社会负担275亿元。按照国家相关规定，在2004年11月1日之前，经营性公路收费年限在30年之内，政府还贷的直到收回投资为止。济青高速公路现在是经营性的公路，是上市公司山东高速的一条公路，当时给它确定的收费年限是收回投资再给50%的回报期。从各种资料数据来看，济青高速公路的总成本(包括建造成本、美化成本、维修成本等)在过去的20年中，基本得到了收回，甚至还获得了极大的收益。

高速公路只有建设成为高速公路网才能够实现便捷、快速的目的。因此站在全山东省高速公路建设的角度分析，情况就不容乐观。根据山东省收费公路专项清理工作领导小组办公室在2011年公布的山东省收费公路调查摸底结果，到2010年底，我省收费公路总里程为8963.86千米，2010年共完成收费额1893475.95万元，1千米收费公路日均收费约5787元，还贷额为1552050.76万元。

2010年度，全省收费公路收费额为1893475.95万元，其中还贷额为1552050.76万元，约占收费总额的82%。此外，养护支出为603856.68万元，运营管理支出为236710.34万元，税费支出为125771.67万元，折旧摊销为246218.13万元，其他支出为5962.16万元。

从以上数据可以发现，2010年全省收费公路收费总额中八成以上用于归还贷款，而再加上养护支出、运营管理支出、税费支出以及折旧或摊销后，2010年收费公路收费处于入不敷出状况。

基于上述分析，迫于收费公路还贷、运营等压力，短期内全部取消收费公路难以实现。

三、高速公路收费模式

(一)高速公路系统收费方式的发展过程

济青高速公路收费方式的发展大致可分为以下三个不同的阶段：

1. 人工收费

人工收费方式计费校核工作量大，容易出错，统计查询不便，这也导致监督管理困难。

2. 计算机系统收费

计算机收费系统，具有自动计费、分类统计以及报表生成等功能。计算机收费系统克服了人工收费的种种弊端，为现代化的收费管理提供了必要的技术条件。

3. 联网收费系统

在计算机联网收费的高速路段，车辆行驶进入高速路段，在上路站口领取电子通行卡，该卡可记录车型、牌照号等车辆信息，在整个联网路段内，不再设有主线收费站，车辆可畅行无阻。到达目的站口后，计算机收费终端可自动辨识通行IC卡。

(二)济青收费系统发展前景展望

1. 随着智能运输系统的发展，逐步出现了全自动计费，带来了收费模式的变革。新型的全自动计费收费模式主要表现在：

(1)入口。车辆进入车道时，车型全自动预分类系统自动判别出车辆类型，车辆牌照。司乘人员取卡后，系统打开自动栏杆，放行车辆。从而实现了入口车道无人值守、司乘人员自动取卡的自动发卡放行方式。

(2)出口。车辆通过时，车型全自动分类系统自动判别出车辆类型，车辆牌照，系统自动将出入口信息进行对比。实现了计算机全自动计费、收费人员收款打票的收费放行方式。

2. 随着科学技术的迅速发展和应用推广，高速公路收费系统的应用也将会有更为广阔的发展前景。主要体现在以下几个方面：

(1)智能。计算机技术、自动化技术、传感辨识技术、智能系统方法等相关学科的发展，促进了系统整体智能化的发展。ETC电子不停车收费系统就是系统智能化在高速收费系统中的体现,智能化发展是高速公路收费系统的发展方向。

(2)网络化。通信技术、传输技术的发展促进了互联网络的成熟,在技术手段上保证了联网收费系统的投入运行。在目前的联网收费系统中,还存在一定局限性,联网还是区域性,随着互联网络技术的发展以及各行业协作的进一步密切,各区域联网系统可逐渐实现有针对性的功能对接,最终会实现全区域性的联网。

(3)开放性 。系统的开放性是保证信息共享实现的先决条件。现代社会是一个多元化的社会,不同的领域会有若干的应用交叉。完善发展系统的开放性,实现信息共享、信息资源整合是必然趋势。

四、现行高速公路免费政策

(一)高速公路免费政策解析

从 2011 年 6 月开始,交通部等五部门在全国范围内开展为期一年的收费公路专项清理工作,全面清理公路超期收费、通行费收费标准偏高等违规及不合理收费,坚决撤销收费期满的收费项目,取消间距不符合规定的收费站,纠正各种违规收费行为。

山东省作为国务院确定的试点省份之一,已全面停止了境内所有政府还贷二级公路收费,共撤销收费站 54 个,停止收费公路里程 5120 千米。

2012 年,我国实行公路免费政策。公路免费通行的时间范围为春节、清明节、劳动节、国庆节等四个国家法定节假日。免费时段从节假日第一天 00∶00 开始,节假日最后一天 24∶00 结束。

(二)高速公路免费政策出台背景

1984 年,国务院作出了允许地方“贷款修路,收费还贷”的重要决策,这是公路建设的投、融资主体由传统的政府单一主体转变为社会多元主体的反映。实践证明,通过实施这一政策,拓宽了地方公路建设投、融资渠道,极大地促进了我国公路交通事业的发展壮大。

然而任何事不是绝对的。收费公路在我国实施中已经取得了有目共睹的快速发展,与此同时,关于各种对收费公路的质疑越来越频繁地见诸各种舆论媒体。主要有三点:第一,收费公路增加了运输成本,成为制约经济发展的绊脚石;第二,收费公路主要依靠贷款建设,一些项目通行费收入较少而难以偿还本付息,造成债务负担,严重损害了政府的信誉;第三,收费公路作为垄断行业,使从业人员牟取暴利,损害了公路用户的利益。

目前高速公路收费系统中最大的问题在于很多高速公路建设和运营过程中的信息不透明:收费的数额、流向等信息均不透明,甚至即使贷款还清了,过路费却照收不误。正是由于这个原因,高速公路成为各个权势部门的香饽饽,建设和维护的成本奇高。民众对于高速公路收费的质疑,并不是真的希望“免费”,而是希望这种费用更加效率和公平。

事实上,单纯地讨论高速公路的“免费”并无多大意义,所有的公路都需要成本,只不过大家的缴费模式不同而已。在美国使用高速公路就像使用一般消费品，成本从油价中支出；而中国的高速公路更像是大宗资产，行车人的每次付费就像是买房付按揭——都是为过去借款的偿还。前者是量入为出，成本支出比较明晰；而后者则可以通过向未来借钱的方式达到快速扩张的目的，只不过在目前的情况下由于缺乏审计，从而使得使用者的成本过高，而被相关利益主体吞噬。因此，我国高速公路问题的核心就是收费系统的问题。

(三)高速公路免费政策带来的社会效应

随着相关政策的完善与出台，渴盼减负便行已久的国人开始欢呼雀跃，但与之形成鲜明反差的，却是地方政府的沉默观望与路桥公司的持续抵制。

客观地讲，高速公路实行节假日免费通行后，的确有可能带来交通格局的显著变化，比如车流量的急剧增加、收费与免费车辆的协调管理等，但是更多的是利益的损失。据测算，几个重大节假日加在一起，全国每年将减少200多亿元的收费收入。而具体到某个路桥公司，他们更是在意车流量加大后管理人员的增加和养路成本的上升。换句话说，就是对“免费”车辆进行的“无偿”服务导致经营者的利益亏损。

由于免费政策刚刚施行，经验不足，这一便民利民、促消费的政策在实施过程中跌跌撞撞。高速公路免费新政本来是一个很好的政策，至少出发点是好的，但对于政府职能部门来说，面对免费通行政策的实施，必须要充分预见到其带来的各种后果。仅有良好的动机还远远不够，必须有足够的智慧和管理能力，只有这样才能让政策最大限度地惠及于民。

（指导教师：郝延伟）

软信息生产、关系型信贷与小微企业融资解困研究

——基于山东省威海市的调研数据

李　琪[1]

20世纪90年代以来，小微企业迅猛发展，在促进经济发展、新增就业、科技创新和社会稳定等方面发挥了不可替代的作用。但实践中显示，小微企业由于规模小、抵押品不足、经营风险大，致使其与银行间存在严重的信息不对称，陷入了融资困境。针对小微企业融资解困的研究，国外学者起步较早，而我国从2005年才逐渐增多。已有研究表明，关系型信贷技术在克服信息不对称方面具有显著效果，因此小微企业关系型信贷问题成为了研究焦点。银行作为信贷市场上的信息生产者，其生产软信息的能力决定了小微企业关系型信贷的生成。因此，有必要从软信息的生产的角度对银行选择关系型信贷的行为进行研究。

一、文献综述

已有的文献表明，软信息的生产对关系型信贷的选择有两方面的影响：一方面，软信息的生产有利于关系型信贷的选择。余晓玲认为，从银行角度来看，按客观标准编码、量化的硬信息难免会遗漏一些有助于决策的软信息，软信息的生产能促进银行和小微企业之间信息不对称的消除，从而减少了逆向选择和道德风险问题的发生。另一方面，软信息的生产对关系型信贷的长远发展存在一定的阻碍。一是由于软信息的传递成本高，在银行内部产生“委托—代理关系”，必然会在一定程度上遏制关系型信贷的进一步发展；二是存在“信息锁定(information lock-in)问题”——放贷银行对借贷企业存在信息垄断，导致借贷成本升高等问题，必然影响关系型信贷的稳定发展。

在生产小微企业软信息的过程中，客户经理还会受到银行组织结构和激励机制的影响。国内外研究表明，小微企业关系型信贷存在“小银行优势”，即规模较小的商业银行具有向中小企业提供关系型贷款的优势。但邓超等认为存在“大银行优势”，即我国大银行具有资金能力、网点、信息、技术、声誉、风险负担和管理能力等多方面优势，比中小银

---

[1] 商学院2011级西方经济学专业。

行更适合对小企业发放关系型信贷。此外，Uchida et al 研究显示，信贷员获取企业"软信息"的行为在关系型融资生成中发挥着重要作用，并发现大型商业银行的信贷员同样有能力提供较多的软信息。

已有的研究成果表明，针对小微企业的关系型信贷技术的选择与客户经理生产软信息的能力有关，同时还受到银行组织结构和激励机制的制约。因此，本文以山东省威海市为例，通过对 8 家商业银行的 58 位客户经理的问卷调研，了解客户经理的贷款行为特征、自身的基本情况和对借款企业的了解度，结合所在行的组织结构和激励机制对软信息的生产和关系型信贷选择的关系进行实证分析。

二、研究设计

(一)样本选择与数据来源

考虑到商业银行的性质、规模、组织结构和贷款激励机制的不同，本调研组选择了山东省威海市 8 家商业银行作为调研样本，并于 2012 年 7 月开展了"山东省威海市小微企业关系型信贷生成研究"的调研，对客户经理进行了走访、座谈、个别交谈和问卷调研。根据不同银行客户经理人数和调研的可行性，共发放问卷 63 份，回收 61 份，其中有效问卷 58 份，有效率为 95.1%。本文从问卷中获取了客户经理生产软信息的能力、中小微企业贷款部门和银行激励机制等方面的关键数据。此外，为了控制银行规模对关系型信贷选择的影响，本调研组走访了中国人民银行威海市中心支行，获得了威海市各家银行的总资产数据，并使用 2012 年 6 月 30 日的资产数据来衡量各样本银行的资产规模。

(二)变量定义

1. 被解释变量

本文是从客户经理生产软信息的视角分析其选择关系型信贷的意愿，因此设置了贷款类型变量作为被解释变量，数据来源于问卷中"银行与企业业务往来大概第几次后会减少对抵、质押物的要求增加信用贷款比例?"，回答"不会"的表示银行选择交易型贷款，回答一次及以上的表示银行选择关系型信贷。

2. 解释变量

客户经理生产软信息的能力体现在两个方面：一是客户经理生产软信息的质量，本文选用软信息了解度和银企接触的次数来衡量。二是客户经理的生产软信息的持续性，本文选用了客户经理在本行担任客户经理一职的年数和过去三年工作调动的次数来表示。

3. 控制变量

已有研究表明，客户经理在做贷款决策时，会受到银行组织结构和贷款激励机制的影响。因此，在研究软信息生产对关系型信贷的影响时必须选取控制变量。本文选用了三个控制变量：银行规模——银行性质和资产规模的交互项；是否设置了专门的中小微企业贷款部门；贷款风险与贷款奖励的匹配度。

以上变量的定义如表1所示：

表1　　变量定义

类型	名称	说明	预测值
被解释变量	贷款类型(Lend)	虚拟变量，客户经理选择关系型信贷为1，选择交易型贷款为0	
解释变量	软信息了解度(Soft)	采用LIKERT五分量表法对企业软信息进行打分，求出均值	>1
	银企接触(Contact)	包括贷前平均调查次数和贷后每年平均监督次数	>1
	工作年限(Year)	在本行担任客户经理的年数	>1
	工作调动(Transfer)	过去三年内客户经理工作调动的次数	<1
控制变量	银行规模(Size×Asset)	Size：虚拟变量，大银行为1，中小银行为0；Asset=ln(总资产)，截至2012年6月30日	?
	贷款部门(Section)	虚拟变量，是否设立了专门的中小微企业贷款部门(是=1；否=0)	<1
	风险匹配度(Risk)	虚拟变量，贷款风险大于奖励为1；贷款风险小于或等于奖励为0	<1

注：除银行规模(Size×Asset)变量外，其余变量均来自于2012年7月关于"山东省威海市小微企业关系型信贷生成研究"的调研数据。

(三)模型构建

由于贷款类型为虚拟变量，本文采用二元Logistic回归模型进行实证分析。根据选取的变量，回归模型如下：

$$\ln\frac{p_{\text{lend}}}{1-p_{\text{lend}}}=a+b_1\text{Soft}+b_2\text{Contact}+b_3\text{Year}+b_4\text{Transfer}+b_5\text{Size}\times\text{Asset}+b_6\text{Section}+b_7\text{Risk}\qquad(1)$$

其中，p_{lend}为客户经理选择关系型信贷的概率，$\Omega=p_{\text{lend}}/1-p_{\text{lend}}$称为发生比或OR值，是客户经理选择关系型信贷的概率与选择交易型贷款的概率之比。因此，模型可变为：

$$p_{\text{lend}}/1-p_{\text{lend}}=\exp\begin{pmatrix}a+b_1\text{Soft}+b_2\text{Contact}+b_3\text{Year}+b_4\text{Transfer}\\+b_5\text{Size}\times\text{Asset}+b_6\text{Section}+b_7\text{Risk}\end{pmatrix}\qquad(2)$$

三、软信息生产与关系型信贷选择的实证分析

本部分先对变量进行描述性统计，并按照贷款类型对样本分组，进行均值差异性检验，然后对解释变量进行相关性分析和多重共线性检验，最后将样本数据代入式(2)，使用Stata12.0软件进行估计。

(一)描述性统计与均值差异性检验

所有变量的描述性统计如表 2 所示。首先,客户经理对借款企业软信息的了解度存在一定差异,评分在 2.429～5 分之间,平均值为 3.663 分。其次,银企接触次数差距较大,最大差距达到 27 次,这可能是由于对于软信息掌控力度较大的银行会适当消减对贷方的监督次数以降低监督成本。相反,如果银行掌握的软信息相对来说潜在风险较大,则会导致银行提高调查频率和监督次数。再次,银行客户经理的工作年限均值约为 4 年,最大为 20 年,最小仅为 1 年,差异较大。这与目前银行业整体的人员管理密切相关,近些年来银行统一实行大规模扩招,越来越多高校毕业的人才流入银行且初期工作定岗于客户经理,这是导致客户经理工作年限跨度大的原因之一。最后,在专门设立中小微企业贷款部门上,均值为 0.897,表明近 90%的银行设有中小微企业贷款部门。

表 2　　变量的描述性统计

变量	样本量	均值	标准差	最小值	最大值
Lend	58	0.379	0.489	0	1
Soft	58	3.663	0.661	2.429	5
Contact	58	10.466	5.653	2	29
Year	58	4.328	4.211	1	20
Transfer	58	1.103	1.630	0	5
Size×Asset	58	8.042	7.313	0	14.619
Section	58	0.897	0.307	0	1
Risk	58	0.448	0.502	0	1

按照贷款类型对样本分组,进行解释变量的均值差异性检验,分析结果如表 3 所示。表 3 显示,银企接触、工作年限和工作调动在交易型贷款和关系型信贷两类样本中具有显著差异。其中,选择关系型信贷的银企接触次数显著大于交易型贷款,说明关系型信贷基于软信息的生产,需要有较多的调查次数和监督次数;选择关系型信贷的客户经理工作年限显著大于交易型贷款,工作调动次数显著小于交易型贷款,说明对于具有丰富工作经验和对借款企业熟知的客户经理,能利用“意会知识”减少借贷双方的信息不对称,降低交易费用,倾向于选择关系型信贷。

表 3　　解释变量均值的差异性检验

样本分组	Soft		Contact		Year		Transfer		N
	均值	标准差	均值	标准差	均值	标准差	均值	标准差	
Lend=1	3.738	0.094	12.319	0.918	5.194	0.749	0.333	0.098	36
Lend=0	3.539	0.169	7.432	0.968	2.909	0.708	2.364	0.424	22
t 值	1.029		3.663*		2.216**		−4.666*		
全部样本	3.663	0.087	10.466	0.742	4.328	0.553	1.103	0.214	58

注:t 值为对应变量的均值差异显著性检验值,*和**分别表示在 1%和 5%的显著水平上显著。

(二)变量相关性分析与多重共线性检验

为了验证变量选取的准确性,本文计算了变量间的 Pearson 相关系数,结果显示,贷款类型与银企接触次数正相关,与客户经理的工作调动显著负相关,与工作年限正相关,以及软信息与工作调动负相关,这反映了客户经理在固定银行工作的稳定性越强,对软信息的获取越有利。对于多重共线性,本文采用的检验指标是方差膨胀因子(VIF)和容许度(TOL),通过计算可知,解释变量的 VIF 最大为 2.30,小于 10,TOL 最小为 0.44,大于 0.1,因此可以认为解释变量之间不存在明显的多重共线性。

(三)Logistic 回归结果及分析

将样本数据代入式(2),使用 Stata12.0 软件进行 Logistic 回归,结果如表 4 所示。从 LR 值来看,各模型均通过了 F 检验,模型拟合效果较好。具体而言,回归分析共分为三步:

第一步,考虑客户经理生产软信息的质量对关系型信贷选择的影响,解释变量只包括软信息了解度和银企接触,回归结果如模型(1)~(3)所示。从中可以看出,只有银企接触显著,银企接触每增加一次,客户经理选择关系型信贷的概率是选择交易型贷款概率的 1.238 倍。这说明客户经理增加对借款企业的贷前调查和贷后监督次数,可以更方便地获取借款企业的软信息,降低借贷双方的信息不对称,提高软信息生产的质量,防范信贷风险,从而有利于关系型信贷的生成。

第二步,研究客户经理生产软信息的持续性对关系型信贷选择的影响,解释变量为工作年限和工作调动,回归结果如模型(4)~(6)所示。结果表明,只有工作调动具有较高的显著性,工作调动每增加一次,客户经理选择关系型信贷的概率是选择交易型贷款概率的 0.221 倍。这说明频繁的工作调动会大大降低客户经理与借款企业之间关系的稳定性,减少了生产软信息的持续性,增大了放贷风险,从而不利于关系型信贷的产生。

第三步,综合分析客户经理生产软信息的能力对贷款技术选择影响,结果如模型(7)所示,只有借款企业软信息的了解度和工作调动次数显著,OR 值分别为 0.282 和 0.186。但变量 Soft 与之前的预测值不一致,回归结果意味着客户经理对借款企业软信息的了解度每增加一个单位,其选择关系型信贷的概率是选择交易型贷款概率的 0.282 倍,而模型(1)中为 1.238 倍。从模型(1)和(7)的对比中可以发现,工作调动对客户经理的贷款技术选择更具影响力,受其影响,即使客户经理对借款企业的软信息了解增多,也不一定会选择关系型信贷。这说明关系型信贷技术的关键在于分摊跨期成本和寻求长期收益,而频繁的工作调动会使二者无法实现,从而导致客户经理放贷趋于保守,注重抵押品、财务状况等硬信息,选择交易型贷款技术。

在控制变量方面,我们可以得出,大银行资产规模的增大,会增加客户经理选择关系型信贷的概率,支持了邓超等提出的我国的关系型信贷存在“大银行优势”;而放贷风险大于奖励的激励机制会使客户经理倾向于选择交易型贷款。

表 4　　软信息生产和关系型信贷选择的 Logistic 回归结果

解释变量	被解释变量:选择关系型信贷的概率/选择交易型贷款的概率						
	模型(1)	模型(2)	模型(3)	模型(4)	模型(5)	模型(6)	模型(7)
Soft	1.238 (0.47)		0.835 (−0.34)				0.282* (−1.75)
Contact		1.219** (2.22)	1.234** (2.14)				1.175 (1.46)
Year				1.197 (1.51)		1.198 (1.43)	1.240 (1.51)
Transfer					0.221*** (−2.83)	0.212*** (−2.77)	0.186*** (−2.83)
Size×Asset	1.138*** (2.75)	1.111** (2.11)	1.113** (2.14)	1.144*** (2.74)	1.063 (1.12)	1.079 (1.35)	1.074 (1.18)
Section	0.133* (−1.66)	0.346 (−0.82)	0.325 (−0.84)	0.280 (−0.97)	0.0864 (−1.59)	0.170 (−1.09)	0.313 (−0.70)
Risk	1.023 (0.03)	0.536 (−0.81)	0.514 (−0.85)	0.833 (−0.26)	0.468 (−0.93)	0.355 (−1.18)	0.147* (−1.75)
样本量	58	58	58	58	58	58	58
LR 值	12.24**	18.23***	18.35***	15.21***	29.77***	32.11***	37.17***
伪 R^2	0.159	0.237	0.238	0.198	0.387	0.417	0.483

注:表内数字为常数项和解释变量的发生比(或 OR 值),括号内数字为 Z 检验值,＊＊＊、＊＊和＊分别表示在 1%、5%和 10%的显著水平上显著。

(四)稳健性检验

在软信息生产和关系型信贷选择的研究中,找到衡量关系型信贷的有效变量十分关键。为了更好地验证结论的稳健性,本研究使用了问卷中客户经理对小微企业的贷款利率区间的均值(Rate)来代替模型(1)中的贷款类型(Lend),Rate 越小,表明客户经理越倾向于选择关系型信贷。数据显示,变量 Rate 的均值为一年期贷款基准利率上浮 26.05%,最小值为上浮 6%,最大值为上浮 80%,说明针对小微企业的一年期贷款利率存在较大差异。对 Rate 为被解释变量的模型进行多元线性回归分析,结果表明,在 1% 的显著水平下,Contact 与 Rate 负相关,Transfer 与 Rate 正相关,与之前的研究结论一致,说明前面的实证分析结果是稳健的。

四、结论与政策建议

首先,增加银企接触的次数有利于小微企业关系型信贷的生成。银企接触包括贷前调查和贷后监督,增加调查和监督次数,有利于客户经理掌握更多有关借款企业的软信息,降低信息不对称,防范信贷风险,从而有助于客户经理做出关系型信贷的选择。鉴于此,银行客户经理可以通过见面交谈、车间观摩、员工交流等多种方式增加对小微企业的实地调查和监督,从中了解企业业主的个人特征、管理水平和员工的稳定性以及产品和服务的市场竞争力,促使关系型信贷的生成,从而解决小微企业融资的困境。

其次,减少客户经理的工作调动有利于小微企业关系型信贷的生成。调研数据显示,客户经理工作的平均年限约为4年,较少的工作年限不利于小微企业软信息生产的持续性和累积性,从而不利于关系型信贷的生成,而频繁的工作调动会加重这一不利影响。因此,要想促使客户经理使用关系型信贷技术来解决小微企业融资难的问题,银行必须设计出一整套针对客户经理的聘用和培养机制,包括把好聘用关、引导客户经理制定职业生涯规划、减少客户经理的跨区域调动等。

最后,受银行贷款激励机制和客户经理工作调动的影响,客户经理对小微企业软信息了解度的提高不一定支持其选择关系型信贷。回归结果表明,银行贷款的激励机制和客户经理的工作调动对客户经理的贷款技术选择更具影响力。如果银行对客户经理的贷款行为的激励不足,工作调动频繁,客户经理会选择保守的交易型贷款方式并注重短期利益。因此,要想从根本上改变客户经理传统的贷款方式,增强对小微企业开展关系型信贷的积极性,银行的管理层必须加强客户经理的物质激励和精神激励,尤其要对开展小微企业贷款业务业绩良好的客户经理给予更高的奖励。

参考文献

[1] A. N. Berger and G. F. Udell, "Relationship lending and lines of credit in small firm finance," *Journal of Business*, 68(3), 1995, pp. 351-381.

[2]J. S. Lisa et al., "The continuum of capital for small snd micro enterprises," *Journal of Developmental Entrepreneurship*, 15(3), 2010, pp. 301-323.

[3]Luo, Lin., "Small and medium financial institutions help small and micro-enterprises' financial difficulties—Based on the asymmetric information theory," *E-Business and E-Government* (*ICEE*), 2011, pp. 1-4.

[4]A. C. Rebel et al., "Cookie Cutter vs. Character: The Micro Structure of Small Business Lending by Large and Small Banks," *Journal of Financial and Quantitative Analysis*, 39(2), 2004, pp. 227-251.

[5]H. Uchida et al., "Loan officers and relationship lending to SMEs," *Journal of Financial Intermediation*, 21(1), 2012, pp. 97-122.

[6]E. L. Von Thadden, *Asymmetric information, bank lending and implicit contracts: the winner's curse*. Ecole des HEC/DEEP, 1998.

[7]邓超、敖宏、胡威、王翔:《基于关系型贷款的大银行对小企业的贷款定价研究》,《经济研究》2010年第2期。

[8]林毅夫、李永军:《中小金融机构发展与中小企业融资》,《经济研究》2001年第1期。

[9]鲁丹:《银行业的信息生产和市场结构关系研究》,武汉大学博士学位论文,2005年。

[10]彭凯、向宇:《我国银行开展小微企业贷款的困难和对策》,《西南金融》2010 年第 6 期。

[11]石智勇、索贵彬:《关系型信贷、信息不对称与信贷退出博弈》,《西安电子科技大学学报》(社会科学版)2006 年第 2 期。

[12]余晓玲:《信息生产、关系型贷款与微小企业融资改善》,电子科技大学博士学位论文,2010 年。

(指导教师:郭建强)

“十一”黄金周游客“井喷”现象的背后

——对我国带薪休假制度落实情况的反思

余雅婧[1]　李梦君[1]　师曼彧[1]　韦玮[2]　王厚旺[3]

一、研究背景及意义

(一)研究背景

2012年的中秋、国庆“小长假”,堪称史上最长黄金周;这期间,全国旅游接待游客为3.62亿人次,旅游收入约为1800亿元人民币,比上年同期增长24%。但在十一黄金周旅游热的同时,也暴露出重大交通事故频发、旅游景区爆棚、景区垃圾堆积如山等一系列问题。

“十一”黄金周带来的诸多问题,引起了笔者对该现象的关注。而黄金周游客“井喷”现象与带薪休假制度落实状况间千丝万缕的联系,也引发了笔者对我国带薪休假制度落实情况的思考。本文将以两者相关关系为切入点,着重论述我国带薪休假制度的现状,并为其未来发展提出合理建议。

(二)研究意义

1. 理论意义

当前国内外的研究主要侧重于带薪年假制度的本身,包括其经济意义、宏观内容、实施办法等方面,对于带薪年休假制度的落实所遇到的障碍及原因分析还不到位,层次较为浅薄。

本文以“十一”黄金周“井喷”现象为研究问题的出发点,从带薪休假制度规定,现实中执行状况,制度落实中遇到的实际问题进行系统研究,从而使研究的结果更加贴近现实,反映现实,为解决黄金周旅游“井喷”问题,为我国带薪休假制度的完善作出有益探索。

---

[1]商学院2011级金融专业;[2]商学院2011级会计专业;[3]商学院2011级人力资源管理专业。

2. 现实意义

第一,掌握可靠数据,为政府提出相关建议,从而推动带薪休假制度在各企业、事业单位的有效落实。

第二,推动带薪制度的有效落实,对黄金周的扎堆旅游现象和由此而导致的交通拥挤、景点爆棚、环境污染等社会问题起到缓解的作用。

第三,引起社会的广泛关注,从而增强企事业单位各阶层人员的权利维护意识。

二、材料获取、数据收集和研究方法

(一)材料获取与数据收集

研究材料来源为实地调查访谈与收集国家公开发布的有关文件资料。本项目的数据来源为问卷调查所得到的第一手数据。利用数理统计的方法对相关的数据进行处理分析,并且以表格和图片形式直观展现。本项目对于获取的数据进行了严格审查,以确保质量。

(二)研究方法

1. 问卷调查的方式

利用多种途径,多种渠道,进行了问卷的发放。结合该课题的社会性,问卷发放人群不仅被确定为在职人士,更是将这一群体细化为事业单位在职人员和企业单位在职人员,以方便数据整理过程中通过一手资料的对比分析,得出可靠的结论。

2. 走访调研的方式

在调研的过程中,选择特定地区具有代表性的企事业单位进行实地走访调研。在实地采访过程中,了解我国带薪休假制度在不同单位的实施状况,包括实施后带来的好处及实施过程中遇到的困难等。

3. 文献查找的方式

本次调查,为了收集足够的资料,并且确保资料的准确性,从图书馆及互联网查阅了大量文献资料。同时积极与相关人员联系,寻求帮助,为调研奠定了基础。

三、概念界定

(一)"十一"黄金周游客"井喷"现象

本文中所强调的"十一"黄金周游客"井喷"现象,是特指 2012 年 9 月 30 日至 10 月 8 日这段时期,由于中秋、国庆假连放,加上高速公路免费通行政策等原因,各景区出现的游客爆棚、交通拥挤,集中休假导致节日集中旅游的现象。

(二) 带薪休假制度

带薪休假制度是指劳动者连续工作一年以上,就可以享受一定时间的带薪休假。实行职工带薪年休假制度，是世界各国劳动制度的普遍做法。带薪休假是对公民休息权的尊重，是社会文明的一种标志。

四、关于我国带薪休假制度现状的相关分析

我国的带薪休假制度，主要体现在《职工带薪年休假条例》和《企业职工带薪年休假实施办法》之中。本文将以此为中心，对我国带薪休假制度的现状进行相关分析。

(一)我国政府带薪休假制度概述

《职工带薪年休假条例》规定：机关、团体、企业、事业单位、民办非企业单位、有雇工的个体工商户等单位的职工，连续工作一年以上的，享受带薪年休假。单位应当保证职工享受年休假，职工在年休假期间享受与正常工作期间相同的工作收入。此外，《条例》还就职工年休假的实际安排、发生争议的相关处理等作出了明确的规定。2008 年 7 月 17 日公布的《企业职工带薪年休假实施办法》是对《职工带薪年休假条例》的详细补充，也是对其在实际执行中的保障。

(二)我国带薪休假制度实施现状

随着各项条例的颁布，在近年来，我国的带薪休假制度在理论及法律保障方面都有了进一步的发展；但我国的带薪休假制度在实施过程中，仍然存在着极大的缺陷，实施情况不尽理想。

在带薪休假制度的实际操作中，我国存在着“实施难，执行差”的尴尬局面。据统计，除了少数有条件的国有企业及经营规范的“三资”企业外，大多数企业没有实施带薪休假制度，职工的休假权利没有得到保证。即使是建立起带薪休假制度的部分企业，在实施过程中也存在着极大的差异，且主要体现在带薪休假的时间及相关福利待遇中。就目前我国带薪休假制度的实施情况而言，职工的相关权利并没有得到实际的保证。

(三)“十一”黄金周游客“井喷”与带薪休假制度的相关性

根据以上分析可以得出，正是由于带薪休假制度在实际操作过程中存在的极大缺陷，才使得“十一”黄金周游客“井喷”现象的发生在很大程度上成为必然，两者之间存在极大的相关性。主要原因体现在以下几个方面：

第一，带薪休假制度落实不到位导致我国居民休假时间集中。由于我国带薪休假制度在实际操作中的不完善，大部分职工无法享受正当的带薪休假权利，职工的休假时间无法被分散。

第二，带薪休假制度的发展与我国居民生活水平的提高不同步。随着我国居民的生活水平不断提高，极大的社会压力也成为人们生活中无形的负担，这使得人们对旅游消费、放松自我的需求不断提高。但由于在现实生活中，我国绝大部分单位没有实行带薪休假制度，为了满足自身需求，职工不得不在国家规定的法定休假日时，集中出游。

五、问卷调查与数据分析

(一)问卷分析

研究团队发放问卷 250 份,回收问卷 245 份,其中可利用问卷 236 份,回收率为 98%,有效回收率为 94.4%,具有统计意义。

1. 调查对象背景分析

表 1 背景变量

人口统计变量	统计变项	人数	百分比
性别	男	113	48%
	女	123	52%
	总计:	236	100%
年龄	18～22 岁	18	7.6%
	23～34 岁	17	7.2%
	35～44 岁	147	62.3%
	45～60 岁	53	23.5%
	60 岁以上	1	0.4%
	总计:	236	100%
职业	机关事业单位	106	45.16%
	国有集体企业	23	9.68%
	外资、合资企业	9	3.23%
	私营企业	45	19.35%
	个体户	15	6.45%
	其他	38	16.13%
	总计:	236	100%
收入	800 元以下	8	2.63%
	800～1500 元	8	2.63%
	1500～4000 元	98	44.74%
	4000～8000 元	106	36.84%
	8000～12000 元	16	7.89%
	12000 元以上	0	5.26%
	总计:	236	100%

本次调查中,女性人数稍多一点,但是和男性人数基本持平;各个年龄段的人都有,但35～44岁的人数占得最多;各种性质的企业单位均有所涉及,但以走访机关事业单位为主;月收入在1500～8000元之间的人数最多。

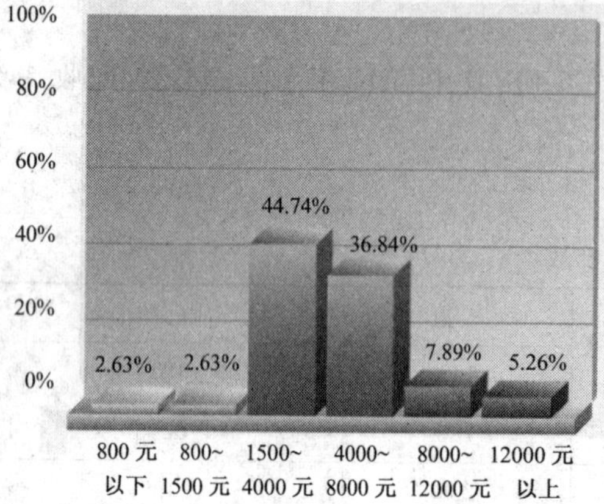

图1

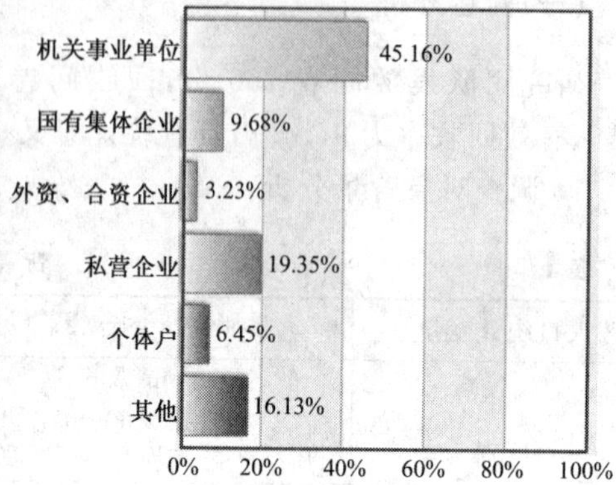

图2

2. 职权构成

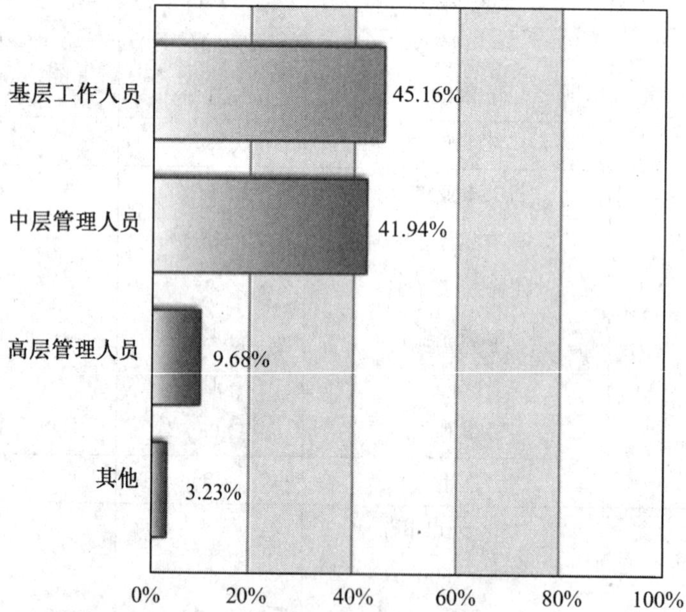

图3

在本次的调查结果中,基层工作人员占到了绝大部分,中层管理人员也占据很大的比重,这两个阶层是带薪休假制度的最直接受益者。

3. 对带薪休假制度的了解程度

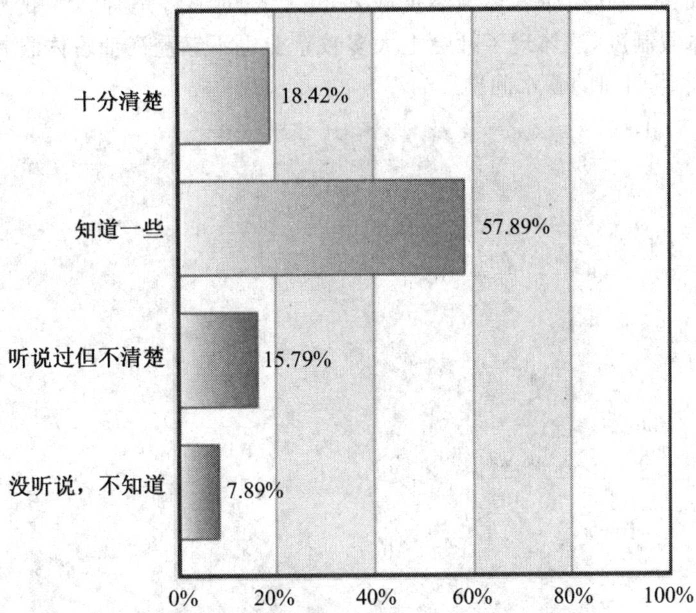

图 4

在所有受访者中，自认为对带薪休假制度十分清楚的仅占 18%左右，而知道一些或者听说过但不清楚的占到近 72%，甚至没听说过的人群也有相当一大部分，这说明带薪休假制度的宣传力度还不大，在公众中受重视程度不够。

4. 带薪休假制度执行现状

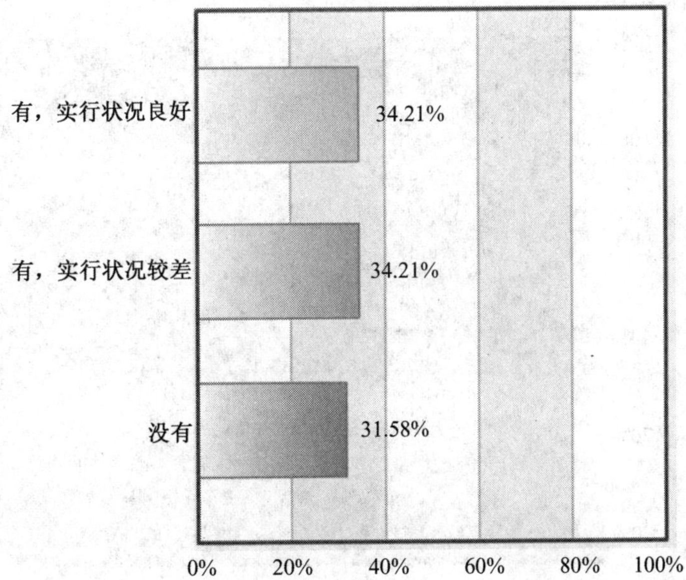

图 5

尽管有近70%的受访者表示所在单位有带薪休假制度，但其中执行状况良好的仅占五成，有半数的企业执行带薪休假制度较差，更严峻的形势是有30%的受访者所在单位不存在带薪休假制度，这体现了社会上大多数企业也不够重视带薪休假制度。

5. 带薪休假期间的薪水问题

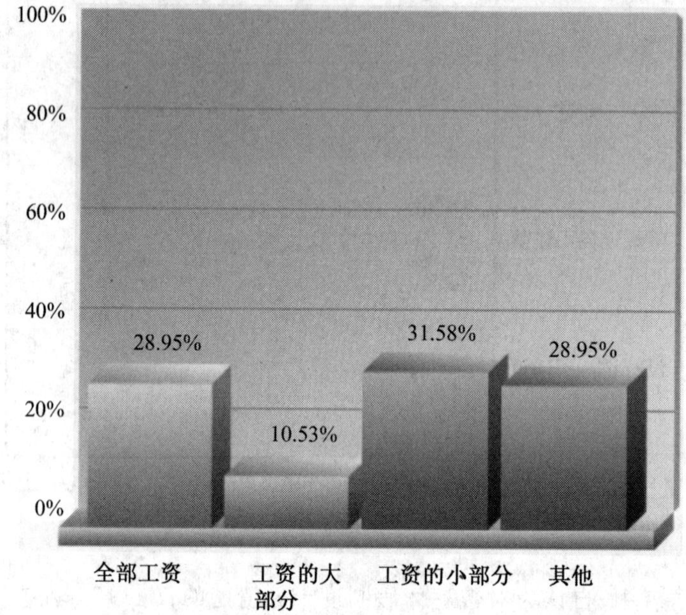

图6

在有落实带薪休假制度的企业单位中，大多数单位没有遵循国家的规定，落实全部工资的企业仅占20%左右。

6. 带薪休假天数

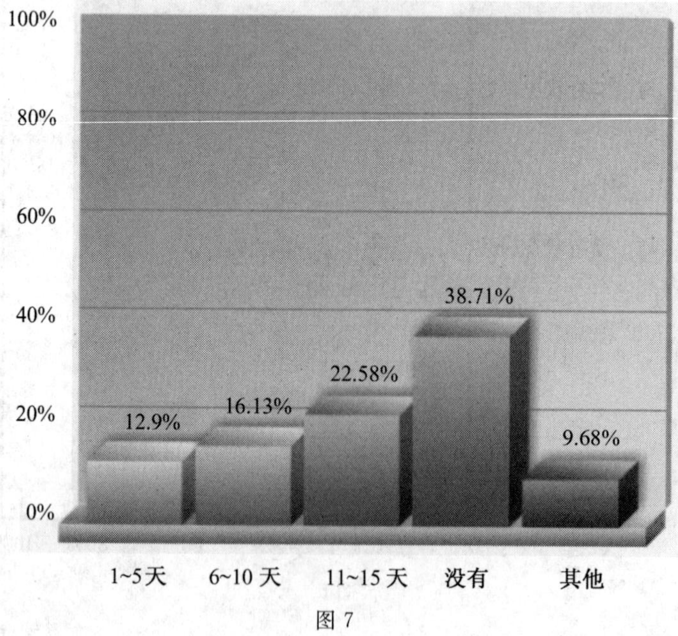

图7

与之前的问题“带薪休假制度执行现状”一致，有40%左右企业单位不存在带薪休假制度，在有落实带薪休假制度的企业单位中23%较好地遵循了国家的规定。

7. 近三年实际享受带薪休假的情况

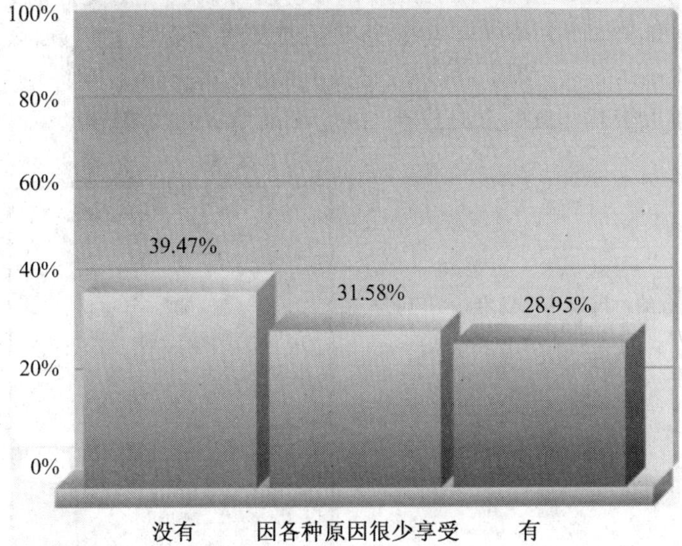

图 8

尽管一部分企业设立了带薪年休假制度，但真正落实到个体上，在三年中从未享受过休假的受访者高达40%，因各种原因很少享受的达30%，其中的原因引人深思，值得深入探讨分析。

8. 没有享受带薪休假的原因分析

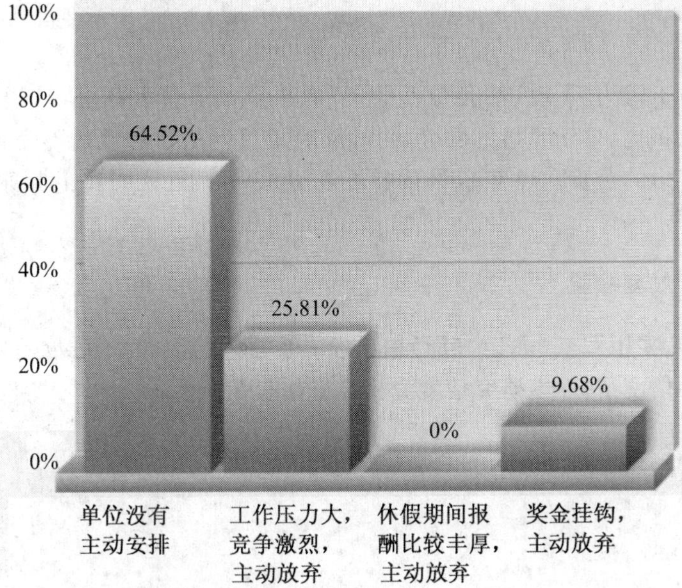

图 9

从调查结果来看,大多数员工因为单位没有主动安排而未享受到带薪休假,这一方面说明企业未按照国家法律法规积极安排;另一方面也说明员工对带薪休假的意识比较薄弱,处于被动地位。共35%的受访者因为工作压力大,或者是休假与奖金挂钩而主动放弃,体现了如今社会竞争激烈,没有带薪休假制度可以落实的良好的大环境。没有人因为休假期间报酬丰厚而主动放弃的人,这又侧面反映企业对未享受带薪休假的员工补偿不到位。

9. 向单位争取带薪休假的意向分析

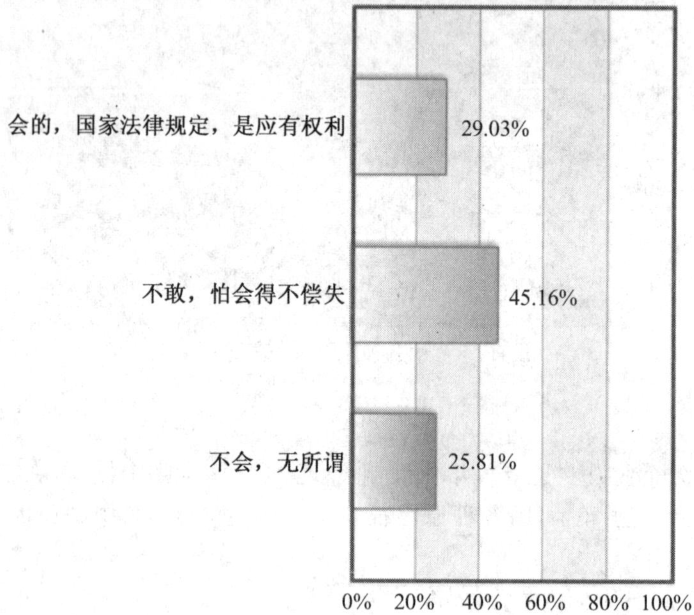

图10

近半数的员工因为“不敢,怕会得不偿失”而放弃争取带薪休假,这说明员工在工作中与强势的单位相比,处于明显的弱势,同时反映了我国法律法规的不完善,对带薪休假的落实缺乏强有力的监管。还有25%的员工表示无所谓,这说明员工自身捍卫自身权利的意识也很薄弱。

(二)信度和效度检验

在本研究中,采用Cronbach(1951)提出的a系数进行测量,a系数是目前应用最广、最为流行的一种信度指标,本研究信度分析结果如表2所示:

表 2 量表信度分析的 Cronbach's a 系数表

变数	衡量问项	Cronbach's a 系数
对带薪休假制度的了解程度	A1 十分清楚 A2 知道一些 A3 听说过但不清楚 A4 没听说，不知道	0.709
带薪休假制度执行现状	A5 有，实行状况良好 A6 实行状况较差 A7 没有	0.791
带薪休假期间的薪水问题	A8 全部工资 A9 工资的大部分 A10 工资的小部分 A11 其他	0.798
带薪休假天数	A12 1～5 天 A13 6～10 天 A14 11～15 天 A15 没有 A16 其他	0.803
近三年实际享受带薪休假的情况	A17 没有 A18 很少享受 A19 有	0.823
没有享受带薪休假的原因分析	A20 单位没有主动安排 A21 工作压力大，竞争激烈，主动放弃 A22 休假期间报酬比较丰富，主动放弃 A23 与奖金挂钩，主动放弃	0.846
向单位争取带薪休假的意向分析	A28 会的，国家法律规定，是应有权利 A29 不敢，怕会得不偿失 A30 不会，无所谓	0.902

由表 2 可以看出，根据 Cronbach's a 系数的判断原则，发现所有因子的 a 系数都在 0.7 以上。对 a 系数的值，在基础研究中，信度至少达到 0.8 以上才可以接受，在探索性研究中，信度只要达到 0.7 就可接受；另外也有的学者认为 Cronbach's a 系数只要介于 0.70～0.98 之间，都算是高信度值；而在实务中，Cronbach's a 系数只要 0.6，即可宣称该测量工作的信度是可以接受的。由于本文是试着探究带薪休假制度的基本情况，因此这些 Cronbach's a 系数都可以接受，可以在此基础上进行后续的研究。

在本研究中，量表设计经过严密的推导和对众多量表的参考，经过反复几次的修改和试测，量表最终付诸实施。经过信度分析，各个因子的信度值较高，基本符合预期，并且对模型具有一定的解释能力，由此可知，量表具有较高的效度。

六、影响我国带薪休假制度实施的主要因素分析

通过问卷调查和数据分析,并结合实地访问及相关资料,可以得出影响我国带薪休假制度实施的主要因素有以下几点:

(一)带薪休假的法律法规不完善

虽然我国的带薪休假制度在逐步细化和完善,并已经取得了较大的进步,但如今的带薪休假制度仍然存在许多漏洞。

首先,有些规定表述不清晰,理解中产生歧义。例如:"劳动者连续工作一年以上的,享受带薪年休假。具体办法由国务院规定。""劳动者连续工作一年以上的"是指在同一企业工作满一年,还是不同企业工作时间全部纳入计算满一年?这在《条例》中并没有清楚的解释。

其次,对带薪年休假的决定权规定不明确,为一些企业规避法规提供了可能。如《职工带薪年休假条例》第5条规定:"单位确因工作需要不能安排职工休年休假的,经职工本人同意,可以不安排职工休年休假。"职工相对单位是弱势的,单位的要求,大多情况下职工都必须同意。这样很多用人单位以法律法规的这一漏洞作为借口理所当然地使职工放弃休假,这就更加阻碍了带薪休假制度的实施。

(二)经济利益的驱动

在我国目前经济发展水平的制约下,带薪休假制度的实施现状无论对于企业还是劳动者自身而言,都是出于经济利益的理性选择。对企业管理者而言,主要是考虑带薪休假制度的实行对企业成本及生产的影响,所以在带薪休假这个问题上,企事业单位都有不少的顾虑。他们宁愿用加工资、发奖金的形式来鼓励员工放弃这一权利。从被管理者方面来看,目前职工对于维护自身休息权利的意识比较淡薄。大多数的职工很难去主动争取带薪休假的权利。因为在激烈的市场竞争下,他们一方面害怕休假会使他们丧失工作机会,另一方面他们也不愿意因为休假放弃奖金。

(三)带薪休假制度监控力度不够

带薪休假是一种弹性休假制度,在我国目前企业和职工休假观念普遍落后、维护休息权的意识普遍淡薄的背景下,需要政府刚性的支撑,如果没有政府的强制执行和监管,它所赋予的权利就很容易沦为一种"纸上的权利"。虽然最新的《办法》规定了县级以上地方人民政府劳动行政部门为监督检查机关,并对拒不执行带薪休假制度的企业规定了相应的惩罚措施,但事实上,由于没有一个有力的政府监管机制,政府监督的力度较弱,也没有相应的社会反馈机制,使得带薪休假制度在我国显得虽有似无。

七、小结与建议

针对我国带薪休假制度的落实现状以及制度中存在的问题,为完善带薪休假制度,

使之更好地贯彻落实，笔者提出如下建议：

(一)进一步完善带薪休假制度法律法规

首先，应该逐步完善法律法规中的各项规定，明确各项条例。清楚划分带薪休假制度的适用人群，细化规定享受带薪休年假制度的条件，具体规定因工作需要确实无法休假的补偿办法等。

其次，就目前中国实施现状而言，其实施应当通过法律形式强制实施，以此逐步落实休假制度；要把带薪休假写入劳动合同。

(二)加大宣传使带薪休假观念深入人心

要加大宣传力度，让劳动者树立起休息权是劳动者基本权利这一意识，使其积极主动维护自己的合法权益，主动争取休假。在这一方面，国家可以通过对企业劳动者和管理者进行素质教育，让其观念得以进步；另外可以广告宣传、电视节目以及发放相关宣传资料等方式来进行宣传。

(三)加强监控力度，违法严惩

首先，发挥劳动者保护组织的积极作用，加强对带薪休假的社会监督。工会是《条例》的支持者和监督者，需要发挥自身重要的支持和监督作用。在劳动者权利被侵犯时对其及时予以救济，也对资方进行实时的监督，并对违反制度的资方进行举报，使之得到惩治。

其次，根据相应处罚条例，违法严惩。劳动者提出申请，机关、企事业单位不执行带薪休假制度的，劳动人事主管部门应对该单位责任人给予行政处分，工商行政管理机关对违法企业给予行政处罚。

参考文献

[1]鲍新山:《黄金周与带薪休假利弊分析》,《青海师范大学学报》(哲学社会科学版)2009 年第 6 期。

[2]刘玮:《带薪休假，不只"看上去很美"》,《数据》2008 年第 2 期。

[3]崔生祥:《带薪休假没保障"十一"又成"黄金粥"》,《WTO 经济导刊》2008 年第 11 期。

[4]鄢光哲:《没有黄金周谁来保障带薪休假?》,《人民文摘》2007 年第 12 期。

[5]王兴斌:《中国休闲度假旅游的必由之路：从"黄金周"到带薪休假》,《旅游学刊》2002 年第 4 期。

[6]周玲强:《旅游业对经济与就业的拉动效应及制度创新》,《理论研究》2002 年第 3 期。

[7]刘戈衡、王素珍:《创新休假制度促进假日旅游可持续发展》,《商业研究》2002 年第 10 期。

[8]林长榕:《旅游黄金周的冷思考》,《特区经济》2001 年第 1 期。

[9]李凌:《高速变"高堵"　景区也超载　黄金周大盘点》,2012 年 10 月 8 日,http://xm.ifeng.com/baoliao/betail_2012_10/08/367375_o.shtml.

[10]苏枫:《为什么我们难以享受带薪休假?——专访〈中国旅游报〉社总编辑高舜礼》,《小康》2011 年第 10 期。

[11]郑华:《黄金周负面作用已超正面意义急需转型》,2012 年 10 月 8 日,http://ah.anhuinews.com/system/2012/10/08/005242763.shtml.

(指导教师:夏　辉)

沾化冬枣产业发展现状探究

孟祥娜[1]

沾化县地处黄河三角洲和环渤海经济区的中心地带，冬枣在沾化县已有上千年的栽培历史。在经过一位普通农民——于洪长对于冬枣产业的探索之后，沾化冬枣成为一个品牌，并在当地得到大力推广。经历了20多年的发展，沾化冬枣凭借其珍稀的食用价值、药用价值、保健价值，已经大大超越玉米、小麦、棉花等传统农作物的种植规模，成为沾化县富民强县的支柱产业。然而，在当地人大面积种植沾化冬枣的同时，冬枣却从贵族式的"贡品"沦落到平民式的"商品"，经历了"论个卖、论斤卖、论堆卖"的不同销售阶段，出现了价格低迷、市场疲软的尴尬局面。

一、研究内容与研究方法

(一)研究内容

主要研究沾化冬枣的发展状况、存在的问题，包括沾化冬枣的种植情况、价格分析、生产成本、销售情况、收入等具体方面。同时还与沾化冬枣的发起人——于洪长先生就沾化冬枣的发展历程、在本地发展的优势、目前状况以及未来发展规划进行了全面、深度访谈。此外，为了得到更加系统准确的数据，走访了目前在沾化冬枣数据统计方面最具有权威性的沾化县冬枣产业办公室，并得到了关于2008～2012年各等级沾化冬枣的市场价格。

(二)研究方法

在对沾化冬枣发展现状进行分析时，采用定量分析与定性分析相结合的方法，相应地提出采用了因地制宜的方法。使用的方法主要有问卷调查、个案访谈和文献阅读。

问卷调查采用简单随机抽样的方法，在沾化县潘家、于家、西贾村、大姜村、房岭村、花家村六个典型村子和威海市发放的调查问卷，内容是关于沾化冬枣的销售情况。我们

---

[1]商学院2010级金融学专业。

共发放调查问卷200份，收回有效调查问卷180份，问卷有效率为90%。问卷采用陪访的方式完成，调查实施自始至终都进行了严格的质量控制，调查过后又对收回的问卷进行严格的审查，以确保问卷的质量。问卷统计的数据处理和制图、制表使用EXCEL软件完成。

个案访谈阶段是与多位在不同村子中具有代表性的枣农进行跟踪探访，在访谈的过程中，枣农介绍了关于他们冬枣的种植和销售情况以及他们对冬枣未来发展趋势的预期；此外还对沾化冬枣的发起人——于洪长进行了专门访谈，访谈的内容主要是沾化冬枣是如何发展起来的，现在面临的主要问题以及沾化冬枣的未来发展之路。

文献阅读范围主要是近几年国内正式出版发表的关于沾化冬枣方面的书籍、研究论文、调查报告，在仔细阅读的基础上进行了必要的文献综述，并以此作为课题研究的理论支持。

二、沾化冬枣发展现状之调查分析

(一)沾化冬枣种植情况分析

1. 沾化冬枣种植规模调查分析

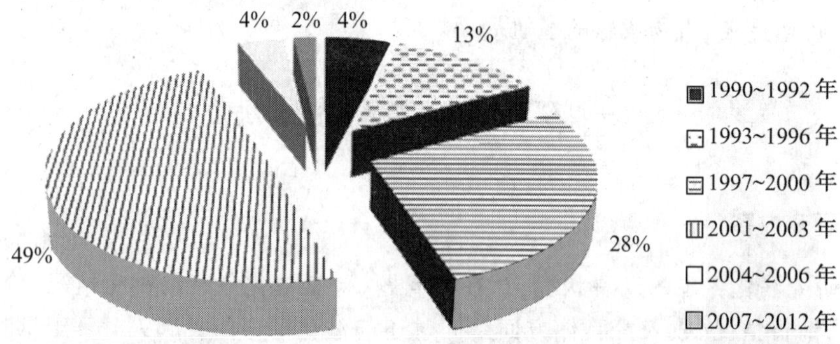

图1 各阶段沾化冬枣种植面积增长情况

从分析图来看，1990年沾化冬枣刚刚起步，当时种植沾化冬枣面积非常少，仅占4%；2001～2003年当地种植沾化冬枣达到了高潮，新增冬枣面积占49%；至2012年，沾化县已经实现冬枣树的全覆盖。

2. 沾化冬枣价格分析

(1)沾化冬枣在原产地(沾化县)的平均销售价格(元/斤)

冬枣按大小、成色可分为5个等级，且每个等级价位不同，依次是礼品果＞一级枣＞二级枣＞三级枣。2008～2012年各级冬枣价格平稳并略有上升趋势(2009年出现了下降)，如表1所示。

表 1 **2008～2012 年各级沾化冬枣销售价格表** 单位:元/斤

年　份	2008	2009	2010	2011	2012
礼品果	7.0	9.0	10.0	10.0	10.0
一级果	3.9	4.5	4.5	4.5	5.3
二级果	2.6	2.0	3.2	3.5	3.5
三级果	1.8	1.0	1.5	1.8	2.2

注:数据来源于沾化县冬枣产业办公室。

(2)沾化冬枣在果品批发市场(济南堤口果品批发中心)的销售价格

表 2 **2008～2012 年沾化冬枣在果品批发市场的销售价格表** 单位:元/斤

年　份	2008	2009	2010	2011	2012
最高价	7.6000	9.7260	12.1007	15.0553	18.7313
平均价	6.0000	9.8548	8.9543	8.1362	7.3928
最低价	2.4000	7.8980	6.2650	4.9697	3.9422

注:数据来源于食品商务网。

沾化冬枣在果品批发中心的销售情况:①沾化冬枣在果品批发市场的销售价格要远远高于在原产地的销售价格,例如:2012 年沾化冬枣在果品批发市场的最高价为 18 元/斤左右,而在原产地最高等级的礼品果只有 10 元/斤。②沾化冬枣在果品批发市场的销售价格“两级分化现象”比较严重,2012 年沾化冬枣的最高价为 18 元/斤,最低价只有 3 元/斤,最高价要比最低价高 6 倍。

(3)根据灰色数学模型对各等级冬枣平均价格进行预测

表 3 **对各等级冬枣平均价格的预测结果** 单位:元/斤

年　份	2013	2014	2015	2016	2017
礼品果(原产地)	7	9.3132	9.5982	9.8919	10.1946
一级果(原产地)	3.9	4.3327	4.5678	4.8155	5.0767
二级果(原产地)	2.6	2.4238	2.8021	3.2395	3.7452
三级果(原产地)	1.8	1.101	1.3921	1.7602	2.2256
(批发市场)最高价	23.3048	28.9951	36.0747	44.8829	55.8418
(批发市场)平均价	6.7173	6.1035	5.5458	5.0391	4.5787
(批发市场)最低价	3.1272	2.4806	1.9677	1.5609	1.2382

根据数学模型对沾化冬枣平均价格的预测可得出如下结论:①沾化冬枣在果品批发市场的销售价格波动相对来说比较大,例如:2017 年沾化冬枣的最高价为 56 元/斤,最低价为 1 元/斤,最高价约为最低价的 56 倍。②沾化冬枣最高价、最低价和平均价的走势有差异,其中最高价有逐年上升的趋势,而最低价和平均价有逐年下降的趋势。通过直

观分析可知,沾化冬枣的价格受其质量的影响仍然较大,质量高的冬枣售价自然高,而且有上升的趋势,而质量低的冬枣售价有一路走低的趋势,而且平均价受最低价的影响较大。由此可见,沾化冬枣在未来五年内提高质量仍然是重中之重。

(二)沾化冬枣终端销售情况分析

1. 选择威海利群超市、家家悦超市、海悦超市、大润发超市作为调查沾化冬枣终端销售情况的地点。10月1~27日为期一个月左右,先后进行了四次调查。调查发现:

(1)价格:沾化冬枣在各个超市里的价格相差无几,但是价格随时间的不同有所差别,在国庆节期间大约12元/斤,国庆节过后大约8元/斤,而到后期大概只有6元/斤,并且没有等级之分。

(2)品质:摆在货架上的冬枣早已失去了原有的圆润饱满而变得萎蔫,表面也由于顾客在挑选的过程中因摩擦而伤痕累累,与原产地的沾化冬枣样貌大相径庭。

2. 通过发放调查问卷的形式采访威海当地的消费者对于沾化冬枣的购买及认知情况。

(1)被访者对冬枣的原产地的认知情况

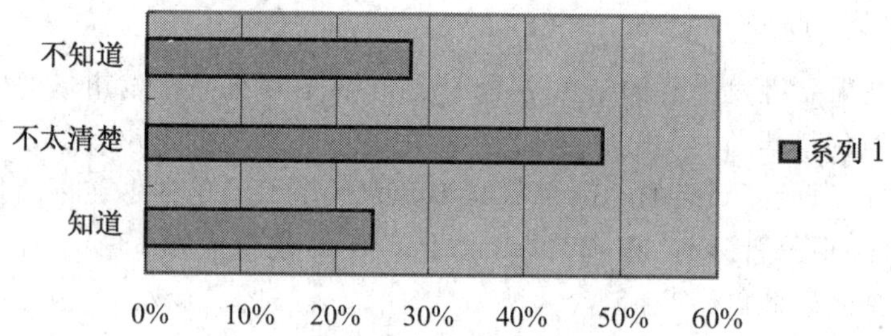

图2 被访者对冬枣原产地的认知情况

从图2中我们可以看出,有将近30%的消费者不知道冬枣的原产地是沾化县。品牌作为一种无形资产之所以有价值,不仅在于品牌形成与发展过程中蕴涵的沉淀成本,而且还在于它是否能为相关主体带来附加值,所以沾化冬枣在发展品质的同时也要注重产品品牌价值的发掘,增加更多附加值,也可以更好地垄断沾化冬枣产业,杜绝假冒伪劣现象的发生。

(2)被访者是否在意购买的是否正宗沾化冬枣

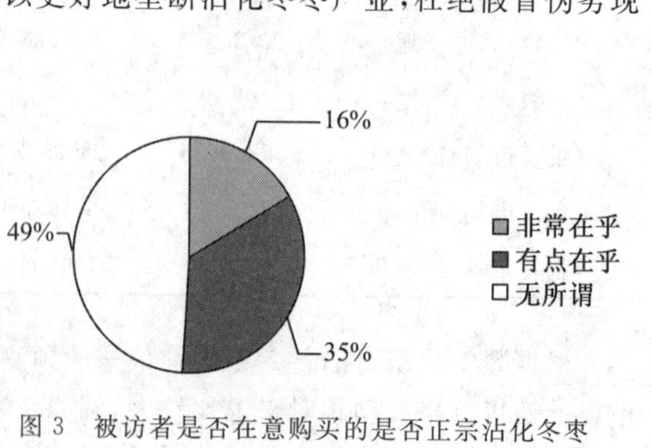

图3 被访者是否在意购买的是否正宗沾化冬枣

由图3我们可以看出,在调查对象中,有接近50%的消费者对于买到的是不是正宗的沾化冬枣持无所谓态度,只有不到20%的消费者持非常在乎的态度,这个结果无论是对枣农还是销售商都敲响了警钟,通过与受调查者的面对面的交流得知,他们其实辨别不出哪种才是真正的沾化冬枣，由于市场的枣类品种过多，而且假冒沾化冬枣的现象又比比皆是，加上沾化冬枣的宣传工作欠佳，最终导致他们无暇也无心情去仔细辨别购买到的是不是真正的沾化冬枣。

(3)被访者在购买沾化冬枣时注重方面

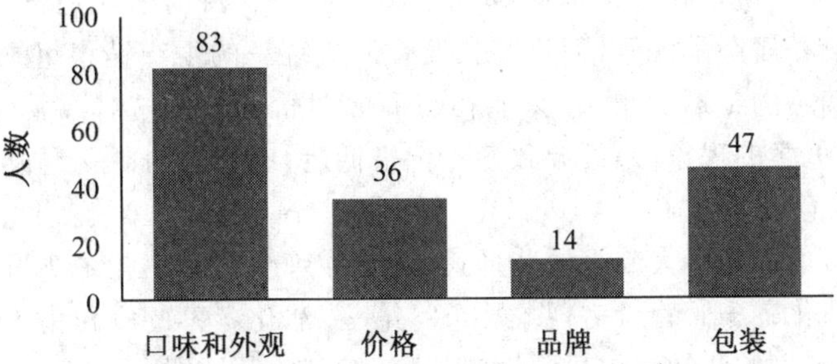

图 4　被访者在购买沾化冬枣时注重的方面

从图 4 中我们可以看出，在 180 个调查对象中，有 83％人在购买冬枣时更加注重其外观和口味，这对于水果类食品来说是毋庸置疑的，因此建议枣农在管理过程中，应该在提高产品的质量上多下工夫，管理出高品质、无公害的天然绿色产品，迎合广大消费者的消费需求；其次，47％的消费者注重的是其包装效果，所以对于冬枣加工商而言，应注重产品的包装效果，在上档次的同时控制生产成本，实现“品牌效应”；而对于价格，有 36％的消费者有所看重，相比较而言价格的受关注度还是比较小的。

三、冬枣产业发展过程中遇到的问题

(一)冬枣自身存在局限

1. 冬枣品质下降，良莠不齐

沾化冬枣凭借其独特的食用价值被誉为“活维生素丸”，2002 年 1 月在北京举行的“中国百姓最喜欢的果王菜王暨植保名品”评选大赛中，沾化冬枣被评为“中国果王”。但是一方面由于冬枣在生长过程中非常脆弱，很容易受到病虫害的侵扰，另一方面枣农的技术水平有限，管理粗放，在病虫害预防措施方面先天不足，防治过程中乱施农药、化学肥料和激素，造成大量冬枣出现畸形。

2. 冬枣生长、成熟有明显的时间限制

冬枣作为鲜食水果，成熟期在每年的 10 月 8～15 日，由于其季节性强，且不易储藏，采摘后常温下的保鲜时间非常短，否则冬枣就会因失去原有的鲜美酥脆口感而贬值。在流通过程中，储存和保鲜技术更加不成熟，导致进入终端市场的冬枣外形萎蔫，色泽和口味受到很大的影响。

(二)市场不完善

1. 没有规范的市场准入制度,市场秩序杂乱无章

目前沾化有下洼、大高、富国三大冬枣批发市场,沾化冬枣大都通过这三大市场流向全国各地。每年10月份,各地的商贩都会聚集到这里。目前沾化还没有形成规范的市场准入制度,市场秩序杂乱无章,而且枣农没有形成统一的生产销售组织,大都是自产自销,为了及时把摘下的冬枣卖出去,只能在与商贩讨价还价中选择妥协。无序的市场制度导致了积压和甩卖的现象,最终导致冬枣价格低迷,枣农的利益受到很大的冲击。

2. 缺乏品牌意识

第一,流向市场的冬枣大都是散装形式,没有品牌包装,"沾化冬枣"的注册商标也极少使用。第二,沾化冬枣假冒伪劣现象严重。第三,沾化冬枣的宣传力度不够,现在大多数消费者对沾化冬枣的认知仅仅局限于口味、新鲜、特色的浅层面,而对于其包含的丰富价值却知之甚少,所以冬枣的价值就被市场低估了。

(三)枣农在生产销售冬枣过程中处于被动地位

1. 管理粗放、技术落后

由于枣农自身文化素质的限制,在种植、管理冬枣方面存在很大的局限性。第一,当地枣农普遍有追求产量而忽略质量的错误倾向,他们在种植经营过程中容易盲目听取一些"专家"的建议而使用膨大类激素,导致冬枣在虚有的完美外表下营养和口味大大缩水。第二,当地农资经营较混乱,目前普遍存在大剂量重复用药、盲目施肥、相互仿效现象,造成肥料、农药的浪费,严重降低了沾化冬枣的质量,造成果品表面农药残留超标,令消费者望而却步,甚至称其为"药丸"。

2. 缺乏风险管理机制

有人形象地称农民种庄稼就是和天气之间的一场豪赌,如果幸运地遇到风调雨顺的丰收年,农民得以收回辛辛苦苦劳作一年的种植成果。但是如果不幸遭遇天气灾害,那农民只能眼睁睁地看着自己的劳动果实被狂风暴雨侵害而无能为力。由于缺乏农业保险的保障,当遭遇暴风雨、病虫害等导致冬枣的质量和产量大幅下降时,枣农的利益就会受到严重的损害。

四、对策与建议

(一)在提升冬枣品质方面

1. 建立"冬枣医院"

借鉴医院诊断与开处方的模式,建立规范的冬枣医院。在当地开设规范的冬枣医院,聘请有丰富种植、管理经验的专家为冬枣提供有针对性、专业化、科学的病虫害与防治服务模式,实行定期、定点、优惠为枣农解决冬枣病虫害等问题。

2. 实行土地流转模式，实现规模经营

借鉴小岗村土地流转的成功经验及党中央一号文件的精神，在枣农之间实行土地流转制度，实行标准化、规模化、集约化、品牌化经营，实现农业产业化。当地枣农可以把自己的枣树作价入股，承包给当地有技术水平的枣农进行集中式生产经营，取得规模效益，枣农从中收取保底收益加分红。

(二)在规范市场制度方面

1. 规范市场准入制度

当地政府应以建设“高效、便捷的市场准入服务体系”为目标，逐步形成“科学准入，安全退出，互联审批，规范服务”的市场主体登记注册管理制度，为当地冬枣市场营造具有活力、更加开放的环境。

2. 加强品牌战略，规范营销

强化品牌意识，利用合法途径解决假冒伪劣问题，重视注册商标和原产地证明的保护。此外，在销售前，给冬枣添加特色包装，用保鲜膜将品质良好的冬枣包裹，然后用精美的外包装加以修饰，外包装上注册商标、原产地证明、条形码、二维码等一应俱全，包装盒里面还要附有一份详细的冬枣说明书，包括冬枣的特色、食用价值、保健价值、药用价值等。这样不仅可以大大地增加冬枣的附加值，而且还强有力地宣传了沾化冬枣品牌。

(三)在政府工作方面

1. 规范市场价格

政府有必要对冬枣的价格根据其价值及市场等各种综合因素进行重新定位，将冬枣价格稳定在比较合理的区间内，这样既保障了枣农的利益、避免了投机行为，也有利于提高冬枣的质量。

2. 完善农业保险制度

为了更好地保障枣农的利益，防范化解农业生产的风险，政府应加快发展和完善冬枣特色保险制度，强化枣农的风险规避意识，利用具有针对性的保险来补偿枣农由于自然灾害、病虫害、价格波动而造成的损失。

(四)在枣农种植管理方面

枣农应该积极学习关于冬枣种植管理方面的知识，不能局限于生产经验，遇到问题要咨询有丰富管理经验的专家，做到科学管理、及时预防、有效根治，努力提高冬枣品质。

五、结　语

沾化县独特的地理环境和气候条件造就了沾化冬枣的优良品质和口味，经过20多年的发展，沾化冬枣作为一种地域性品牌已成为沾化富民强县的支柱产业。现在，沾化冬枣进入发展的瓶颈期，若不想办法将其解除，此产业将一蹶不振。现在急需为其注入“源头活水”，使冬枣产业经久不衰。本研究立足于沾化冬枣的发展现状，通过为期一年左右的调查研究，探索出当前沾化冬枣遇到的突出问题，并且提出与之相对应的“以枣农提高冬枣质量为主导，政府规范市场为后盾”的解决方案，希望对沾化冬枣的未来发展出谋划策，为家乡的美好未来尽自己的绵薄之力。

参考文献

[1]束怀瑞:《中国果树产业可持续发展战略研究》,《落叶果树》2012 年第 1 期。

[2]曹琳:《基于品牌延伸的地理标志产品可持续发展机制研究》,《云南财经大学学报》2012 年第 1 期。

[3]王蓉珍等:《大枣功效成分检测的研究进展》,《食品工业科技》2012 年第 4 期。

[4]张玉梅:《冬枣价格波动的需求分析及对策研究》,《安徽农业科学》2010 年第 9 期。

[5]郑军等:《沾化县冬枣产业发展现状与对策》,《山东农业科学》2006 年第 2 期。

[6]李晓军等:《沾化冬枣产业现状和发展对策》,《落叶果树》2009 年第 3 期。

[7]郭庆宏、徐康乐:《沾化冬枣产业的发展现状及未来方向》,《烟台果树》2009 年第 3 期。

[8]卞文志:《同是知名农产品　命运为啥不一样》,《经营诊断》2007 年第 5 期。

(指导教师:魏文忠)

城乡女性群体社会养老保险运行比较分析

沈丽杰❶

在中国老龄化进程逐渐加快时，老年人的晚年生活问题如何保障亟待解决。老年群体中的女性相对弱势，国家对她们的关注程度不够，而城市与农村由于经济发展水平等多方面的原因，社会养老保险运行现状存在很大差异。

本文对城市与农村、男性与女性两个变量分别比较分析，探讨城市与农村社保运行差距及社会、企业等外在因素的影响，并关注女性群体在参保时的弱势表现及影响机制，从而提出社会养老保险侧重于农村和女性利益的有效方法。

一、国内外两面分析综述

目前，国内外对社会养老保险的理论研究已渐趋成熟。从研究角度看，许多学者从福利经济学、行为经济学、信息经济学理论等方面分析养老保险运行现状。从研究内容看，主要研究的是中老年人参保意愿、影响参保的因素、养老保险运行困境及对策等方面。

(一)国外视角

日本一桥大学经济学教授 Noriyuki Takayama 分析了中国养老保险的历史背景、经历的发展历程、目前的做法、中国老年人的经济状况以及对中国养老保险现状的发现，其中一个就是性别问题。① 本文将着眼于女性群体进行深入探讨。

(二)国内视角

1. 财政研究

武汉大学社会保障研究中心的刘昌平提出了“彻底分离统账制度，建立国民养老金

❶商学院 2011 级金融学专业。

① 参见 Noriyuki Takayama:《中国养老保险的发展和老年人经济状况》，中国养老保险改革研讨会论文，辽宁大连，2003 年。

与强制性企业年金制度”的结构性改革战略及其边际改革战略,并探索中国社会养老保险城乡统筹之路。①

2. 养老模式研究

中山大学的林道善、石志刚、曾服民分析了广州市养老保险存在的主要矛盾的问题,并在借鉴世界各国社会保险有益经验的基础上,对广州市养老保险的基本模式进行了初步的探讨②,对我们课题的研究有借鉴意义。

以上的论文研究成果在各个领域都很有理论价值,但缺乏与实践的结合,没有大量的数据基础;研究的范围大都是农村养老保险,没有对城市、农村的系统比较;研究对象的广泛性,使得出的结论太过宽泛,尽管如此,还是为本文的研究提供了思路与理论依据。

二、城乡女性群体社会养老保险运行比较分析

本文所采用的数据来源是 2012～2013 年在威海市、烟台市的科研活动中的问卷发放所得。此次在城市和农村社区回收的 656 份问卷,有 398 份是农村群体的,其中男性 130 人,女性 268 人,有 258 份是城市群体的,其中男性 150 人,女性 108 人。现在对城市与农村群体参保状况进行对比,对比情况如下。

(一)参保率——城乡、性别对比

农村相比城市在社会环境上的劣势,女性相比男性在性别上的弱势,使它们的社会养老保险参保中处于劣势,由参保率上的数据差距见微知著(见表 1)。

表 1　　是否参加社会养老保险 * 城乡 * 性别交叉制表

			农村		城市	
			男	女	男	女
是否参保	是	Count	122	233	148	101
		% within 性别	93.8%	86.9%	98.7%	93.5%
	否	Count	8	35	2	7
		% within 性别	6.2%	13.1%	1.3%	6.5%
Total		Count	130	268	150	108
		% within 性别	100.0%	100.0%	100.0%	100.0%

注:数据来源于 2012～2013 年科研实践问卷调查,样本容量为 656。

① 参见刘昌平:《可持续发展的中国城镇基本养老保险制度研究》,中国社会科学出版社 2008 年版。

② 参见林道善、石志刚、曾服民:《广州市养老保险基本模式的探讨》,《中山大学学报》(社会科学版)1997 年第 1 期。

1. 城乡女性群体对比(城乡大环境为变量)

比较城市与农村的女性群体参保大体状况,城市中的女性群体参保比率为93.5%,限于样本的容量,必然存在误差,但也在一定程度上说明了城市中女性的参保率是较高的,而农村中女性的参保率则相对较低,为86.9%。由于城市与农村各方面的差距,农村女性群体的参保率必然低于城市中的女性群体。以下将作具体分析。

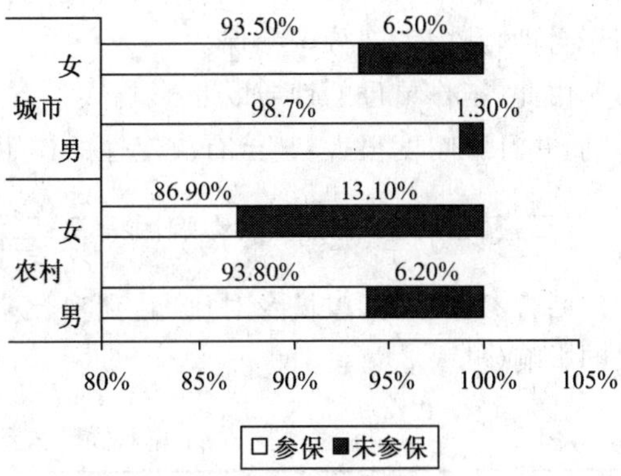

图1 社会养老保险参保率对比

2. 性别对比(性别为变量)

农村中男性参保率93.8%,而女性的参保率则相对较低,为86.9%。城市中男性参保率为98.7%,而女性的参保率为93.5%。无论是农村还是城市,女性的参保率都是低于男性,以下将作具体分析。

(二)社会养老保险参保影响因素一:工作单位的性质——城乡、性别对比

工作单位的性质结合其参保状况,以城乡对比、性别对比来分析工作单位的性质这个因素对其参保的影响(见表2)。

表2 工作单位的性质 * 城乡 * 性别交叉制表

			农村		城市	
			男	女	男	女
工作单位的性质	国家机关单位	% within 性别	33.3%	18.8%	24.0%	22.2%
	国有企业	% within 性别	22.2%	11.7%	40.0%	31.5%
	民营企业	% within 性别	17.5%	18.0%	20.0%	20.4%
	外企	% within 性别	4.2%	2.3%	7.5%	5.6%
	社会团体	% within 性别	1.6%	15.6%	4.0%	7.4%
	个体或其他	% within 性别	21.2%	33.6%	4.5%	13.0%
Total		% within 性别	100.0%	100.0%	100.0%	100.0%

注:数据来源于2012~2013年科研实践问卷调查,样本容量为656。

1. 城乡女性群体对比(城乡大环境为变量)

城市中国有企业和国家机关单位工作的人群所占的比重最大,个体或其他无工作者所占比重较小。而在农村,占最大的比例的就是个体和其他无工作者,这就是农村中未投保的那部分人群的最大来源,其次在国有企业中所占的比例不大。

2. 性别对比(性别为变量)

具体分析男性与女性在工作单位上的差距。在城市,男性在国有企业和国家机关单位工作的人群所占的比重明显大于女性，而不论是城市还是农村，女性未工作的比重都高于男性，其中大部分未参保。

由此，工作单位的性质既是影响人们参保的普遍因素，对女性群体参保也有特定的影响，并且影响度很大，甚至有决定性的作用，但受城乡大环境制约。

(三)社会养老保险参保影响因素二：工作职位——城乡、性别对比

结合参保状况，以城乡对比、性别对比来分析工作职位这个因素对城乡女性群体参保的影响(见表3)。

表3　　工作职位 * 城乡 * 性别交叉制表

			农村		城市	
			男	女	男	女
职业	机关/事业单位干部	% within 性别	27.0%	21.1%	36.0%	24.1%
	教师	% within 性别	6.3%	1.6%	2.7%	11.1%
	科研、技术人员	% within 性别	3.2%	1.6%	18.7%	7.4%
	企业管理人员/厂长经理	% within 性别	6.3%	4.3%	18.7%	18.5%
	工人/服务人员/一般职工、职员	% within 性别	33.4%	29.2%	12.0%	20.4%
	个体工商业者	% within 性别	15.9%	17.2%	4.0%	9.3%
	部队人员	% within 性别	1.5%	0.8%	2.7%	1.9%
	其他	% within 性别	6.4%	24.2%	5.3%	7.4%
Total		% within 性别	100.0%	100.0%	100.0%	100.0%

注：数据来源于2012～2013年科研实践问卷调查，样本容量为656。

1. 城乡女性群体对比(城乡大环境为变量)

城市中机关事业单位干部、企业管理人员所占的比重较大，还有工人群体，一般都享有企业职工社会养老保险，而在农村，占有很大比重的是无工作者，其次国有干部、教师、科研人才等相对较少。

2. 性别对比(性别为变量)

具体分析男性与女性在工作职位上的差距。男性是一般职工和机关事业单位干部所占的比重较大；而女性中，无工作者所占的比重大，远超过男性，并且女性群体中也是一般工人居多，相较于男性，女性教师和科研人员等高学历、高技能人才工作者比较少。

通过分析可知，工作职位是相对应于工作单位对参保起作用的。

(四)社会养老保险参保的主要社会因素——城乡、性别对比

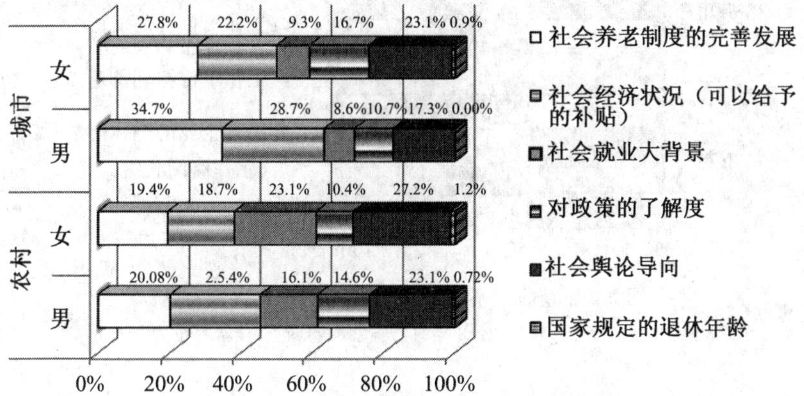

图 2　影响社会养老保险参保率的社会因素对比

注:数据来源于 2012～2013 年科研实践问卷调查,样本容量为 656。

1. 城乡女性群体对比(城乡大环境为变量)

城乡社会因素主要差距在社会就业大背景,它对参保的影响对于农村更显著。

社会因素对参保的影响度大,是影响社会养老保险最根本的方面,但是各种具体社会因素复杂难辨,彼此又相互影响。

2. 性别对比(性别为变量)

女性受社会舆论导向的影响高于男性,这是女性的弱势所致,并且女性中社会就业大背景因素占了一定的比重,女性的就业率普遍较低,因此社会就业大背景对参保的影响对于农村女性更显著。

(五)社会养老保险参保的主要企业因素——城乡、性别对比

1. 城乡女性群体对比(城乡大环境为变量)

不管在城市还是农村,对女性群体来说,工作单位的性质、工作单位的福利待遇都占有很大的比重。此外,民营企业的退休年龄对在民营企业工作的员工来说也是一个影响因素。

企业因素对参保也有很大的影响,是在社会因素的基础上发挥着作用。人们就业时必然考虑企业的性质以及所提供的福利待遇如何,以减轻自己各方面的压力。企业因素对城市与农村女性群体的参保有普遍影响,无特定因素的作用,影响力很大。

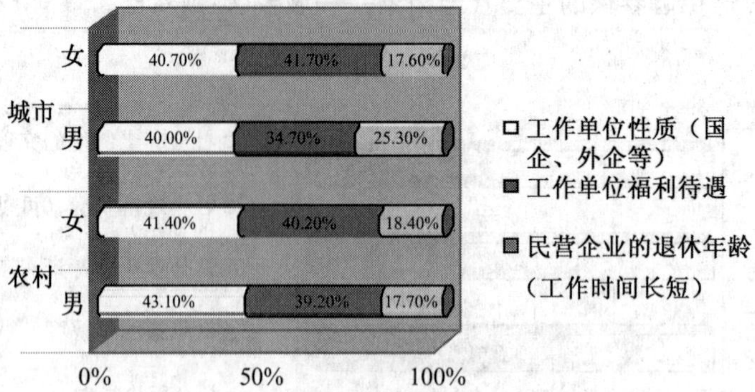

图 3 影响社会养老保险参保率的企业因素对比

注:数据来源于 2012～2013 年科研实践问卷调查,样本容量为 656。

2. 性别对比(性别为变量)

不管对男性还是女性群体来说,工作单位的性质、民营企业退休年龄差别不大,而女性对工作单位的福利待遇要求更高。女性要求有一份更稳定的工作,对待遇的期待比较高。企业因素对男性与女性参保有很大的影响,是在社会因素的基础上发挥作用。

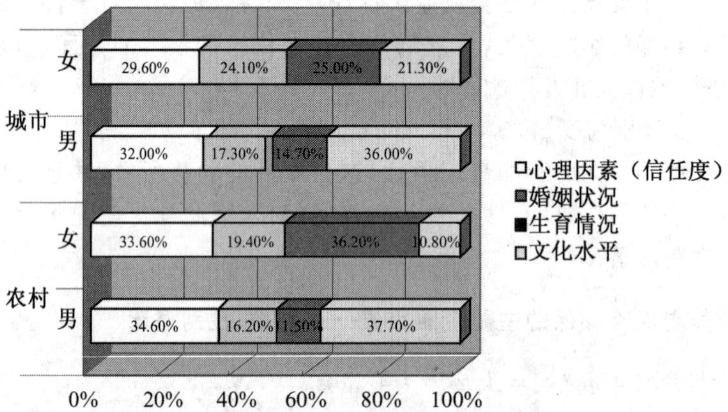

图 4 影响社会养老保险参保率的个人因素对比

注:数据来源于 2012～2013 年科研实践问卷调查,样本容量为 656。

(六)社会养老保险参保的主要个人因素——城乡、性别对比

1. 城乡女性群体对比(城乡大环境为变量)

对城市女性来讲,心理因素(信任度)、婚姻状况、生育情况、文化水平对参保的影响所占比重相差不大。与城市女性不同的是,影响农村女性参保所占比重较大的因素是生育情况。

2. 性别对比(性别为变量)

对男性与女性而言,心理因素的影响差距不大。而婚姻状况和生育状况对女性的影

响较大,对于男性,文化水平的影响反而较大,高学历一般伴随着高收入与稳定的工作岗位。

女性的社会地位、生育情况、心理因素、文化水平的劣势,使她们在参与社会养老保险中比男性困难,而个人因素是城乡、男女群体参保差别的重要影响因素。

三、结　论

(一)性别因素的影响机制

一是由男女在家庭中所扮演的角色的不同导致就业的差异。男性的经济收入是家庭中的主要收入来源,男性可以通过出卖劳动力来获得更多的经济收入。而女性则更多的是关注家庭本身,在婚后,经历了怀孕、哺乳期后,鲜有能够走出家门进入社会工作的。同时农村女性往往受限于社会地位、家庭地位,一旦长期被隔离在劳动力市场之外,就更加不可能获得工作的机会。即使她们暂时摆脱家庭束缚,再进入社会工作,所从事的工作一般都是非正式、无正规合同的低收入工作。

二是由男女在就业时的工资水平不同导致的缴费的差异。在我国,高层岗位的男女比例差异在扩大,女性的职业地位明显低于男性,而职业地位的高低与工资收入水平显著相关,保险金的缴纳的数额又是基于工资水平的,这必然导致两性在保险金上相差较大。

三是由男女不同的退休年龄导致的缴费年限的差异。女性退休年龄早于男性,导致女性在职时缴纳保险金的年限短于男性,如果在职时缴纳年限不足15年,退休后则需要继续缴纳。

(二)城乡环境造成的差距

在城市中,对企业单位员工,基本养老模式是养老保险制度,对政府机关员工、主要事业单位员工,基本养老模式是养老金福利制度,都有最低生活保障。在农村,农民的基本养老模式立足于农民自我保障,结合集体保障、家庭保障、土地保障,但养老模式仍然是以家庭养老为主,子女承担着给予父母养老经济支持的责任,城市居民养老相对则有较大的保障。

四、对策与建议

(一) 削弱养老保险政策与就业的联系,为女性投保提升空间

我国的社会养老保险政策和个人就业紧密联系,女性性别上的劣势和社会地位的弱势使女性在就业率上和职业选择上不如男性,导致女性参与社会养老保险的经济实力也相对较差,不足以负担保险金,同时获得养老保险金比例远低于男性。

性别在社会养老保险上的不公与社会就业之间的差距存在着极为密切的关系,因而

削弱社会养老保险政策与就业之间的联系对于减少社会性别不公平有重大的作用。

(二)消除就业中的性别和职业歧视,为女性就业扫清障碍

由于我国目前的就业市场内存在着性别歧视,女性在就业市场中处于不利地位。

其一,为了获得工作,女性的职业地位常常低于男性;其二,女性更不容易获得晋升的机会,这必然导致女性的工资水平低于男性;其三,不同职业间的性别分布存在着明显的差异,如党政机关、军人、经理人员等职业的男性远远多于女性,而商业服务业人员则聚集了大量的女性,男性从事的职业被纳入社会养老保险范畴中的可能性大于女性从事的职业。

因而,要密切关注女性的就业问题,要从根本上给女性的生活带来保障,让她们能自己负担社会各项支出,不单单依靠社会救济。

(三)政策优惠女性,为女性投保增加机会

基于女性在社会地位上的劣势,就业职位可能遇到的性别歧视以及差别待遇,应适当地对女性参与社会养老保险给予一定的优惠。

制定一系列倾向于女性的社会养老保险政策,使得女性能够与男性一样享受到更加充足的养老经济保障。不是大范围的统一指标优惠,这样容易造成滥用国家资源,应对不同类型的女性分层次地给予不同的优惠。例如,对职位层次高、收入高的女性,参与社会养老保险的优惠不需要太大,也可以不优惠;对就业层次低、收入相对较低的职业女性,稍微降低一定的比例;对体力劳动的收入不稳定的低收入女性,以平均工资标准为参照给予一定比例的优惠;对失业的女性则给予较大的减免,保障其晚年生活。

参考文献

[1] 宋晓梧:《中国社会保障制度改革》,清华大学出版社 2001 年版。

[2] 陈永胜:《河南省农村社会养老保障现状的调查研究——以南阳市某行政村为例》,《河南工业大学学报》(社会科学版)2011 年第 2 期。

[3] 梁春贤、苏永琴:《构建适合我国国情的农村社会养老保险制度》,《经济问题》2004 年第 5 期。

[4] 吴可昊:《我国养老保险制度应考虑性别差异》,《人口与经济》2002 年第 4 期。

[5]张莹、李树茁:《育龄妇女身份的探索研究——基于社会性别公平视角对 DQ 县的调查》,《妇女研究论丛》2007 年第 4 期。

(指导教师:韩巧霞)

高校自习室座位使用实时查询系统

张　蔷[1]　崔学伟[2]　许　超[1]　丛子逸[3]　张鹿琪[1]　孙瑾婕[4]

随着社会的飞速发展，大学生们面临着越来越大的学习与就业压力，越来越多的同学选择在自习室充实自己以获取更多的知识，图书馆自习区由于其方便、舒适、安静等诸多便利条件备受青睐，图书馆座位系统的实现为同学的自习提供了有力保障。然而根据山东大学（威海）的现状，学生人数远远多于图书馆座位数量，平均7个人共享一个座位。在此前提下，教学区的自习室成了同学们的首要选择。然而，由于对自习室实时使用情况不了解，不少同学存在自习室座位寻找困难的问题。

基于以上问题，本次科研立项立足于图书馆座位系统，借鉴与学习宿舍门禁系统，建立自习室座位实时查询系统。此系统优于图书馆座位系统的地方在于通过数据库的建立、网页的设计以及终端的实现使得同学们可以随时随地用手机或是电脑查询到自习室座位的实时使用状况，方便同学们及时有效地了解自习室的使用情况，提高同学们的学习效率，减少不必要的时间浪费。

一、研究意义

首先，由图书馆新系统的顺利运作可知，如果将类似的原理运用到自习室座位系统，将会为高校学生提供方便迅捷的找座服务，有效地提高座位的利用率。

其次，自习室是学生课下学习的重要场所，自习室座位资源的使用是否公平合理对于高校人才培养至关重要，自习室“找座难”问题是高校长期以来一直得不到妥善解决的重要难题，不仅关系到高校师生的利益，而且还是学校管理人员所面对的难题。占座不仅造成了资源的极大浪费，而且还有悖于公共资源的公平使用原则。如何进行自习室的座位管理，使同学们能够在自习之前快速找到自己适合的自习场所，使座位分配达到最优是困扰很多高校的难题，故问题具有可探究性。

再者，本项研究成果适用于各高校自习室。此项系统的实现不仅解决了因信息部及

[1]数学与统计学院2010级统计学专业；[2]数学与统计学院2010级数学与应用数学专业；[3]数学与统计学院2010级数理经济实验班；[4]商学院2011级国际贸易专业。

时,部分自习室闲置而同学却找不到座位的问题,而且提高了同学们的自觉意识,有效地解决了自习室占座问题。

最后,本次科研立项一旦成功,该系统将可以真正投入运行,并切实为高校同学提供全新的找座系统和找座途径,切实提高同学们的自习效率,对高校人才培养起到了至关重要的作用。

二、课题研究成果

(一)客户端及数据库

首先使用 Dreamweaver 动态网页编程语言 ASP 初步设计并建立了座位查询的网页,其次使用 Access 建立数据库,主要存储学校各教室的座位使用,其数据来源于硬件部分。然后建立本地服务器,创建数据库连接以及 ODBC 数据源,最后用 DSN 数据源成功连接数据库。

对于 Android 客户端,我们使用 Eclipse 工具进行设计制作。首先是界面的规划设计与控件绑定,主要部分为按教室、教学楼、楼层查询。其次是数据库建立与连接,我们使用开源的、与操作系统无关的 SQL 数据库——SQLite,它是一款轻量级数据库,它的设计目标是嵌入式的,占用资源非常的低,只需要几百 K 的内存就够了。

1. 成果展示——Android 客户端

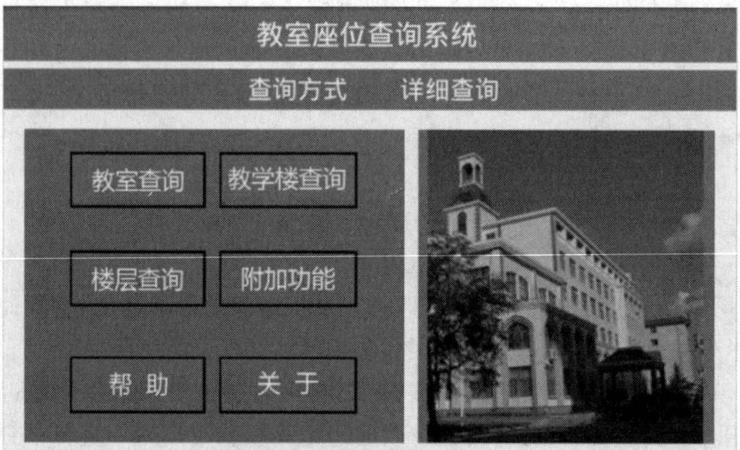

图 1　Android 客户端界面——首页

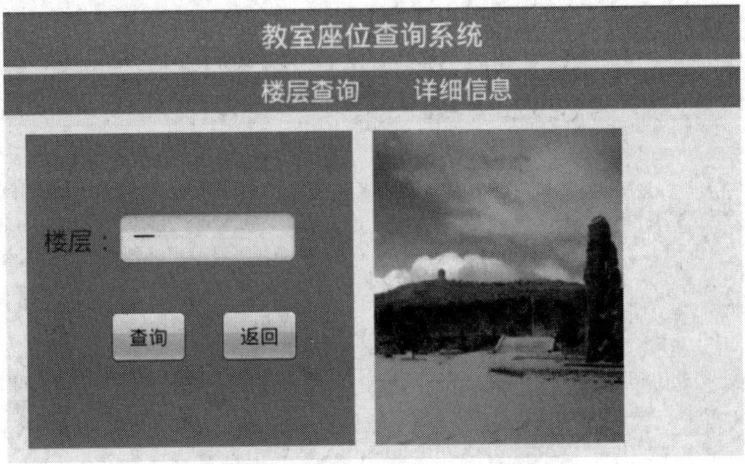

图 2　Android 客户端界面——查询页 1

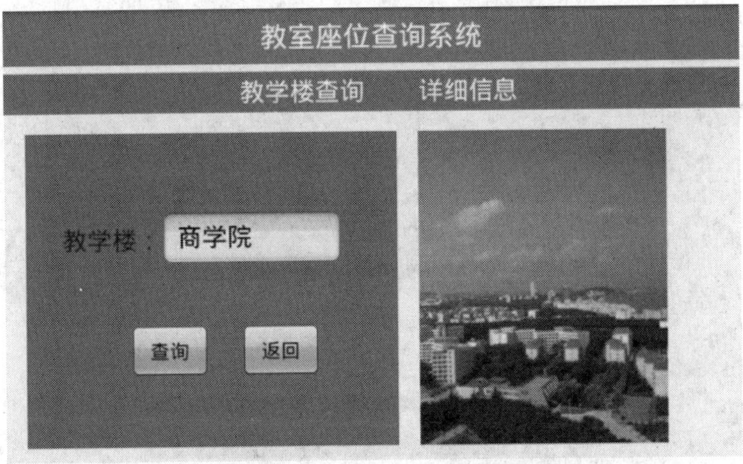

图 3　Android 客户端界面——查询页 2

图 4　Android 客户端界面——关于页

图 5　Android 客户端界面——欢迎页

2. 成果展示——网页及数据库

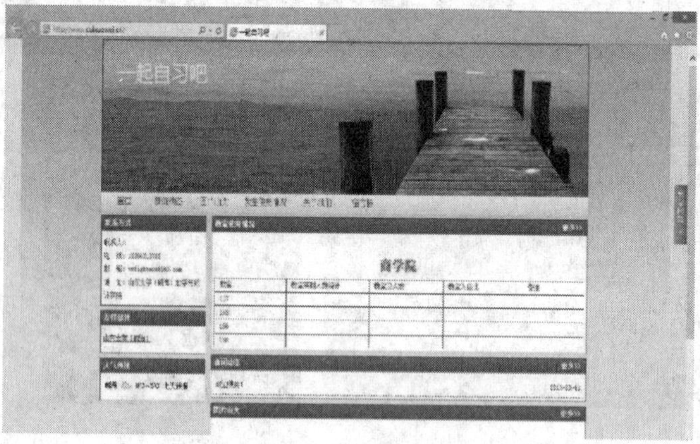

图 6　网页查询界面

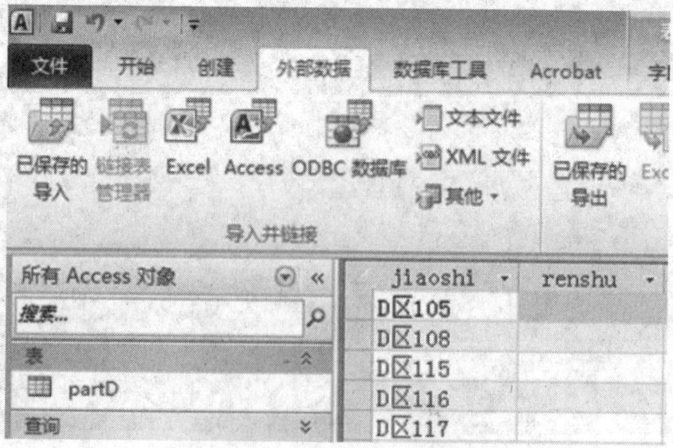

图 7　Access 数据库部分截图

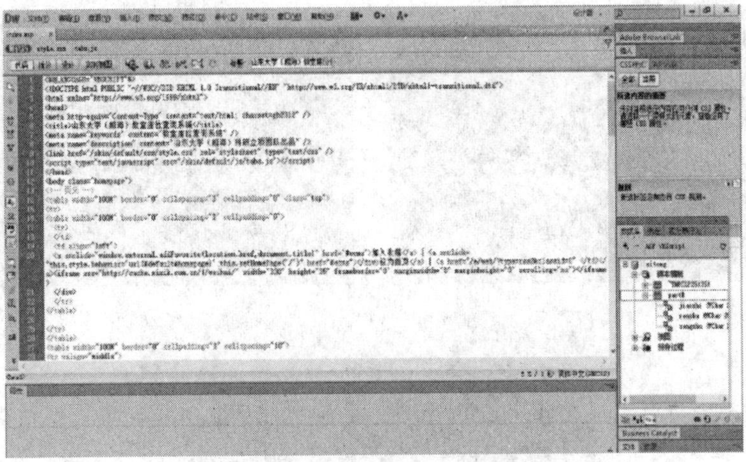

图 8　网页源代码截图

(二)红外感应设备的组装

红外线发射管发射的红外线经由人体遮挡反射,进入红外线接收器,经由电路板中微电脑处理转换成二进制信号由信号线输出接通负载指令。当遮挡物离开时,负载自动关闭,完成一次计数。

红外线感应系统接收的信号经由信号线进入中心微电脑;微电脑我们采用的是内层线路电路板,对红外线感应器产生的二进制信号进行处理,作出+1 或者是−1 的命令,一方面通过外置 USB 信号线将数据实时录入电脑,另一方面可以通过直接外接电子屏实时显示。

中心微电脑处理后的数据显示:对电路板进行外置改装,接入外置 USB 数据信号线和外置 LED 显示屏。

1. 成果展示

(1)主要组成部分为二极管电路板以及信号线组成;分为发射探头与接收探头,红外线发射管发射的红外线经由人体遮挡反射,进入红外线接收器,经由电路板中微电脑处理转换成二进制信号由信号线输出接通负载指令。

(2)红外线感应系统接收的信号经由信号线进入中心微电脑;微电脑我们采用的是内层线路电路板,对红外线感应器产生的二进制信号进行处理,作出+1 或者是−1 的命令,一方面通过外置 USB 信号线将数据实时录入电脑,另一方面可以通过直接外接电子屏实时显示。展示图如下:

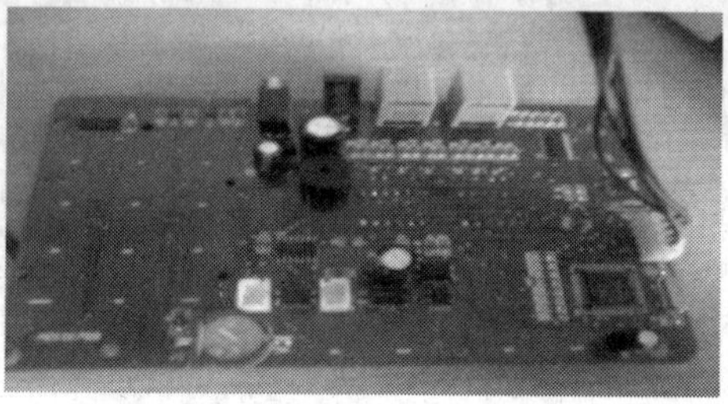

图 9　硬件部分:电路板后侧(改装前)、电子屏、电路板前侧(改装前)

(3)中心微电脑处理后的数据显示:对电路板进行外置改装,接入外置 USB 数据信号线和外置 LED 显示屏,展示如下:

图 10　硬件部分——电路板(改装后)

图 11　硬件部分——USB 数据线

(4)数据接入电脑之后,经由软件转换,生成 Excel 表格或者 Txt 文档,可以直接载入数据库中,从而实现网页展示及适时查询。

(三)现场测试

在完成了软件方面的网页及手机客户端开发以及硬件方面红外感应计数器的重组,以及数据库的搭建工作之后,我们团队于周末中午一点去到数学与统计学院 308 室进行实地试验工作。在开始的时候,由于胶带粘贴固定等问题使得两个红外感应器不能保证在一个水平线上,进而导致当人员进出时计数器不能及时感应出示数的变化。但经过一系列的调整适应,最终我们实现了当有人员进出时,红外感应计数器上能清晰地反映出示数的变化并及时传到网页及客户端上。

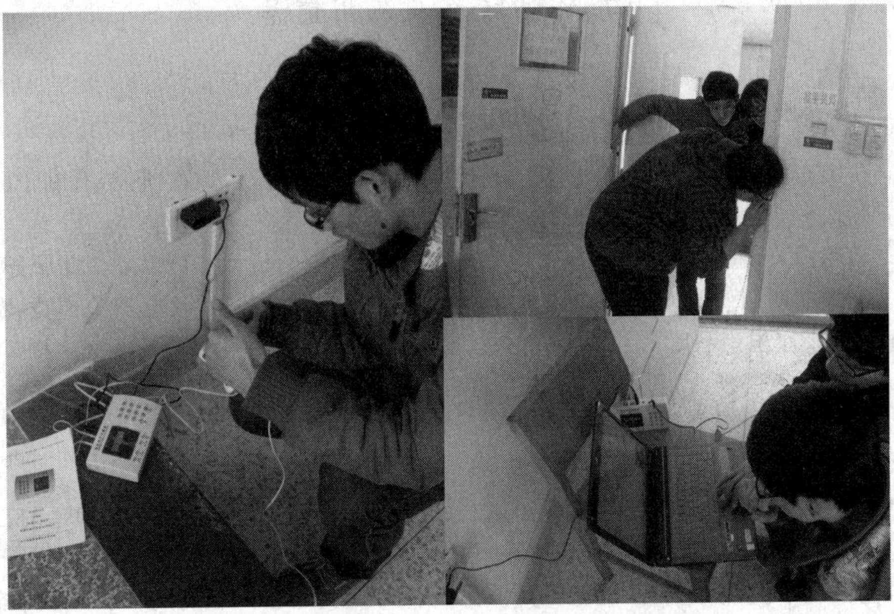

图 12　数学与统计学院 308 测试现场(组图)

三、创新点及技术关键

(一)创新点

1. 在山东大学(威海)自习室座位管理系统使用之初进行此次“挑战杯”,有利于此项系统更好地服务同学。

2. 运用网页设计,能更方便地实现优化,使更多不同的机型都可以享受此服务。

3. 此次前期调研及分析,除采用通常的调查探究方式之外,还建立相关模型,系统性统计座位量及座位饱和度与不饱和度。

4. 本成果方法新颖,利用终端原理,将自习室座位系统上升到一个崭新的领域。

(二)此系统的关键及技术指标

1. 终端以及网页制作、数据库设计与维护。

2. 利用 SPSS 等专业统计软件处理数据,建立数据处理的数学模型及数据库,即系统将依据模型,处理用户输入的数据。

3. 进行软件封面设计,即对软件功能、软件界面进行设计。

4. 编写相应程序,开发软件,对软件进行调试与反馈,最终将系统投入使用。

四、作品特色及应用前景

(一)作品技术特点及优势

1. 在山东大学威海分校自习室座位管理系统使用之初进行此次研究,有利于此项系统更好地服务同学。

2. 运用网页设计,能更方便地实现优化,使更多不同的机型都可以享受此服务。

3. 此次前期调研及分析,除采用通常的调查探究方式之外,还建立相关模型,系统性统计座位量及座位饱和度。

4. 本成果方法新颖,利用终端原理,将自习室座位系统上升到一个崭新的领域。

(二)适用范围及推广前景

由图书馆新系统的顺利运作,可知,如果将类似却又具有本研究团队特色的自习室座位系统运用起来,将会为高校学生提供方便、迅捷的找座服务,在尽可能的情况下节省更多的座位。本次科研立项一旦成功,该系统将可以真正投入运行,并切实为高校同学提供全新的找座系统和找座途径,切实提高学生的自习效率,扩展学生的自习时间,对高校人才培养起到至关重要的作用。

参考文献

[1]兰建军、潘凤红:《阅览室图书馆座位信息管理系统》,《科技信息》2007 年第 34 期。

[2]吕作坤:《图书馆学生占座行为剖析》,《长春大学学报》2000 年第 5 期。

[3]王芳、谢军红:《基于计算机系统的图书馆自习室座位管理探索剖析》,《科技信息》2009 年第 23 期。

[4]萨师煊、王珊:《数据库系统概论》(第 4 版),高等教育出版社 2006 年版。

[5]魏善沛:《Web 数据库编程与应用》,清华大学出版社 2008 年版。

[6]陈学平:《动态数据库网页设计与制作》,电子工业出版社 2007 年版。

[7]温子祺等:《51 单片机 C 语言创新教程》,北京航空航天大学出版社 2011 年版。

(指导教师:谢军红　曹祝楼)

利率市场化背景下对银行净利差的实证分析

——以威海市银行业为例

王　欢[1]

中国人民银行行长周小川在 2012 年年初曾明确表示，进一步推进利率市场化改革的条件已经具备，贷款利率改革可先行一步，存款方面可通过促进替代性负债产品发展及扩大利率浮动区间等方式推进。而人民银行随后在 2012 年 6 月 7 日和 7 月 5 日连续两次下调人民币存贷款基准利率并扩大浮动范围，将金融机构存款利率浮动区间的上限调整为基准利率的 1.1 倍，将金融机构贷款利率浮动区间的下限先后调整为基准利率的 0.8 倍和 0.7 倍。这两项政策的实施无疑又是我国利率市场化改革进程中迈出的实质性一步。

我国学者对于我国利率市场化改革的研究已经涉及多个方面，在较为具体的改革路线上，制定了“先外币，后本币；先贷款，后存款；先农村，后城市；先提高幅度，后放开”的原则性方案；在对银行的影响研究上，也从利差收窄等方面作了详细的分析。当前研究中，对全国层面的政策影响进行分析，可以从总体上把握政策实施的效果以及系统风险的总体程度，但利率市场化改革“需要在划定范围、提供激励、加强自律的思路下”①前进，详细研究某一具体区域的情况，有利于为总体的宏观政策的实施，提供更加可靠的微观基础，使得政策更具有针对性和灵活性，最终在对风险情况有准确把握的基础上，更好地实现改革目标。

本文立足于利率市场化改革的最新进程，以山东省威海市的银行业为研究样本，利用 2009～2012 年的季度面板数据，横向研究各类银行净利差的差异情况，以判断其应对政策冲击的基础能力；纵向研究 2012 年年中两次改革措施的微观效果，并结合宏观经济因素，对政策的最佳实施时机提出建议。

---

[1] 商学院 2012 级西方经济学专业。

① 周小川：《关于推进利率市场化改革的若干思考》，《西部金融》2011 年第 2 期。

一、研究设计

本文主要通过建立计量经济学模型的实证方法,来研究利率市场化改革政策对银行盈利性的影响。

(一)基本思路

我国不同规模和类型的银行,在盈利性方面存在着固有的差异,比如国有大型商业银行依靠其自身的众多网点与规模优势,可以广泛地吸收存款,并依赖与大型国有企业的良好关系,稳妥地向这些优质客户提供贷款,使其在盈利性方面存在较大优势。在盈利性方面的这种差异,可以反映不同种类的银行,在基准利差缩小之后承受冲击的能力。因此对这些差异进行细致精确的横向对比有助于深入理解银行业的经营状况。此外,我国利率市场化的改革在最近 4 年(2009～2012 年)之中,只有在 2012 年中期加强了改革的力度,因此针对文章第一部分提到的 2012 年的这两次改革,通过设置政策虚拟变量研究其政策效果有着客观的可行性。

(二)样本选取及数据来源

本文根据威海市 2009～2012 年的银行业季度数据进行分析。表 1 展示了威海市的银行分类及具体构成,本文同样使用了这种分类方法。

本次实证研究的银行数据主要来源于中国人民银行威海市中心支行、中国银行业监督管理委员会威海监督分局以及对威海市各银行的调研。鉴于从 2009 年起,我国的宏观经济从金融危机的低谷逐渐恢复并趋于稳定,这使得本次实证分析较少地受到宏观经济周期波动的影响;并且在这段期间内,威海市的银行种类趋于丰富,因此,本文采用 2009～2012 年四大类银行的季度面板数据进行分析,其他范围的数据不再考虑。

表 1 威海市银行业分类表

一、中资全国性大型银行	二、中资全国性中小型银行
中国工商银行 中国农业银行 中国银行 中国建设银行 中国交通银行 中国邮政储蓄银行	中信银行 招商银行 浦发银行 民生银行 威海市商业银行
三、农村合作金融机构	四、村镇银行
农村信用合作社 农村商业银行	乳山天骄村镇银行 荣成汇丰村镇银行

内容来源:根据中国人民银行金融统计制度规定"自 2010 起,取消国有商业银行、股份制商业银行的金融机构分组方法,新增加汇总机构'中资全国性大型银行'和'中资全国性中小型银行'"的内容分类。

由于利率期限结构存在差别，利率调整的影响具有持续性。在本文的观测期内，6 月份政策的影响期为 2012 年第三季度和第四季度，7 月份的影响期为 2012 年第四季度。由于政策效果的作用期在本次实证观测期内最多只有半年的时间，因此本次观测的政策效果为短期影响。

(三)模型指标的选取与计量模型的构建

衡量银行存贷款利差的指标有多种，其中最常用的是净利差[①](NIM，Net Interest Margin)，本文同样采用这一指标。

大多数理论认为影响净利差的因素有多种，包括市场竞争结构、平均运营成本、风险厌恶程度、贷款比率、交易规模、隐含利息支付、准备金的机会成本、管理效率以及资产规模等，由于本文旨在研究政策的影响，而非探讨净利差的决定因素，因此本文的净利差模型采用简化的形式。表 2 对模型中的各个变量进行了说明：

表 2　　净利差决定模型变量列表与解释

类型	名称	说明	预测
被解释变量	净利差(NIM)	净利息收入与总资产的比值	
解释变量	存款规模(sav)	存款余额与总资产的比值	−
	贷款规模(len)	贷款余额占总资产的比重	+
	行业地位(siz)	各类银行总资产占全行业总资产的比重	+
虚拟变量	d_1	为 2012 年 6 月 7 日的利率政策虚拟变量，其取值在 2012 年第三、四季度为 1，其余时期为 0	−
	d_2	为 2012 年 7 月 5 日的利率政策虚拟变量，其取值在 2012 年第四季度为 1，其余时期为 0	−
个体差异项	u	此个体差异不受时间影响，仅随个体变化	

模型的具体形式为：

$$\mathrm{nim}_{it}=\alpha_i+\beta_1\mathrm{sav}_{it}+\beta_2\mathrm{len}_{it}+\beta_3\mathrm{siz}_{it}+\beta_4 d_1+\beta_5 d_2+u_i+\varepsilon_{it}$$

其中，ε 为随机扰动项；$i=1,2,3,4$，1 代表中资全国性大型银行，2 代表中资全国性中小型银行，3 代表农村合作金融机构，4 代表村镇银行；当 $i=1,2,3$ 时，$t=1,2,\cdots,16$；由于村镇银行从 2010 年第三季度开始经营，因此，当 $i=4$ 时，$t=7,8,\cdots,16$。

二、模型的估计与分析

(一)模型的估计与系数的含义

本文首先利用固定效应模型和随机效应模型对面板数据进行估计，并对两个模型的分析结果进行豪斯曼检验，检验的最终结果支持固定效应模型。其次，本文也采用了 LS-

① 净利差公式：净利差＝净利息收入/银行总资产。

DV(最小二乘虚拟变量)方法对面板数据进行估计,其中的个体差异项都通过了显著性检验,而这里的个体差异项就是判断四类银行净利差差异的重要指标。[①] 综上所述,对模型的估计采用固定效应模型和 LSDV 方法[②],根据 STATA 分析结果进行整理后的数据见表 3。

表 3　　银行净利差决定模型的估计结果

变量名称	固定效应(组内估计量)		LSDV(最小二乘虚拟变量)估计	
	系数估计值	*P* 值(T 检验)	系数估计值	*P* 值(T 检验)
sav	−0.0314	0.0027	−0.0314	0.0030
len	0.0135	0.0003	0.0135	0.0003
siz	−0.0755	0.0339	−0.0755	0.0366
bk_2			−0.0273	0.0215
bk_3			−0.0198	0.0540
bk_4			−0.0361	0.0462
d_1	0.0010	0.5495	0.0010	0.5605
d_2	−0.0010	0.1041	−0.0010	0.1108
cons	0.0454	0.0098	0.0646	0.0163

在 LSDV 估计中,bk_1 为大型银行的个体虚拟变量,bk_2 为中小型银行的个体虚拟变量,bk_3 为农村合作金融机构的个体虚拟变量,bk_4 为村镇银行的个体虚拟变量。为了避免虚拟变量陷阱问题,bk_1 被省略,其个体差异值定为 0,剩余三个变量的个体差异值为相对于 bk_1(=0)的调整值,这反映了四类银行的净利差的差异。

接下来对模型的估计结果进行解释与分析:

1. 存款占总资产的比重 sav 的系数显著为负,贷款占总资产的比重 len 的系数显著为正,这与实际中存贷款余额对净利差影响的方向是一致的。但存款比重系数的绝对值要远大于贷款比重系数的绝对值,这就说明了存款对银行净利差的影响要大于贷款带来的影响,进一步证实了利率市场化改革中“先贷款,后存款”原则的正确性。

2. 行业地位指标 siz 的系数显著为负,表示伴随着某类银行总资产占全行业总资产比重的增大,该类银行的净利差是逐渐降低的。这个指标的估计值出现了反直觉的特点,而且这一结果与大部分的研究并不一致。在 2012 年,中资全国性中小型银行与村镇银行的行业比重是逐渐上升的,但这两类银行的净利差是下降的,尤其是中资全国性中小型银行的规模一直处于快速扩张的状态,并且对于某一家特定银行来说,其网点数量在快速增设。从总量上来讲,规模的扩张的确可以增加总的盈利数量,但代表其盈利能

① 虽然通过其他方法(比如配对 T 检验)也可以计算不同类别银行的净利差差异,但通过面板数据模型估计出的个体差异值是通过净利差决定模型得到的,其作为截距项的一部分,更能说明除模型解释变量之外的银行自有因素对净利差的影响。

② 本文要求模型计算系数估计值的聚类标准差,以判断标准差的真实水平。

力的净利差却受到了不良影响。这一点反映了威海市的中小银行和地方性的金融机构在发展壮大过程中存在的问题:过度追求绝对数量的增长,而相对忽略了服务水平和综合盈利能力的提高。中资全国性大型银行的扩张速度低于其他三类,在这一过程中,大银行更加注重维护优质客户的关系,不断提高服务水平和质量,在巩固自身净利差优势的基础上努力将其进一步扩大。

3. 对代表四类银行净利差的个体差异项(bk_1~bk_4)进行由大到小的排序:大型银行(bk_1)、农村合作金融机构(bk_3)、中小型银行(bk_2)和村镇银行(bk_4)。此外,这四类银行的规模排序与名称的序号排序相同,见图 1。

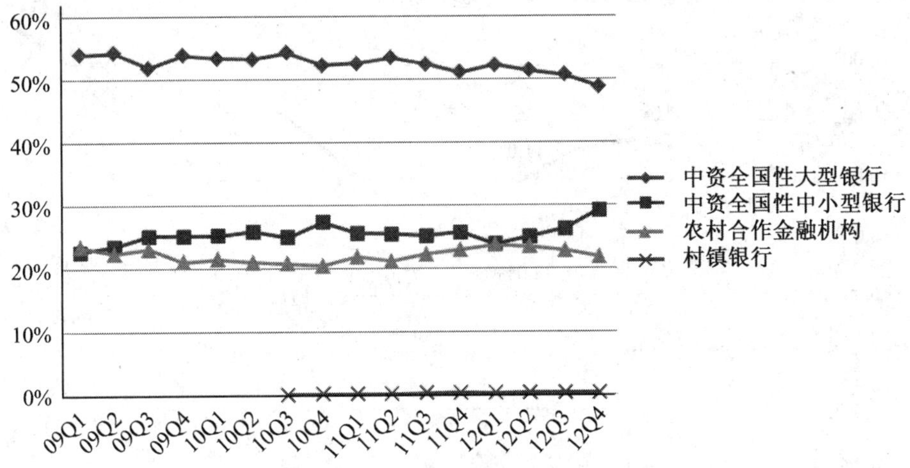

图 1 威海市四类银行总资产行业比重变化图

从图 1 可以看出,后三类银行的净利差排序与其规模排序并不一致,并非规模越大的金融企业盈利能力越强,在规模扩张的同时,能否发挥自身的优势提高综合服务水平,使得自身的净利差不至于被压缩到较小的状态,是决定金融机构能否承受基准利差缩小所带来的政策冲击的重要因素。

4. 对于政策虚拟变量 d_1 和 d_2 的系数估计值,在 95%的显著性水平上无法通过检验,意味着在这个显著性程度上政策的效果并不明显。但仍需注意的一点是固定效应和 LSDV 对 d_2 系数的估计结果的显著性接近 90%的水平,虽然估计的系数为−0.001(即 10 个基点的负面影响),但是这个负面影响应该被认为是真实存在的。

接下来针对政策效果并不十分显著以及表现出一定程度的负效应两个方面进行分析。

(二)利率市场化改革政策的效果分析

针对政策虚拟变量的估计结果并不十分显著这一问题,需要综合宏观经济因素和政策的持续性两方面加以解释。当然,银行在这一过程中的主动性调整也是无法忽视的重要原因。

在此，本文利用季度 GDP 同比增长率①来考察宏观经济水平，利用月度 CPI 同比变化率来表示通货膨胀水平，利用一年期 SHIBOR 月度均值代表货币市场利率水平(见图 2 和图 3)，从我国利率市场化改革措施实施的历史来看，缩减基准利差的措施通常选择在通胀率低的时期进行，而本文所考察的这两次改革措施，也正是 CPI 持续下降并稳定在 2%左右的时期，对比威海的 CPI 情况，同样也处于下降趋势之中。在 2012 年第四季度，威海的 GDP 同比增长率迅速上升，CPI 保持在低位水平，并且 SHIBOR 也持续保持走低的态势，这种宏观经济条件无疑是经济上升周期来临的表现，此阶段银行的贷款需求持续上升，并且贷款利率保持在基准利率之上，使得银行的盈利水平处于上升状态，使其应对利率政策影响的能力也得到一定程度的保证。

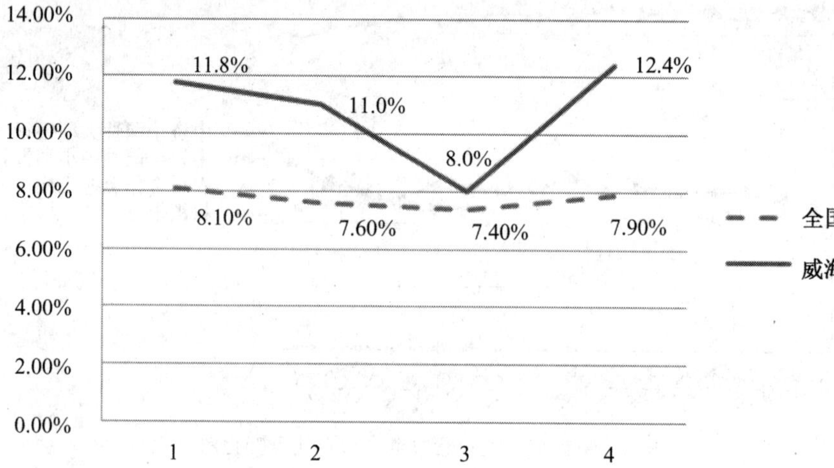

图 2　2012 年各季度全国 GDP 和威海 GDP 同比增长情况

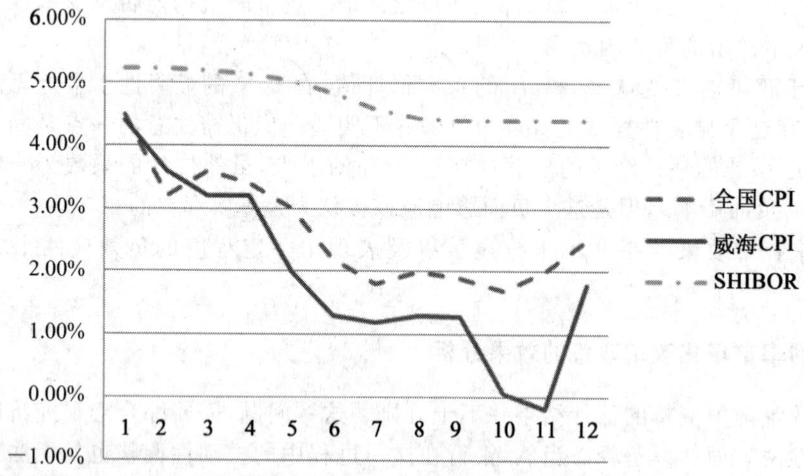

图 3　2012 年各月全国 CPI 和威海 CPI 同比增长情况

① 利用同比增长率，在分析中可以避免季节因素的影响。

再从政策的持续性角度来讲，虽然自2009年以来，中国人民银行实施的7次利率政策中的前5次都没有改变基准利差，但是却对中长期存贷款利率进行了调整，使得中长期存贷款利差一直处于缩小的状态(见表4)，这种长期渐进而又连续不断的改革方式，不仅使得改革给经济带来的被动冲击减少，而且也使得银行逐渐适应了利差逐渐缩小的政策环境。同时，银行也在努力提高中间业务收入的比重，同时积极开发中小企业客户，使得盈利的来源更加多样化。这样的政策持续性，使得银行更有能力来应对政策带来的不良影响。

表4　　五次利率政策规定的中长期存贷款利差

期限	2010/10/19	2010/12/25	2011/02/08	2011/04/05	2011/07/06
一年至三年(含)	2.35	2.30	2.20	2.25	2.25
三年至五年(含)	2.11	2.07	1.95	1.90	1.90
五年以上	1.94	1.85	1.60	1.55	1.55

数据来源：根据中国人民银行网站公布的利率政策数据计算得出。

针对政策冲击的负面作用，仍然需要结合宏观经济背景来理解。2012年第四季度，威海市的GDP同比增速高于全国水平，同时CPI同比变化率低于全国水平，据此可以说，威海市的宏观经济条件优于全国的整体状况。在较优越的经济条件下，在威海市银行业主动应对利率政策冲击的行动下，政策的负面影响仍然出现了，这与在较短的时间间隔内，货币当局连续两次颁布缩小基准利差的利率政策有很大关系。通过对比表4中五次利率政策实施的时间可以发现，任意两次政策实施的时间至少间隔两个月，而最近两次的间隔时间却缩短为1个月，由此说明密集实施的政策合力，对处于优越经济环境中的威海市银行业造成了难以避免的冲击。

三、结　论

综合以上的分析，我们可以得到以下结论：第一，依据四类银行的净利差的类别差异估计系数，可以对四类银行承受政策冲击的基础能力水平进行由强到弱的排序：大型银行、农村合作金融机构、中小型银行与村镇银行。四大类银行中，中小型银行的规模比重上升明显，但净利差处于低位，其承受政策冲击的能力值得关注。第二，2012年中期实施的利率市场化改革政策，短期内并没有对威海市银行业的净利差造成明显的影响，这得益于政策实施过程中面临的低通货膨胀率和稳速增长的宏观经济形势。与此同时，银行业主动调整并改善客户结构，提高服务水平也抵御了一部分政策冲击的不良影响。第三，由于两项改革政策几乎同时实施，仍然对银行业的净利差造成一定的负面作用。

参考文献

[1]陈宗胜、董飞跃、任重:《利率市场化条件下的商业银行利差:2000～2008》,《学习与探索》2009 年第 6 期。

[2]巴曙松:《利率市场化会对银行业的市场结构形成显著影响——基于美、日等国的国际比较与借鉴》,《江淮论坛》2012 年第 4 期。

[3]于成东:《利率市场化条件下我国商业银行发展面临的问题及解决措施》,《理论学刊》2011 年第 7 期。

[4]王丽英、沈庆劼、王会强:《利率市场化进程中我国中小银行的经营策略选择》,《商业经济与管理》2012 年第 8 期。

[5]张雪飞:《利率市场化研究综述》,《生产力研究》2012 年第 6 期。

[6]李冀申:《存贷款利差结构变化对利率市场化改革的启示》,《上海金融》2011 年第 7 期。

(指导教师:郭建强)

公交站台外观对城市形象的影响探析

——以青烟威地区为例

侯燕泥[❶]

城市公共交通是城市基础设施建设的重要组成部分。随着城市经济的快速发展和城市版图的不断扩大，公共交通在城市发展运行中的作用越来越重要。

一、公交站台外观形象的特点

公交站台外观形象有以下特点：

（一）信息传播效果好

一个城市的细节往往体现出城市的风貌，而作为城市道路景观的重要构成元素的公交站台，不仅有交通标志作用，而且还有一定的景观作用。公交站台以其独有的特点，在信息的宣传和传播方面具有得天独厚的优势。不论是商业广告还是城市宣传，公交站台都能达到传播面广、传播时间长以及传播成本低等效果。因此，如果公交站台设置得新颖合理，既能方便市民乘车出行，又能吸引过客目光，达到有效传播信息的效果。

（二）存在时间长

作为城市基础设施的一部分，公交站台的翻新与维护工程难度较大，费用相对较高，重建工作又常常会给城市交通和居民出行带来不便，因此城市的公交站台具有一定的稳定性，一般情况下使用寿命可达10～20年。

（三）视觉冲击力强

港湾式公交站台一般建于道路旁或交通要道的交叉口，占地面积较大，突出醒目。又因为载有城市地图和公交车行车路线，因此相比于其他公共设施，公交站台更能吸引公众的关注。

---

❶商学院2010级会计学专业。

(四)城市发展的反映、缩影与名片

公交站台外观形象的构成要素除了站台的体量、颜色(包括灯光)、结构和总体风格外,还包括其所处城市的文化背景。以苏州为例:苏州的公交车站台是以中国古典门廊式为主,有镂空的雕花纹饰,这与苏州的园林文化有着很大的联系。因此,无论是站台宣传板上搭载的商业广告还是城市的宣传片,都是这个城市风格缩影的体现。通过公交站台的外观形象,我们可以看出隐藏在站台后的这个城市的经济发展状况、居民文明程度以及更深层次的人文风貌。

综合公交站台外观形象的以上特点,我们深切地感受到公共交通是城市发展的脉搏和基础,而公交站台更是在城市发展中扮演着重要的角色。它不仅关乎城市居民的日常生活,更是一个城市的名片。一套优良的交通站点设计不仅能够便利城市居民生活,加快城市建设步伐,更有利于宣传城市文化风貌,美化城市形象,提升城市品质。

二、城市形象的定义及其作用

(一)城市形象的定义

学者蒲实对城市形象的定义为:"城市形象是城市整体化的精神与风貌,是城市全方位、全局性的形象,包括城市的整体风格与面貌,城市居民的整体价值观、精神面貌、文化水平等。"[①]进行城市形象设计,可以将城市整体的精神与风貌等特质予以提炼、升华,塑造独特的城市文化形象,充分发挥城市功能,从根本上改变目前城市建设雷同化、一般化的倾向,推动城市全面发展,创建名牌城市。

(二)良好城市形象的作用

良好的城市形象有助于增强城市竞争力。通过加速发展城市基础设施建设,不断提高城市居民的文化修养和道德水平,对城市形象资源进行个性化的发掘与培育,不断加强塑造良好的城市形象 可以提升城市发展的基础竞争力环境竞争力。全面提升城市竞争力,改善投资软、硬环境,可以进一步吸引城市投资增长,以促进城市经济的发展。

城市形象的开发与塑造可以促进发展城市第三产业。具有良好的城市景观形象资源、人文历史形象资源,是促进城市特色旅游业、会展业等第三产业发展的重要基础。并且具有独特个性的良好的城市形象将成为城市旅游行业、会展业的核心竞争力。

三、公交站台外观与城市形象建设的关系

近年来,随着城市化进程的加快,城市经济日益发展,人员往来不断增多,流动人口也大幅膨胀,城市公交是城市外来人口使用最普遍的交通方式,是对外宣传城市形象的

① 蒲实:《城市形象设计的战略意义》,2003年1月10日《人民日报》。

重要平台。外来人口通过使用城市公交系统，能在最短时间内感知城市形象。美观大方、新颖独特的公交站台外观设计能使城市居民和外来游客感受到来自城市的建设者和管理者细心的关怀，从而树立该城市与众不同的城市形象和城市魅力。

(一)公交站台外观与城市视觉形象

城市的形象，已经不再是仅仅停留在做好传统意义上的整洁市容、绿化建设上了；也不是就靠一两个广告、一两次公益活动就能树立起来的了。大而言之，城市的政治、经济、文化，小而言之，城市的交通、住房、水电供应，每一个细小的环节都与城市形象息息相关。良好的公交车站外观设计对于营造城市外部空间环境的美感具有极大的作用。一个独具地方特色的与众不同的公交站台外观设计，会于细微之处给人以震撼的美感，会给初来城市的人留下深刻的印象，能够彰显独特的城市形象和城市文化。城市公交站台外观构成城市视觉形象的一部分。

城市的公交站台外观可以为城市形象起到标志作用，使人们在潜意识里对"公交站台外观"与"城市形象"之间形成一种认知转换，使公交站台的外观与当地城市面貌进行直观有效的对应。例如，苏州仿古设计的公交站台使用大量青石堆砌，是江南水乡的古典粉墙黛瓦的造型风格，人们从公交站台外观的古典园林造型，就会意识到自己身处在古典园林城市苏州，从这座城市的细节之处体会到苏州浓郁的古典艺术气息。城市公交站台外观与城市形象之间的关系越来越密切，城市形象往往随着城市公交系统的发展而得到提升。公交站台不仅是城市内部交通的重要组成部分，而且还是城市形象的塑造和城市品牌的树立值得倚重的平台。

(二)公交站台外观与城市文化内涵

城市公交站台外观的设计与城市文化内涵息息相关。城市公交站台外观的设计风格、设计灵感的来源深受当地区域文化的影响，并且，只有其设计特征符合当地的环境特点，适应当地居民的文化习惯，这种设计才是成功的。例如，足球风靡之国巴西有一段公交站台外观以足球球门为设计原型，保留了金属球门和球网，加上座椅、垃圾桶等组件，构成了极具足球特色的公交站台，反映了巴西深入人心的深厚的足球文化底蕴。这种风格鲜明的公交站台在足球普及的巴西丝毫不突兀，但若在其他地区，则不一定合适。

四、公交站台的外观对城市形象的正面影响

公交站台作为城市基础设施的一部分，一个美观的公交站台外观无疑会给城市的形象增色添彩。具体来说，公交站台的外观对城市形象的正面影响主要体现在审美价值以及文化价值两方面。

(一)公交站台的外观的审美价值

公交站台的审美价值主要体现在造型美、材质美和色彩美三个方面。一个合适美观的公交站台，一定是造型、材质和色彩的完美统一，即造型上的实用美观、材质上的选料

合适、颜色上的赏心悦目。以候车厅为例,候车亭的设计应考虑到物理学的作用原理,并结合人体结构尺寸,使候车亭不仅起到良好的遮挡作用,而且能够符合人体的适应性,比如人的视觉范围、对光线的适应能力和对颜色的区分能力,使人们感觉舒适、心情愉悦,充分做到“以人为本”,人与自然的和谐统一。

1. 造型方面

半圆形的曲面给人大气自然的感觉;伞的造型让人无论是在骄阳似火的夏天还是阴雨绵绵的雨天都能有一种温馨的感觉;而大拱形的造型,使人感受到气势恢宏的体验,适合于大型商场或者广场前的公交站台;活泼的弧形设计又能够给整个城市带来生命力和活力。

2. 材质方面

木质材料具有历史厚重感和浓重的文化气息,但是在抗弯能力以及抗击风吹日晒方面稍显逊色;而传统的混凝土材料抗弯性能差,并且难以体现站台的美观以及城市的特色;在现代站台的材质选用上,相比于木材和混凝土,不锈钢逐渐取代两者成为站台宏观结构材质的首选。

3. 色彩方面

灰黑色令人感觉沉闷,却更易与周围建筑相融合;红色或黄色颜色热烈跳跃,恰能体现出城市的活力和热情;而白色和蓝色能将城市的整洁与文明体现得更加完美,明丽素净的色彩无形之中也能令人神清气爽,心情舒畅。

(二)公交站台外观的文化价值

一个成功的城市站台设计常常会超越其本身的使用价值,而成为这个城市的宣传名片。站台作为与外来者交流的第一平台,已经被赋予了一种文化的背景和韵味。不管是什么样的城市,都有着自己的文化建设,而公交站台是最能够也是最直接传输城市文化的有效媒介。因此,公交站台,尤其体现在其外在形象为城市带来的文化价值不可忽视。

这种文化价值常常体现在以下三个方面:

1. 商业文化

公交站台的商业文化较大程度体现在站台上登载的商业广告,公交站台以其独特的优势,越来越多地成为商家欢迎和青睐的广告媒介。公交站台所登载的商业广告常常伴随着这个城市经济发展的脚步而变化,在一定程度上体现了这个城市的经济发展水平和商业氛围。

2. 公益文化

除了商业广告,越来越多的公益广告出现在公交站台的宣传板上。它们除了传播公益精神和文化以外,更以一种无声的形式诉说着这个城市柔软的人文情怀。当一幅幅充满爱与希望的画面绽放在大街小巷,这个城市的人文素养也在悄悄生根发芽并逐渐成长、扩大、成熟,最终融化在每一个市民的血液中,成为这个城市最闪耀的“标志物”。

3. 区域文化

代表城市文化底蕴的公交站台进一步放大,还是地域性特色的鲜明体现。哈尔滨市是一个具有异国风情特色的城市,受到西方文化尤其是俄罗斯建筑风格的影响较深。在哈尔滨市内给人们留下深刻印象的是其随处可见的欧式建筑。从识别的独特性、表达城市的特点以及管护、候车、导向等多个功能考虑，哈尔滨的公交站台大多以欧式风格为主。

五、青烟威地区公交站台外观设计样例

青烟威地区具有很强的地域特色。提起青烟威地区，大海、沙滩、啤酒节都是它鲜明的特色。我们认为身为美丽的海滨地区，青烟威地区一定要在公交站台外观设计上有艺术美感，有对城市特色形象的反映。

根据我们的问卷调查，被调查者对设计风格的选择如图 1 所示。显而易见，对于简约清晰的要求是最主要的，再设计的过程也必须注意把简约清晰作为首要目标，这样不仅节省重建的费用，而且还能满足民众的需求。

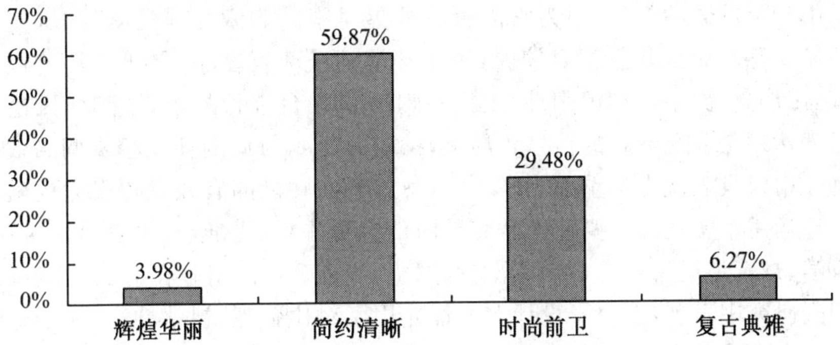

图 1　被调查者对公交站台外观设计风格的选择百分比图

我们设计了两款公交站台外观模型，着重从造型和色彩两方面突破，为青烟威地区设计适合的公交站台外观模型。

(一)造型方面

随着人们生活质量和文化水平的不断提高，人们对物质的审美要求也逐步提高。公共设施的独特造型不但可以满足人们的物质和精神层面的需求，而且还能体现出城市的文化特点，从而提高城市的文明形象。公交候车设施可以通过将造型中的最基本元素进行排列组合，设计出不同风格的候车形态。点、线、面是最基本要素。其中点是最简洁的形态元素，它可以表明或强调位置，形成视觉的焦点。而线的不同形态表现着不同的性格特点，例如，直线表达严肃、刚直与坚定的感觉；水平线给人以平和、安静与舒缓的感觉；斜线表达兴奋、迅速的感觉；曲线则表现优美、柔和与轻盈。线的运用不当会造成视觉环境紊乱，给人矫揉造作的感觉。点、线、面基本要素之间通过分离、覆盖、穿插、接触、联合、渐变、叠加、转化等组合变化，展现出丰富多彩的视觉效果，使得候车亭在造型设计方面更富有个性化、人性化的表现，给人以美感，同时也满足了人们的审美需求。

这种个性化的表现恰好适应了现代人追求新鲜、个性的审美特点，也是对人心理的关怀。青烟威地区由于地处海滨，又与韩国、日本等国家地理位置接近，人员交流频繁，现代风格的公交站台外观在造型上则力求简洁大方，有助于提升城市形象。所以，青烟威地区公交站台的外观设计可以在基本的元素上多选用线的形式来表现公交站台外观的现代感。

(二)色彩方面

对于公交候车设施的色彩设计是人性化设计不得不考虑的重要因素。因为色彩能直观地展示出候车亭造型的个性与特点，而人性化的设施色彩应该赋予候车设施生气与活力。公交候车设施的色彩往往能反映出一座城市的地域、文化、宗教及风俗习惯。如何让色彩既统一于整体色调，又能积极发挥自身色彩的对比效应，使色彩搭配与造型、质感等外在的形式要素相协调等一系列问题都是值得设计师考量的。

我们认为针对青烟威地区公交站台外观的色彩设计，应该优先考虑蓝色为主色。蓝色是视觉中较为舒适的颜色，因为它能吸收外界对眼睛刺激性强的紫外线，使人产生心旷神怡的愉悦感。而且蓝色相对较深，对于环境的破坏程度小，易于保洁。在通常情况下，色彩会比形象、文字更具识别性，因此在对公交站台进行外观设计时，无论是在候车亭的色彩表达还是公交站牌的信息布局上，都要考虑到与周围环境相协调的效果。色彩是导向符号中极具表现力的重要元素之一，站牌导向功能的有效发挥很大程度上是依靠色彩的合理运用来实现的。要使得公交导向信息更醒目、更准确、更迅速地传达给乘客，就必须科学、规范地运用色彩，从而充分发挥色彩的重要作用。在对国外城市公交候车设施的调查研究中发现，在色彩设计上大都采用了对比强烈、视认性高、易于记忆的色彩搭配。另外在站牌色彩的应用上，也应根据城市的自然环境和人文环境来选择色彩。

图 2　海蓝主调公交站台外观设计

我们设计的两款公交站台外观设计，一款(见图 2、图 3)是以海蓝色为主色调，以几何图形为主要表达形式，富有时尚前卫气息的造型。设计灵感来自大海，将大海的蓝色、大海涌动不息的积极向上的精神表达在设计中。设计者希望在青烟威旅游景点区域以及海边区域使用这种站台。站台冲击力强的主色调和张扬的外形将会给广大游客留下深刻的印象，能够树立青烟威充满活力、朝气蓬勃的城市精神，凸显青烟威地区海滨城市的特征。另一款(见图 4)以红白两色为基调，圆角设计较为内敛含蓄，体现祥和的城市景象，红白两种颜色结合使用，彰显卫生城市的整洁市容。设计者认为可以在广大城区使用这种造型的公交站台，这种造型与城市其他建筑和整个城市环境相融合，协调性较好。

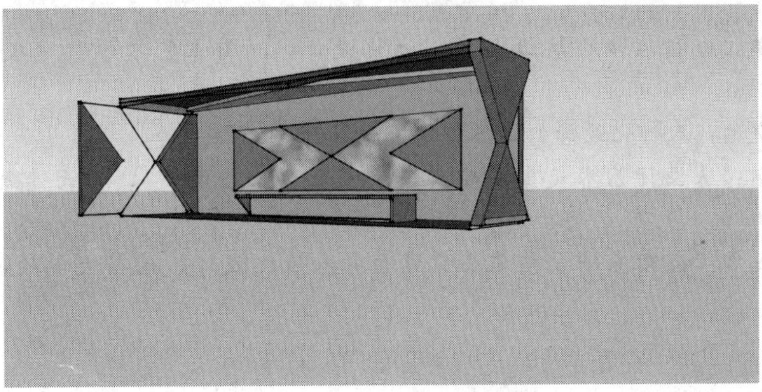

图 3　海蓝主调公交站台外观设计

图 4　红白基色的公交站台外观设计

六、结　语

本文探讨了公交站台外观设计与城市形象之间的本质联系和相互作用，分析了公交站台外观对城市形象的正面影响。城市公共设施之公交站台作为地域形象最基本的物质平台，其视觉印象直接影响着城市整体空间的规划品质，体现着城市的文化个性和品位。作为人与环境的交流媒介，其设计理念与形态特征中蕴含着城市的区域文化与人文精神。

参考文献

[1] 曹漩:《浅析城市公共设施的人性化设计》,《山东艺术学院学报》2008 年第 3 期。

[2] 何晓佑:《人性化设计》,江苏美术出版社 2001 年版。

[3] 白舸:《从设计艺术美出发谈武汉城市公交站点设计》,《山西建筑》2012 年第 12 期。

[4] 徐雯君:《公交基础设施之公交站台的人性化设计》,南昌大学硕士学位论文,2010 年。

(指导教师:左　峰)

在威海高校区建立第三方外卖服务平台的市场条件调查报告

王　博[1]

随着社会经济的发展和生活节奏加快，外卖服务越来越受到人们的青睐，在大学校园中，由于年轻群体需求多元化的凸显，外卖服务也掀起了热潮。但是由于信息沟通不畅，宣传不到位等原因，高校外卖发展中存在诸多问题。为了了解威海市高校区外卖服务的发展现状，笔者所在调研团队走访了山东大学(威海)和哈尔滨工业大学(威海)两所高校及其周边餐饮单位，通过发放问卷和实地调研的方式，广泛收集数据，详细记录采访内容，深入分析了高校区周边外卖服务存在的问题，并创造性地提出了建立第三方外卖服务平台的构想。

本次调研活动共向大学生发放调查问卷500份，回收问卷482份，有效问卷463份，有效回收率为92.6%。问卷调查对象为在校大学生，山大学生约占样本总量的59%，哈工大学生约占样本总量的41%。问卷发放的过程力求调查对象在不同性别、年级及学院中的平衡分布。

一、大学生外卖市场调查分析

(一)大学生外卖需求状况分析

1. 当前实际需求

调查显示，29%的大学生订过外卖，其中哈工大(威海)的外卖订购率为35.3%，山大(威海)学生外卖订购率为24.5%。说明外卖服务在两大高校的大学生中存在市场需求，且在两所高校中需求量存在一定差异，但目前总体需求量并不大。

---

[1] 商学院2011级金融学专业。

表 1　被访者在校期间是否订过外卖 * 被访者所在学校交叉制表

			被访者所在学校		合计
			山大(威海)	哈工大(威海)	
被访者在校期间是否订过外卖	是	计数	67	67	134
		被访者在校期间是否订过外卖的百分比	50.0%	50.0%	100.0%
		被访者所在学校的百分比	24.5%	35.3%	28.9%
	否	计数	206	123	329
		被访者在校期间是否订过外卖的百分比	62.6%	37.4%	100.0%
		被访者所在学校的百分比	75.5%	64.7%	71.1%
合计		计数	273	190	463
		被访者在校期间是否订过外卖的百分比	59.0%	41.0%	100.0%
		被访者所在学校的百分比	100.0%	100.0%	100.0%

2. 未来潜在需求

调查中近 62%的大学生欢迎外卖服务并希望有体验机会,说明餐饮外卖在高校区具有潜在的消费市场,该市场目前并未得到充分挖掘。

3. 大学生外卖订餐需求产生原因

当前在校大学生选择外卖订餐最主要原因是“不想外出,懒得走动”,人数占 83%,此外,61%的大学生由于厌倦食堂饭菜而选择外卖服务,42%的大学生由于食堂拥挤而选择外卖,因天气原因叫外卖的人数占 33%,希望通过外卖改善生活的占 31%,由于学习或工作忙而无暇就餐或错过就餐时间的占 26%。

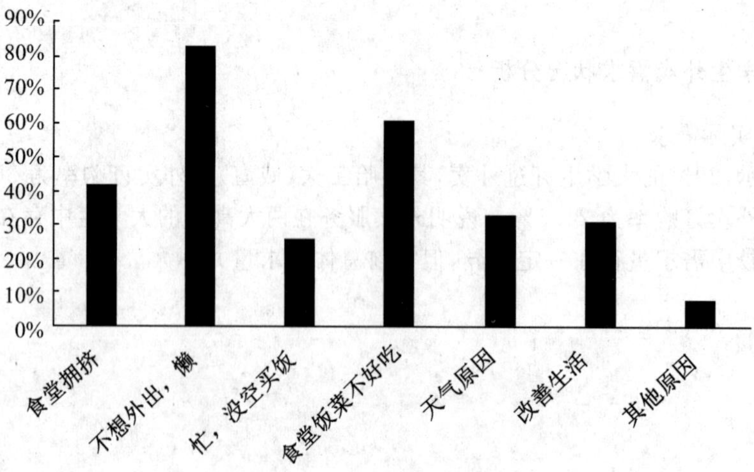

图 1　大学生外卖需求产生原因

(二)外卖供给情况分析

1. 当前实际供给

在调研团队走访的35家餐饮单位中,提供外卖服务的商家共有13家,约占37%。普通餐厅每日送餐量在10～20份之间,蛋糕点心类店家每日外送量在10份左右。在各类餐饮店中,外卖收入在总收入中所占份额较低,且往往是临时性的,外卖客户不固定。

2. 未来潜在供给

在没有开展外卖业务的22家餐厅中,有11家餐厅表示考虑过开展此项业务,但由于各种原因最终没有实施。在店家对第三方外卖平台的态度的调查中,有16家餐厅表示,如果第三方平台收费合理可以考虑进行合作,这一比例接近46%。

(三)现有外卖服务情况及阻碍因素分析

1. 大学生外卖服务信息了解程度

山大(威海)和哈工大(威海)校园周边餐饮单位分布十分密集,外卖供给商家较多,然而大学生对于外卖服务并不十分了解,知道外卖数量在三家以上的学生仅占23%,大多数学生了解的外卖不超过三家。此外,学生获得外卖信息的主要渠道是同学推荐或偶然得知,商家对外卖服务的宣传很少。大学生与店家之间缺乏有效的信息沟通是阻碍外卖发展的重要因素。

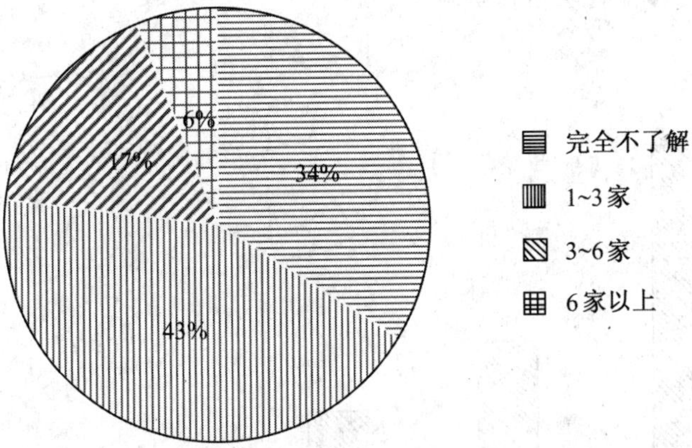

图2 大学生对外卖服务信息了解程度

2. 外卖订餐方式

现有订餐方式与大学生所期望的形式存在一定距离,现有订餐方式及大学生期望的方式分布如图3所示。在以电话订餐为主的情况下,消费者如果不清楚餐厅订餐电话就可能放弃消费。订餐方式落后,无法适应年轻群体是当前外卖服务发展缓慢的重要原因之一,选择合适的订餐方式将对外卖行业的发展产生巨大的影响。

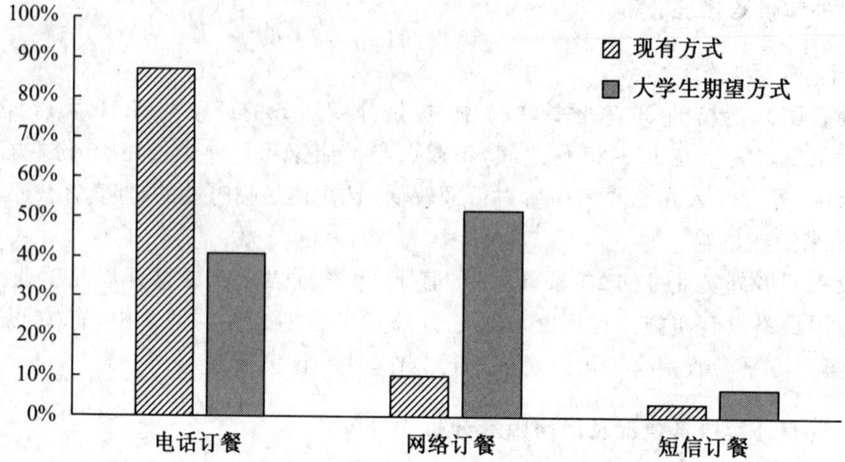

图3 大学生订餐方式调查情况

3. 大学生对于外卖食物种类的选择

大学生在外卖订餐时选择的食物种类多样,购买过西式外卖的学生人数占60%,购买过中式快餐的人数占33%左右,日韩快餐约占24%,蛋糕点心类占11%,小吃、烧烤类食品只有少数人购买,占3%,其中西式快餐在两大高校区是外卖中的主力军,中式快餐极具发展潜力,而日韩快餐所占比重较小。

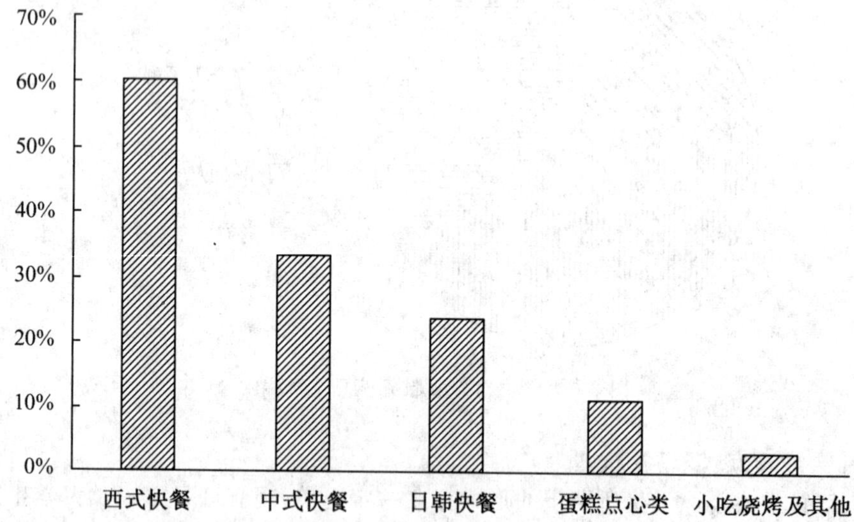

图4 大学生对外卖食物种类的选择情况

调查发现,日韩餐厅往往规模小、店员少,缺乏送餐人员是导致店家放弃外卖的直接因素。此外,外卖送餐会严重影响中餐炒菜的口感,难以使顾客达到最满意的程度,不仅不能为餐馆带来更多顾客,反而会影响餐馆形象,不利于餐馆的发展。

4. 外卖服务时间调查

大学生订购外卖的时间主要集中在周末中午,少量学生在工作日的午餐时间叫外卖,而此时正是各餐馆客流量的高峰期,餐馆往往忙于接待店内就餐的顾客,无暇顾及外卖服务。时间上的冲突也是店家放弃开拓外卖业务的原因之一。

5. 外卖送餐服务费调查

在外卖送餐中,53%的学生支付的送餐费在3~6元之间,35%的学生享受到的是免费送餐服务,送餐费在3元以下的约占5%,费用在6元以上的约占7%。

6. 大学生对现有外卖服务的意见

调查显示,外卖价格较贵和送餐速度慢是现有外卖服务中存在的最大问题,对这两项提出意见的大学生分别占72%和69%。此外,认为食物味道不好的占32%,认为饭菜不卫生的占17%,送餐人员的服务态度是消费者最为满意的方面。

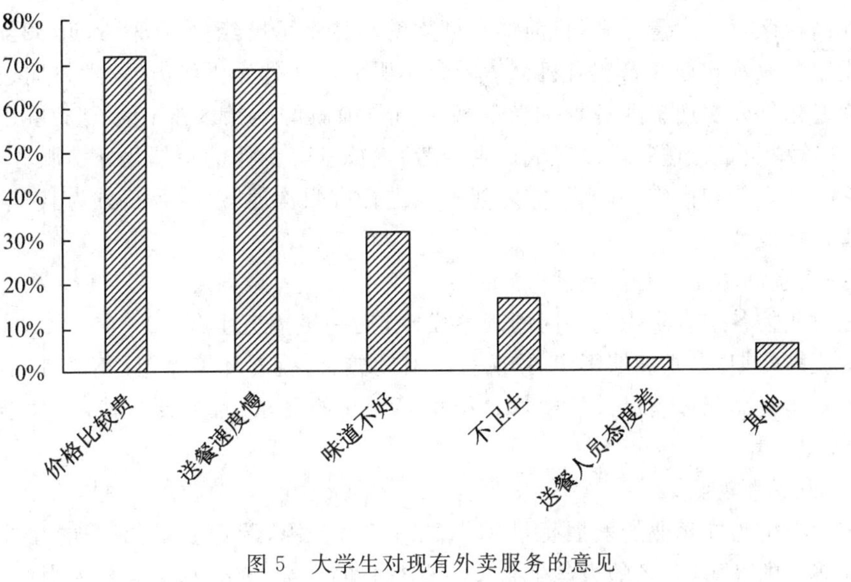

图5 大学生对现有外卖服务的意见

二、构建第三方外卖服务平台的可行性分析

第三方外卖服务平台以山大(威海)、哈工大(威海)为依托,通过为在校大学生提供外卖服务信息,帮助商家送餐,为大学生和商家建立起有效的沟通渠道,从而使两大高校周边的外卖服务迅速发展起来。

(一)什么是第三方外卖服务平台

结合上述分析,调研团队为解决当前外卖市场存在的问题,提出了在威海市高校区建立第三方外卖服务平台的构想,与高校周边餐饮单位合作,专门为在校大学生及学校周边居民提供送餐服务。平台的主要任务是在商家与消费者之间建立桥梁,向学生及居民提供餐馆外卖服务的相关信息,并按照餐馆要求将外卖送至订餐者手中。平台运营的宗旨在于帮助小型商家开拓外卖业务,降低送餐成本,同时为消费者提供方便、快捷的外卖服务,丰富大学生的饮食结构,方便大学生的学习生活。

(二)对外卖平台进行SWOT分析

SWOT分析方法是一种根据企业自身的既定内在条件进行分析,找出企业的优势、劣势及核心竞争力之所在的企业战略分析方法。其中战略内部因素("能够做的"):S代表strength(优势),W代表weakness(弱势);外部因素("可能做的"):O代表opportunity(机会),T代表threat(威胁)。下面我们将结合调研数据及校区周边实际情况对第三方外卖服务平台进行SWOT分析。

1. 优势(strengths)

(1)外卖服务平台经营内容符合市场需求

建立第三方外卖服务平台符合现实需求是该构想最大的优势。从外卖需求方看,外卖服务在高校区存在大量需求,目前外卖订购的总体水平已经接近30%,近62%的大学生对外卖服务表示欢迎并希望有机会体验外卖服务。从外卖供给方看,学校周边大量餐馆希望通过拓展外卖送餐业务增加营业额。而目前威海高校区没有专门从事送餐业务的企业,餐饮单位自行送餐难以形成像麦当劳、肯德基等专业的一体化外卖服务,对外卖服务缺乏有效宣传和推广,外卖供需之间不能进行有效沟通,急需第三方为其搭建平台,促进外卖行业发展。

(2)外卖食品本身具有优越性

通过对我校各个食堂为期一周的观察发现,周一至周五上午12:05～12:20是各食堂的客流高峰期,食堂拥堵不堪,排队打饭时间较长,就餐环境差,且各窗口菜色单一,相比之下外卖食品能够满足大学生饮食结构多元化的需求,且方便快捷,为大学生的学习、工作提供保障。

(3)人力成本较低

在校大学生为外卖业的发展提供了丰富的人力资源,调查显示,32%的在校大学生有过课外兼职的经历,53%的大学生希望能有兼职的机会,充分利用高校人力资源优势,既满足了外卖市场对于劳动力的需求,同时也有利于丰富大学生兼职经历,做到真正的互利共惠。

(4)便利的信息平台

外卖服务平台可以充分利用现有的社交网络进行宣传和推广,通过建立人人主页发布外卖信息,宣传成本低,效果好,通过留言或聊天的方式进行订餐服务,充分利用移动网络终端,效率更高。

2. 弱势(weaknesses)

(1)食物运送难度大

中餐及日、韩快餐则以炒菜为主,食物汤水较多,在运送途中难免会因颠簸等原因破坏食物形态,影响美观,食物的温度及运送时间的长短都会影响食物的口感,这些可能会影响消费者对平台的总体评价。

(2)运营成本高

建立统一的外卖服务平台就必须实现统一的管理,为了能为消费者提供优质的服务,平台应使用统一的快餐盒,为送餐人员配备统一的服装及交通工具等,前期投入巨大,运营成本较高。

3. 机会(opportunities)

(1)区位优势

山东大学(威海)和哈工大(威海)距离较近,在校学生众多,学校附近多居民小区及餐馆饭店。人口密集、传统的餐饮服务发达及便利的交通运输条件为该区域外卖的发展提供了广阔的前景。

(2)大学生易于接受新鲜事物

随着大学生学习生活节奏加快,大学生对食物的追求更加注重方便快捷,外卖服务既能节约消费者的时间,又能为消费者提供营养可口的食物,同时做到物美价廉,必将很快为大学生所接受。

(3)商业联盟受到商家欢迎

如今越来越多的中小型商家希望在同行业与其他商家结成商业联盟,既节约成本,又能扩大知名度,有利于进一步拓宽经营范围,增加收入。学校周边的餐饮单位大多规模较小,发展空间不足,开展外卖服务是餐厅开拓市场业务的好机会,外卖平台将众多小餐馆联合起来,为其提供充足的人力资源和统一有效的宣传,是各小型餐饮单位发展的新契机。

(4)存在合作者

第三方外卖服务平台的搭建可以充分利用威海现有的一些信息平台。威海宝惠一卡通、惠品生活等现已联合了威海众多中小型餐饮单位,形成了小规模的商业联盟。在外卖平台的初级阶段可以与惠品生活等商家合作,利用其已有的网络平台发布信息,并将网络信息平台进一步拓展为订餐平台。通过合作的方式能够降低外卖平台人力、物力成本,有利于其早期发展。

4. 威胁(threats)

(1)来自食堂的竞争压力

学校食堂虽然存在缺点,但饭菜价位较低,对于大学生来说更加经济实惠,易于接受。外卖服务价格相对较高,要更多的学生接受可能还需要一个较长的过程,在此期间,平台的盈利可能很少。

(2)同类竞争者的威胁

目前,网络营销已经逐步兴起,类似于外卖平台的网络服务将会对该项目造成一定的冲击,对外卖服务平台未来的发展是一个挑战,这就需要外卖服务不断创新,提高服务质量,在消费者中形成良好的口碑,将平台做大做强。

(3)目标客户群体局限

目前外卖服务主要针对的是在校大学生及周边居民,未来要将平台进一步做大做强,必须不断向外开拓市场,而威海市属于三线城市,两所学校附近的企业较少,尤其缺乏大型企业,目标客户群体局限,扩展市场的难度较大。

表 2 建立第三方平台的SWOT矩阵

内部能力 / 外部因素	优势(strengths)	劣势(weaknesses)
	1. 外卖服务平台经营内容符合市场需求 2. 外卖食品本身具有优越性 3. 人力成本较低 4. 便利的信息平台	1. 食物运送难度大 2. 运营成本高
机会(opportunities)	SO	WO
1. 区位优势 2. 大学生易于接受新鲜事物 3. 商业联盟受到商家的欢迎 4. 存在合作者	1. 充分利用区位优势,首先在大学生中打开市场 2. 加大对于外卖服务平台的宣传力度,与合作者互惠互利,交换彼此的优势资源	1. 利用便利得到交通,提高送餐能力 2. 与商家进行协商,降低成本 3. 争取合作者的资金支持
风险(threats)	ST	WT
1. 来自食堂的竞争压力 2. 同类竞争者的威胁 3. 目标客户群体局限	1. 突出特色服务与比较优势,主打健康、营养、美味的宣传语 2. 提升自身服务水平,建立良好的口碑	1. 以优质的服务打开市场 2. 尽量降低成本,兼顾服务质量,使外卖服务深入校园 3. 在具有一定规模的情况下联合更多商家加盟,开拓市场

三、小　结

根据实地调研获得的数据清楚地了解了威海高校区外卖服务市场的发展现状,在此基础上进行SWOT分析进一步揭示了在威海市高校区建立第三方外卖服务平台所存在的内部能力及外部因素的组合情况。这四种组合情况及相应的策略的提出,说明在威海高校区建立第三方外卖服务平台并非不切实际,而是具有可行性的。

外卖服务行业在我校尚属新兴行业,但是在我国其他省市的高校区已经形成了一定的规模,其外卖模式对我们有着重要的借鉴意义,应通过采取相应的措施,加强信息平台的建设力度,加大宣传力度,以优质的服务改变人们的传统观念,增加其知名度和信任度,在具有一定规模的情况下联合更多商家加盟,进一步扩大其影响力,抓住现在产业模式下的缺口,将外卖信息服务平台做大做强。

参考文献

[1]王圣果:《运用信息技术促进中国餐饮业发展》,《江苏商论》2006年第9期。
[2]唐文龙:《餐饮业:如何打造外卖模式》,《销售与市场》(管理版)2010年第11期。

[3]李青:《GrubHub.com免费的外卖网络平台》,《互联网天地》2011年第7期。

[4]赵晓鸿:《餐饮企业基于电子商务模式的连锁经营管理探索》,《江苏商论》2006年第7期。

[5]余波:《餐饮业涉足电子商务展望》,《经济论坛》2004年第1期。

（指导教师:李　燕）

文学艺术

TOEFL 的学术性特点对 HSK 发展的启示

孔亚鲁❶

"语言考试的学术性"是指一项语言考试是否从考试意图上侧重于考察受试对该门外语在现实学术环境中的运用。TOEFL 和 HSK(五级或六级)都具有证明留学生语言能力的效力,但是 TOEFL 却明显具有"语言考试的学术性",而 HSK 却定位为通用汉语测试。笔者将通过对比 TOEFL 和 HSK,考量加强"汉语标准化考试学术性"是否适合 HSK 的发展现状。本文首先将分析 TOEFL 具有"语言考试学术性"的原因,再对比 HSK,从而考量 HSK 在未来是否有必要增加"汉语标准化考试的学术性"。

一、TOEFL 与 HSK 在研发、目的、实施和反拨作用方面的对比

(一)考试研发机构之间的市场竞争

考试研发机构之间的市场竞争是 TOEFL 加强考试"学术针对性"的根本动因。TOEFL 的开发机构 ETS 全称 Educational Text Service,是全球最大的私人非盈利考试评估机构。虽然它属于非盈利考试评估机构,但是它的整个运营实质是商业化的,因此 ETS 仍然需要参与市场竞争,比如其最广为人知的考试产品 TOEFL 需要和 IELTS 竞争。而获得大量高等院校的认可就等于获得更庞大的考试群体和更多的盈利。因此,将 TOEFL 的测试内容学术化主要是迎合了高等院校的需求,从而能使其占有更大的市场。

然而,HSK 的研发主要是由我国教育部组织,依托于北京语言大学进行研发,其出发点并非是为了迎合高校的需求从而促使考试参加者数量增加。"新 HSK 延续原有 HSK 一般(或通用)汉语能力考试的定位,面向成人汉语学习者。其成绩可以满足多元需求。"①新 HSK 的市场定位比较宽泛,没有一个重点的偏向,并且 HSK 任何一方面的效用都没有其他的同类考试与其进行市场竞争。

---

❶翻译学院 2011 级英语专业。

① 《HSK·项目介绍·考试用途》,2013 年 2 月 15 日,http://www.hanban.edu.cn/tests/node_7486.htm.

(二)教育方式以及文化环境对学生适应能力的特定要求

1. 对学术能力的要求

英、美等国的高校,从本科阶段开始对学术能力就有明确的要求。自20世纪80年代以来,美国对本科教育实行了一系列改革,并制定了"改进本科生教学方法的七条原则",其中很明确地提出了要鼓励本科生用写作、讨论等方式对所学内容进行反思。美国教育的主体是学生而不是老师,因此在这种情况下,留学生拥有基本的学术能力才能更好地适应这种"主动学习"的教学方式和教学环境。

但是,中国的大学在本科阶段依然是以传统的老师讲课的形式为主,与学生的互动比较少,并没有形成学生自主反思、学生与老师、学生与学生讨论的学习方法,因此中国的大学对学生的学术能力并未提出很明确的要求,并且就不同的学校而言,教学过程中与学生互动的程度也是有差异的,因此,就国内整体教育环境而言,对HSK向学术性方向发展并没有提出迫切的要求。

2. 对环境适应能力的要求

除了适应教育方式的变化,留学生还需要适应文化环境的转变。作为学生,首先需要适应学校内的交流。TOEFL的听力部分涉及校园日常生活场景,学生对这部分听力的掌握程度,在一定程度上就可以反映出该学生是否能有能力适应校园生活。

而在HSK的五级和六级当中,并没有出现明显具有校园环境背景的材料。但是如果考试能够证明留学生能很好地适应新的学习环境,那么就能更全面地反映出学生的能力,有利于学校的招生,学生也能在考试的"反拨"作用下,对适应留学生活有所准备。

(三)考试实施状况

2012年,仅在中国参加TOEFL的就达到了20万人左右,由于中文学习难度较大、中文教育普及程度较低、中文走向世界的历史较短等因素的作用,而同年在海外参加新HSK考试的总人数仅为170511人。

但是,统计数据显示,2012年在海外参加HSK考试的人数相比于2010年几乎翻了两番,增长的速率较快。另外,2012年在华留学生总数在30万人左右。

相比于托福,HSK对来华留学的学生汉语水平的认证采取的是分级的方式:获得HSK三级以上者,可以进入中国高等院校理、工、农、西医类院系学习相关专业课程;而获得HSK六级以上者,可以进入中国高等院校文、史、中医类院系学习相关专业课程。虽然HSK的考试规模还远远小于参加TOEFL的人数,但是,HSK采取的分级制度可以在心理上鼓励汉语学习者,即不用通过最难的汉语考试也能到中国留学,从而起到鼓励汉语学习和扩大学生交流的目的。

但是,这也并不能否定增加"考试的学术性"的必要性,毕竟考试的首要目的还是用来测试受试者是否能在特定语言环境中顺畅地使用一门语言。随着国内大学的不断开放、来华留学的需求不断增大、汉语学习者水平提高等因素的作用,高校将需要更能代表学生在学术环境中对汉语的运用能力的测试,以能够和"通用汉语考试"对学生的汉语能力要求加以区分。

(四)考试的反拨作用

改革后的新 TOEFL 对英语运用能力的考察更加全面,各项被考察的技能也是互相渗透,考试将英语听、说、读、写的能力有机地结合起来了。而这些能力的结合又是建立在"语言考试的学术性"的基础上,几乎所有考试材料都是与学术能力相关,比如阅读部分的文章选取的都是学术文章,听力材料近似于真实的课堂授课和校园生活场景。试题本身设计的合理性有利于学生在准备应试的同时提高语言水平,增加考试的学术性,能有效帮助留学生适应新的教学环境和校园生活。但是,过分强调学术能力,而致使学生忽略了异国文化背景、日常生活用语,也难免会出现分数达标、生存能力不足的现象。

定位为通用汉语考试的 HSK,在考试材料的选择方面相对于 TOEFL 更广泛,并且凸显在阅读材料的体裁上。虽然 TOEFL 的阅读在题材上涉及人物、美国历史、自然科学等方面,但是文章体裁基本都是说明讨论或解释各类科学中的基本概念、现象、理论、研究等,语言风格基本一致;而 HSK 的阅读材料从题材和体裁方面都要比 TOEFL 广泛,说明文、记叙文等类型的文章都有涉及。这样,HSK 对中文学习的反拨作用更加全面,有利于备考者对中文在各种情景下的不同运用方式形成比较全面的感性认识。

二、结　论

TOEFL 考试具有学术性的主要原因首先是市场竞争和市场需求,而在 HSK 的发展过程中不具有这两种动因;其次,从 HSK 的考试施行状况来看,参加 HSK 的人数、参加者的汉语水平和他们的考试目的都不足以成为使 HSK 向学术化方向发展的动力;再者,从 HSK 推广汉语的动机和鼓励汉语学习的性质来看,在现在的发展阶段,将 HSK 定位为"通用汉语考试"更能对汉语学习起到鼓励的作用。

综上所述,当前将 HSK 定位为"通用汉语考试"是恰当的,而加强"汉语标准化考试的学术性"并不恰当。

但是,随着汉语的推广、高校进一步的对外开放等因素的共同作用,HSK 的考试人数会继续上涨,参加考试的考生国籍也会进一步丰富。而目前,HSK 对于汉语非第一语言的留学生在中国高校完成教育和科研的汉语水平要求并未有具体的测定,因此定位为"通用汉语考试"的 HSK 在未来是否还能满足高校对学生汉语水平的要求值得我们的关注,并值得我们为此作进一步的考量和准备。

参考文献

[1] McGraw-Hill, *The Official Guide to the TOEFL Test*, Third Edition, The McGraw-Hill Companies, Inc. ,2009.

[2] 刘连娣:《新一代托福网络考试》,《中国考试》2006 年第 6 期。

[3] 罗民、张晋军:《新汉语水平考试(HSK)海外实施报告》,《中国考试》2010 年第 4 期。

[4] 罗民、张晋军:《新汉语水平考试(HSK)质量报告》,《中国考试》2010 年第 10 期。

[5] 亓鲁霞:《论考试后效》,《外语与外语教学》2006 年第 8 期。

[6] 张晋军、解妮妮:《新汉语水平考试(HSK)研制报告》,《中国考试》2010 年第 9 期。

[7] 陈慧萍、陈启慧:《美国大学教学的特点与思考》,《高等理科教育》2006 年第 3 期。

[8] 张晋军:《开发新 HSK 所遵循的指导思想》,2011 年 2 月 22 日,http://blog.sina.com.cn/s/blog_53e7c11d0100p5ml.html.

[9] 张晋军:《新汉语水平考试 HSK(六级)命题注意事项》,2011 年 12 月 6 日,http://blog.sina.com.cn/s/blog_53e7c11d010112zb.html.

[10] 张晋军:《新汉语水平考试(HSK)考生人数统计(2013 年)》,2013 年 2 月 20 日,http://blog.sina.com.cn/s/blog_53e7c11d0101f02j.html.

(指导教师:王苏华)

大学英语专业学生晨读现状透析

张　蓉[1]

晨读的落实程度与英语专业学生的学习主动性紧密相关，晨读的质量取决于能否快速、自动化地辨认词汇和大量的认知词汇。英语晨读属泛读范畴，是在英语专业学生语言能力范围内接触大量可理解的语言材料，是提高英语专业学生阅读能力、口语能力的手段和重要途径。英语专业学生晨读普及较广，但组织较为松散，主要为英语专业学生自觉根据实际情况进行晨读规划，或以班级为单位进行集体晨读。总体看来，晨读缺乏制度化、规范化的管理和有效的指导。本文针对英语专业学生晨读现状进行调研，探究晨读在外语专业学生中的普及率和有效性，并进行分析和整理，为英语专业学生晨读提供科学规范的方法和建议。

随着我国与各国的交往日趋频繁，作为国际交往必要工具的英语也被提到了非常重要的地位。英语学习听、说能力的培养是英语学科教学的根本任务，提高英语学生的读、说能力是英语教学的重要组成部分，而晨读则是提高学生听说能力的重要渠道。很多高校已经将英语专业晨读进行制度化、规范化管理，以提升英语学生的英语思维水平，同时也已对晨读现象做过相关调研，探究出晨读的相关动因和效果。

一、晨读的现状

通过对山大(威海)英语专业学生晨读现状的调研，46.67%的同学能根据自己的计划和安排进行晨读，但坚持每天晨读的同学仅占6.67%；43.33%的同学认为，晨读时间在30分钟最为合适；英语专业学生起床时间为六点至七点之间的人数比重最大。45.62%同学认为，睡眠不足和没有适合场所是影响晨读进行的原因，而其他同学的观点则较为分散。30.54%的同学认为早起晨读会影响上午的上课效果，同学们学习模式和学习方法的差异性致使大家对这个问题的回答存在很大的分散性。62.3%同学利用晨读时间进行单词记忆或诵读课本；只有11.33%同学选择了报纸杂志或专业晨读材料。

大部分同学有意识地通过课外练习提高口语能力，仅将口语练习局限于课堂的同学

[1] 翻译学院2011级英语专业。

也不在少数。英语专业学生大都意识到口语能力的重要性,少部分同学因为种种原因并没有进行口语练习。6.67%的英语专业学生表示倾向于个体户外晨读,其他同学对晨读地点的倾向也有所不同。33.33%的英语专业学生表示,愿意在教室晨读;20%的学生倾向于户外。

在认识上,69%的大学生认为英语晨读对学习英语有很大的帮助。虽然对英语晨读持肯定态度是大学生的主流观点,56.67%的英语专业学生表示愿意加入到长期晨读的行列中,但是在行动上真正能够做到坚持晨读的却寥寥无几,仅有42%。这要求学校完善各处晨读场所的设置,尽可能地多为同学们安排适宜的晨读场所。

综上所述,从本次调查报告中可以看出,晨读,作为提高英语专业学生阅读能力口语能力的手段和重要途径,受到了大部分学生的青睐。但总体看来,同学们对于晨读的场所、材料等具体细节的选择存在很大的差异性,也使晨读制度的实行有较大难度。

二、晨读的重要性

(一)有利于培养学生的语感

多朗读,有利于英语专业学生发现并掌握句子中的音节、音调、重音、停顿等,增强阅读的流畅性和节奏感,从而有利于学生在英语学习中建立英语式思维。此外,大声朗读对于英语发音至关重要,而发音是学习英语最重要的起步环节之一。

(二)有利于提高学生的英语听力能力

学生通过大声朗读练习,可以进一步熟悉辨别近音词、同音词以及连读、吞音、爆破等难度较大的节奏变化。因此,有利于学生更进一步地熟悉和掌握这些规律,从而提高英语听力水平。

(三)有利于培养学生的英语思维

任何语言的思维都以此类语言本身为载体。语言是声音语言,采用的是表音文字。创造英语语言的环境和氛围,指导学生阅读、背诵和倾听大量的英语材料,学生的英语语感和英语思维能力必定会在潜移默化中逐渐增强。

(四)有利于提高学习效率

从心理学角度来说,经过一夜充足的睡眠后,全身精力得以恢复,大脑清醒,更易于接受消化吸收更多的知识。此时正是学习、理解、巩固和记忆的最佳时机。

总之,晨读有助于英语专业学生养成良好的早起习惯,提升外语的听力和口语水平,扩大词汇量,培养语感和良好的记忆能力。

三、晨读的内容及形式

(一)晨读时间

晨读的时间选择必须因人而异,同样的制度规范可能并不适合所有人。笔者就该问题采访了南开大学英语专业的张虹同学,她指出:“在大学校园里,我们的确会对睡到日上三竿的学子感到无奈,而晨读新规的出发点是为了培养学生早起读书的好习惯。可是,校方的初衷是好的,做法却值得商榷。因为强制学生进行晨读,一方面会使得部分学生产生逆反心理,另一方面,集体晨读的形式也并不一定适合每个学生,也就是说晨读可能给学生造成负担却不一定能提高学生的学习效率。因此,校方可以对晨读等良好的作息习惯、学习习惯给予鼓励和宣传,或者通过前期的问卷调研寻找更适合学生身心发展的方法;而学生应该自觉培养良好的学习习惯,以促进自身发展。”

大部分同学习惯于早起晨读,一半以上同学会提前半小时至一小时到班内进行晨读,多数人肯定并适应于“一日之计在于晨”的说法和习惯,在早起晨读的同学中,每个人的作息和适合的早起时间也是各不相同,存在极大的多样性。但对于一部分同学而言,他们并不适应早起晨读,早起晨读会使他们上午课堂效率大大降低,因此晨读应当注重自觉性和个体差异性,强制要求晨读的效果并不好。

(二)晨读场所

为达到最佳的学习效果,在晨读过程中同学们不断发现更加适合自己的晨读场所,从小树林到走廊到教室,自主晨读、多样的晨读形式都使晨读者收获更多知识和能力。从对晨读具体地点的调研结果中我们发现,选择教室的同学占了较大比例,可见同学们愿意在学习氛围较浓的地方进行晨读,这不仅使人心情愉悦,而且还有助于知识的积累,这种现象也从另一方面体现出环境会影响晨读效果。

(三)晨读材料

调研结果发现同学们晨读的材料主要是课本,晨读材料较为单调。原因大致分为以下几点:

英语专业学生在短期内不能找到适宜的晨读材料,挑选一份适合自己的材料并没有那么容易。合适的第二外语的晨读材料比起英语专业的来说更难选择,学生的精力毕竟有限,着重点也不在第二外语上。

受初中、高中教学模式的影响,学生早已习惯晨读使用课本。

由于大学自主学习的要求和课程的压力,学生对于课本温故知新的时间并不充裕,将晨读时间用到课本上也算是尽其用;另一方面,对于课文上的内容,同学们早已读得热情衰减,口角乏味。再怎么读也读不出什么激情、什么新意来。这大概就是一小部分同学自行选择其他的晨读材料的原因。接触各种新鲜的多样的晨读材料能够充分扩充学生知识面,丰富词汇量,使他们的目光不局限于课本上的一点点知识,培养收集信息、处理信息的能力。因此,要充分利用晨读课的时间多接受一些新鲜的事物,开阔眼界,启发智慧,增加阅历与见识是十分必要的。

调查显示,在英语晨读题材的喜好上,总体而言,过半数的同学偏好文字优美的读物以及英语单词词汇。具体地讲,同学们在诗歌和散文的喜好上大致相当;而对于单词词汇以及对话的需求却高于诗歌、散文。这反映了同学们进行晨读的目的,正是为了提升自己的词汇量及口语水平。

总体来说,高校英语专业学生可以选择一些英语演讲稿、英语对话和一些经典的英文短文来朗读。但根据学习者的英语水平不同,也可以选择不同的阅读内容。初级英语学习者可以选择课本,如综英、泛读课本作为阅读材料,这样他们可以更好地复习和记忆课堂上所学过的单词、短语和句型;而中高级英语学习者可以选择更具魅力的阅读材料,如英语杂志、文学经典或是其他他们感兴趣的材料。

总之,晨读的内容及形式取决于自我发展的需求,晨读要打破陈规,起到以"发展为本"的实质作用,不能耽于安逸,流于形式。

四、对于晨读的建议

(一)晨读者的主动化

告知英语学习者晨读的重要性。"一日之计在于晨",早晨是记忆的最佳时机,对于晨读不应该应付了事,应该全身心地投入。鼓励学习者主动参与,主动学习,这样才能事半功倍。

(二)晨读的制度化

为了使晨读科学有序地开展,保证晨读的质量,加强对晨读的严格要求,精细管理。每个学期有计划、有目的地安排晨读。

(三)晨读形式多样化

要不断变化晨读方式,增加新颖的晨读内容,合理地组织安排晨读。晨读的方式可以丰富多彩。学生既可以互相观摩,取长补短,又能有效锻炼学生的编、导、演的理解能力、表达能力以及观众的听力,激发学生晨读的积极性和竞争性。

(四)晨读效果反馈监控体系化

晨读效率不高,对学生放任自流,不管不问;只求音量,不求质量;挤占时间,不讲变通等问题的出现,表明了晨读必须要有一个良好的质量和效果反馈监控体系。

五、结　语

在中国,放声读书一直为历代知识分子所推崇。古训"读书破万卷,下笔如有神""书读百遍，其义自见”，都是对放声读书的倡导。到了宋代，一代巨儒朱熹提出“一日之计在于晨”，晨读更是备受重视。这个优良的学习传统一直被延续了下来。当前社会和经济发展对英语专业人才的要求是：通过与外国人进行无障碍交流，使信息能更通畅更迅速地得到传递，并通过交流互相学习先进经验，增加友谊，促进经济贸易往来。英语学习听说能力的培养是英语学科教学的根本任务，提高英语学生的读说能力是英语教学的重要组成部分。而晨读则是提高学生自觉学习、自主学习能力的重要渠道，特别是对英语学习水平的提高起到了关键作用。这就要求英语专业学生充分利用好时间进行晨读，努力提高个人的口语水平。因此，实现同学们的晨读要求，保证同学们晨读的有效进行是需要解决的首要问题，要求学校与同学们共同维护晨读环境，实现晨读效益最大化。

参考文献

[1]曾阿奴：《晨读——英语教学中不可忽视的细节》，《成功·教育》2008 年第 2 期。

[2]王友良：《激发英语学习的动机》，《湖南教育》2004 年第 11 期。

[3]周慧菁：《论英语学习“三要”》，《上海商业职业技术学院学报》2003 年第 3 期。

[4]张云平：《三步英语学习法》，《英语知识》2005 年第 7 期。

[5]吴殿龙、沈桐：《高校英语专业学生晨读英语之探析》，《科学时代》2011 年第 12 期。

[6]何自然：《语用学和英语学习》，上海外语教育出版社 2007 年版。

[7]邵琪、张瑜：《大学生英语晨读情况调查及对策研究》，《都市家教》2012 年第 3 期。

（指导教师：侯丽娜）

韩国历史剧对韩国国民爱国情感的影响

宋紫伦[1]

韩国国民有着浓重的“身土不二”思想，这大致是说：生在大韩民国土地上的人，就应该吃这片土地上生长出的食物。毫无疑问，这是一种极其成功的营销手段。在韩国，几乎所有国产商品都会比进口的贵。比如，韩国的牛肉比进口牛肉贵两三倍，但是大部分的国民都会选择韩牛。我们在电视剧中常常会看到这样的场景：男方第一次拜见女方家长时，带了韩牛作为礼物，女方家长十分满意，对他的印象分大增。或许，这在我们看来是有些怪异的，但这却是韩国社会“身土不二”思想根深蒂固的真实例证。

“身土不二”思想就是韩国国民爱国情感的重要体现。

韩国人的爱国不仅仅体现在购买国货上，他们的爱国几乎是刻在骨子里的。在与韩国人的交往中，我们也可以发现他们是发自内心地认为自己的国家是世界上最伟大的国家。这从 2002 年世界杯足球赛韩国震天动地的“大韩民国！”加油声和亚洲金融风暴危及韩国时家家户户捐金献银的壮举中，也可见一斑。

那么韩国国民为何有这么强烈的爱国情感呢？笔者认为，他们的爱国情感不是天生的，后天的培养才是核心原因。韩国十分重视国民的爱国教育，包括学校教育和社会教育。其中，韩国历史剧作为客观的社会存在，对其国民爱国情感的培养也起到了不可忽视的作用。

本文将从众多韩国历史剧中选取收视率较高、影响力较大的作品为切入点，通过对历史剧叙事和史实的对比，捕捉导演想传达给观众的意图，进而分析历史剧对韩国国民爱国情感的影响。

一、浅谈韩国历史剧

历史剧作为一种特殊的电视体裁，包含着多种类型。在这里，我们根据中国传媒大学出版社 2006 年出版的《历史题材电视剧研究》一书中的划分标准，从忠于历史的程度来看，将韩国的历史剧粗略地划分为狭义历史剧和戏说历史剧。

---

[1]韩国学院 2011 级朝鲜语专业。

综观韩国历史剧，无论是描写哪一时期、哪一人物，我们都可以大致将它们归结为上面两类。狭义历史剧的特点是尊重历史，虚构的部分相对较少。这类历史剧的代表作有《大王世宗》《明成皇后》等。戏说历史剧灵活度则非常高。这类剧的编写完全可以只借用一个真实的历史背景，虚拟故事情节，甚至虚拟一个历史人物。虽然历史真实性不强，但它们也表达着韩国历史的风貌与精神，其代表作有《大长今》《快刀洪吉童》等。

历史剧属于电视剧范畴，不同于纪录片，必然会经过加工改造，在对历史的重新解读和诠释中，加入创造者的主观意愿——他想表现什么、突出什么和传达什么，都会较为明显地贯穿于作品之中。而大多数普通民众对历史的了解都是有限的，不具备充分的历史知识来判断历史剧中出现事件的真假，在观看这些历史剧时，也往往不会严格区分是否忠于史实，因而潜移默化之中总会受到剧中传达出来的导向性的影响，剧中的虚构部分很容易形成"拟史效果"。这些就是我们认为的历史剧的社会效益。

二、韩国历史剧对国民爱国情感的影响

（一）韩国历史剧正面讲述历史

韩国人极强的自我优越感和民族自信心在韩国影视剧中体现得十分明显。反过来，这类民族优越感极强的影视作品，也将韩国国民的这种爱国情绪进一步抬升，历史剧表现得尤为突出。

韩国历史剧大多正面体现韩国历史，大量地塑造了韩国历史上的英雄人物（主要是韩国历史上具有重要地位的君主），经常表现推动韩国历史发展的重大事件（如韩文的创制）。这些剧作采用了艺术性的夸张手法加工素材，以达到强调与美化的效果。它们通过正面表现历史，让韩国民众感受到国家的强盛，渲染韩民族的自豪感，激发和强化韩国民众的爱国情感和民族自信心。同时，剧中守卫国家的英雄带给人们长久的感动，也能增强民族凝聚力和国家责任感。关于这点，我们可以拿《大王世宗》这部作品作为例证。

《大王世宗》是一部典型的正面体现韩国历史的作品。世宗大王是一代明君，在韩国和现在的朝鲜都深受崇敬。在韩国国民的心目中，世宗大王的地位是十分崇高的，是完美国君的典范。KBS制作的《大王世宗》一剧，讲述了李氏朝鲜第四代国王、韩国人引以为傲的一代圣君世宗大王令人尊崇的一生，旨在表现他的英明与伟大。该剧描写了世宗大王在政治、经济和外交方面的丰功伟绩，尤其是他创制韩文的历史功绩。该剧的历史叙事，一方面凸显出世宗大王在位期间朝鲜的繁荣、昌盛和进步，借以唤起当代韩国人的国家自信心；另一方面，剧中世宗排除万难创制了韩文和世宗的英明与果敢，刚好迎合了当今韩国人渴望杰出的具有偶像特质的领导人的心理，让他们感受到自己国家历史上出现了许多如世宗大王一般的英雄人物，守卫国家，创造了国家的辉煌。由此，一种民族自豪感以及极强的国家归属感油然而生。因而，韩国人对世宗大王的尊崇和该剧在韩国的流行也就可想而知了。

（二）韩国历史剧中的虚拟部分

由于地域狭小，韩国自古以来多次受到他国侵略，长时期作为古代中国的附属国，加

之本身具有“小民族”的特点,强大的民族自信心包裹的是自卑心理。因而,韩国人常常通过贬低别人来美化自己,来增强民族自信心。很多韩国历史剧也都明显带有这种倾向性。

客观上讲,历史中的韩国远没有某些韩国历史剧展现得那样强盛。这些历史剧大多美化了韩国的历史及历史人物,丑化和贬低了中国和日本等国家的历史形象和地位,其中的许多虚构部分因扭曲历史而饱受争议。对此,韩国官方解释称这些历史剧是为了“让年轻人产生自豪感”。不可否认,韩国的历史剧对于培养民众的民族精神和爱国主义精神,增强韩国国民的民族凝聚力和民族自豪感,传递韩国优秀传统文化起到了非常重要的作用,充分发挥了历史剧的社会效益。但是,如上所述,这些效果一部分是基于捏造的历史而产生。它们在抬高韩国历史地位的同时,丑化和贬低了周边国家,特别是中国和日本,甚至搬弄是非。这点极为不妥:韩国历史剧无限夸大宣传韩国形象,自欺欺人,愚弄韩国民众,最终效果必然适得其反。同时,过于沉溺在想象的世界中,使得韩国不能很好地认识历史,这在培养国民正确的历史观、理智爱国上是较为不利的。我们通过《不灭的李舜臣》这部作品就可以明显看到这点。

《不灭的李舜臣》讲述的是1591～1598年即宣祖时代朝鲜被日本侵略的七年战争的故事,以朝鲜时代的民族英雄李舜臣为主人公。这部片子前半部分描写了朝鲜国内的政治斗争,后半部分描写战争,牵扯到朝鲜、明朝、日本三国,是宣传韩式爱国主义精神的代表作品,但该剧的弊端也很明显,它在对其他两国形象的刻画上是明显歪曲史实的。

剧中塑造的李舜臣曾经多次打败日本侵略军的水军,在彻底打败日军中起到了重要作用,成了扭转整个局面的超级英雄。但对于明朝援军,此剧却进行了一番贬低。在当时,中国是朝鲜的保护国,接受朝鲜朝贡,明朝政府在朝鲜节节败退之际,毫不犹豫地向朝鲜伸出了援手,理应得到朝鲜人民的尊重。真实的历史记载中,露梁海战中的中国海军总大将陈璘是一位英勇作战的壮士。在旗舰着火的情况下依旧冒着危险拼死在船头指挥战斗,他的儿子被日军击伤多处,血肉模糊也不曾屈服,仍然高喊着作战。还有老将邓子龙,虽已年过古稀,却执意上疏来到朝鲜,为保护朝鲜人民献出了最真挚的热情和宝贵的生命。

然而,我们在《不灭的李舜臣》中,却看不到这些。该剧塑造的是一个瞎指挥、乱发火的陈璘,乱了朝鲜将领的阵脚,惹怒了李舜臣,被他处置。剧中的中国军队在朝鲜并没有奋勇杀敌,而是作恶多端,明军将领几乎个个四肢发达、头脑简单,愚蠢到在战场上被敌人包围,反而给战事带来了许多麻烦。而他们伟大的英雄李舜臣不仅要面对日军,而且还要受到明军的“拖后腿”影响,实在是辛苦至极、伟大至极。但我们细细想来,当时的朝鲜其实已经沦陷,中国人是作为保护者去往朝鲜,怎会是这种历史形象呢?

很明显,这些过分丑化、弱化了中国人的戏份,就是为了美化和抬高李舜臣的历史功绩。站在韩国人的立场上,本剧体现了韩国强烈的爱国精神。正如剧名所透露出来的,竭力塑造的是一个伟大的、无所不能的“不灭”的李舜臣,也提升和美化了其民族英雄的地位和形象。但是这些虚拟的部分不利于韩国国民客观认识本国和他国历史人物的形象,不应该成为他们爱国教育的工具。

再者,剧中也大肆宣扬了朝鲜传统文化的优越性,指出中国人实际上是贪念朝鲜富饶的资源，最终目的是想从朝鲜这里得到好处，所以才来假意帮助朝鲜的；而日本进行侵略的原因则是崇拜朝鲜先进的文明，想要来此学习、借鉴。这样的诠释，突出表现了韩国人对本国文明的珍视，但这种诠释却是过度的美化，有歪曲历史的弊端。这些历史剧中虚构出来的部分，体现出的是狭隘的民族主义和过度的民族优越感。虽然这也是强化国民爱国情感的体现，但这是一种不成熟、不健康的爱国行为。

三、结　语

通过对上述历史剧的具体分析，我们不难得出如下结论：一方面，韩国历史剧作为一种艺术表现形式，其生产是一种文化经济活动，出于对收视率和观众心理的考虑，或多或少会脱离历史原样，这也是由目前韩国电视剧产业的运营环境决定的；另一方面，韩国历史剧通过塑造大韩君王将相强国拓疆、勇击敌寇的伟大形象，或是通过对历史的重新演绎，虚构一定的历史片段，烘托人物及事件进行“抑”“扬”，形成一定的“拟史化效果”，宣扬着强烈的爱国精神。这两方面相辅相成、互相碰撞，也使得韩国的历史剧日益呈现出一派繁荣的景象。

历史剧虽然不是历史教科书，但它在传播的过程中，除了具有娱乐功能，也在传播着某些历史知识，传播着强烈的爱国精神。韩国著名导演李秉勋曾经说过他的电视剧哲学是“给予娱乐和教育的电视剧”，他认为历史剧的教育功能非常大，笔者对此十分赞同。然而，我们在看到韩国历史剧对韩国国民爱国情感积极正面的影响的同时，也要注意其不符合史实的部分带给国民的错误导向。我们希望这些历史剧在通过导演的视角讲述历史的同时，不仅要教会国民爱国，而且还要教会国民理智爱国。在信息传递极为方便的今天，应让韩国民众真实客观地了解世界形势，不能生活在自己创造的历史中。

参考文献

[1]曾庆瑞：《电视剧原理·文本论》(第2卷)，中国传媒大学出版社2007年版。

[2]李胜利、肖惊鸿：《历史题材电视剧研究》，中国传媒大学出版社2006年版。

[3]董旸：《韩剧攻略：当代韩国电视剧研究》，中国传媒大学出版社2009年版。

[4]陈接峰：《电视媒体的观众营销》，东南大学出版社2009年版。

[5]孔庆东：《独立韩秋》，重庆出版社2009年版。

[6][韩]李御宁：《韩国人的心：这就是韩国》，张乃丽译，山东人民出版社2007年版。

[7][日]金文学：《丑陋的韩国人》，宋义淑译，贵州人民出版社2011年版。

[8]卢星海等：《亲历韩国(驻韩中国记者一线实录2010)》，世界知识出版社2010年版。

[9]翁小倩、魏頔：《韩国历史剧流行的原因分析》，《电影文学》2008年第5期。

[10]陈玉婷：《2000年后韩国历史剧中国人形象研究》，西南交通大学硕士学位论文，2011年。

[11]季泓一：《论韩国电视剧的三大特征》，上海戏剧学院硕士学位论文，2005年。

[12]王倩:《韩剧的传播特征与受众心理分析》,湖北大学硕士学位论文,2007年。

[13]陈碧媛:《从〈大长今〉看韩剧的品牌营销之道》,四川大学硕士学位论文,2006年。

[14]鲍可欣:《大众文化语境下韩国电视剧的审美功能》,山东师范大学硕士学位论文,2008年。

(指导教师:刘宝全)

韩国历史剧对韩民族“恨”情结的影响及其启示

马晓萌❶

20世纪末21世纪初，伴随着汉江奇迹，韩国国民的经济水平得到了大幅度提升，电视在民众间也得到了迅速普及。与此同时，韩国历史剧的发展更是欣欣向荣：据笔者统计，20世纪90年代末至21世纪初的短短二十年间，共有158部左右的历史剧出产，其中包括《大长今》《朱蒙》《不灭的李舜臣》《明成皇后》等多部海内外享有盛名的优秀电视剧。在韩国电视剧如此高产的同时，我们不仅能够感受到韩国国民对于历史剧的喜爱，也能够看出韩国历史剧在韩国电视媒体中所占的重要地位。韩国历史剧对于韩国人的历史文化、风俗习惯以及韩国人素有的精神品质都有着直接或间接的表现，而其历史剧中所体现的价值观、世界观及人生观也毫无疑问地影响着韩国人自身性格的培养及养成。

我们在众多韩国历史剧中，挑选出收视率较高、对韩国人影响相对较深的历史剧进行深入探究，同时结合韩国的史实及时事，分析韩国历史剧对韩国国民“恨”情结的影响，从中也针对其影响进行探讨，希望对我国电视媒体，特别是对我国历史剧的创新发展提供启示。

一、透视韩民族的“恨”情结与韩国影视发展的关联

“天不足予，地不足赋”，韩国特殊的地理位置促使其民族不仅要为温饱问题而伤透脑筋，而且还要时时为外来侵略做好战斗的准备。拥有着灿烂的历史文化的韩国，其近代史中层出不穷的苦难经历在世界史中也是较为少见的。

“近乎半个世纪的日本统治之后，好不容易河山光复，整个半岛又被冷战体制拦腰切成两段。在特殊的历史条件下，韩国又经历了几十年的军事独裁。盼望和平，盼望民主，盼望统一，可以说是韩国人挥之不去的永恒情结。哪里有压迫，哪里就有反抗。一部韩国的苦难史，同时也是一部韩国人民的反抗史。他们用不屈的反抗，迎来了三韩大地的光复，又用前仆后继的起义、革命，结束了军事独裁，迈进了民主时代。”①在这样一部民族

❶韩国学院2011级朝鲜语专业。

① 孔庆东：《独立韩秋》，重庆出版社2009年版，第18～20页。

苦难史的影响下,我们至今也能够在许多领域发现韩国人"恨"的痕迹:一方面,韩国人对于日本人是极其痛恨的,但是许多韩国国民却都喜欢日本著名诗人石川啄木的二十四字俳句——"在东海小岛之滨的白沙滩/我孤寂,哭泣/逗弄着一只小蟹子。"因为韩国被侵略的历史,韩国国民内心充满着难以平复的悲情与伤痛,而这短短的几行字,恰好引起了韩国国民情感上的共鸣。另一方面,在韩剧中,我们经常能够发现与中国的大团圆式结局不同,韩剧里总有一些悲剧因素在其中,并且以悲剧收尾的剧目并不在少数,由此我们也可以看到韩国人的一种悲剧情结。这种带有"恨"的民族悲情主义发展到今天,则更多地被表现为一种奋进、不放弃甚至是一种发狠的精神。

这种"恨"的精神,对于韩国的电视媒体发展也起着重要作用。在20世纪末,韩国的影视文化产业发展并不乐观,观众所观看的更多的是美国好莱坞制作的商业大片,或是中国香港的功夫电影。而面对这样的情况,1997年,数百名韩国电影人到美国大使馆前集体抗议,削发明志,立志要使韩国影视在业发扬光大。正是这样的精神,促成了韩国影视多方面的快速发展,也正是这样的精神,促使一代又一代的影视编剧看重历史剧的制作拍摄,促使韩国历史剧地不断发展。

二、韩国历史剧中的"恨"元素及其对国民的影响

(一)韩国历史剧的类型

综观韩国历史剧,无论是描写哪一时期、哪一人物,它们总体可以分为三大类:

一是正剧。这类历史剧更为尊重历史,在某些情况下,如果对史实不了解,则可能会在观看过程中发生对剧情理解困难的问题,这类历史剧以《明成皇后》为代表。

二是将历史剧偶像化,通过对男女主人公外形上的包装等途径提高收视率,但在历史的表达准确性上多有待考证,这类电视剧以《李祘》为代表。

其三则为历史架空剧,没有史实依据或为小说改编,但这类电视剧也或多或少地表达了韩国历史的一些风貌与精神,这类电视剧的代表为《快刀洪吉童》《拥抱太阳的月亮》等。

(二)韩国历史剧中所体现的"恨"情结

韩国前总统金大中曾说:"照我看来,朝鲜文化已经成为一种'恨'的文化……在整个历史过程中,我们一直生活在'恨'之中。"[①]韩民族的"恨"具有多方面的因素:在地理上它幅员狭窄,地势多山,不利于农业的发展;在历史上它不断地受到邻国的欺压甚至侵略,种种的因素构成了韩民族特有的"恨"情结。而这种情结并非仅仅是单纯的恨意,它更多地表现出了一种在苦痛中的坚持与隐忍,在艰难中的立志和向上。因此通过这一特点,韩国的历史剧跨越了年龄、职业、教育程度的鸿沟,普遍深受人们的欢迎。

关于"恨"的体现,我们拿出两部经典的作品——《李祘》与《明成皇后》进行分析和探

---

① [韩]金大中:《金大中哲学与对话集——建设和平与民主》,世界知识出版社1991年版,第4页。

讨,便可管中窥豹。首先我们针对正祖李祘这一重要历史人物进行探究,在研究此人物之前,我们先根据史实对这个历史人物进行简单的了解:李祘是朝鲜第二十二代君主,1776～1800年在位,被奉为朝鲜最后一位明君。在其统治期间,朝鲜社会相对安定,文化发展十分繁荣,士农工商各领域也得到了长足发展,因此被称为“朝鲜的文艺复兴时代”或“朝鲜中兴时代”。繁荣的背景,促使以正祖年代为历史背景的电视剧作品层出不穷,而其中描写正祖的历史剧《李祘》(MBC,2007)拥有非常高的人气。《李祘》共76集,剧中第1集便向观众展示了一个幼年失父、面临失去爷爷英祖宠爱的少年李祘的形象。通过描写众人乃至至亲姑姑对李祘的迫害、李祘与松渊来之不易的爱情以及其夭折的儿子等一系列片段,为李祘的一生渲染了悲情的传奇色彩。同时,为了满足大众们的一般审美需求,本剧将李祘刻画成了十分完美的帝王:他对爱情专一,对于国民更是视如己出般的爱护。即使身患重病,他依然心系天下,告诫世子与臣子要为国民建立一个没有剥削的平等的国家。但剧中针对封建本质对朝鲜时代近代化的阻碍却只字未提,从这里我们也能够看出韩国历史剧对历史解读是带着韩民族的“优越主义”,即时时刻刻向众人展示韩文化是最为优秀的古老文明。

《李祘》中所体现的特点在《明成皇后》中也同样能找到相似的影子。史上对明成皇后在历史上作用的评价是毁誉参半的,但韩国人在民族主义的影响下对明成皇后的印象更多的是肯定与赞美。这主要是因为明成皇后在对朝鲜领土的保护上起到了一定的作用。但是悉心研究历史,明成皇后的真实形象是这样的:她善于宫斗,颇有心计,在与其公公大院君的斗争中取得了胜利,而高宗的无能也促使了明成皇后成为了实际的掌权者。明成皇后虽然对本土的保护起到了一定的积极作用,但她的家族贪污腐败,她本身也签订了许多不平等的条约,导致了那一时期人民的生活十分艰难困苦。然而在《明成皇后》的描写中,明成皇后的形象则转变成了一个为了爱情而小心翼翼地侍奉、陪伴君王的毫无心计的皇后,她的善解人意几乎达到了不食人间烟火的圣女般的程度——为了满足丈夫的愿望,她主动将自己的丈夫让给了其他女人,自己则默默忍受了三年的空房之苦。在这一人物个性设定中,我们同样可以看到一种特有的“恨”的情绪。同时,明成皇后对国家的爱更是显得十分高尚,在明成皇后被杀的剧集中,剧中对明成皇后的形象已经如神女般进行刻画,她的不畏牺牲、深明大义俨然成为“乙未事变”中最决定性的一笔,而对于中国在“乙未事变”这一事件中对韩国的帮助则轻描淡写,一笔带过,仿佛在这一悲剧的事件里,韩民族是历史的唯一主演者。在这些故事里,韩民族对于侵略自己国土的日本的“恨”的情绪并没有得到化解,而是在“恨”的最高潮时以悲剧为结尾,这无疑巧妙地激发了本土观众们内心积压的“恨”的民族情绪的产生。但从客观的角度来看,如果把这样的悲剧仅仅作为刻画其历史人物颂歌的工具,或者滥用类似的悲剧手法来培养民族的自负感,这无疑是一种狭隘的民族主义。

(三)韩国历史剧中的“恨”对其国民的影响

结合大量历史剧的特点,我们能够发现,大多数的韩国历史剧中都有极度弘扬本国文化、弱化中国对韩国影响、强调日本侵略罪恶性的特点。通过电视剧的传播,一代又一代人接受着这样的主流思想,因此在今天,韩国所发生的申请端午节为本国文化遗产、改

"汉城"为"首尔"、世界杯中与日本白热化的比拼等事件中都能探视出韩国人的性格特点，即一种民族优越主义、强烈的凝聚力与爱国主义，而这些精神，也正是韩国民族悲情主义的核心——"恨"的体现。

历史上的韩国似乎一直与"独立"无缘，但他们也从未停止过追求独立的脚步。不论是在领土、民族还是文化上他们都孜孜不倦地追求着独立。朝鲜李朝的徐巨正(1534～1591)便提出了韩字的独立性，说："是则我东方之文，非宋元之文，亦非汉唐之文，而乃我国之文也。宜与历代之文，并行于天地间，胡可泯焉而无传也哉！"对独立的渴望也展现在韩国历史剧中，如在《不灭的李舜臣》中，通过描写僵持七年的朝日战争在李舜臣、刘成龙、元军等人的带领下获得胜利的故事，来激励国民独立求自强的精神，但这种激励也恰恰是通过严重弱化明朝军队得以实现的。剧中明朝将领通过挑拨离间使李舜臣受到冤屈的情节，则丝毫不差地再现了韩民族的"恨"精神，即无法相信他国、只能靠自己的力量保护国家的观念，与此同时敏感意识、危机意识、戒备意识也再一次被传输到观众脑中。

韩国历史剧使其国人记住了一个又一个在韩国历史上举足轻重的历史人物，同时也使韩国人的历史观、价值观、世界观受到了潜移默化的影响。当越来越多的韩国国民支持"国语净化运动"来弱化汉字影响，当越来越多的韩国年轻人坚信韩服并非是源于对唐装的改造，我们可以看到，韩国的历史剧用国人共有的"恨"情结迎合了大众的口味，也通过"恨"引导着国民形成了强烈的凝聚力、爱国主义甚至是民族优越主义。抛开韩剧本身为了追求收视率而进行的大量的历史虚构这一层面，韩国历史剧真正地抓住了韩国国民的内心，并起到了价值导向作用，这一点上，也是值得肯定的。

三、韩国历史剧对我国电视媒体发展的启示

电视剧作为大众喜闻乐见的一种信息传播方式，在人们的日常生活中占据着无可替代的作用。韩国电视剧的高速发展也无疑是影视传播产业发展的一个奇迹。以韩国历史剧的发展为例，韩国历史剧能够很好地将大众娱乐与严肃的话题相结合，充分地展现东方文化的历史神韵，是其受到韩国国民乃至整个亚洲广泛欢迎的重要原因之一。

韩国历史剧的成功原因之二在于它包含着韩国人的"魂"，即韩国人的普遍情绪——恨，通过抓住这样的一个特点所拍摄出的影视剧，观众不仅能够更加乐于接受，而且还能在电视剧中通过找到相同的情绪而得到安慰与激励。然而综观我国的电视剧，则显现出"跟风"的状态：清一色的宫斗，清一色的反贪，或是清一色的婆媳战争，为了拍摄而拍摄的无限循环，使我国观众产生了厌烦感。除此类宫廷剧、历史剧之外，我国的电视剧很多都是围绕侦查破案、江湖黑幕等题材进行刻画描写，很少出现能够真正展现普通人的生存状态及情感生活的优秀影视剧，使国人难以产生共鸣。更多的电视剧渴望在题材上出奇出新，但其本身所体现的道德、文化和精神层面却乏善可陈。

其三在于韩国历史剧中对于东方饮食、服饰、风俗等文化风情的细腻体现。韩国历史剧正是通过对韩国历史中优秀文化的细致刻画，来使观众产生对本民族历史的归属感与自豪感。倘使一味在宫斗或其他情节上下工夫，忽略了文化层面上的创作与体现，无疑是一种损失，也是一种遗憾。

中国作为文化大国，本应有更多的文化产品向韩国及其他国家输出，但在今天，中国文化产业的发展并不理想。韩国在地理意义上虽然是一个小国，却在世界范围内创造了"韩流"的文化奇迹，这其中无疑有许多值得我们学习借鉴的东西。我们虽意在探究韩国历史剧中的"根"情结对韩国国民的影响，但更多的也是为我国影视文化的发展提供一些借鉴、经验及启示。

参考文献

[1]牛林杰、刘宝全：《韩国发展报告》，社会科学文献出版社 2011 年版。

[2]金文学：《丑陋的韩国人》，贵州人民出版社 2011 年版。

[3]李胜利、肖惊鸿：《历史题材电视剧研究》，中国传媒大学出版社 2006 年版。

[4]董旸：《韩剧攻略：当代韩国电视剧研究》，中国传媒大学出版社 2009 年版。

（指导教师：刘宝全）

北京名人故居保护探究

——以康有为故居为例

张馨元[1]

北京的名人故居很多，但都历尽沧桑，大量名人故居保护不善甚至遭受严重破坏。如果对幸存的名人故居仍不加以重视和保护，北京历史文化名城的风貌将大打折扣。北京名人故居的保护和利用工作，面临着以下问题：界定标准不清，产权不一；维护资金缺乏，落实维修、保护有困难；与城市基础设施建设和居民迫切要求改善居住条件产生矛盾，受到危旧房改造及道路扩建的威胁；多头管理，责任单位过多，责任不明确；缺少法律依据等。这些严峻的现实问题，急需进行系统的调查研究。

一、研究目的、研究内容与调查方法概述

本研究的主要内容有国内外经验借鉴，北京名人故居保护和利用现状，北京市民、相关部门对于北京名人故居以及康有为故居保护和利用的态度与行为，北京康有为故居保护和利用的对策建议。本研究的目的在于让普通人重视名人故居保护对个人、城市、历史、社会的现实意义，从而引发更深一步探究——地方文物保护的意义，即面临着城市建设、经济发展同文物保护之间的博弈，两者之间平衡与权衡。

综合运用定性分析法（即访谈法）、定量分析法（即问卷调查法）、文献资料分析法获取信息，分析得出有关普通人、相关部门关于名人故居保护以及日常管理的认知和建议。运用对比分析法将北京康有为故居与青岛等地康有为故居进行比对，将国内外名人故居保护经验进行对比，提供建设性方法；运用实证分析与案例分析相结合、综合分析、实践观察的方法，深入挖掘并借鉴北京市宋庆龄故居在保护和日常管理上的优秀经验，同时吸取北京市梁思成、林徽因故居保护的经验教训。

---

[1] 文化传播学院2011级新闻学专业。

二、保护名人故居与加强内部建设的意义

名人故居是一座蕴藏着巨大文化财富的宝库，在城市发展与国际化大都市建设中发挥着不可低估的作用。弘扬传统文化既是建设民族文化的需要，也是开发人文旅游资源的需要。名人故居是启迪本国青少年继承优良历史文化传统、发愤成才的重要场所，促进了所在地经济、社会、文化的全面进步与发展，给予当地人民以深厚的精神影响力。

(一)作用

1. 促进城市文化形象的完善。故居是城市个性与城市文明的张扬，是历史文化名人文化精神的物质载体。保护、利用好故居，有利于打造、完善城市文化形象。

2. 促进公益文化及对外文化交流的发展。名人大都在历史上或在某一领域享有盛誉，开放故居有特殊感召力，引起海内外华人华侨、港澳台同胞的关注，促进城市对外交流。

3. 促进文化旅游业深层次发展。故居成为游客了解城市历史文化精粹的首选，成为探知城市文化底蕴与文化个性的重要媒介。

4. 促进爱国主义教育基地的建设。因地制宜地开展学生活动是拓展名人故居利用空间的创新做法，给故居带来了生机。

5. 促进现代文化名城的建设。故居的整体保护与合理利用可以极大地提升城市的文化品位，极大地丰富城市的文化内涵。

(二)意义

1. 历史文化名人故居是城市文脉的重要载体。名人故居承载着深厚的历史积淀和文化内涵，也凝聚了人们的情感关注和想象空间。守护好名人故居就是守护好城市的历史文化。

2. 历史文化名人故居具有提高城市精神品质的作用。名人故居是城市精神财富。瞻仰名人故居，有助于市民了解城市的悠久历史与优秀文化，从而提升文化气质、道德素养。在提升个人市民品质的同时，城市精神品质也得以塑造。

3. 历史文化名人故居是城市的魅力“名片”。故居是城市文化的结晶，展示了城市人文价值，彰显了城市个性与风范。

三、北京市名人故居保护与管理现状

故居是北京历史文化名城的重要组成部分，具有深厚的历史价值和文化内涵。近几年故居保护工作有所加强，但仍比较薄弱。有些故居面临或已经拆除、重建，北京历史文化名城的风貌受到一定影响。

北京已确认的故居有88处，主要分布在东城、西城、宣武区。多是博物馆、纪念馆；以四合院为主；多数故居没有路标，内部格局改动不多；周围环境与氛围不协调，商业化

明显;主要由北京市文物局、文化局管辖;其运转主要依靠社会资金、自营收入、财政支持(为主)三种方式。

(一)北京名人故居现状分析

1. 宣传作用和文化效益发挥不够。未广泛地向国内外介绍北京名人及其故居,市民不了解丰富的故居资源,未充分强调、彰显其历史文化价值,缺少新颖手段吸引观众,涉及公众面窄。

2. 管理和保护存在问题较多。如北京文化名人故居的拆除、重建、保存、修缮、扩建诸问题,挂牌与占用问题,故居内部文物保护问题,故居与周围环境的和谐统一问题。①

3. 资金来源匮乏。名人故居管理和保护所需的绝大部分经费来自政府拨款,资金有限,仅能维持日常管理费用。

(二)北京康有为故居保护的现状

北京康有为故居(见图1)所在的地区属菜市口拆迁范围,周围是商场、写字楼和拆迁工地。故居只有后罩楼较为完整保存,其他建筑已成为大杂院,房屋上标示拆迁的字样。现在无专人看护故居,只用铁圈圈出大致范围,内部碎砖、铁皮、垃圾散落一地,野草疯长。自2012年"两会"提出在原址建立纪念馆以来,由于受到拆迁工程的限制,故居重修不得不推迟。

图1 康有为故居成为重点保护院落 远处是原故居阁楼

(张馨元摄于2012年8月)

① 参见刘川生:《北京文化名人故居的现状与开发调研》,刘川生等:《北京文化发展报告》,同心出版社2006年版,第268~270页。

康有为故居保护与管理上存在严重问题，故居应归北京市文物局管辖，但现在权限不清；菜市口地区拆迁问题涉及房管所、文物局等单位，部门间相互牵制；北京市未出台相关行政法规或法律；故居未列入文保单位；故居没有被纳入到北京市文化名城的建设规划中。

(三)名人故居保护和管理较为完善的范例——宋庆龄故居

宋庆龄故居位于北京市什刹海北侧。生平展共分为求学立志、风雨同舟、继承遗志、团结抗战、迎接曙光五部分，集中展现宋庆龄的学习、生活、工作全景，回顾其投身于教育等事业的伟绩。展出宋庆龄生活用品，捐赠抗战的X光机等设备，往来书信等。影像、自助操作台等现代化多媒体设备齐全。

宋庆龄故居自1993年起成为北京市爱国主义教育基地。宋庆龄基金会于1982年5月成立。这体现了以宋庆龄名字命名的人民团体和慈善公益机构的特殊地位与作用。

康有为故居可参照宋庆龄故居的做法，建立爱国主义教育基地、基金会，设立官网，利用、深挖名人资源开展活动，丰富馆内建设，提升知名度与吸引力。

(四)综述

1. 网站建设

涉及故居概况、名人简介与研究、参观指南等栏目。故居网站是展示故居活动的窗口，是介绍名人的平台，是指引游客参观的向导，是名人相关研究与讨论的园地。建设并且维护好门户网站，有利于展示、宣传、推广、提升故居品牌价值。

2. 日常活动

主要有故居要闻、学术研讨会与展览、公益活动等。呈现出故居的鲜明特色，以爱国主义教育为重点，有种类丰富、辐射范围广的特点。仍有受名人特点所限活动雷同的问题。

3. 媒体报道

(1)有关北京康有为故居。2012年“两会”，《羊城晚报》：《北京康有为故居破败不堪，面临拆迁危险》(见图2)。“两会”后的反映，《新京报》：《北京康有为故居将原址保护》。

(2)其他。涉及保护方法的讨论、保护和利用的意义与价值等。如2013年4月15日凤凰网载文《莫让名人故居成城市“鸡肋”》。

4. 法律保护

自2012年“两会”后，未出台有关法律法规。现保护依据是《北京市实施〈中华人民共和国文物保护法〉办法》。我国在故居立法保护上存在对“文物”界定范围窄、故居产权复杂、不利于整体保护等问题。

图 2　北京康有为故居破败不堪①

四、国内外名人故居保护以及管理实践

(一)康有为故居保护以及管理的实践

青岛市十分重视文化名人故居的保护与利用,首选康有为故居作为城市文化的一个凝结点。1999 年,市政府高度重视并对康有为故居进行全面修复。2000 年 10 月正式开放。故居举办了一系列活动,扩大了知名度、影响力。至今已接待海内外专家学者、游客 10 余万人次,成为青岛市一处重要的人文景观,备受海内外游客的瞩目(见图 3)。

图 3　青岛康有为故居二层书房内景

(张馨元摄于 2012 年 4 月)

① 引自张演钦、曾颂、薛江华:《北京康有为故居破败不堪,面临拆迁危险》,2012 年 3 月 7 日《羊城晚报》。

作为目前青岛唯一对外开放并辟建为博物馆的故居，康有为故居呈现了深厚的历史感、宝贵的文化效益。名人故居也是爱国主义教育的重要场所，康有为故居也因此成为爱国思想和历史文化知识的传承地。

但是，康有为故居仍存在如陈列方式陈旧、展览手段落后、内容不够丰富等问题，有待于在今后的工作中逐步完善。

(二)中国其他地区名人故居保护以及管理的实践

如天津五大道采取“功能置换”的办法；上海多伦多路以文化、旅游为主线，形成集旅游、文博、商业、休闲于一体的环境；杭州则针对不同故居采取不同保护措施。

(三)国外名人故居保护以及管理的现状

如英国，成立蓝牌委员会(见图 4)。德国，实行“整体修缮”，保护古城古迹使其融于现代市。美国，遵循“保护建筑目录——查找目录中建筑——保护建筑”的保护流程。

图 4　英国老舍故居蓝牌标志①

五、关于北京故居保护利用的调查

思考故居保护的意义和存在的价值，探究故居频频受人冷落的原因以及提升公众意识的方式方法，提出故居保护以及日常管理的方式方法。调查方式是网上调查和街头调查相结合。通过针对故居的群体性调查，来探究保护以及管理的一般性方法，研究进一步提升故居内涵与价值的途径。被调查者是 20～40 岁之间，具有高中以上学历的北京市民。

(一)分析

1. 探究名人故居受人冷落的原因

如调查问题之一：您认为名人故居受到冷落的原因有？此问题旨在直观反映名人故居受冷落的原因(见图 5)。调查结果说明故居内部建设是主要因素，也有外部广告投放

① 引自苏杭：《北京旧城区名人故居保护与利用探讨》，《北京规划建设》2012 年第 3 期。

的原因。外部宣传可结合名人的生平开展公益类活动;资金支持对于故居完整性影响较大。这说明故居保护要注重综合性和完整性,内部建设注重细节;运用多媒体增强互动。

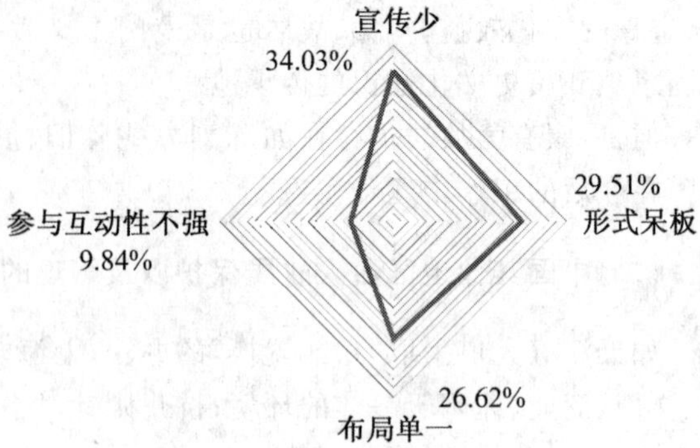

图5 “名人故居受冷落的原因”情况统计

2. 探索公众参观名人故居的收获以及名人故居对于城市与居民的价值

如调查问题之一:您认为参观名人故居有何收获?此问题旨在考察故居对于公众的价值和意义,进一步探索有关历史文化传承、城市文明留存的重要性。调查结果(见图6)说明大部分民众具有传承意识,认为参观故居有助于提升自我。建议故居在进行内部建设时,加大对名人生活的时代和故居的发展历程的映射力度,使民众在潜移默化中对历史和文化有深入了解。

3. 名人故居的日常管理以及馆内建设问题

(1)对名人故居馆内建设和日常管理现状调查

如调查问题之一:你希望享受到的设施和服务?此问题旨在调查故居的日常管理和馆内建设;从游人的角度出发,探究故居的宣传方式,从外部吸引角度思考故居保护问题。调查结果说明故居应该完善内部建设,在生平展或游览过程中配备讲解员。讲解收费问题应结合故居整体运营状况、名人及故居社会影响力来考察。若整体运营状况良好,可免收费用;若名人有突出贡献,知名度高,应免收费用。

(2)探究故居保护措施

如调查问题之一:你认为修缮故居有必要吗?此问题旨在调查保护名人故居的行动在公众心中的地位,唤起关注、保护意识。结果显示,近六成的公众认可修缮故居,具有较强的文物保护以及留存城市文明的意识。超过四成的公众认为修缮故居并非迫在眉睫,认为没有必要或持模糊态度,说明仍有很多民众对于故居保护的意识不强,社会没有给予一定的关注。这与政府推广力度、媒体宣传、社会公德有关(见图7)。

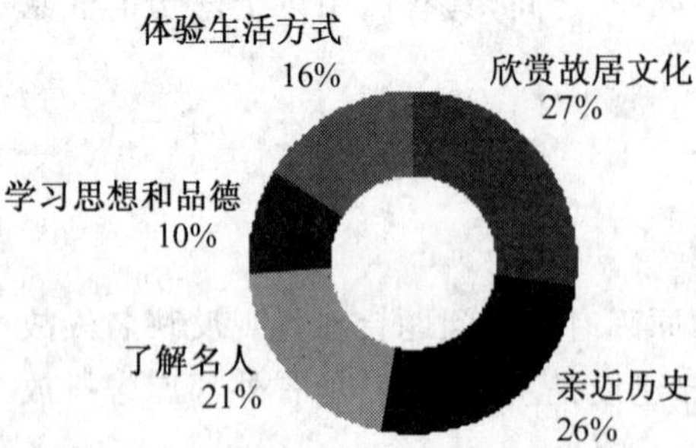

图6 “参观名人故居收获”统计

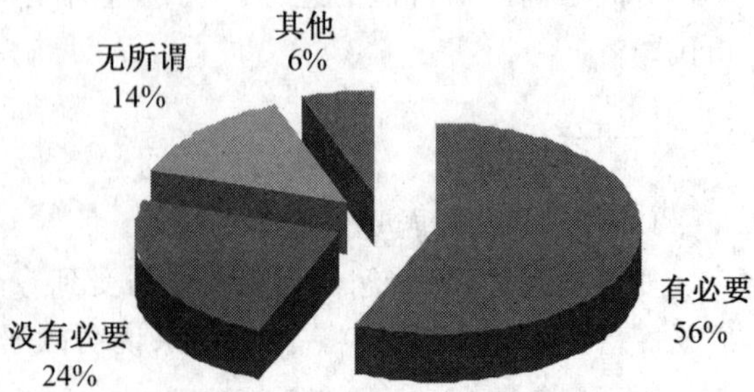

图7 “修缮故居的必要性”统计

(二)结论

1. 内外联合综合治理。内部规划较呆板,管理模式亟待创新,宣传、监管力度有待加强。借助外部力量辐射综合治理,对症下药,用优势带动不足,协调发展。通过媒体宣传、政策宣讲、项目合作等促进故居保护社会化。

2. 故居的管理与建设要突出故居特色、体现公益性质。

3. 从政府、媒体、社会三个角度分析,有赖于政府力量:颁布法律、行政法规,进行规划;有赖于媒体的宣传:投放公益广告,加大报道、评论;有赖于教育、公德心。公众是媒体与政府的作用体,社会公众的力量即反作用促使社会保护意识的提升。

六、对部门、市民的访谈

通过对相关部门的访谈思考名人故居保护的意义和存在的价值、现阶段管理和保护的瓶颈,通过对市民的访谈挖掘名人故居受冷落的原因、提升公众意识的方法、吸引公众参观的方式。将实地、电话访谈结合,对名人故居管理方、所在社区街道、相关职能部门以及市民进行采访。

(一)访谈记录

据西城区陶然亭街道负责人说:"之前不知道这是康有为故居,如果知道,会做调查和咨询",还说"这儿没有被列为文物保护单位,不能依法实施保护和管理"。

原北京康有为故居所在地居民说:"这里原来是一座假山。像这样的加建房子,整个院子里放眼皆是。过道有的仅容一人通过。"据介绍,院子最多时住了100户左右。

(二)结论

出台法律法规有利于故居保护和管理的有序化、规范化;结合地区实际情况作出合理规划。要进一步加强对于市民尤其青年学生的教育。发挥名人故居经济、社会、文化效益,营造和谐人文环境,培育高文化素养的市民;传承、记载城市文化、历史。故居的保护与管理利益关系复杂,与经济发展、城市建设矛盾点多,要加强具体落实。

七、对康有为故居及北京名人故居保护与日常管理的建议

更新观念,实现文化观念和思维方式与提升人文素养的统一。名人故居保护和利用的基本思路:变被动要求政府为自主联合社会来保护。在保护、开发和利用时应坚持真实性(即历史原貌)、整体性(即故居整体保护),引发民众怀念和追思,深挖故居的文化内涵。

(一)从内部提升和外部辐射两个角度提升康有为故居的品牌价值

整顿菜市口地区的名人故居群,打出"近现代历史名人街区"的品牌,联合谭嗣同故

居、梁启超故居进行综合治理。要“走出去”,在名人故居修缮完成后,走进大学校园、社区、博物馆,加大宣传力度;走出国门,用名人故居独特的文化魅力来传播历史文化。

(二)在建设“近现代历史名人街区”的框架下,切实做好康有为故居的保护工作

针对此次调研中发现的问题提出以下建议:

1. 从整体上对北京名人故居的发展作出规划。

通过调查摸底、申报审批、制定规划、逐步实施等,加强对故居的保护、修缮和管理。目前,西城区的“文化兴区”战略提出发掘故居文化内涵,释放名人效应;紧密结合时代要求,深挖独特文化底蕴;加大修缮、建设、宣传,实现历史文化资源的有效保护与合理利用。

2. 打造北京文化名人故居旅游品牌。

小范围开发“北京文化名人故居公交专线”。统一北京文化名人故居地标,标示显眼;建立北京文化名人故居网,介绍公交线路与基本情况,方便、吸引游客欣赏故居文化,扩大影响力。

3. 注重对青少年特别是大学生的北京人文教育。

借力大学生宣传文化名人故居。在北京各高校,举办故居巡展活动并延长巡展时间;依托各高校图书馆,作为展出平台,扩大名人故居的受众范围。

4. 加强文化名人故居保护的法律法规建设。

建议市政府制定“名人故居保护办法”,明确规定名人故居的保护原则及利用原则;确定名人故居管理机构;建立名人故居保护的社会团体。

5. 政府、社会、媒体三位一体,促进公众保护意识提升。

6. 多渠道筹集保护康有为故居资金。

以市区政府两级财政资金为主,国内外的社会捐助为辅,采取多种形式,广泛筹集名人故居修缮、搬迁、改建、扩建的资金。可建立基金会,向企业家、康有为后人募集资金;形成规模化的旅游产业,开发旅游产品等。

7. 采用图文并茂的方式,介绍康有为故居。

印刷康有为生平事迹简介宣传单,用图文并茂的方式,介绍康有为的生平、故居历史等,向来京旅游、学习人士免费发放。

(三)在日常管理上突出公益性质和名人故居的特色,实现可持续发展

1. 增加平面功能,合理利用名人故居

以康有为故居为例,康有为故居作为多功能综合体,要实现可持续发展。一楼用作生平事迹展;二楼用作研究交流中心,设书屋;三楼设休闲阅读座位,提升故居综合利用率。

2. 利用名人效应,保护其故居周边环境

整合周边建筑,形成近现代名人故居文化街的扩展地带;开辟名人纪念区的公共领域。利用名人效应、地理区域和功能多样化的优势。

3. 集合多方力量,加强利用名人故居的力度

团体参观与个人参观相结合。扩大免费开放的范围,对学生、老年人、现役军人等凭免费入内参观;向社会征集资料;多种方式筹措资金。

4. 多种修缮方式,保护结合利用

更新功能,修旧如旧。故居修缮后,积极应用多媒体平台,如微信扫描二维码等,拓展其知名度;通过有奖问答等互动环节展示故居细节。

八、结　语

从现状来看,北京名人故居资源相当丰富,具有很大开发潜力。市政府已花费了巨额资金和大量的人力资源来加强保护。虽然名人故居保护的现状不尽如人意,但已引起市政府的高度重视,目前市政府准备立法,用法规来解决名人故居的拆建、改造问题。

北京市相比于国内大多数城市而言,在名人故居保护方面有优势。但和国外相比,北京名人故居还有较大开发空间。京城文化建设正面临着新的挑战,希望在接下来的努力中开拓名人故居保护的新局面,把这张“北京文化名片”推向世界。

保护康有为故居具有深远的历史意义。虽然康有为故居保护现状不尽如人意,但已经引起社会的广泛关注。北京市应该重点保护这样具有历史价值、代表性的名人故居。目前,有16处未作为景区对外开放的名人故居,包括孙中山行馆、陈独秀故居、张自忠故居等,可纳入高端旅游线路,通过市旅游委与16家故居沟通并拟定线路。希望通过对康有为故居的持续关注和保护,开拓北京名人故居保护和利用的新方式、新方法。

参考文献

[1]张宝秀、成志芬:《北京名人故居保护现状及对策》,《前线》2010年第5期。

[2]北京市哲学社会科学规划办公室、北京市教委编:《2006年北京市哲学社会科学研究基地报告·北京文化发展报告》,同心出版社2006年版。

[3]阎崇年:《北京文化遗产与现代都市建设》,《北京社会科学》1990年第3期。

[4]隋永琦、魏明:《论历史文化名人故居的保护与利用——以青岛康有为故居为例》,《中共青岛市委党校·青岛行政学院学报》2006年第3期。

(指导教师:吴　静)

试析解放战争时期威海地区的党委机关报办报特色

王　怡[1]

报刊史是思想文化史的重要组成部分，关于报纸的个案研究，地方史以及断代史的个案研究成为当前思想文化史、新闻史研究的重要课题。此前的新闻史研究更多地把注意力集中于北京、上海、广州、重庆等大城市，地方新闻史研究是近几年才刚刚兴起。虽然威海在中国近现代史中占有重要地位，但对于这一地区的新闻史研究比较少，对于解放战争时期威海地区的新闻史研究更是少之又少。

本文的主要研究内容为：《新威日报》发行时期威海地区的时代背景的研究，对于《新威日报》发行的时间、地区、对象、创办者等方面的研究，对于《新威日报》的版面设计、报道内容、办报特色的整体研究，对于"街头新闻""城市新闻"两个板块的针对性研究。由以上四项研究内容来总结解放时期威海地区的报业状况、城市生活情况，等等。

一、《新威日报》及其办报背景介绍

《新威日报》是威海地方工商界、文化教育界等几百人集资创办的中共威海卫市委的机关报。1945 年 8 月威海解放以后创刊，10 月 1 日正式出刊。当时，胶东《大众报》社曾派人帮助指导办报，新华社胶东支社供稿。报社董事会由全体社员大会选举 21 人组成，负责指导报社建设。社长由董事会推选，第一任社长孔东平，主编于梦尤。内设编辑部、采通部和电讯部。创刊时版面为 4 开 2 版，1946 年 5 月下旬改为 4 开 4 版。办报方针是：宣传党的方针政策，推动党的各项工作。报纸出售只收成本费半价，不足款项由报社附设工厂盈利补充。1946 年统计共发行 3393 份。1947 年 8 月因国民党军队进攻威海，转移到农村继续出版。1948 年 1 月停刊。办报人员大部分调到胶东《大众报》。

在《新威日报》出刊的 1945～1947 年，全国处在抗日战争末期和国共内战初期的大背景下，政治上，威海经历了抗击日本帝国主义的战争末期，新政府的建立和国共内战的开始；经济上，威海地区经历了土地改革、国营公司等新兴经济因素的出现。在这一时期，威海地区时局变化频繁，各种社会新生事物不断涌现。

---

[1] 文化传播学院 2011 级新闻学专业。

二、《新威日报》办报特色分析

(一)版面特点——报纸整体板面安排稳定性和延续性差

综合目前所能找到的报纸原版资料，笔者认为，从整体的版面安排上来看，该份报纸稳定性和延续性较差。集中表现在以下两个方面：

1. 该份报纸并未严格地连续出刊

从《新威日报》报纸命名来看，这份报纸是一份“日报”，既然为日报就本该是每日早晨出刊。然而，经过笔者逐份核对，除去因为资料不全而无法衔接的几期报纸，该报纸出刊仍然有间断情况。例如1947年，由于国民党军队进入威海，报社转入农村而经历了短暂的停刊。该份报纸出刊的不连续性，同时也一定程度地反映了时局的动荡。

2. 版面不固定，板块的更替频繁

从该份报纸创刊到停刊，出现的板块着实不少，但是能够从第一期延续至最后一期的基本没有。例如此次研究中的主要研究对象“街头新闻”“城市新闻”两个版块，“街头新闻”只出现于报纸1946年的第303～402期中，并且仍然处于时断时续的状态，其中的第305期、第307～333期、第341～342期、第345期，第350～351期、第353～357期、第359～361期、第365～378期中均未出现“街头新闻”版块。

笔者认为，报纸版面稳定性和延续性差的原因主要有两点：

首先就当时社会背景而言，《新威日报》发行期间，威海正值抗日战争扫除日寇的末期以及新政府建立和国共两党对峙之社会剧烈变动的时期。例如：在1945年报道重点为“扫除日寇”，1946年报道重点为“反美反蒋”，1947年则为“歌颂新政府，报道新政策”。报纸是反映社会生活状况的一面镜子，时局的剧烈变动直接导致了报纸版面的巨大变动。从另一个层面来看，对比“街头新闻”和“城市新闻”两个版块，我们已经知道“街头新闻”出现的时间是1946年，处于国共内战最为激烈的时候，社会动荡程度比较高，所以，在“街头新闻”出版的这段时间出现的断层就比较多，这一反映群众生活的版面常被其他更具有战争动员意义的版块占用。与之相比，出现在1947年的“城市新闻”版块变动较小，只出现了一期的断层，原因在于1947年中国共产党新政府建立，大力发展生产，生活相对稳定，所以报纸出版的连续性比较好。

其次，当时办报理念不成熟，报纸版面设计得欠缺专业性。由于《新威日报》办报年代短，报纸延续性比较差。而社会的不稳定也造成了相对格式而言编者更重视报纸内容的现象。

再者，作为共产党的党委机关报，办报人员多为党政宣传人员，而非具有专业新闻编辑出版知识的人才，这也不失为一个重要的原因。

(二)内容特点——多为与时局联系紧密、反映城市居民生活的正面报道

1. 报道内容与时局联系紧密

在《新威日报》发行的1945～1947年中，全国处在抗日战争末期和国共内战初期的

大背景下,威海先后经历了抗日战争的末期阶段、土地改革、国共内战、新政府的建立以及大规模发展生产几个阶段。笔者发现,在不同时期,《新威日报》的报道重点都与时局紧密联系。

1945年已经是处于世界范围内反法西斯战争即将取得胜利的时期,国内解放军抗日战报和国际战场上反法西斯战争的战报构成了这一时期报道重点。在1945出版的《新威日报》上刊载的新闻多数为以“解放军进占八城,伪满军投降近四千”“华中东部连成一片,掌握运河五百余里”“美军在京登陆,用意难解”等为标题的新闻。

进入1946年,伴随着抗日战争的结束,报纸中对于反法西斯战况的报道逐渐减少,直至消失。在这一时期,社会的主要矛盾由中国人民与日本法西斯之间的矛盾转变为人民内部矛盾。这一时期报道中较多地体现了反美反蒋的报道,对于土地改革成果的报道和歌颂政府政策的报道等。

2. 以正面报道为主

对于本项目重点研究版块之一“城市新闻”正负面报道比重的统计之后,我们发现在47条新闻中多数为群众积极生产拥护党和政府的报道,带有负面色彩的只有如下两篇:

> 山区夏庄村关礼红,是个小行商,经常往来威达,且或投机取巧。曾在本月十三日从达来威,而从船下地,即带下毯子五床,意欲顺便偷走,免得完税,恰巧被海关同志发觉,只着其照章完税,未予责难。后于本月十七日去往大连,带有糕点两包(俗称猴腿果子),当时经海关同志几次动员查问:有无私货?他满口的美言回答连说:没有什么,没有什么。后将他所带的糕点打开,发现内藏金手镯六个,计量一两四钱,那时他始面红耳赤,无言可答。该关礼红,虽一再企图偷税走私,但民主政府仍以宽大政策,根据其家庭生活情况,给予帮助。①

> 威支讯:本市风船里成德号,一日游海外载货开会,驶至威海山后七八里处,突遭蒋海盗“美朋号”追赶,该风船在逃脱无望之时,只得落帆任其盗劫,蒋盗上船搜查后,即将所载四百八十口锅,五十张布,全部劫去,船主老客跪着央求少留几口载货船,倒反挨了皮鞋,还把锅也抢去了。其他客人的钟表两只、使用的肥皂也不留一点。最后又要抢去船上的十只小船。这时盗船又去急追西北方向的汽船一只,该遭劫风船趁机脱险。在当日深夜驶入本港,所有客人、船员均在愤怒之下,大骂蒋贼依靠美国反动派作践中国人说:“就是依着他(指蒋)美国爹的势力,还把船叫作‘美朋’,那真是海盗,比土匪都祸害!”现该船漏水已上岸修整。有船员谈:与此同时还有五只渔船被搜查。

> 蒋家海盗依靠美国反动派的势力,不断在海上劫持,本市船只客商遭劫者,仅识记者所知,自二月二十七日,至本月九日止,四十二天的时间。有汽船、风船各一,其他被艘渔船有五六只,被追赶未成的汽船二只,蒋介石此种欺压人民的海盗,商界莫不痛恨万分。②

仔细阅读这两则负面报道,我们不难得出结论,第一则是用新闻主人公“关礼红”的

① 摘自《新威日报》第435期。
② 摘自《新威日报》第453期。

“恶行”来反衬党和政府的宽宏大量;而第二则则是不免有抹黑蒋介石的色彩,仍然不是现代意义上的揭黑报道。

3. 宣传效用大于新闻报道效用

作为威海地区解放战争时期的党委机关报,《新威日报》最鲜明的特征之一是对于中国共产党和新政府政策的宣传,主要的形式分为以下三种:

(1)直接宣传

例如在上文所示的《千万别学关礼红》一文中报道最后指出:“……但民主政府仍以宽大政策,根据其家庭情况予以资助。”即直接叙述新政府的政策、举措、做法等等,浅显而直白地告诉读者新政府是法治、宽容、明理的政府,是为人民着想和为人民服务的政府。

(2)通过新闻人物口述表达

例如第438期中所报道的:中药房经理李春萱先生,为转营自己特长之渔业,特将药房出让于有经营药业经验之老中英药房经理张锡三先生,张经理买到药房,对民主政府及李经理颇为感谢。他说:“过去我的脑筋确实糊涂,从今年开始往后,政府和商民的扶持和照顾确是无微不至,新老员工都使劲干,市面上更好看了。这真是于市长领导有方,执行政策正确!”最后他说:“新中药房百万接手太低价了,要是对咱不扶持,李春萱先生不帮忙,实在难得此种机会。”

诸如此类的新闻报道,通常首先展现一个新闻事件,然后在整篇报道的最后展现新闻主人公对于共产党和新政府肯定和感谢的话语,以此来达到报纸宣传的目的。

(3)通过新闻人物在新政府建立前后行为态度的变化来反映新政府、新政策的优势

例如第438期中所报道的:

> 建国号的店员在运动开展后,主动和经理联系研究克服过去营业不开心的思想,并决心纠正顾东即东,顾西即西不听经理吩咐妨害营业的错误,要达到职业做买卖,不给建国号丢脸。现在店员每晚都练字学算盘,并学习店员须知的商场业务知识,在积极地营业中,店员感到格外愉快,他们谈论:过去店员吃零食,职员喝酒,不能安心做买卖,影响生意。现在学的东西多,能力增强了。该号现在已经没有超支浪费的现象了。有一次柜上作酱,经理准备起早叫起动手,结果是经理起来,店员早已动手,一天的事情半天完成了。日常出去买卖货物总是按时回柜。总之店员要做的事不再等着经理点头了。全体工人天亮就动工,不黑不住下,现在产量每天平均十六具,比过去增产四具以上,并注意了原料的节省。过去抱着“黑爪不挣给白爪吃”的态度,已经消除,该厂工人主动向其他厂的工人挑战,看看谁是积极生产反蒋主动团结资方的榜样。

这一类型的报道就是通过人物在新政府建立前后态度和做法的变化,让读者从中感受到新政府的好处,来达到宣传的目的。

(4)生活化语言和描述性语言的较多使用

从报道的语言上来看,《新威日报》的报道注重生活化语言和描述性语言的使用。有些语言现在读来甚至有些直白和幼稚,这于新闻报道语言所要求的严谨性有很大的偏差。这一点在“城市新闻”版块体现得不甚明显,其主要体现在“街头新闻“版块,下面笔

者将以实例进行说明：

> 一天走到南荣市，听见一些肉商在乱嚷着，仔细听云，他们原来是谈的时局问题，就是讲的蒋介石依靠美帝国主义制造内战，到处屠杀人民及卖国的罪行。
>
> 有一位矮而胖的肉商，面带愤怒地说："共产党八路军解放了威海，从二月到现在，我长了36斤；没想到……蒋介石又要来进攻咱，我又好瘦了，原因是狗子在这时，我不但没有粑粑吃，连花生饼都不够吃的；自从共产党八路军解放了威海，我翻了身，才有了粑粑吃，可恨蒋介石又要来，不让咱吃。"
>
> 这时他们都纷纷谈论着蒋介石内战的下场，谈得很多，但讲的是一个意思，就是蒋军一定要在解放区军民团结的铁链下失败。
>
> 那位长36斤的是谁，就是经常在南荣市卖肉的文思敏先生。

上文是刊载于1946年12月1日出刊的《新威日报》"街头新闻"版块的一则新闻，讲的是记者路过市场时听到的肉商之间的谈话，而谈话内容是一位肉商在新政府领导下由于生活富足，心情开朗而增重36斤的事，以此来达到宣传目的。这些语言看起来直白幼稚，故事情节甚至有些滑稽可笑。但是在那个特殊时期，确实起到了所需要的宣传效果。

三、对于党委机关报的真实性讨论

新闻是对新近已经发生和正在发生或者早已发生却是新近发现的事实的及时报道。据此理解，笔者认为，新闻真实性指的是在新闻报道中的每一个具体事实必须合乎客观实际。即表现在新闻报道中的时间、地点、人物、事情、原因和经过都经得起核对。马克思认为，新闻报道要根据事实来描写事实，而不是根据希望来描写事实。毛泽东主张新闻要讲真话，要如实报道战果、成绩和灾情。确有其事，是新闻真实性的起码要求。

在本次项目研究初期，笔者曾经试图透过这份报纸对于群众生活的一些报道来探究当时威海地区的城市生活状况，但是，伴随着研究的进一步深入，尤其是对于"街头新闻"和"城市新闻"这两个涉及群众生活的版块的重点阅读研究，笔者发现，很多出现在这份报纸上的新闻的真实性存疑。例如一则刊载于1946年12月3日第335期题为《哎呀！差一点吃大亏》的报道，记者将几个新闻主人公的动作表情描写得惟妙惟肖，其语言都以直接引语的形式表述。似乎主人公在某一个特定的时间、地点恰到好处一字不差地表述了记者和编辑所要表达的意思，笔者认为这是与一般逻辑不符合的，不免有制造新闻的嫌疑。

然而，作为一份党委机关报，又是出刊于特殊的历史时期，笔者认为这份报纸中所报道的某些新闻没有严格恪守新闻真实性原则是由客观现实状况所决定的。就一份机关报刊而言，办报目的即为代表其发言、宣传其主张，而在国共对峙的特殊历史时期，这份报纸也确实起到了宣传党的主张政策、鼓舞人心的巨大作用。

参考文献

[1]威海市档案馆、山东省图书馆藏:《新威日报》(1945～1947 年)。
[2]威海市地方史志编撰委员会编:《威海市志》,山东人民出版社 1986 年版。

(指导教师:周　怡)

“杀”“煞”在《醒世姻缘传》中的用法分类与比较

曹亚辉❶

在近代汉语的研究中，关于“杀”与“煞”的用法比较研究有很多，李立成先生从意义、语音以及用法方面分析了“杀”与“煞”同作副词时的区别，并从历时的角度论证了其演变过程：“杀”最早作为动词使用，在句中担当补语成分；在语义环境变化后，出现了使其虚幻的条件，从而从动词虚化成副词，在句中担当状语成分，完成完全的虚化大体是在唐五代时期，“此时‘杀’也可以写作‘煞’。”在此基础上，唐贤清先生又对李立成先生的观点作了进一步的补充：“大约到宋代，‘杀’与‘煞’似乎有了比较明确的分工：‘杀’主要作补语，“煞”主要作状语。”并依据文献资料进行了统计论证。可见“杀”与“煞”之间的关系是非常复杂的，唐先生提出：“方言材料同文献一样，‘杀’与‘煞’的句法分布也是十分复杂的。”

本项目的研究对象是《醒世姻缘传》(以李国庆校注的中华书局2005年版为底本)，这本书是山东方言词汇的宝库，自称“造句涉俚，用字多鄙，惟用东方土音从事”(《凡例》)。项目研究过程中处理文字769045字，共提取方言词汇1090条，地方俗语26条。本文是在前者的研究基础上，以《醒世姻缘传》提取的方言词汇为语料基础，分类整理“杀”与“煞”的用法类别，并对两者在意义以及句法上的重叠之处作了比较分析。此文仅涉及语义以及句法上的比较分析，对于语音方面的差别在此不作研究。

一、“杀”的主要用法分类

“杀”在《汉语方言大词典》中有5个义项分别为：

①杀(殺)[济南]使人或动物失去生命；②战门；③削弱，消除；④由于药物等刺激感觉疼痛；⑤勒紧，收束。

《汉语方言大词典》仅仅概括了“杀”作为动词的意义，但在方言词汇中，其意义用法远比此丰富，“杀”还做副词、助词使用，在句子中作状语、补语等成分。帅志嵩先生总结“杀”的语义历时演变如下：在先秦时期是典型的及物动词；中古汉语中大量存在着表示

❶文化传播学院2010级对外汉语专业。

结果意义的"杀";到了近代汉语中"杀"就基本上只表动作而不表结果;在动补结构和体标记均已成熟以后,大约是宋元时期,"杀"的语义由可以表示结果转换为只能表示动作意义,并且一直持续到现代汉语。

到《醒世姻缘传》的成书时期,"杀"作副词、助词,担当状语、补语的用法已经很普遍。据本项目统计,"杀"字在《醒世姻缘传》中出现426次,用法涵盖动词、助词、副词,在句中作谓语、补语、状语成分,下面针对不同的用法作详细的例证分析。

(一)"杀"作动词

"杀"作动词在《醒世姻缘传》中出现次数最多,共计203次,但具体词义并不完全相同。

1. 杀:使人或者动物失去生命。此意最为普遍。例如:

(1)《醒世姻缘传》第2页:

若把这忍心扩充开去,杀羊不已,渐至杀牛;杀牛不已,渐至杀人;杀人不已,渐至如晋献公、唐明皇、唐肃宗杀到亲生的儿子。

(2)《醒世姻缘传》第16页:

勉强支持了一会,将那分的几只雉兔并那个射杀的死狐交付家人收了,随即进到珍哥房内,没情没绪,垂了头坐在椅上。

"杀"完全作及物动词出现在先秦时期,其意为"弄死",是一个综合型语义概念,随着语境的细分变化,到现代汉语时期,"杀"从一个综合型的概念转化成了细分型的语义概念,下文在助词部分将会详细分析。

2. 杀:用绳索捆绑,使其固定。此义在《醒世姻缘传》中出现2次。

(1)《醒世姻缘传》第870页:

到下处,叫人挑着纱灯,把皮袄叠了一叠,杀在骡上,骑着家来,见了狄员外,把那艾回子可恶的腔款学说了一遍。

(2)《醒世姻缘传》第1055页:

强着说,破着捱一拶,捱一百撺,捱二百撺,那莹白嫩嫩的细指头,使那大粗的檀木棍子,用绳子杀将拢来,使木板子东一下,西一下,撺这一二百下子,说不怕,毕竟是咬牙瞪眼的瞎话!

此意在《中国民间方言词典》中注释为北方北京的官话,此注释的地区分类暗合了历史上汉语的基础方言已从中原地区逐渐移到了北京地区的事实。其实,在实际的使用中,此意仍然广泛存在于河南、山东等中原地区。

3. 杀:针线活的一种手法,指缝合。此意在《醒世姻缘传》中出现1次。

《醒世姻缘传》第958页:

玉兰缝直缝,素姐杀袍袖,打裙褶,一时将两套孝衣做起。

4. 杀:打压,压制,束缚。此意在《醒》中出现4次,组词为"杀缚""杀威"。

(1)《醒世姻缘传》第1174页:

拿出那做主人公的纲纪,使出那进士的势力,声罪致讨,重则赶逐,轻则责罚,岂不是教妇初来,杀缚他的悍性?

(2)《醒世姻缘传》第 1228 页：

谁知被人这等狠打一顿，又被人如此杀缚了一场，流水就递降书，急忙就赔笑脸，说声拜就拜，说声吃酒就吃，满口说自己不是，只说寄姐原来是个口直的好人。

(3)《醒世姻缘传》第 1136 页：

礼送得厚的，连那杀威棒也可以不打，连那铁索也可以不带，连那冷饭也可以不讨，任他赁房居住，出入自由，还可告了假回家走动。

(4)《醒世姻缘传》第 1136 页：

这是不消说起，起初见面定是足足的三十个杀威大板，发在那黑暗的地狱里边，饭不许你讨碗吃在肚里，要死了伶俐，阎王偏生不来拘。

我们认为释义 2、3、4 可以认为是同一个义项的延伸，都有"收束"的意思。只是后面携带的宾语不同，从而使词义有了更加贴切实际语境意义的延伸，宾语是物，则意为将物收束紧；宾语是人，则意为压制其行为，使其听从。

因此综上，"杀"作动词的义项可以归结为"夺取生命"和"收束"两项。

(二)"杀"作助词，用在动词或者形容词后面担当补语成分

上文提到，"杀"从一个综合型的语义概念转化成了一个细分型的语义概念，主要是因为动补结构和体标记的出现，这一现象就主要体现在"杀"作助词的用法中。

据项目统计，此用法在《醒世姻缘传》中出现 230 次，由于在句中所处位置不同，语法含义也有所差别。

1. 用在动词后面意为"死"，可用"死"来替换，表示因为动词的动作而导致死亡。

(1)《醒世姻缘传》第 129 页：

又问："那计氏可是几时吊杀?"高氏道："我劝了他出来了，谁知他是怎么吊杀来?"

(2)《醒世姻缘传》第 413 页：

一边就摘了帽子，陆了网子，脱了布衫子，口里骂说："你要今日不打杀我的，就是那指甲盖大的鳖羔儿！晁邦邦是好汉，你就打杀我!"

(3)《醒世姻缘传》第 709 页：

他那里尤厨子昨日九月九下那雹子，叫雷劈杀了，如今通没人做饭。

(4)《醒世姻缘传》第 661 页：

张瑞风神色俱变，语言恍惚，左看右看，回说："小珍哥烧杀了九年多了，没的鬼在小的家里?"

2. 用在动词后面意为"死"，可用"死"来替换，但是没有因为动词的动作而致死，只是表示程度很深。

(1)《醒世姻缘传》第 773 页：

素姐伸出胳膊，露出腿来，打得像紫茄子一般，肿得滴溜着，说道："你看，可怜杀人的，这怎么起得去?"

(2)《醒世姻缘传》第 907 页：

亏我看见；你要三不知地闯进去，老公正在厅上看着人摆桌子哩，你这不做弄杀

我了！”

(3)《醒世姻缘传》第 913 页：

童奶奶道：“好太太呀！太太跟前敢坐，待要折罪杀呀！”

(4)《醒世姻缘传》第 978 页：

我就不说了！我正待叫他生气哩！依着我的主意，那昝只不叫他留下这祸根不好来？百当叫他桶下这羔子，恨不杀人么！

(5)《醒世姻缘传》第 989 页：

再冬说：“你说的唬杀我，我不合他去罢。”

(6)《醒世姻缘传》第 1081 页：

童奶奶说寄姐道：“俺小姑娘，你待怎么，只是要他？叫他说的割碜杀我了！”

(7)《醒世姻缘传》第 1252 页：

喜杀俺东邻娇艳，淡抹浓妆，风韵悠扬，远远飘来粉泽香。

(8)《醒世姻缘传》第 719 页：

只见老狄婆子也没梳头，围着被在床上坐着，说道：“来了罢？盼望杀人！路上不十分冷么？”

3. 用在形容词后面意为“死”，可用“死”来替换，表示程度很深。此用法在《醒世姻缘传》中出现 32 次，组词为“羞（不）杀”“恼（不）杀”“臊（不）杀”“疼（不）杀”“俗杀”，在句中作补语。

(1)《醒世姻缘传》第 481 页：

正见狄希陈在那里张望，用手把狄希陈招呼前去，说道：“你这腔儿疼杀人！”一只手挽发，一只手扯着狄希陈到他卧房，说：“床上坐着，等着我梳头。”

(2)《醒世姻缘传》第 494 页：

你却跑了这里来了，这极躁不杀人么？你这位大姐可也不是，这是甚么事情，你却留住他在这里混！

(3)《醒世姻缘传》第 863 页：

我又后悔，没要紧大清早神差鬼使地吃了这血条子，甚么脸儿见你员外？羞杀人！管家，你牵的是甚头口？我即时就合你去，一切用的药，我都收拾停当了。

(4)《醒世姻缘传》第 877 页：

两个道婆说：“这烧香，一为积福，一为看景逍遥，要死拍拍猴着顶轿，那就俗杀人罢了，都骑的通是骡马。”

在释义 1 中，“杀”用在动词后面表示已经致死，存在结果的含义，我们认为这个用法与“杀”作为及物动词的用法还有很大的相近之处，可以是介于实词与虚化之间的过渡形式。而在释义 2、3 中，“杀”的虚化程度已经很深，其动补结构已经很明显，是一种已经完成了虚化的助词形式，因此我们认为在释义 1 中不能用“煞”来替换，在后面这两个意义的层面可与“煞”替换。

4. 用在名词后面，构成结构“名词＋杀＋的”，构成名词，作为体词的一种标记，在句中作主语或者宾语。此用法在《醒世姻缘传》中出现 8 次，组词为“贼天杀的”。

(1)《醒世姻缘传》第 174 页:

他央及央及,就无可无不可地夹着扶跟了他来!官儿跟前,我没的添减了个字儿来?贼忘恩负义砍头的!贼强人杀的!明日府里问,再不还打一百板哩!我再见了官,要不证的你也戴上长板,我把高字倒写己你!

(2)《醒世姻缘传》第 279 页:

那日要不是嫂子救落着,拿到大街上一顿板子,打不出我这老私窠子屎来哩!这事瞒不过嫂子,这实吃了晁无晏那贼天杀的亏,今日鼓弄,明日挑唆,把俺那老斫头的挑唆转了,叫他像哨狗的一般望着狂咬!

(三)作副词,在句中担当状语成分

此用法在《醒世姻缘传》中出现 9 次,组词为“杀狠地动”“忒杀”“杀狼地动”。

(1)《醒世姻缘传》第 166 页:

试看此折姻缘谱,祸患生来忒杀奇。

(2)《醒世姻缘传》第 250 页:

晁住李成名媳妇两个对唐氏道:“狠杀我!俺也还个绷儿!”一个搂住唐氏,一个把唐氏剥得上下没根丝儿,立逼着晁源着实的教训了他一顿。

(3)《醒世姻缘传》第 251 页:

那日连李成名媳妇也要算计在里边宿歇,恰好到晚上李成名被蝎子蜇了一口,痛得杀狠地动地叫唤。

(4)《醒世姻缘传》第 857 页:

自从艾前川去后,狄希陈那疮疼的见鬼见神,杀狠地动地叫唤。只得将膏药揭去,末药洗净。

二、“煞”的主要用法分类

“煞”在《现代汉语方言大词典》中的义项如下:

[济南]煞白:(徐州、扬州、南昌)由于恐惧、气愤、疾病等原因,脸色极白,没有血色。

[丹阳]①用在动词、形容词后,表示程度深,例:高兴煞则咧/恨煞则我咧。②死去(用在动词、形容词后),例:淹煞咧/他硬是冻煞则格。

由以上可以看出“煞”在济南话中是作为副词出现的,在丹阳话中与“杀”的用法重复。本项目统计,在《醒世姻缘传》中“煞”出现 34 次,用作副词、助词、名词、动词,在句中分别担当状语、补语、主语或者宾语、谓语成分。具体分类如下:

1.“煞”为副词,在句中担当状语成分。此用法在《醒世姻缘传》中出现 24 次,组词为“煞实”等。

(1)《醒世姻缘传》第 31 页:

珍哥亦从梦中魇叫醒来,觉得在太阳边煞实疼痛。

(2)《醒世姻缘传》第 33 页：

煞也古怪，珍哥的头也就渐渐不疼了。

(3)《醒世姻缘传》第 192 页：

晁老怕他议论，不好下得手。又亏不尽有一个煞狠要丈夫做人，不肯学那东窗剥柑子吃的一个贤德夫人，屡屡在枕边头说道："我们在华亭，幸得急急离了那里。"

(4)《醒世姻缘传》第 224 页：

可煞作怪，这几件物事没有一个人晓得的。就是梁生、胡旦也并无在晁书面前提起半个字脚，这不又是韦陀显圣么？

(5)《醒世姻缘传》第 435 页：

谁知这件"财"字的东西，忒煞作怪，冥漠之中差了一个财神掌管，你那命限八字之中该有几千几万，你就要推却一分也推却不去；你那命里边不是你应得之物，你就要强求分厘毫忽，他也不肯叫你招来；你就勉强求了他来，他不是挑拨那病鬼来缠他，乘机逃在那医人家里，或是勾引孽神琐碎，他好投充势要之家；叫你分文不剩，空落一身狼狈。

2."煞"为助词，用在动词或者形容词后面作补语，表示程度很深，此时可以用"杀"或"死"来替换（详见上文"杀"作动词时的论述）。此用法在《醒世姻缘传》中出现 3 次，列举如下：

(1)《醒世姻缘传》第 581 页：

如今还没下床，怪道你狄大娘门口就站住了！躁煞我！这是怎么说！薛三槐娘子说："我来到，这天井里的门关得紧紧的。我只说姐夫还睡着哩，没敢大叫。

(2)《醒世姻缘传》第 599 页：

那梁上见有建造年月日时，他没打听真就说是酉时。只这两三个叉股了，问不煞他哩！"

(3)《醒世姻缘传》第 1061 页：

惟这刘振白儿子拐银逃走，小老婆又背主私奔，家中再没有别人，死煞坐在监中呆等，那得有鬼来探头。三日一比，比了两限。

除此之外，"煞"作助词用在动词后面，单纯地对动词作补语，与程度无关，只是用来补足动词的动作形态，此种用法在《醒世姻缘传》中出现 3 次，组词为"扎煞""支煞"。

(1)《醒世姻缘传》第 665 页：

盘推官的皂隶都使了银子，批打时，好叫他用情。不料按院审到珍哥跟前，二目暴睁，双眉直竖，把几根黄须扎煞起来，用惊堂木在案上拍了两下，怪声叫道："怎么天下有这等尤物！还要留他！"拔下八枝签，拿到丹墀下面，鸳鸯大板共是四十，打得皮开肉绽，鲜血汪洋，止剩一口微气。

(2)《醒世姻缘传》第 671 页：

我只见了他，口里妆做好汉，强着说话，这身上不由地寒毛支煞，心里怯怯的。

(3)《醒世姻缘传》第 1150 页：

素姐扎煞两只烂手，挠着个筐大的头，骑着左邻陈实的门大骂，说："我又没使'长锅'呼吃你娘，呼吃了你老子，抱着你家孩子掩在井里！那用你对着瞎眼的贼官，证说我这们些嚼舌根的话,叫我吃这们顿亏!"

3."煞"用作专有名词在《醒》中有2处,组词为"收煞""煞贡"。

(1)《醒世姻缘传》第1285页:

狄希陈忙忙地赶船去了。不知何日赶上,何样光景,怎生结局,再看下回收煞。

收煞:收尾、结束。

(2)《醒世姻缘传》第279页。

吃过了早饭,可可的那十六日是个上好的吉日,"煞贡""八专""明堂""黄道""天贵""凤辇"都在这一日里边,正正的一个剃头的日子,又甚是晴明和暖,就唤了一个平日长剃头的主顾来与小和尚剃头。

"煞贡"就中国道教或者台湾道教、民间信仰而言,是指行年轮的诸星之一,此意在此不作详细论述。

三、结　语

从以上统计与分类可以得出,在《醒世姻缘传》中,总体而言"杀"的使用频率比"煞"要高,其中"杀"的用法多集中于动词和助词中,在句中作谓语和补语的情况较多。"杀"在担当补语的时候用在动词后面意为"致死"的意思较多,用在动词和形容词后面加深程度的用法较少,但比"煞"用于加深程度的用法要普遍。"杀"用作副词的情况比"煞"要少。可见,在《醒世姻缘传》中"杀"的虚化用法已经很普遍,但还没有与"煞"完全一致,在今天而言,用于助词作补语表示加深程度的用法时,"杀"与"煞"可以完全替代。另外通过统计比较,在《醒世姻缘传》中"杀"侧重于助词作补语的用法;"煞"侧重于副词作状语的用法。

语义的丰富性是汉语的一大特色,汉语方言又是汉语的丰富语料库,但由于汉语国际化的发展,方言正在消逝,方言的保护迫在眉睫。又因为存在研究方法不成熟、操作难度大等问题,使方言研究的进展一直很慢,因此方言研究是一项任重而道远的工作。另一方面,在今天汉语走向国际化的过程中,汉语丰富性是一大特色的同时,又成了汉语传播的潜在阻碍,因此对于汉语词汇的语义用法有必要进行更加详细的分类,在保护汉语的特色的同时有利于汉语的对外传播。

参考文献

[1](清)西周生著,李国庆校注:《醒世姻缘传》,中华书局2005年版。

[2]李荣主编:《现代汉语方言大词典》,江苏教育出版社2002年版。

[3]段开琏主编:《中国民间方言词典》,南海出版公司1994年版。

[4]李立成:《近代汉语中的副词"杀""煞"及其变体》,《黄淮学刊》(社会科学版)1995年第4期。

[5]唐贤清:《副词"煞"与"杀"句法分布的历时演变》,《长沙电力学院学报》(社会科学版)2004年第2期。

[6]帅志崇:《“杀”的语义演变过程的动因》,《语言科学》2011年第4期。

[7]殷晓杰:《明清山东方言词汇研究——以〈金瓶梅词话〉、〈醒世姻缘传〉、〈聊斋俚曲〉为中心》,中国社会科学出版社2011年版。

[8]赵红梅:《汉语方言词汇语义比较研究》,中国广播电视出版社2011年版。

（指导教师:高万云　尹海良）

泛动词"整""搞"和"弄"比较分析

赵明明[1]　王文帅[2]

在日常生活交际中，我们发现动词"整"在东北地区的使用频率特别高，在某些句子中可以用其他动词来表意的却都用"整"来代替了，由此而产生了思考，是什么原因使然呢？既然在东北地区有这样一个动词？那么其他方言区是不是也存在这样一个动词？对此，我查阅了相关资料，选取了"整""搞"和"弄"进行简单比较分析异同，用认知语言学的相关原理对语义泛化进行了简单的理据分析。

一、语义分析

"整""搞"和"弄"在现代汉语中都是应用广泛的泛义动词，在日常的言语交际中有着极高的使用频率，他们有着相似之处，但是也有不同，下面为《现代汉语词典》对"整""搞"和"弄"的释义。

(一)"整"

1.[形]全部在内，没有剩余或残缺；完整(跟"零"相对)：～天｜～套｜一年～｜十二点～｜化～为零。

2.[形]整齐：～洁｜～然有序｜仪容不～。

3.[动]整理；整顿：～风｜～装待发。

4.[动]修理：～修｜～旧如新。

5.[动]使吃苦头：他被～得好苦。

6.[方][动]搞；弄：绳子～断了｜这东西我看见人～过，并不难。

(二)"搞"

1.[动]做；干；从事：～ 生产｜～工作｜～建设。

2. 设法获得；弄：～点儿水来｜～材料。

---

[1]文化传播学院 2011 级对外汉语专业；[2]文化传播学院 2011 级汉语言专业。

(三)“弄”

1.［动］手拿着、摆弄着或逗引着玩儿：他又～鸽子去了｜小孩儿爱～沙土。

2. 做；干；办；搞：～饭｜这活我做不好，请你帮我～～｜把书～坏了｜这件事总得～出个结果来才成。

3. 设法取得：～点水来。

4. 要；玩弄：～手段｜舞文～墨。

通过《现代汉语词典》中的解释我们发现，在词性方面，“搞”和“弄”仅具有动词词性，但是“整”不仅具有动词词性，还具有形容词词性，这也是它在这三个词中特殊的一点。在语义方面，这三个词有相似性：“整”在语义 6 中直接用“搞”和“弄”来解释，而“搞”的语义 1 和“弄”的语义 2 是相似的，都具有“做”“干”的意思，“弄”在语义 2 中也直接用“搞”来解释；“搞”的语义 2 和“弄”的语义 3 是相似的，具有“设法获得”的意思。也有独特性：“整”具有与其他两个词不同的语义，即全部在内，没有剩余或残缺；完整（跟“零”相对）；整齐；整理；修理；使吃苦头。“弄”也具有与其他两个词不同的语义，即手拿着、摆弄着或逗引着玩儿；要；玩弄。

在方言中它们的使用范围不仅仅局限于这几个语义，可以称之为泛义动词，具有很高的使用频率。泛义动词的概念最早由刘瑞明先生提出来的，泛义动词可以替代很多动词，在句中表意比较朦胧、宽泛，和其他准确的具有实在意义的动词不同。

由于本文主要谈到泛义动词，所以暂不考虑“整”的形容词词性语义。经过对前人对这三个词在方言中的研究的搜集整理，我们发现“整”在方言中主要具有如下语义：做，弄；管束，惩治；欺压，暗算；陷害；奸污；制造；整顿；整理；修理；打扫；砍，割；拿，抱，扛，背，挑；召集，组织；打架，吵嚷；要手段；击毙；捕猎；揭，凿，开；采购，置备；办，办理；写作；修改；管理；学；玩儿；说，惹；理解。

“搞”在方言中主要有如下语义：从事；做，担任；完成；陷；吹；卡；写；比，超；主持，负责；理解；赚；评选；发展；了解；解决，联系；落实；对付，交往；提，定；提倡，宣扬；实行；组织，安排；行动；策划；进行，开展；采用；处理，拉，建立；编纂；建立，制订；建设，创建；勾搭；试验，制造；树立；制造；找，设法获得，设法得到；买；玩弄，要弄；发生性行为；捉弄，整治；暗算，陷害；采取措施；活跃；整顿；发展；变；使；惹。

“弄”在方言中的语义如下：做；打；扯；要；逗弄；挑；搞；得到；修理；惹；杀；捉；剖、洗；糟蹋、破坏；清查；摆弄，玩弄；收拾。

以上对泛动词“整”“搞”“弄”在方言中的语义的整理还不尽全面，根据具体的语境，在使用过程中它们不仅仅具有这些语义，所以我们不能说它们哪个词的意思更多，替代功能更强。

通过比较我们发现：“整”“搞”和“弄”均有“做，惹”的意思，在方言中“弄”也用“搞”来解释，“整”也用“弄”解释，“整”和“搞”均有“暗算，陷害，整顿，组织”的意思，“搞”和“弄”均有“玩弄”的意思，“整”和“弄”均有“修理”的意思。其他未提到的是各个词特有的词义，在语言的发展演进中这三个词的相似性可能会越来越强。

在使用地域上，“整”经常在东北地区使用；“搞”经常在南方使用，在西南官话以及相邻的湘赣方言区中关于“搞”的词语比较丰富，在其他地区也有使用，但是使用频率不高，代表的意思也较少；“弄”在中部地区使用最频繁，有时读为“neng(四声)”

二、句法分析

“整”“搞”和“弄”作为动词，具有一般动词所具有的语法特征，在句法方面更多的是相似性：作谓语或谓语中心；能够受副词“不”修饰，如不整、不搞、不弄；后带“着”“了”“过”等表示动态，如整完了、弄完了、搞过几次。

此外，这三个词都可以单独使用作谓语或谓语中心，如：①我发烧了，咋整？②你快点搞。③快弄。

三者都可以带宾语，其后宾语分为以下几种类型：

(1)带名词性宾语。“整”后面所加宾语一是受事宾语，如：④你身体不好，光整菜不行，得买点肉。二是结果宾语，如：⑤你的脸本来就黄，再整个黄头发，那小脸就更蜡黄蜡黄的了。“搞”后面所加宾语一是名词，如：⑥马季不是搞气氛的滑稽演员。二是名词性短语，如：⑦我们过去对什么是社会主义和怎样搞社会主义的问题认识不清楚。“弄”后面加宾语，如：⑧几个地痞打算晚上偷东西吃，一个头目说：“别弄狗，去弄只鸡回来。”

(2)带代词性宾语。如：⑨今天谁来啊，咋整这些菜呢？⑩你以为我就光搞你一个人的事吗？⑪他睡得正香，你别弄他。

(3)带形容词性宾语，如：⑫把屋子整干净。⑬不论什么人，只要搞腐败，就坚决查处，绝不姑息。⑭她细心擦去被眼泪弄湿了的睫毛膏，又用手巾擦起了脸和嘴唇，接下去是漫长的化妆。

(4)带动词性宾语。如：⑮你要好好整学习。⑯老张经常深入农村搞调查研究。⑰我的意思你没弄明白？

“整”“搞”“弄”带宾语有很丰富的用法，可充当多种句法成分，可作谓语、主语、定语，也可作宾语。

都可以带补语，有以下几类：

(1)结果补语，如：⑱钱揣好了，别整丢了。⑲问题搞清楚了。⑳我弄到了一张回家的火车票。

(2)趋向补语，如：㉑哪儿来的猫，快整出去！㉒过来帮帮我，我弄不过来了。㉓事情太多我们几个人搞不过来。

(3)处所补语，如：㉔商场保安给他整到保卫处搜身。㉕你把我的书搞哪去了？㉖给你的钱，弄哪去了？

(4)时量补语，如：㉗这啤酒瓶的盖儿我刚才整了半天也没整开。㉘搞了一阵子。㉙我弄了一会没弄好。

(5)数量补语，如：㉚你把它整一下。㉛搞一个区。㉜也许我在中国也会弄一辆。

(6)可能补语，“整”带可能补语，大都是否定性的，如：㉝这么笨的人都能整明白的事儿，你咋还能整不明白呢？㉞爱情这门学问太高深了，我直到现在仍弄不明白。㉟挨打是痛苦的事情，丝毫搞不明白对手是如何出拳打自己的额，更是痛苦之中最大的痛苦。

带补语后，还可以再带宾语，如：㊱别掐他了，你想整死他呀？㊲搞关系我搞不过他。㊳我觉得这人好奇怪，竟然把自己身上所有的钱都给了我，弄得自己连坐车回家的路费都没有了。

“整”“搞”和“弄”能重叠使用：如：㊴你整整床，太乱了。㊵长期以来，中国工会给人的印象多是搞搞文娱活动、组织疗养、发放福利用品等。㊶他在上中学以后就喜欢弄弄笔头，有他独特的文采。

三、理据分析

动词“整”“搞”和“弄”词义功能强大，能带数量如此多的宾语及补语，而且在方言及口语中使用的频率越来越高，也有学者称其为“泛义动词”，它们也逐渐向民族共同语中演变，那么是什么原因使然呢？

首先从认知语言学的语义结构谈起。语义结构是我们赋予语言表达的意义，分为两个部分，一是语言表达的规约性意义，即我们可以在词典上面找到的意义，二是我们形成的关于语言表达的世界百科知识，即在适当的语境中我们赋予词汇的意义。我们在词典中可以找到的是动词“整”“搞”和“弄”具有约定俗成性的规约性意义，但是在方言中它们的使用频率越来越高，在使用过程中产生的临时语境里，语言使用者赋予它们的意义可能会进入词典成为规约性意义。这也体现了语言的灵活性、适应性和创造性，充分表现了人类语言的强大生命力。

李福印先生在《认知语言学概论》中指出认知语言学认为语义是客观世界、人的认知以及语言符号三者之间的关系。我们认为客观世界、人的认知及语言符号促使了“整”“搞”和“弄”的语义泛化。客观世界是语义形成的社会文化因素，人的认知是语言使用者使用过程中的心理因素，语言符号是语言本身的因素。

从正面的角度来看，在语言使用的过程中，为了满足交际的准确性和交际的“经济原则”，人们对表达具有选择性，会选择相关的概念转喻自己所要表达的意义。语言具有约定俗成性，在语言使用中，根据具体的语境，多次使用同一个词语，语言使用者往往能够理解对方语言表达的语义。人们语言表达的选择性体现在现今我们生活在一个快节奏的客观世界中，“整”“搞”和“弄”都是单音节的词，语言使用者赋予它们的语义往往是双音节以及多音节的，所以同样的意义，用较少的字来表达似乎更加满足简洁的需要，符合言语交际中的经济性原则。

从另一方面讲，这种语言现象也可能存在负面因素，某些方言区的人可能词汇量小，日常交往过程中词汇贫乏使得他们不得不用一个自己熟知且表意功能强大的词语来代替自己所匮乏的那部分词语。另外，日常语言交流存在实时性，在表达思想时，有些人情急之下无法找到合适的词表达意思，就用自己最熟悉的词语代替了其他词，这也是被动使用语言的表现。

使用者的心理因素也是促成这种现象不可忽视的原因，人们往往会选择清楚明白的、相关性强的事物来转指模糊不清的相关性弱的事物。在使用过程中人们往往选择更易说出口的词语代替较避讳的词语。“整”“搞”和“弄”大多用于口语，其口语色彩非常浓厚。在日常生活中,这三个词的贬义化倾向提高,一些不便说出口的贬义动词便用这三个泛义动词代替。语言也具有任意性、模糊性、灵活性,这三个词一定程度的模糊性也使得在现实交往中更多的人愿意使用它。而且,有些人会刻意地使用这些词语提高语言的生动性和形象性,这也是主动使用语言的表现。

语言符号是词汇化了的概念,词汇用以表达概念。"整""搞"和"弄"这三个词在使用中形成了自己的语义场,言语社团约定俗成地形成了这三个词的词汇观念以及它们表达的概念。在方言中"整"的形容词词性是毋庸置疑的,但是它本身并不具有特定的某一种动词词义,只有在具体的语境中以及后面带了宾语和补语后,形成一定的语法结构才具有特定意义。方言中的"搞"也符合上述情况,它的基本义非常模糊,没有确定的一种或几种,正是一定程度的模糊性使其在言语交际的过程中发挥了重要的职能,因为模糊而被广泛使用,与其他语言成分组合,词义也在不断扩张。而方言"弄",一方面,本意是和手部动作有关的,这是它泛化的基础,手部动作是很宽泛的,可以做出多种动作,另一方面,其只有表示动作的这一核心义素,也具有一定程度的模糊性,因此,它可以搭配多种宾语及补语,表达多种意义。

参考文献

[1]中国社会科学院语言研究所词典编辑室编:《现代汉语词典》(第5版),商务印书馆2008年版。

[2]褚艳:《泛动词"整""搞"和"弄"小议》,《语文学刊》2009年第8期。

[3]杨丽君:《动词"搞"在现代汉语中的语用考察》,《语言文字应用》2002年第2期。

[4]王凤兰:《谈东北方言中的万能动词"整"》,《长春师范学院学报》(人文社会科学版)2007年第11期。

[5]张万有:《方言动词"整"简说》,《昭乌达蒙族师专学报》(汉文哲学社会科学版)1999年第1期。

[6]徐时仪:《"搞"的释义探析》,《上海师范大学学报》(哲学社会科学版)2003年第4期。

[7]陈如新:《祁阳方言中的特色动词"弄"》,《湖南科技学院学报》2007年第5期。

[8]黄伯荣、廖序东:《现代汉语》(增订4版)下册,高等教育出版社2007年版。

[9]李慧敏:《也谈"搞"》,《宿州师专学报》2003年第2期。

[10]冉丹:《"弄"字小议》,《青年作家》(中外文艺版)2010年第4期。

[11]罗建军:《"搞"的词义扩张》,《濮阳职业技术学院学报》2007年第4期。

[12]于欢:《对东北方言"整"的语义、语法、语用分析》,《辽宁教育行政学院学报》2011年第1期。

[13]田明秋:《也说泛义动词—— 以"打"和"弄"为例》,《郑州大学学报》(哲学社会科学版)2010年第3期。

[14]李福印:《认知语言学概论》,北京大学出版社2008年版。

(指导教师:高万云)

对“耍孩儿”表演特色的实践调研

侯欣蕊[1]

“耍孩儿”是流行于晋北地区的地方小戏，它凝结了几千年来晋北戍卒和百姓生活与血泪的结晶，并以其独树一帜的发声方法、明快热烈的音乐伴奏、真挚诙谐的表演形式而深受广大人民群众的喜欢，这一戏曲史上的活化石正在逐渐地被人关注。本文就其研究成果分剧种渊源、艺术特色和发展现状这三方面进行总结。

一、“耍孩儿”简介

在对耍孩儿剧团实地调查中，我们通过对老艺人的采访和参观剧团活动，收获丰富，并将所收集的采访资料和文本资料进行归纳。

在与剧团团长王老师的交流中，我们得出“耍孩儿”的两种由来：其一是汉代昭君出塞行至雁门关，目睹塞外荒凉景象，思念中原，内心酸楚，便沿途哭泣，直到嗓子哭哑还哽咽不止。后人模仿她的哭声，经过辗转变化形成了一种曲调，就是耍孩儿。其二是唐玄宗时，有位皇子生下来就啼哭不止。唐明皇便召集梨园弟子轮番给皇子演唱取乐，但均不见效。后来有一班弟子突发奇想，用后嗓子唱了一支[平曲子]，太子听后转悲为喜，唐玄宗大喜，便赐此曲名为“耍孩儿”。

对于“耍孩儿”的发展，我们通过采访老艺人和查找书本资料，总结了其发展状况。

清朝末年，“耍孩儿”受北路梆子的影响较深，“耍孩儿”的演员吸收了一些大戏的程式，使“耍孩儿”得到较大发展，与此同时，演出随地理范围也不断扩大，东到河北，南达晋中，西至宁武、神池，北向内蒙古河套一带延伸。1911 年，“耍孩儿”戏艺人秦凌云为了打开市场还曾率他的“海艺班”在天津进行过演出。但由于天津观众不喜欢“耍孩儿”的风格，“耍孩儿”的一次有意识地向外发展最终失败了。1937 年，日本侵略军进犯大同，“耍孩儿”戏急剧衰落，几乎绝迹于舞台。中华人民共和国成立后，“耍孩儿”戏获得了重生，并有了重大的改进和飞速的发展。1954 年，怀仁县组建了第一个专业“耍孩儿”剧团——工农剧团(后改称“大同市民间戏剧团”)，招收了第一批男女学员，“耍孩儿”戏演出中第一次有了女演员的参与。在女演员登台演出后不久，其唱腔发音从后嗓子改为前后嗓子

---

[1]艺术学院 2011 级音乐学专业。

相结合。后来又全改用本嗓发音,这样从很大程度上丰富了“耍孩儿”的唱腔发音,也使剧目中女性角色更加真实。1956年起,山西省文化局和原雁北地区文化局,对“耍孩儿”戏的28个传统剧目进行了演出鉴定。1961年,省、地两级编导人员对《狮子洞》中“扇坟”一折进行了加工整理,使“耍孩儿”在艺术上取得了突破性的提高。这一时期涌现出薛国治(小飞箩面)、孙有、李永莲、李茂秀、张翠兰、周国平等一大批优秀的男女演员。但此剧团在“文革”期间被迫解散。1978年,大同市艺校招收了第一届“耍孩儿”专业班。1982年,以这个班的师生为基础成立了大同市“耍孩儿”剧团,使这一剧种得以保留、发展和快速提高。2003年,大同市艺校招收了第二届“耍孩儿”专业班。

通过采访和资料收集,我了解了“耍孩儿”表演的特色。第一次走入剧团,参观孩子们的排练时,我平息了很多疑惑。“耍孩儿”的功架戏较少,它表演程式多以“三小”即小生、小旦、小丑的动作为主。“耍孩儿”戏的马鞭运用和小旦的挖步,是其独有的表演程式,马鞭往前举打,好像是打马脖子,样子很像大同地区民间社火活动中的“跑驴”,小旦的“挖步”是脚尖点地,往后挖去,步法少了些大家闺秀的含蓄,多了些乡间民女的活泼。

表演中歌唱性、舞蹈性很强,其中尤以丑角的表演十分诙谐,极具特色,以至于尽管它的剧目多为悲剧,但丑角的重场戏演得妙趣横生,受到当地群众的青睐。总之,“耍孩儿”戏最大的艺术特色就是贴近生活,民间色彩浓郁。“耍孩儿”是一种比较古老的、载歌载舞的地方戏曲,它包括下列几种戏曲形式:道白、引子、叫板、赞儿、介板、流水、新腔、平腔,平曲子。

二、““耍孩儿””的艺术特色

对于一个声乐专业的学生,“耍孩儿”的唱腔特色是笔者所最感兴趣的话题。

“耍孩儿”戏的最为突出的一大特色就是“后嗓子”唱法,有这种风格的仅此一家。其中“咽音”占据了更大的比例。咽音是我们声乐学习中一种少有方法,在平时的声乐练习中只偶有运用,我总结了以下的内容,来比较“耍孩儿”与民族、美声的发声方法:

	“耍孩儿”	民族、美声
口腔	只打开口腔前部,关闭后部,从而关闭了通往头腔的通道,避开了后脑	打开口腔后,有打开牙关之说,耳朵根以上要提起,给气息进入头腔作准备
共鸣	鼻腔和额腔、胸腔共鸣为主	头腔额腔、鼻腔、头腔比例要大
气息	腰周围	腰
气息流向	丹田—前胸—声带—额腔	后腰—后背—后脖颈—后脑
咽音比例	大	小
音响效果	声音散白成面状,穿透力弱,音色杂、有毛刺	声音集中,收拢,成管状,有穿透力,音色纯净,柔和

大同“耍孩儿”发声中,咽音占据了较大的比例,由于特定的地域和生理原因,没有听惯的人觉得不堪入耳。但是当地的百姓,却对它有着特殊的感情,百听而不厌。这是当地老

百姓的偏好，是雁北“要孩儿”传承和发展中必须谨慎沿革的重大课题。雁北的“要孩儿”除“咳咳腔”这一别称外，还被称作“要喉儿”，因为“要孩儿”的唱法不同于其他剧种，不是用本嗓发声，而是用后嗓子演唱，声音低沉、哽咽，颇有混响的感觉。传统唱腔使用B调，后来经过改革发展渐渐开始使用bB调。起初“要孩儿”的演出中只有男演员没有女演员，所以无论扮男扮女都是由男演员用后嗓子来演唱，在扮相上根本看不出是男扮女装，所扮女角，无论扮相多么秀丽可人，身段多么婀娜多姿，只要一开口，都是粗重雄厚的后嗓子声音。

王团长在采访中表示，最近几年由于国家的高度重视，特别是吸收女学员以后，“要孩儿”在发声方面，已经起了很大的变化，女演员们都用本嗓发音，听起来非常悦耳；男演员绝大部分虽然沿用后嗓发音，但少数人却已有所改变，采用了前后嗓结合的发声方法，较之后嗓发音听起来就舒服些。

另外，“要孩儿”戏的唱腔音乐分两大类：一类是“平曲子”，它包括可插入的各种“拨子”“苦挽头”“串儿”“倒三板”等曲调，这是“要孩儿”的主体唱腔。另一类是各种独立存在的唱腔，如“梅花调”“屹给子”“南罗子”“赞儿”“平腔”等。此外还有从其他剧种吸收过来的“流水”“介板”“一滚白”等这些独立存在的唱腔曲牌。

通过观看排练与团长的讲解，我们知道一个曲种的伴奏也是至关重要的。

“要孩儿”的乐队通常为文武场，弦乐队为文场，打击乐部为武场。

传统的文场乐器有：第一大板胡（俗称正弦），第二大板胡（俗称反弦），笛子。传统用“五眼调”竹笛，相当于B调，现在多用bB调竹笛、唢呐。20世纪50年代初，废除了二板胡，加进了笙、二胡、小三弦等。武场打击乐器有鼓板、面鼓、大锣、小锣、大镲、小镲等。伴奏形式是文场乐器随腔伴奏，在过门中加打击乐器，旦角唱腔的过门用小锣、小镲。男角唱腔的过门用大锣、大镲。除了唱腔伴奏还有对白和表演伴奏等。随着戏曲艺术的发展，在一些大型的演出中，其乐队建制远比上述建制要庞大得多，文、武场所用的乐器都有大量的增加，除民族管弦乐器外还加用大提琴、小提琴、电子琴等等。“要孩儿”的伴奏形式主要为文场乐器随腔在过门中加打击乐器，旦角唱腔的过门用小锣、小镲；男角唱腔的过门用大锣、大镲。除了唱腔伴奏还有对白和表演伴奏。

通过对资料的归纳与搜集，笔者对“要孩儿”音乐也进行了总结。

目前可见到的关于“要孩儿”剧种音乐方面的研究成果为数不多，张一非整理的《“要孩儿”音乐》一书，从伴奏乐器、曲牌、唱腔三大方面进行细致的研究分析，论述有据，详细得当，是一本难得的资料汇编。本书集有大量记谱，文场和武场的乐器伴奏谱均在记录同时严格标明其随唱腔起止的具体要求，曲牌、唱腔的记谱同样包含大量音乐表演信息，作者在论述“要孩儿”戏的调式和定弦法时都给出五线谱和简谱两种谱例，供学者们研究学习。本书重点在于整理唱腔特点，分别对平曲子和其他独立唱腔进行总结，逐句分析，尽管乐谱不能完整记录实际演唱的细节和变化，但此部分的乐谱实例已基本集中了各种唱腔的唱法特点，实为难得。① 姚艺君在《戏曲音乐曲牌[“要孩儿”]的形态研究》文中对以“要孩儿”曲牌为主要唱腔的“要孩儿”剧种的音乐特点进行过深入的分析，认为“要孩儿”剧种的唱腔音乐由基本唱腔和插部组成，平曲子（即“要孩儿”曲牌）是基本唱腔，为八

① 参见张一非：《“要孩儿”音乐》，山西人民出版社1962年版。

句结构,一、二、五、八句旋律基本相同,一、八句以 do 音结束,二、五句以 sol 音结束,三、六两句旋律基本相同,各为一个乐句,各唱一句歌词。为了改变曲调单一的呆板唱腔,通常利用四、七句唱词倒辙之机,依剧情所需随意加入各种类型的插部——拨子,起到推进音乐发展、烘托音乐情绪的作用,使得唱腔在不失框架规范的基础上,具有灵活多变、生动鲜活的特点。[①]

新中国成立以后,地方文化部门着手搜集整理"耍孩儿"剧种的剧目和剧本,山西省文化厅戏剧工作研究室编辑出版了《山西地方戏曲汇编》(14 集、15 集),整理了"耍孩儿"剧种近 32 个传统剧目,其中收有应县"耍孩儿"剧团的演出剧目 5 本,艺人口述本 20 本,未知出处的 7 本,是"耍孩儿"剧作研究的丰富资料。[②]《三晋大戏考》中"耍孩儿"条目概述了小戏的剧目和著名艺人,收有剧目选段《扇坟》《戏叔》《送京娘》等,有一定的资料价值。[③] 由孙大军、杨成万合著的《塞北梨园》(一),重新整理了以往小戏的剧目和音乐资料,较为全面地记述了大同市"耍孩儿"剧团的发展道路和改革面貌,并对剧种的唱段、唱腔予以进一步总结。[④] 综观上述学者们的研究成果,实令人鼓舞。

三、"耍孩儿"的现状

在对王团长的采访中,笔者问及了"耍孩儿"目前的生存现状,王团长给出了乐观的回答:第一,"耍孩儿"有着群众基础。几年前,大同市民间艺术团到县里和乡下演出时,观众买票都很困难。到了现在,公园里每天有"耍孩儿"爱好者自发演出,50 岁往上的人多数都能吼上几嗓子。第二,"耍孩儿"有专业剧团领军创新。1992 年,在国家文化部举办的全国"天下第一团"优秀剧目展演中,剧团获 12 项大奖,被授予"天下第一团"称号。最重要的是大同"耍孩儿"后继有人。大同艺校"耍孩儿"班于 2004 年招收了 70 多名学生,现在 3 年制的 30 多名学生已经毕业跟团演出了。另外,大同"耍孩儿"已经成为中国民族民间文化遗产保护工程试点单位之一,2006 年 5 月 20 日,"耍孩儿"又正式入选首批国家非物质文化遗产保护名录。应县"耍孩儿"剧团对"耍孩儿"戏的"推陈出新"取得了一定成效,由于女演员声带限制,加之大量上演移植剧目,他们对唱法、伴奏乐器作了改革,如女演员不再用后嗓子发音,文场取消了反弦板胡,以二胡代之;正弦板胡不再定"吵弦";逐渐增添了小三弦、笙、低胡和扬琴等。随着 2003 年中国民族民间文化保护工程的启动,山西省文化厅组织专家领导组,经过对"耍孩儿"剧种的审查、评审、论证,使之成功申报为国家级第二批保护试点项目,并成为第一批 18 家签订责任书省区之一。

在团长的办公桌上放置了许多个人与团体奖状,团长为我们一一介绍,在参观同时,我们不禁为这古老而深沉的文化遗产所感叹。

"耍孩儿"戏是公认的戏曲发展史上的"活化石"。很多戏剧工作者和专家都对它进行了多方面的研究和考证,可以说是"引无数专家学者尽折腰"。这样一个稀有剧种,由

---

① 参见姚艺君:《戏曲音乐曲牌[“耍孩儿”]的形态研究》,《中国音乐学》1993 年第 4 期。

② 参见山西省文化局戏曲工作室研究室编:《山西地方戏曲汇编》,山西人民出版社 1982 年版。

③ 参见赵尚文:《三晋大戏考》,中国戏剧出版社 1999 年版。

④ 参见孙大军、杨成万:《塞北梨园》(一),中国文联出版社 2004 年版。

于面临青年演员后备力量严重不足等诸多问题.如今濒临危亡的命运，通过团长的介绍说前些年存在一些民间职业剧团现今只有一个专业剧团了，挽救这一濒危剧种的当务之急首先应该是保护和继承，在此基础之上进行革新和发展。

独特的演唱发音方法、欢快火爆的打击音乐、取材广泛的丰富剧目、别具一格的剧种风格使得“耍孩儿”这个古老剧种日渐为专家学者所瞩目。保护这一古老剧种对于中国戏曲起源、发展、生存的研究具有重要的意义。由于资金、人员等方面的问题，更由于与现代生活方式的冲突，雁北“耍孩儿”在目前出现了生存危机，必须尽快加以抢救和保护。

参考文献

[1]吴晓铃:《吴晓铃集·“耍孩儿”剧种小考》第3卷，河北教育出版社2006年版。

[2]屈洪海:《中国戏曲的活化石——“耍孩儿”戏谈》,《黄河之声》2007年第2期。

[3]山西省文化厅戏剧工作研究室编:《山西地方戏曲汇编》(14、15集)，山西人民出版社1984年版。

[4]林俊卿:《“咽音”练声的八个步骤》，上海音乐出版社1985年版。

[5]刘凤锦主编:《中国民间歌曲集成》(山东卷)，中国ISBN中心2000年版。

[6]钟声扬主编:《朔州地方戏曲音乐》(下)，香港讯通出版社1998年版。

[7](清)蒲松龄著，盛伟点校:《蒲松龄全集》，学林出版社1998年版。

[8]《中国戏曲曲艺词典》，上海辞书出版社1981年版。

[9]山西省文化局戏剧工作研究室编:《晋北道情音乐》，山西人民出版社1962年版。

[10](明)沈德符:《万历野获编》(全3册)，中华书局1959年版。

[11]孙大军、杨成万:《塞北梨园》，中国文联出版社2005年版。

[12]孔繁洲:《源远流长的古老剧种——耍索源》,《山西大学学报》1987年第4期。

[13]中国大百科全书出版社编:《中国大百科全书戏曲曲艺卷》，中国大百科全书出版社1983年版。

[14]龚延明:《宋代官制辞典》，中华书局1997年版。

[15]邓广铭主编:《宋史研究论文集》，上海古籍出版社1982年版。

[16]吕思勉著:《中国制度史》，上海教育出版社2005年版。

[17]朱瑞熙:《宋代官署、官职的简称和别称》,《上海师范大学学报》1985年第4期。

[18]吉联抗辑译:《宋明音乐史料》，上海文艺出版社1986年版。

[19]黎国韬:《古代乐官与古代戏剧》，广东高等教育出版社2004年版。

[20]李方元:《〈宋史·乐志〉研究》，上海音乐出版社2004年版。

[21]李伯重、周生春主编:《江南的城市工业与地方文化(960～1850)》，清华大学出版社2004年版。

[22]任半塘:《教坊记笺订》，中华书局1962年版。

(指导教师:姚桂丽)

戏曲声腔对中国民族声乐发展的影响

——以长沙花鼓戏为例

王宁芝[1]

长沙花鼓戏是湖南戏曲中的一种，形成于清代末期，以农村山歌、民间小调及当地花鼓为基础演变而成，长期以来深受老百姓的喜爱。因其演唱时均以长沙方言为统一的舞台语言，故统称“长沙花鼓戏”。其音乐曲调有川调、牌子、打锣腔、小调4类约200余支，传统剧目336个。据调查得知，行当角色由以前的“三小”增添到十多个，罗帽雉尾、官衣袍带，生、旦、净、丑，应有尽有，并吸收了大剧种的毯子功和把子功，增设了武戏，但其还是以表演“三小”（小生、小旦、小丑）戏为特色，反映民间生活为主，多以生产劳动、爱情或家庭矛盾为题材，语言生动，通俗易懂，幽默诙谐，富有浓厚的乡土气息。内容多为反封建的伦理道德，崇尚婚姻自由，追求个性解放，倡导朴素的伦常美德，惩恶扬善，歌颂劳动人民的生活和理想。伴奏乐队分文武场，文场有大筒、唢呐、扬琴、贝斯等。大筒是主要乐器，形似二胡，以竹筒蛇皮制作，音色浑厚，用于托腔保调；唢呐分大唢呐和小唢呐，主要用于吹奏过门。武场有堂鼓、小钞、大钞、大锣和小锣等。

长沙花鼓戏是中国最具地方特色及影响力的地方戏曲之一，它充分地反映了历代湖南人民的日常生活面貌和精神状态，极具研究价值，因而各学者对于该戏种的研究成果并不少见，但经调研发现其大多集中于对花鼓戏的历史发展脉络与形成，花鼓戏的音乐、情感及唱腔特点，剧目等几个方面，没有新意。

民族声乐有狭义和广义之分，广义上讲，民族声乐包括民间歌曲、说唱、戏曲、民族唱法等四种唱法。狭义上讲，即指民族唱法，就是我们现在的学院派民族声乐，其主要继承我国民族传统唱法，吸收借鉴美声唱法的精髓，经过不断磨合，不断地总结得出的一种唱法。笔者是从狭义的角度，通过分析体现在花鼓戏转型的湘籍民歌手演唱中花鼓戏润腔的种种痕迹来总结出长沙花鼓戏声腔对民族声乐的影响。结合自己所学声乐知识来探讨花鼓戏与现代民族声乐该如何互相借鉴才能促进两者更好发展。

---

[1]艺术学院2010级音乐学专业。

一、长沙花鼓戏声腔的特点

长沙花鼓戏唱腔的种类繁多,如《劝夫调》《洗菜心》《嫂子调》《十字调花腔》《辞店调》《蝶恋花》《和调》《反十字调》《中秋调》《阳雀调》《比古调》《反手洞腔》《西湖调》等。据实地访问,无论唱腔如何,演员在登台出道之前都要打好基础,掌握好发声技巧。经过在湘乡剧团里的学习、和团长的交流以及自己查阅资料,笔者总结出以下几点长沙花鼓戏唱腔的特点:

(一)铿锵有力,气息十足

按老一辈的说法,气息就像演唱者的"发动机",声音有没有穿透力就看这个发动机的性能好不好。气息是歌唱的基础,其与演唱质量是相辅相成的,气息的长短、强弱、稳定、均匀等,必须得在演唱者熟练控制中。在学员学习花鼓戏的时候,气息的训练是他们的首要功课,演员常用"咿呀"来拉嗓子,音高越往上,所参的假声成分越多。所以他们或是将字音拉长,或是以级进关系的旋律练气。他(她)们发声时,身体直立,双肩放松,双手随意摆弄舞台动作,每练一句都是情感盎溢,激情四射,特别是眼睛,炯炯有神,注视着远方,全身心地进入演唱状态。歌唱对于他们来说是一门自然放松的艺术,气息将声音推至上腭的一个焦点。对于学员来说,能不能寻找到这个轻松明亮、干净无杂音的焦点,是发音正确与否的关键。

这点与美声原理有相通之处。所谓的焦点其实在现代声乐艺术中可以理解为声音的位置。演员在演唱时,必须要果断,气息控制住且瞬间到达那个焦点,没有喉咙、咽腔前后的挤压,在运气的一瞬间,使声带自如地有规律地震动,从而发出金属般质地的歌声,这样的声音才能传远,音色甜美。

(二)声音圆润,真假声混合恰当

合理运用假声这也是花鼓戏中重要的功底,真假声的混合必须经过科学的发声训练,用气息带动,使真假声融为一体,上下贯通,只有真假声真正的融合,声音才会圆润。这与我们专业学习声乐的方法相似,但是花鼓戏发声和民美声乐发声也有不同之处:花鼓戏的发声比专业声乐发声要更靠前一些,口腔音稍多些;民族声乐演唱要求非常兴奋和投入,演唱时一般提倡面部笑肌抬起,花鼓戏讲究的是自然纯朴,所以严格按长沙话来演唱,咬字要靠前,且要咬得清楚,这样演唱效果才会甜美流畅,轻松自如。

(三)诗意盎然,意境深远

花鼓戏声腔的旋律歌词特色在于细腻婉转,柔美动听、朴实自然而具神韵。花鼓戏曲调的魅力更在于能入人神、化人心。这与长沙方言以及地方宗教信仰有很大的关联。

每个地方都有各自的宗教信仰和习俗,综观中国音乐史发展脉络,戏曲无论是其音乐还是内容上都与宗教及礼仪习俗密不可分,长沙花鼓也不例外,人们所信仰的宗教和传承的习俗在传统花鼓戏剧目中有充分的体现。花鼓戏不仅可以教化人们的思想,而且还可以使人们身心得到放松,得到共鸣。

如果说宗教为花鼓戏增加了神秘色彩而使其意蕴悠长的话,那么长沙方言则为其添加了几分诗意,长沙方言分为韵白和白话,白话指生活中的交际语,韵白指比生活语言更具音乐性、夸张性和强烈韵律性的语言,韵白的韵律性又来自传统的民歌和说唱音乐,因而长沙语音声调主要为6、1、3、5几个音,受这个声调的影响,花鼓戏声调中也有着浓厚的湘中羽调式特色,花鼓戏声腔的主要特点是1、2、3、6这四个音围绕着5音变化旋律,时而级进,时而辅以自然转调,凸显出花鼓戏声腔柔美质朴和气势昂扬等特色。长沙方言的独特韵味以及宗教的神秘色彩是使得花鼓戏能入人神、化人心的首要因素。

(四)地方特色浓厚,声腔装饰音起了关键作用

装饰音是长沙花鼓戏唱腔最具特色重要组成部分,它既丰富了唱腔的表现力,又增加了唱腔的色彩,使花鼓戏唱腔具有独特的韵味和浓厚的生活气息。装饰音主要分为曲调装饰音、气息装饰音、声音装饰音。曲调装饰音即在曲调主音符前后加上倚音,根据唱词和唱腔的需要使用十六分音符、八分音符等倚音;其也可在曲调主腔尾部加滑音,在字与字的过渡音中加滑音,这些特点在花鼓戏《放风筝》《洗菜心》等剧目中都可以看到。气息装饰音比较常见,如颤音、气震音等,都是以气息控制来发出的声音效果。颤音,其用tr标记。即在主音与主音上方音快速互颤,喉部放松,气息支撑,颤音在花鼓戏中运用非常普遍。气震音(用记号→表示),以气息的震动使声音产生波动,在每一乐句尾声和衬词或过渡音中运用,效果如同弹拨乐中的揉弦音。其次声音装饰音也是花鼓戏中的一大特色,声音装饰即发声部位,如鼻、咽、喉、舌等部位本所具有的色彩来进行装饰。如花舌音,在《洗菜心》当中就有很多这样的花舌音。

二、长沙花鼓戏声腔对民族声乐艺术的影响

民歌和地方戏曲本是同根同源,其都是在民族民间音乐的基础上产生发展起来的,二者的美学特征与艺术基因有许多相同之处,是相辅相成的。长沙花鼓戏起源于传统湖南民歌,发声方法上都采用真假嗓及气息运用技巧,有着共同的文化底蕴,体现了朴实真挚、活泼的民间生活,但自美声这种西洋唱法进入中国歌坛后,民族声乐也随之发生了改变,但花鼓戏却仍然保持着自己的本色,使得两者在演唱特点上产生了诸多差异。在唱法上,现代的民歌发声方法基本借鉴了美声唱法的科学发声方法,主要追求声音和气息的流畅,真假声的合理结合,其使用的真嗓相对传统的民族声乐唱法(如花鼓戏唱法)要少,因而民歌唱法的声音色彩更富表现力,花鼓戏的发声方法也讲求气息和真假声的运用,但其声音主要追求自然、质朴、明亮,花鼓戏的一些唱段可以说就是原生态的唱法。

虽然民歌吸收了西洋唱法,但是它并没有与本国的戏曲艺术脱节,前面说到现代民歌是继承我国民族传统唱法,吸收借鉴美声唱法的精髓,经过不断磨合、不断总结得出的一种唱法。笔者通过对长沙花鼓戏唱腔的研究,发现花鼓戏的气息运用、咬字吐词、润腔等几个方面都对今天的民歌产生了很大的影响。

(一)长沙花鼓戏发声及演唱技法对民歌的影响

学艺有着"触类旁通"的特点,即便花鼓戏的演唱中真嗓参的比例比较大,但那是应演唱效果所需,在该用假声时还是运用得非常恰当,在《中国音乐通史简编》中,我们可发现古人早就从医学角度对歌唱呼吸作了科学的总结:"善歌者,必先调其气,氤氲自脐间出,至喉乃噫其词,即分抗坠之音,既得其术,即可遏制云响谷之妙也。""故歌者,上如抗,下如坠,曲如折,止如槁木,倨中矩,句中钩,累累乎端如贯珠。"①古代文献中也有"气动则声发,气沉于底则贯于顶"的记载,可见传统民间歌曲演唱在气息运用方面已经成熟。

从花鼓戏转型的歌手在转型之前受过专业花鼓戏演唱培训,这为她们今天的好成绩打下了坚实的基础,通过对花鼓戏唱腔的演唱方法和训练技法的研究,花鼓戏唱腔中的大部分训练方法也是民歌演唱训练中必须要训练或者说是经常为民歌演唱训练所借鉴,如上文所提到的花鼓戏唱腔的特点几乎都与民歌演唱方法一致,气沉丹田,真假声混合、演唱时上口盖打开、笑肌抬起等。

花鼓戏是男女同腔的,即女生和男生唱同一个曲谱时,女生需翻高八度演唱,且花鼓戏音域高,有些曲调一开口就是小字二组的 G 音,这为花鼓戏演员演唱现代民歌做足了准备。吐字方面,花鼓戏讲究牙根咬字,所以对于每一个字的字头、字腹、字尾都要咬精准,例如:《补锅》的第一句话"手拿风箱呼呼响"中,因其台词为长沙方言,所以每个字都非常靠前,如句中的"手""风箱""响"等都是在嘴巴皮子上说的,这些字不能随意一带而过,需用舌头轻巧地咬完后又立马松掉,否则声音就会僵硬,用气息支撑,每一个字都吐得清楚明亮,这些要求就训练了歌者的咬字和气息配合的能力。在音色方面,因方言、文化背景等因素,花鼓戏发声位置高而靠前,把歌者的音色都挖掘出来了,这使歌者不论唱什么民歌都韵味十足。所以说,当学好花鼓戏再来学习民歌的演唱,可以说是游刃有余。

(二)长沙花鼓戏润腔对民歌的影响

何为润腔?润腔就是通过一系列的润腔方法对花鼓戏唱腔进行润色修饰,增添花鼓戏生动活泼的色彩。润腔方法有音色型和装饰型两种,音色型有小旦俏皮的花舌音、喉音、鼻音等。装饰型种类繁多,如常见的颤音、倚音、滑音、顿音等,如花舌的巧妙运用,使很多歌曲诙谐生动,妙趣横生,丰富了歌曲原本的形象。如民歌歌曲《放风筝》长段的花舌腔滑上滑下、转来转去,既凸显小旦俏皮可爱的人物形象,又抽象地表现风筝在天上飞翔,给人想象的空间,仿佛真有风筝在天上忽上忽下,随风飘摇。如民歌《知音》,其间也大量运用了颤音,如"千古知音最难觅""绕战旗"等歌词的旋律都采用了颤音,使歌曲韵味十足。由此可见,花鼓戏的润腔运用到民歌中对民歌艺术的感染力的加深起了很大的作用。

(三)长沙花鼓戏声腔的旋律风格对民歌风格的影响

长沙花鼓戏仅有 200 多年的历史,但其许多的旋律曲调被作曲家借鉴到现代民歌

---

① 转引自孙继南等:《中国音乐通史简编》,山东教育出版社 1991 年版,第 29 页。

中,如歌曲《妹子进城来》《郎从对门来》《小背篓》等歌曲的旋律有很多来自花鼓戏唱腔,例如我们熟知的湖南湘潭人黎锦光,他为周旋创作的湖南民歌《采槟榔》就是取材于花鼓戏羽川调式中的一个曲牌《十字调》,是最具特色的花鼓戏曲调。当这些花鼓戏曲调运用到民歌曲中后,更能体现出一种民族艺术的魅力,在新创作的民歌歌曲中,运用戏曲唱腔旋律的元素,不仅能凸显人物性格及音乐氛围,那些声腔旋律中的浓郁地方特色和民族风味都加强了民族声乐作品在音乐上的戏剧性因素,将戏曲声腔旋律改编用于民族声乐作品中,拉近了和观众的距离,更适合他们的欣赏品味和习惯。

(四)长沙花鼓戏的表演方式对民歌的影响

不论是在花鼓戏还是民歌表演中,形体表演都是相当重要的,人要坐有坐相,站有站相。一个人的外在形态可以体现出其修养、性格及心态。生活中如此,更何况在舞台上,一个演员在舞台上的一个动作、一个神态都会尽收观众眼底。一个演员素养的好与不好决定于演员在台上是否稳重淡定。没经验的演员在舞台上往往会有小动作出现,如眼神乱瞟、咽口水、吐舌头等,但是这些小动作在花鼓戏中演员当中几乎不会有,因花鼓戏演员的培训是极其严格的。熟练掌握花鼓戏的"唱、念、做、打"及"手、眼、身、发、步"等"四功""五法",这些也是戏曲演员每日必做的功课。凡事熟能生巧,"台上一分钟,台下十年功",所以花鼓戏演员在舞台上的表演都很成熟,且其表演能力强,表情极其丰富,肢体上的一举一动都能恰到好处。一个成熟戏曲演员的表演经验是经过长年累月积累下来的,民族声乐演员在表演上虽然不需像戏曲演员那样严格要求,但是只要登台就会涉及表演范畴,有许多来自民间的歌曲是完全可以借用戏曲表演方式的,如歌曲《孟姜女哭长城》这首民歌,演员可以用戏曲表演方法结合自己的演唱来凸显孟姜女的形象。所以说戏曲为塑造一个成熟稳重的歌者形象作出了不可磨灭的贡献。

(五)长沙花鼓戏中蕴含的文学底蕴对民歌的影响

戏曲乃传统文化的集中表现,集民族文化、儒家文化、宗教文化于一身,每个不同戏种都有不同的文化底蕴,其以艺术的形式再现历代人民的生活节奏、道德修养及人格意识,长沙花鼓戏的大部分戏词都极具诗意,语句之间的押韵比较严格。如歌曲《补锅》中"跑马莫怕难,行船莫怕滩,帮助我的妈妈娘,改造那旧思想,风箱拉得响,火炉烧得旺",这几句话都归到了"ang"韵上,朗朗上口。《补锅》乃新中国成立后的作品,其大概内容是兰英爱上一个补锅的小伙子小聪,两人为了改掉母亲嫌贫爱富的旧思想,一起谋划,最后让其母亲接受小聪,其内容具有新时代的积极教育意义。不仅《补锅》有教育意义,综观湖南花鼓戏的众多剧目,如《刘海砍樵》《沙家浜》《花木兰》等不同的剧目都会通过精炼的曲词、婉转细腻的曲调、声情并茂的表演和正义与非正义之间斗争而集中突出的道理,都具有极好的教化意义。

戏曲来源于民歌,民歌不像戏曲那样有人物、故事、情节,一首民歌除了能给人带来听觉的享受外,其也有教化百姓、咏颂好的事物、传达情感的作用。有学者认为:"歌曲是最动人的语言,是综合的艺术体裁,包含音乐性与文学性。将说唱、戏曲音乐的元素融入到歌曲的创作中，是近代以来歌曲音乐创作中一个值得关注的现象。”①现如今很多民歌就直接来自于戏曲或者是吸取戏曲因素而来，如歌曲《放风筝》《洗菜心》《乡里妹子进城来》《思情鬼歌》《四季花儿开》，这些民歌各自都有着各自的文学色彩，内容有倡导自由恋爱的、有追求平等人权主义的、有赞颂伟人的，这些都表现出戏曲创作对民歌创作的影响。

三、从民歌近年发展概况引发对花鼓戏未来发展的思考

现如今中国民歌事业的发展突飞猛进，出现了深受观众喜爱的如郭兰英、李谷一②、宋祖英、张也、祖海、王丽达、雷佳等许多著名的民歌歌唱家，更值得自豪的是有诸如宋祖英、谭晶等歌手曾在维也纳举办音乐会，这表明中国的民族唱法正在走向世界。自西洋唱法传入中国后，学子们在老师的训练下很好地吸收了外来唱法的精华，促进了民歌文化事业的发展。但是传统的花鼓戏并不像民歌那么幸运，同样来自于民间，却未能受到世人的关注。为何只有花鼓戏影响到民歌的发展，而民歌却没有影响到花鼓戏的发展呢？若花鼓戏也像民歌那样吸收更科学的演唱方法，跟上时尚步伐的同时又保持自己的特色，也许是民歌影响花鼓戏的很好的途径，或者说是花鼓戏的一种持续发展道路。

从长沙花鼓戏对民歌的影响可见，中国各地戏曲对民族声乐事业发展都有一定的影响和一定的推动作用，声乐工作者应从戏曲中吸取宝贵的经验来丰富完善民歌的演唱；相对地，许多戏曲工作者也应从民族声乐的科学发声中汲取养分来丰富戏剧的表现力。

参考文献

[1]陈应时、陈聆群主编：《中国音乐简史》，高等教育出版社 2006 年版。

[2]周青青：《中国民间音乐概论》，人民音乐出版社 2003 年版。

[3]李萍：《中国现代民族声乐论》，湖南师范大学出版社 2006 年版。

[4]郑传寅：《传统文化与古典戏曲》，湖南人民出版社 2004 年版。

（指导教师：纪维剑）

---

① 李蓓蕾：《歌曲创作中的说唱、戏曲音乐元素》，《音乐创作》2012 年第 11 期。

② 李谷一，1988 年被具有权威性的美国传记协会列入《世界杰出人物录》。1996 年获美国 ABI 协会颁发的“世界艺术家成就奖”的金奖。

下　卷

工程技术

便携式风光及手摇互补发电装置

侯志敏[1]　王　骥[1]　韩忠伟[1]　黄　鑫[1]

风光互补发电系统是一种将太阳能和风能转化为电能的装置。该装置无空气污染、无噪音、不产生废弃物，可以根据用户的用电负荷情况和资源条件进行系统容量的合理配置，既可保证系统供电的可靠性，又可降低发电系统的造价。不论是怎样的环境和用电要求，都可做出最优化的系统设计方案来满足用户的要求，是非常合理的独立电源系统。

一、产品简介

本产品为便携式风光及手摇互补发电装置，已获得国家实用新型专利授权。该装置具有风光互补系统，既可利用风力发电，也可利用太阳能发电，资源利用更充分；还能手摇发电，既能应急生电又可锻炼身体。具有外部充电功能，可使锂电池快速充电。配有电源管理模块，可实时显示电池电量，方便用户及时充电及在充满电后停止充电。它可以向大多数供电电压为220V的中小型电器供电并且具备5V拓展接口和可调电压外部接口、内外高亮低耗LED，可发电储能两用，具有很强的实用性。

此产品具有成本低、便于携带、功能丰富和使用方便等优点，适合个人或家庭使用，特别适合在旅游露营或长时间停电时使用。该产品性能稳定、安全性强，特别是通过电路的设计延长了锂电池的使用寿命，增强了其电压稳定性，使产品的性能提升并优于其他产品。此产品的一大特点就是具有折叠功能，充分节约了空间，携带方便。本产品具有多种工作模式，如顶部架杆式风力发电、侧面拉杆式风力发电、太阳能发电、手摇发电和外接电源充电等，适合不同的使用场所，符合建设绿色节约型社会的要求。

[1] 机电与信息工程学院2010级自动化专业。

二、产品背景

(一)技术背景

风光互补发电系统在资源配置、技术方案、性能、价格等方面极为合理,保证了其高可靠性。便携式风光及手摇互补发电机十分适合具有一定风光资源的地区,可以为手机、电脑等电子设备进行充电,是人们外出旅行的理想电源。

(二)课题研究现状

目前在一些发达国家,风力发电的成本已经低于火力发电。在我国的城市中,大量的基础照明和公共设施用电正逐渐尝试由新型能源提供。当前,国家虽然在多个地区进行风光发电的试点建设,但主要针对技术含量高、资金雄厚的大型发电厂,小型、微型风光发电设备却几乎无人问津。

目前,通常采用的风力发电装置多采用水平轴发电机,主要有高电压(6000V)输出和低电压(通常为48V)输出两种。

虽然目前市面上有很多发电机,并且已经应用到社会生产当中,但是大多造价昂贵、体形庞大、设计思路单一,故受众有限。现在虽然已出现一些可携带的风力发电机,但大多还处在研究阶段,还没有大量生产和使用。家庭用风力发电设备应用率很低有很多原因,如价格太高、配套件质量不稳定、可靠性差等。

三、可行性论证

中国风能储量很大、分布面广,仅陆地上的风能储量就有约2.53亿千瓦。山东是东部沿海三个风力大省之一,拥有得天独厚的风能资源。据统计,山东省的风能资源总储量为6700万千瓦,相当于3.68个三峡水电站的装机容量。

国家现在正处于新能源开发的大好阶段,对风能利用非常重视。

现在野外露营旅游十分盛行,开发这种便携式发电机将有很大的市场空间。

四、设计思路

风力通过扇叶带动永磁发电机转动,太阳能电池板接受太阳能以及手轮通过齿轮组带动永磁发电机转动,均可产生12V电压,经稳压器稳压后存储到锂电池。该过程实现了风能、太阳能和机械能到不稳定电能再到稳定电能的转换。锂电池电能通过逆变器逆变为220V家用电及5V移动设备用电,通过外接插座或接口输出。

外部供电通过外接插头引入,经整流器整流为12V直流电后向锂电池充电。锂电池电量通过电量显示器实时显示。

设计风力发电的不同工作方式,可使产品在多种环境下稳定发电。

增加发电装置的储物功能，便于存放工具、衣物等。

五、设计原理

（一）原理介绍

该产品主要包括风力发电系统、太阳能发电系统、手摇发电系统、外接 220V 充电接口、稳压器（稳压电路板）、12V 锂电池、电源管理模块、逆变器（逆变电路板）、220V 插座、5V 拓展接口和可调电压接口、储物箱、工具箱、LED、收纳箱等。

产品工作原理流程如图 1 所示。

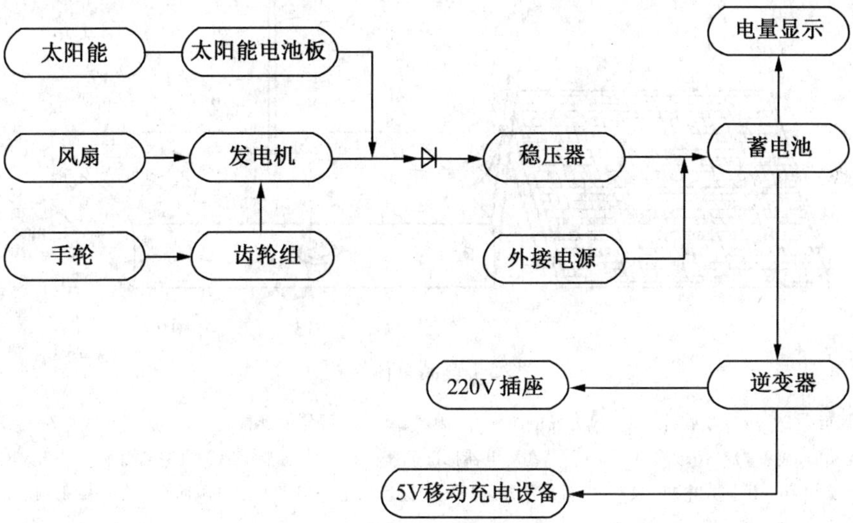

图 1　产品工作原理流程

产品总体结构如图 2 所示。

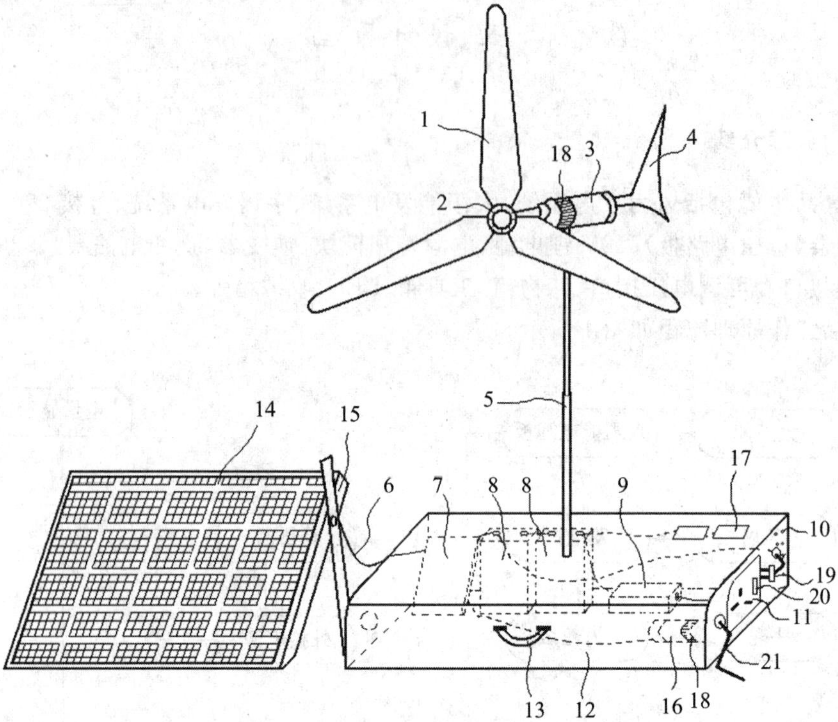

图 2　产品总体结构

1—风叶　2—风叶紧固件　3—风力发电机　4—导风翼　5—可伸缩连接杆　6—连接导线　7—稳压器　8—锂电池　9—逆变器　10—散热口　11—220V 电器标准插座　12—收纳箱　13—收纳箱提手　14—太阳能电池板　15—可调支架　16—手摇发电机　17—电量显示器　18—增速齿轮组　19—外接电源插头　20—USB 接口　21—手轮

风力发电原理如图 3 所示。

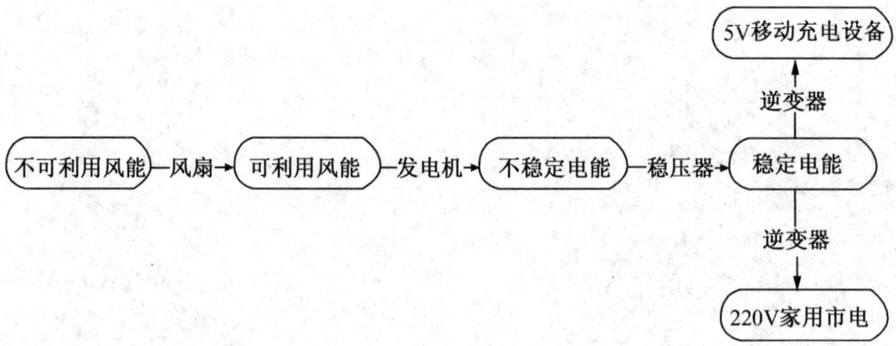

图 3　风力发电原理

太阳能发电原理如图 4 所示。

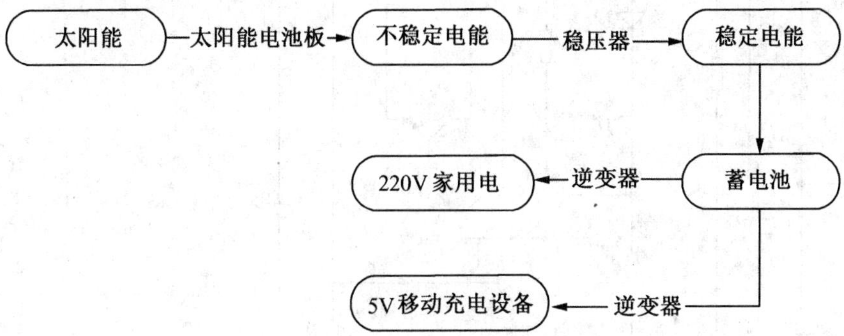

图 4　太阳能发电原理

手摇发电原理如图 5 所示。

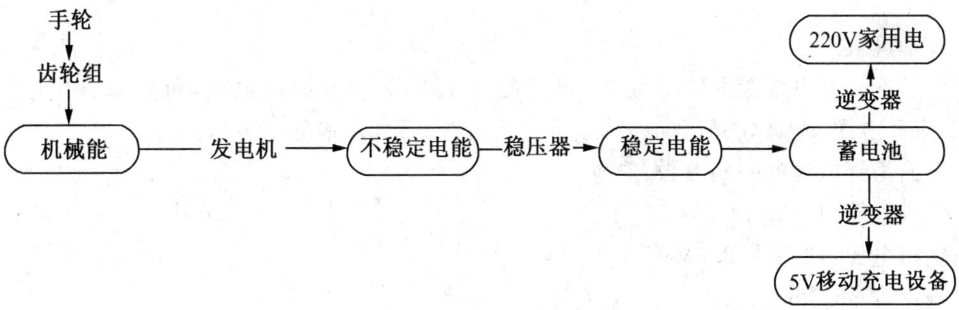

图 5　手摇发电原理

(二)产品主要部件

1. 小型发电机

本产品应用的发电机为直流永磁电机，转子上带有散热风扇，保证了电机能长时间工作。下面是它的一些参数：

电机外径：52mm；

电机长度：85mm；

电机轴长：32mm；

电机轴径：6mm；

电机总长：149mm；

作风力发电机时：600r/min，20V。

2. 稳压器

稳压器的作用是将发电机产生的不稳定电压稳定，并将稳定的电能输进锂电池中，对锂电池起保护作用。

图 6 所示为稳压器电路原理图。

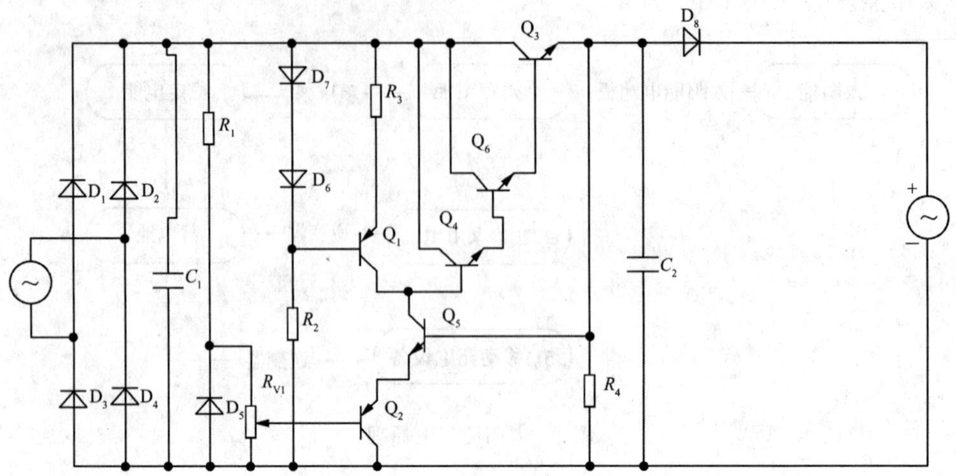

图 6　稳压器电路原理图

3. 锂电池

为了达到发电装置的便携效果,我们使用 12V 6.8Ah 的锂电池,可用于备用电源、UPS、应急电源、应急灯、消防电源、报警主机电源、门禁电源等。

下面为锂电池的一些参数:

输入电压:12.6V;

输出电压:10.8～12.6V;

额定容量(20h):6.8Ah;

外形尺寸:115mm×60mm×20.5mm;

参考质量:约 300g。

由于锂电池充电要求恒流、恒压,因此有配套的升压、降压专用电路。

4. 逆变器

逆变器是这个项目的"心脏",其作用是将 12V 的电压转换成 220V 的交流电,以便电器的使用。由于逆变器属于高频转换类型的器件,如果制作不好很容易发生危险,因此我们使用了成品逆变器。

该逆变器带有过流、过载、高压、高温、短路、欠压六大保护功能,内置有电子保险丝,更加安全可靠。其输出电压值与输出频率精确稳定,负载动态稳定性好、适应性强,实际输出功率不会小于标示功率。

下面是逆变器的一些参数:

输出电压:220V;

输出频率:(50±2)Hz;

输出波形:方波;

带 USB 输出:5V 500mA;

输入电压:10～15V;

内置熔断丝:20A;

额定功率:200W;

最大功率:300W;

外形尺寸:82mm×89mm×47mm;

质量:约 300g。

5. 太阳能电池板

该装置使用的是 5W 18V 的小型太阳能电池板,正好适合向 12V 锂电池充电。该太阳能电池板为多晶硅电池板,吸收太阳能的能力较单晶硅板强,有很强的实用性。太阳能电池板通过导线与稳压器连接,可以与风力发电设备互补,当无风且阳光充足时可以用来给锂电池充电或直接向用电器充电,使得该产品的使用范围和实用性有了明显的提高。

该太阳能电池板的一些参数如下(参考电池板说明书):

功率:5W;

工作电压:17.3V;

工作电流:0.29A;

开路电压:21.6V;

开路电流:0.35A;

电池板尺寸:226mm×220mm×18mm;

组件质量:约 800g。

6. 手摇发电机

当急需电源供电,并且锂电池电量不足时,可以进行手摇发电。该功能的实用性更强,更适合在实际生活中使用,不仅可以绿色发电,而且还可以锻炼身体。

下面为手摇发电机的基本数据:

扭力:3～35N·m;

转速:6V 20r/min,9V 30r/min,12V 40r/min,15V 50r/min;

发电电压:0～36V;

发电电流:0～1.8A。

7. 电量显示器

该产品中的电量显示器提供 3 色 10 级锂电池电量显示,以 IC-LM3914 为核心,计量精确。它可根据电池放电曲线规律,实时显示电池剩余电量。

规格:44mm×17mm×13.5mm。

8. 收纳箱

收纳箱的作用是将各个部分都收纳其中,让整个装置便于携带。我们定做了一个旅行箱,并对其进行了加工制作,让其符合本产品的要求。该产品及收纳箱的内部结构如图 7 所示。

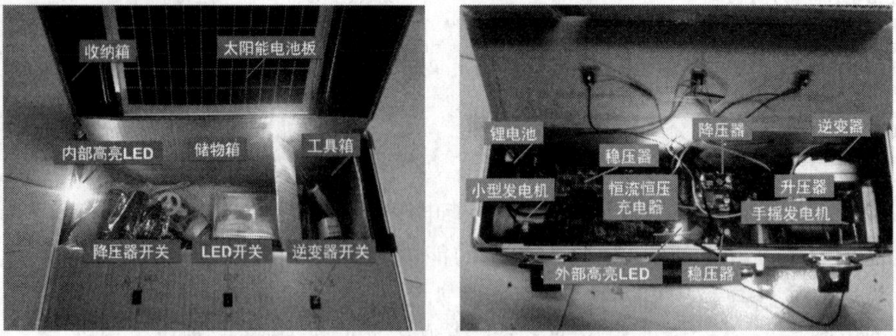

(a)　　(b)

图 7　产品及收纳箱的内部结构

收纳箱的尺寸参数及所用材料如下：

外尺寸：430mm×285mm×205mm；

内尺寸：410mm×265mm×185mm。

它的主材为 7.5 口材圆角铝合金骨架、钻石纹铝皮贴面、多层板；内部贴有 2mm 厚 EVA 硬海绵内衬。

我们对收纳箱进行了相应的加工，如用电钻钻出通风口，防止内部器件因过热而损坏；在箱子上安装固定装置，将内部器件固定或使器件便于安装、工作等。

六、使用说明

本产品利用风能、太阳能和机械能互补发电，适合在多种环境下工作。风力发电系统有两种工作方式，可分别将风轮置于箱子顶部和侧面，支撑杆高度可调。外部充电模块可快速蓄电；降压器开关用于控制外部可调电压的输出；LED 开关配合降压器开关，用于控制 LED 灯的开关及亮度；逆变器开关用于控制逆变器的开与关。外部有 220V，5V USB 接口及可调电压接口；电池剩余电量通过电量显示器实时显示。箱内有储物箱和工具箱。本产品便于携带，可提可背，也可与配套小车配合使用。该产品外观如图 8 所示。

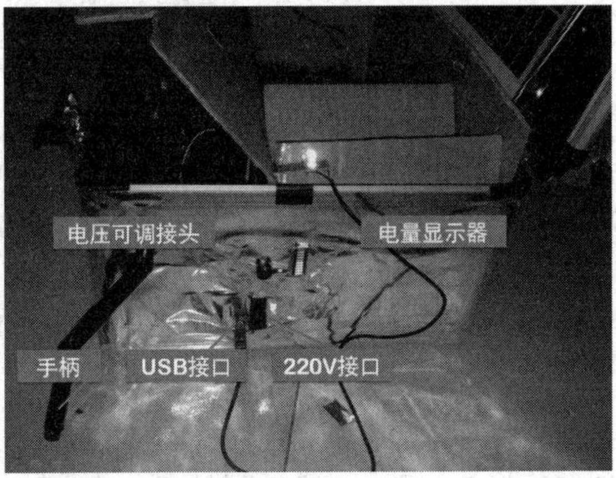

(a)

(b)

图 8 产品外观图

七、创新点及技术关键

1. 通过风光与手摇发电方式的互补，实现了风能、太阳能及机械能多种绿色能源的综合利用，极大地提高了产品的实用性和能源利用率，符合建设绿色节约型社会的要求。

2. 风力发电使用较大尺寸的扇叶带动电机，发电强劲。风力发电支撑杆可伸缩。太阳能电池板输出稳定电压。通过外部手轮，可以进行手摇发电，以解决无风及太阳能弱的情况下的紧急用电问题。使用锂电池储电，容量大、质量轻。

3. 产品便于携带和拆装，使用方便，适合在旅行、野营等的环境下使用。

4. 具有外部充电功能，可以快速储备电能。

5. 风力发电系统具有两种工作方式，可将风轮安装于提箱外侧壁上，使用者可在携带提箱的同时进行发电；也可将风轮架在提箱上，无须人工操控，随风自行改变方向来采集风能。工作模式如图 9 所示。

(a)模式一　(b)模式二

图 9　工作模式

6. 特有的电量实时监测反馈系统,可实时保护锂电池,有利于用户准确把握用电量。

7. 外接接口有 220V 电源插座、5V USB 接口和可调电压接口,可满足不同产品的用电需求。

8. 箱内外安装有高亮 LED 灯,便于晚上使用和照明。

9. 箱子内部有储物区,可同时携带救生毯、营地绳、口哨、修理工具等野营登山装备。

10. 有配套小车,既可将其拉动行进,也可以背着箱子行进。

11. 本产品技术较为先进,产品推广价值高,可实施性强,市场前景广阔。

八、产品需改进的地方

1. 该装置的体积可进一步减小,并且可以改用容量更大的锂电池。

2. 风扇叶、发电机可换为更适合风力发电的设备,使产品更加专业。

3. 如将风扇叶变为可折叠式扇叶,可以使产品体积进一步减小,并增加便携性。

九、本产品所获奖励及荣誉

2012 年 6 月,山东大学(威海)第六届科研立项校二等奖。

2012 年 8 月,山东省大学生机电产品创新设计大赛省级二等奖。

2013 年 5 月,国家实用新型专利授权,专利号 201220666219.1。

2013 年 5 月,第十三届"挑战杯"山东省大学生课外学术科技作品竞赛省级一等奖。

2013 年 6 月,第十三届"联通沃派杯"山东省大学生科技文化艺术节大学生专利产品设计大赛实用新型类金奖。

参考文献

[1]吴佳梁:《风光互补与储能系统》,化学工业出版社2012年版。

[2]周志敏、纪爱华:《风光互补发电实用技术:工程设计　安装调试　运行维护》,电子工业出版社2011年版。

[3]周艳莉:《风力发电的现状与发展趋势》,《甘肃科技》2008年第3期。

[4]仇卫东、王智东等:《我国风力发展相关问题分析》,《湖南电力技术经济》2008年第12期。

[5]蔡学静、姚兴佳:《风力发电机的造型设计》,《机械设计与制造》2010年第4期。

[6]任忠运、贾丹:《风力发电机组基础设计方法》,《电力学报》2010年第2期。

[7]于军胜:《太阳能应用技术》,电子科技大学出版社2012年版。

[8]李安定、吕全亚:《太阳能光伏发电系统工程》,化学工业出版社2012年版。

(指导教师:杜清府　王　丽)

基于单片机的智能车自动泊车入位系统

李腾斌[1]　郝延哲[1]　冯树荣[1]　高　敏[1]

随着我国汽车产业的飞速发展，汽车已经走入普通家庭，大量考取机动车驾驶执照时间不超过一年的驾驶员在驾驶技术不到位的情况下开始驾驶机动车上路。在这种情况下，新手驾驶员在家庭车库进库和路边停车位随机停车时，车辆与车库墙壁、停车位周边车辆发生刮擦事故的例子屡见不鲜，给车主带来了损失。基于单片机的智能车自动泊车入位系统可以为驾驶员提供安全可靠的自动泊车入位服务。

一、研究现状

目前，国内仅有极少数中高档车有泊车辅助系统。由于该项技术的核心知识产权都被国外汽车公司掌控，国内汽车行业中该产品的生产完全依赖国外的技术，发展受到很大限制。

目前的同类课题有：

1. 2005 年，雪铁龙公司展示了车辆辅助停车入位系统 City Park；丰田推出了由爱立信设计的智能停车辅助系统 IPA。这两个系统都是半自动辅助停车入位系统。

2. 2007 年底，奔驰 B200 安装了智能停车辅助系统 Active Parking Assist。这套全自动智能停车系统使用超声波传感器检测停车位置，并在显示屏上用线条标识出停车位置。如果驾驶者确认，只要挂上倒车挡，然后启动系统，汽车就能够自动控制方向盘进行倒车入位。在此过程中，驾驶者只需确认安全即可。

3. 飞思卡尔智能车已经能够在专门设计的跑道上自动识别道路行驶，可以以很快的速度行驶而不会冲出跑道。

4. 汽车倒车雷达已经在各种车型上广泛应用，它能够通过超声波测距，提醒驾驶员车身距后面物体的距离。接近危险距离时，蜂鸣器开始发声，驾驶员根据声音判断停车位置。

---

[1] 机电与信息工程学院 2010 级自动化专业。

二、基本原理及思路

基于单片机的智能自动泊车入位系统的基本工作原理是：使用智能车和塑料板模拟等比例的家庭轿车、家庭车库和路边停车位，在模型的基础上实现智能车自动泊车入位的整个过程。系统的基本工作思路是：以单片机作为控制核心，通过加载程序控制智能车的自动运行，使之实现家庭车库和路边随机停车位的一键自动停车入位。具体实现方法是：通过采集车身前后以及侧面的四个超声波传感器检测到的距离数据，测算出车位的大小以及车身与车位的距离，并计算出准确的停车入位角度；通过采集电子罗盘传感器检测到的车身转向角度，控制智能车实现精确角度的转向，并且通过PWM调速程序控制车身转向幅度和行驶速度，从而控制汽车实现停车、准确入位。

本项目的基本目标是在完全脱离驾驶员操作的情况下，在最短的时间内完成智能车在普通家庭车库和路边随机停车位准确、安全地停车。同时，要求在停车入位过程中避免与墙壁和其他车辆发生碰撞。当停车位无法满足安全停车要求时，系统自动放弃停车；在复杂车位环境下，驾驶员可以手动控制遥控器，操作车辆实现泊车入位。

家庭车库自动入库程序设计流程如图1所示。自动路边停车程序设计流程如图2所示。

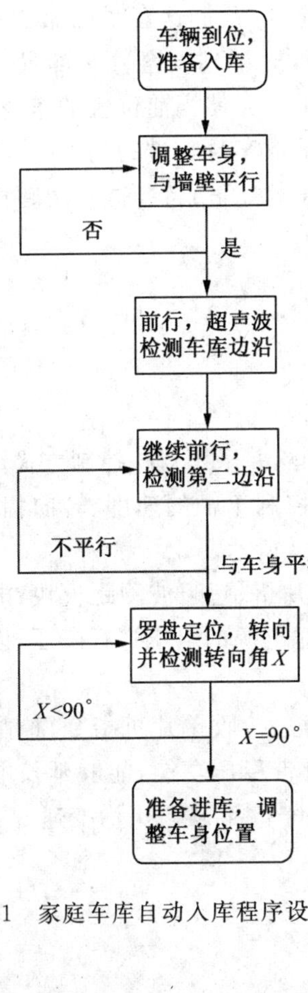

图1 家庭车库自动入库程序设计流程

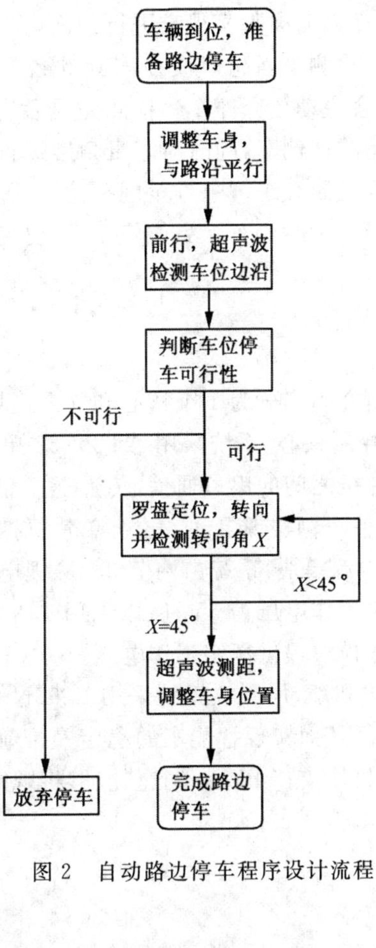

图2 自动路边停车程序设计流程

家庭车库自动停车入库的详细流程是：首先使智能车匀速行驶到家庭车库的初始侧(假定停车情形为车库位于车辆右方)，考虑到驾驶员可能没有把车停正，我们利用超声波测距，通过其反馈的数据，调整车身与墙壁平行。具体方法是：根据车身前后两个超声波测距仪测得车身前后到墙壁的距离，然后根据距离差调整车身的方向，直到车身与墙壁平行。然后智能车向前行驶，行驶的同时超声波测距仪实时检测其到墙边的距离，当所测距离产生一个大于50cm的下降差时，系统可以判断车头位置已经到达车库左侧边沿。然后继续行驶并实时检测，当再次检测到一个距离上升沿时，停车，这时可以判断车头部已经到了车库的右侧边沿，可以开始倒车入库。启动电子罗盘，测量并存储当前位置的车身角度，然后开始减速倒车，同时对车身角度进行采样检测，计算求取车身转过的角度差，将角度差反馈到控制系统。一旦角度差达到90°，停止倒车，此时车身已经完成转向。之后利用两个超声波测得的距离差调整车身位置，使之与车库墙壁平行。然后开启车身后侧的超声波，一边倒车一边检测车位到后墙的距离，当距离不足5cm时，停车，完成入库。之后可以用相反的方法出库。

路边随机停车的详细流程是：首先使智能车匀速行驶到车位一侧，跟上述自动入库的工作原理类似，也是先利用超声波测距调整车身位置，然后一边直行一边检测距离的下降沿和上升沿。考虑到路边随机停车的停车位具有不确定性，部分车位可能太小无法停进去，而人的肉眼又很难进行判断，为了确保停车的安全性，我们这套系统加了一个停车可行性检测。当超声波检测到的数据说明停车位太小，达不到安全停车的最小限度时，车辆会主动放弃停车。检测完成后启动电子罗盘，测量并存储当前位置的车身角度，然后开始减速倒车，同时对车身角度进行采样检测，计算求取车身转过的角度差，将角度差反馈到控制系统。一旦角度差达到45°，停止倒车，此时车身完成转向，利用超声波检测到位置合适时停车。完成停车后，出库，调整车身位置。

三、模块设计

本研究内容分为1个核心和5个模块。

1. 控制核心：系统采用AT89C52单片机作为控制核心，并采用双核控制方式。通过两个单片机之间的串口通信，传递遥控信号，并通过程序控制车辆的速度、转向幅度、行驶路径，使车辆实现自动入位。单片机控制系统原理如图3所示。

2. 电源模块：系统由两节3.7V锂电池供电。由于单片机、超声波测距模块、电机驱动的额定工作电压为5V，所以采用13V转5V降压模块对电源的电压进行降压，以便为各个工作模块提供额定工作电压。

3. 电机驱动模块：系统采用L298N电机驱动模块，通过接收单片机指令，控制电机稳定运转，从而实现智能车的稳定及准确运行。该模块自带稳压功能，能够延长电池使用寿命；模块支持PWM调速，能够将智能车的速度分成10个挡，实现灵活变速。

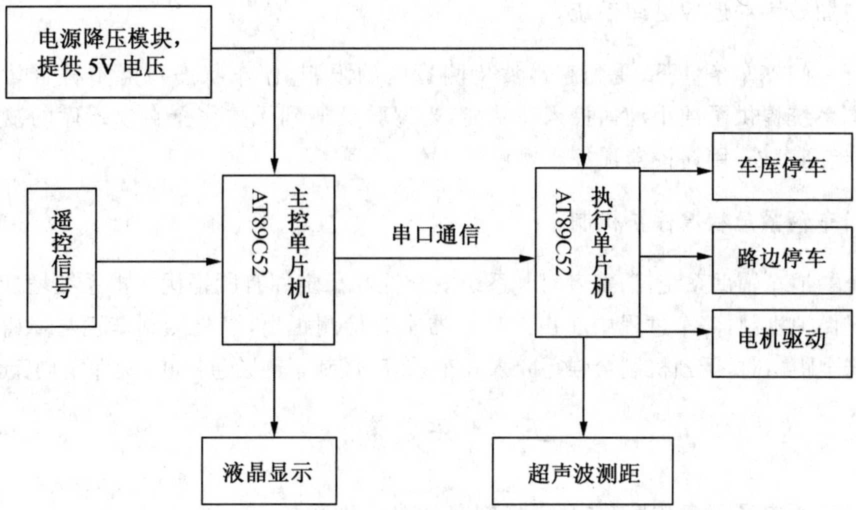

图3 单片机控制系统原理

4. 超声波测距模块：系统采用 HC-SR04 超声波测距传感器，该传感器的测距范围为 0.01～5m，在 1m 范围以内，精度可达到 0.1m，能够满足系统的测距需求。该传感器电路能够较强地抵抗外界干扰，完成数据的采集工作，保证智能车的准确入位。

5. 无线遥控模块：系统采用 HE1838 红外遥控接收器，配备遥控发射器，实现外界信号对系统的控制。

6. 电子罗盘测角度模块：系统采用 HMC5883L 三轴电子指南针传感器，该传感器能够测得车身当前位置的角度，根据实时检测的数据求取转向角度，从而保证转向的准确性。

四、产品的主要功能

(一)一键停车，实现入位完全自动化

目前，市场上高档车配备的泊车辅助系统，90%属于半自动停车入库系统，没有实现完全的自动停车入位。本系统则是采用一键停车方式，只需要驾驶员按下遥控器上的按键就可以自动完成全部操作。在停车过程中，驾驶员不需要踩油门和刹车，实现了智能车全自动泊车入位。

(二)一键出库，为驾驶员提供全方位服务

出库时同样采用车辆一键自动出库系统，实现车辆由家庭车库或者路边停车位出位的自动化，进而为驾驶员提供最全方位的服务。

(三)加载手动遥控进库系统

在复杂的停车条件下,受到超声波检测盲区的限制,停车状态可能不符合驾驶员的要求。本系统提供了纯手动遥控入库功能,当驾驶员遇到无法完全自动入库的复杂情况时,可以走到车外,用遥控器遥控车辆停车入位。

(四)车辆紧急状况保护机制

传统的泊车辅助系统,消费者对其系统安全性和稳定性有所担忧。本系统增加了车辆紧急状况保护机制,停车过程中超声波传感器实时检测距离,当检测到车辆与障碍物的距离小于安全距离时,干预机制会强行介入停车系统,强制车辆紧急停止,确保车辆安全。

五、产品创新点

(一)采用电子罗盘传感器,精准控制车身转向角度

本系统采用电子罗盘传感器,传感器的工作原理是依据地磁场,测量出待测物体当前的地磁角度。利用传感器可以测量车身转过的角度差,通过设置标准角度差便可以实现精准的转向,从而不受摩擦力和电池电量等因素的影响,大大提高了系统的稳定性。

(二)首创路边停车可行性检测机制

路边的停车位具有很大的随机性,有时可能无法满足正常停车的距离要求,如果驾驶员过于信赖泊车辅助系统,可能导致爱车受损。本系统首创路边停车可行性检测机制,当车辆从停车位旁边驶过的时候,超声波传感器就会测量停车位的长度,如果车位大小小于入位的最低要求,泊车系统会自动拒绝停车入位。

(三)车身位置自动调整系统

在停车的过程中,驾驶员很难做到把车完全停正。本系统提供自动调整模式,当驾驶员把车停到车位时,系统会通过车身前后的两个超声波传感器测量车身与车位的距离,根据距离差调整车身的位置。当车子进库之后,系统也会启动车身位置调整系统。

参考文献

[1]谭浩强:《C语言程序设计》,清华大学出版社2001年版。

[2]张毅刚:《单片机原理及应用》,高等教育出版社2003年版。

(指导教师:王　丽)

无线实时温度测量系统

刘　重[1]　王　通[1]

温度不仅是工业生产中常用的工艺参数，在农业和人们生活中也有着十分重要的地位。因此，准确、方便、快速地获取温度就显得尤为重要。以往的温度测量装置都是以有线方式传送数据，线路复杂，不适合大范围或者异地多数量放置。连线成本高、线路的老化问题也影响了其可靠性。随着廉价和高度集成的无线模块的普及，以及其他无线通信技术的运用，无线的高效温度测量传输已经成为现实。

一、系统总体设计

该系统可分为两个部分：一是温度测量部分，包括 DS18B20 测温电路、NRF24L01 无线传输模块、单片机控制电路等；二是温度显示部分，包括 12864 液晶显示电路、DS1302 时钟芯片计时电路、蜂鸣器警报电路、NRF24L01 无线传输模块、稳压电路部分、单片机控制电路等。两者通过无线传输模块相联系。系统的原理方框图如图 1 所示。

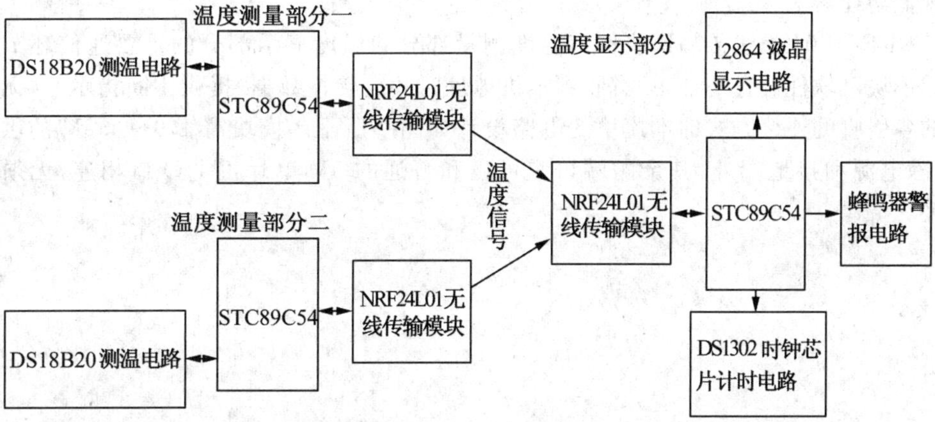

图 1　系统原理方框图

[1] 机电与信息工程学院 2010 级自动化专业。

系统具体的工作过程为:温度测量部分的测温节点实时测量当下环境的温度信息,由I/O接口直接传入单片机,单片机将收到的数字信号先转换为数值再转换为字符,然后交射频芯片按照协议打包后传输;温度显示部分控制射频芯片实时接收由两个测温部分发来的数据信号,将信号处理后,连同时钟芯片的时间数据一起在液晶显示器上显示。为了方便温度测量部分的移动,温度显示部分由三节1.5V的干电池供电。单片机作为控制核心,协调各个部分的工作。

二、硬件电路设计

(一)STC89C54单片机最小系统

本系统的温度采集与显示、无线的传输均由STC89C54单片机最小系统来控制完成。STC89C54单片机是INTEL公司MCS-51系列单片机中基本的产品,它采用ATMEL公司可靠的CMOS工艺技术制造的高性能8位单片机,属于标准的MCS-51的HCMOS产品。它结合了CMOS的高速和高密度技术及CMOS的低功耗特征,基于标准的MCS-51单片机体系结构和指令系统,属于89C51增强型单片机版本,集成了时钟输出和向上或向下计数器等更多的功能。

(二)NRF24L01无线传输模块

无线传输模块的核心组成部分即为NRF24L01射频传输芯片,该芯片工作于2.4G～2.5GHz的全球免申请频率范围,包括一个完全集成的频率合成器、功率放大器、晶体振荡器和调制器。拥有Shock Burst和Enhanced Shock Burst两种数据传输方式。发射功率和工作频率等工作参数可以很容易地通过3线SPI端口完成。电流消耗极低,在－5dBm的输出功率时仅为10.5mA,在接收模式时仅为18mA。掉电模式可以很容易地实现低功耗需求。

NRF24L01无线传输模块作为温度测量部分和温度显示部分的重要通信环节而存在。模块可软件设置地址,只有收到本机地址时才会传输数据(提供中断指示)。无线芯片的各引脚的连接方式即本模块的电路设计如图2所示。模块需1.9～3.6V的供电电压,除电源和接地端外,其余的端口都可以和普通的5V单片机I/O口相连,无须电平转换。

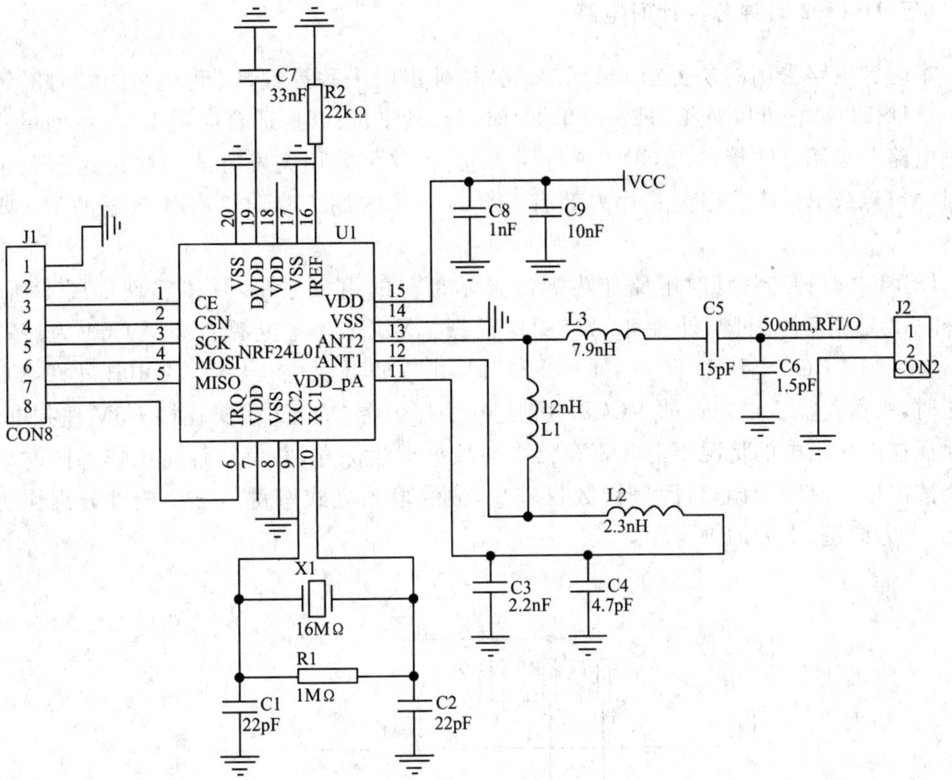

图 2　NRF24L01 无线传输模块

(三)12864 液晶显示电路

利用 12864(12864 是 128×64 点阵液晶模块的点阵数简称,这是业界约定俗成的简称)液晶显示器作为显示模块,用以显示时间(包括年、月、日、星期、时、分、秒)和温度一、温度二的示数,以该显示器为基础设计得到液晶显示电路。为了提高控制的实时性,电路设计采用了并联控制方式,并采用 10kΩ 的可调电阻控制显示屏幕的对比度。4,5,6 引脚作为液晶显示器的控制端口 RS(复位端)、R/W(读写控制端)、E(使能端),7～14 端口作为 8 位的数据端。

(四)DS18B20 测温电路

本系统的测温电路采用 DALLAS 半导体公司的单总线数字式智能温度传感器 DS18B20,该传感器具有体积小、接口方便、传输距离远等特点。DS18B20 的测温范围为 －55～＋125℃,并通过简单的编程实现 9～12 位的数字值读数方式,可以分别在 93.75ms 和 750ms 内完成温度值转换和读取。DS18B20 外形简单且体积小,它只有三只管脚,分别是电源引脚 VCC、接地引脚 GND 和输入/输出引脚 DQ,仅通过单线接口 DQ 与单片机 I/O 口直接相连就可以完成与单片机的信息交流。

(五)DS1302 时钟芯片计时电路

本时钟电路采用的是美国 DALLAS 公司推出的一种高性能、低功耗的实时时钟芯片——DS1302,它可以对年、月、日、星期、时、分、秒进行计时,适合应用于 51 系列单片机控制电路。采用三线接口与 CPU 进行同步通信,并可采用突发方式一次传送多个字节的时钟信号或 RAM 数据。芯片内部有一个 31×8 的用于临时性存放数据的 RAM 寄存器。

DS1302 时钟芯片计时电路作为温度显示部分的组成电路,具体实现如图 3 所示。X1 和 X2 是振荡源引脚,外接 32.768kHz 晶振。VCC2 为主电源引脚,VCC1 为后备电源引脚。当 VCC2 电压大于 VCC1+0.2V 时,由 VCC2 供电;当 VCC2 电压小于 VCC1 电压时,则由 VCC1 供电。故 VCC2 引脚连接稳压电源,VCC1 引脚连接+5V 纽扣电池,以保证在停止供电的情况下芯片寄存器中的数据继续保存,并持续计时工作。同时设置三个按键用于时间的调整,因按键数目较少,故采取独立式按键。三个按键分别作为功能键、上方向键、下方向键。

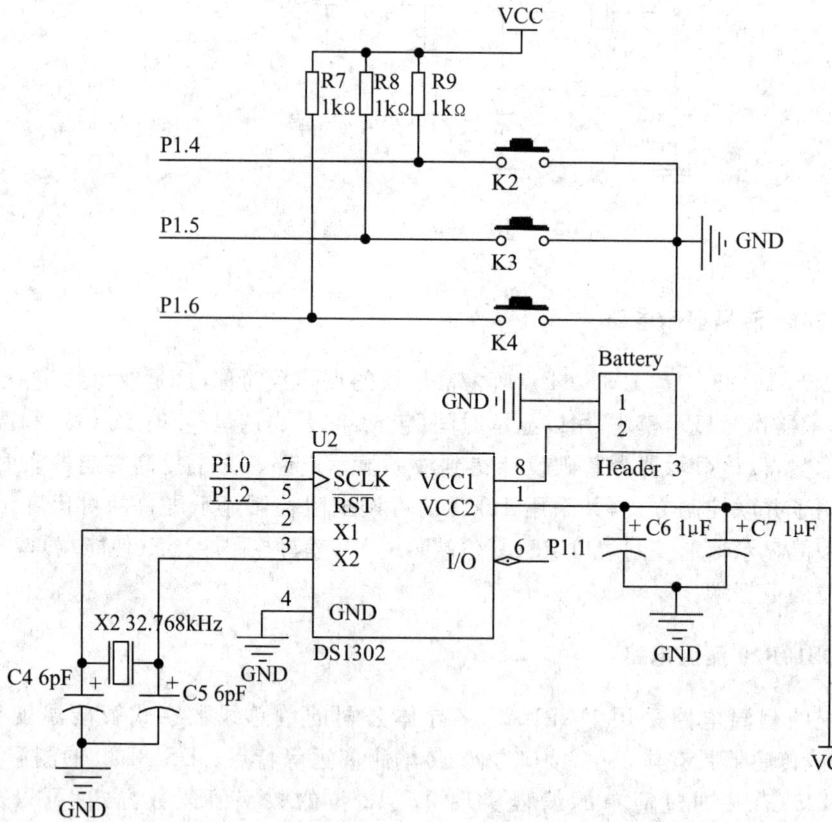

图 3 DS1302 时钟芯片计时电路

(六)蜂鸣器警报电路

蜂鸣器警报电路作为温度显示部分的组成电路,利用电子开关型 PNP 三极管驱动蜂鸣器。当三极管基极为高电平时,PNP 型三极管截止,蜂鸣器不工作;反之,三极管导通,蜂鸣器工作,发出响声。具体实现如图 4 所示。

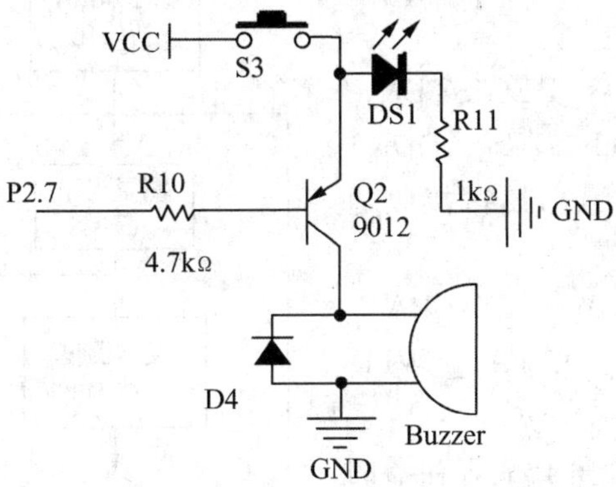

图 4 蜂鸣器警报电路

(七)稳压电源部分

该部分作为温度显示部分的组成电路,利用稳压芯片 LM7805 将 12V 直流电稳压为 5V 直流电,以维持电压的恒定,保持电路的稳定工作。为了防止电路因电流过大而发生危险,在电路中安装保险管,可有效地保证电路的安全运行。

三、软件设计

该系统温度测量部分、温度显示部分的功能各异,决定了两部分的程序设计必然不相同。温度测量部分的主要功能为测取当下环境的温度,并经无线传输芯片将温度值传输给温度显示部分;温度显示部分的主要功能为获取温度传输部分发送的温度值,并控制液晶显示器进行显示,同时进行时间的读取和显示。以下将对这两部分的软件设计进行详细的介绍。

(一)温度测量部分的软件设计

该部分的软件程序框架如图 5 所示。

单片机控制温度传感器 DS18B20 和无线传输模块 NRF24L01 的初始化工作,之后温度传感器将进入正常的测温过程。测得的温度信号将保留两位整数位,一位小数位,根据温度值的正负,数据被转换为 4 个字符(包括一个符号位,两个整数位,一个小数位)。该字符数组协同发送芯片的设置信息被送至无线传输模块进行打包发送,测温范围为-55~+99℃。按 Enhance Shock Burst 模式初始化后,数据发送的相关程序如下:

```
void NRFSetTxMode(unchar * TxDate)
```

{//

发送模式

CE=0;

NRFWriteTxDate(W_REGISTER+TX_ADDR,TxAddr,TX_ADDR_WITDH);//写寄存器指令+接收地址使能指令+接收地址+地址宽度

NRFWriteTxDate(W_REGISTER+RX_ADDR_P0,TxAddr,TX_ADDR_WITDH);//为了应答接收设备,接收通道0地址和发送地址相同

NRFWriteTxDate(W_TX_PAYLOAD,TxDate,TX_DATA_WITDH);//写入数据

/******下面是有关寄存器的配置***************/

NRFWriteReg(W_REGISTER+EN_AA,0x01); // 使能接收通道0自动应答

NRFWriteReg(W_REGISTER+EN_RXADDR,0x01); // 使能接收通道0

NRFWriteReg(W_REGISTER+SETUP_RETR,0x0a); // 自动重发延时等待250us+86us,自动重发10次

NRFWriteReg(W_REGISTER+RF_CH,0x40); // 选择射频通道0x40

NRFWriteReg(W_REGISTER+RF_SETUP,0x07); // 数据传输率为1Mb/s,发射功率为0dBm,低噪声放大器增益

NRFWriteReg(W_REGISTER+CONFIG,0x0e); // CRC使能,16位CRC校验,上电

CE=1;

delay11(1);//保持10us以上

}

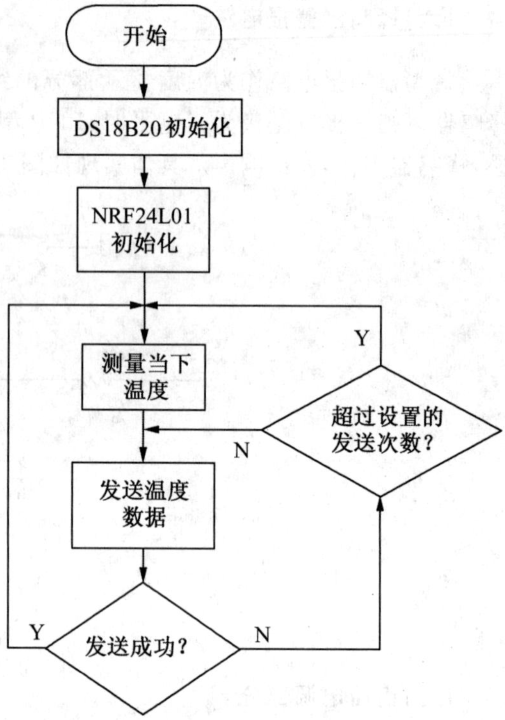

图5　温度测量部分的软件程序框架

发送成功后,将进行下一个温度值的测量;如果发送失败,会重复此发送过程,当超过设置的发送次数(本系统设置为10次)仍没发送成功时,将会跳入下一个温度值的测量。此重发过程由无线传输芯片完成。

(二)温度显示部分的软件设计

该部分的软件程序框架如图6所示。

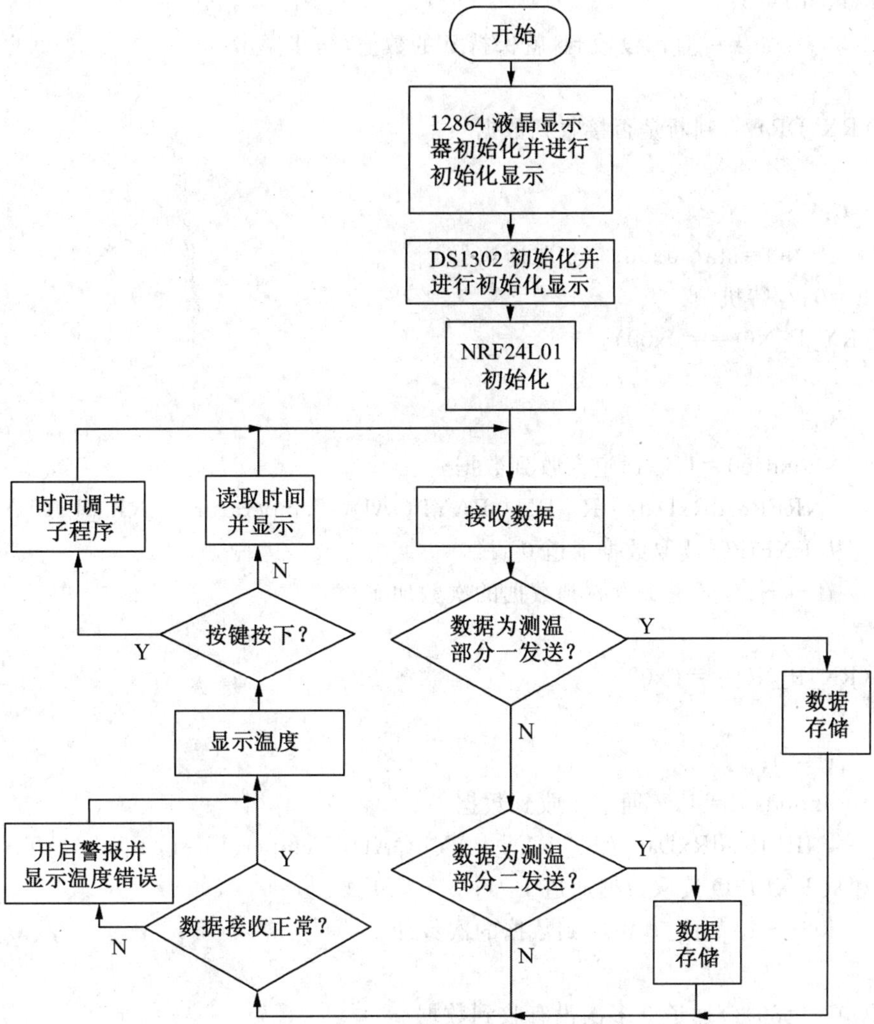

图6 温度显示部分的软件程序框架

单片机控制液晶显示器12864的初始化及初始化显示、DS1302时钟芯片的初始化及初始化显示，以及无线传输模块NRF24L01的初始化工作。

无线传输模块接收到的温度数据将会由单片机读取，根据和数据一起传输来的通道地址确定是测温部分一还是测温部分二发送的数据，对数据进行存储工作，并对没有接收到数据的通道进行统计。当没收到数据的次数超过一定数时，将被视为出现了数据错误。相关程序如下：

```
if(RX_DR==0)//无通道工作
ii++;
if(ii>=30)
{
shoudao0=0;
```

```
shoudao1=0;
ii=30;//如果一直都没收到,就保持 ii 的数值,防止溢出
}
if(RX_DR)// 判断是否接收到数据
{
ii=0;
RX_P_NO=sta&0x0e;//获取通道号
CE=0;//待机
if(RX_P_NO==0x00)
{
    i0=0;
    shoudao0=1;//通道 0 收到数据
    NRFReadRxDate(R_RX_PAYLOAD,Temperature0,RX_DATA_WIT-
DH);//从 RXFIFO 读取数据通道 0
    i1++;//通道 1 没收到数据的次数加 1
}
if(RX_P_NO==0x02)
{
    i1=0;
    shoudao1=1;//通道 1 收到数据
    NRFReadRxDate(R_RX_PAYLOAD,Temperature1,RX_DATA_WIT-
DH);//从 RXFIFO 读取数据通道 1
    i0++;//通道 0 没收到数据的次数加 1
}
if(i0>=30)//通道 0 多次没有收到数据
{
    shoudao0=0;
    i0=30;
}
if(i1>=30)//通道 1 多次没有收到数据
{
    shoudao1=0;
    i1=30;
}
NRFWriteReg(W_REGISTER+STATUS,0xff); //接收到数据后,RX_DR,TX_
DS,MAX_PT 都置为 1,清除中断标
CSN=0;
NRFSPI(FLUSH_RX);//用于清空 FIFO
```

```
CSN=1;
}
```

在显示温度之前会对存储的数据进行检测,如果不是正常的温度数据,将视为数据错误。当出现数据错误的情况时,单片机会控制蜂鸣器响起,液晶显示器会显示相应的提示。温度显示后,根据时间调节的按键是否按下,程序会跳入时间调节子程序或者时间读取及显示子程序,之后将继续进行数据的接收工作。

通过检测通道号即通道地址,可以确定正在工作的通道,进而实现多路数据的同时传送。同时,根据地址的不同从FIFO缓存器中读取不同测量部分传输的数据,使得读取的数据即为此时刻传输的数据,一定程度上保证了数据的实时性。

四、系统测试

为了确保设备的工作稳定性,选取10个连续的时间点,分别对温度测量部分施以不同的简单操作(如无操作、手握、关闭电源、取下温度传感器),并记录液晶显示器的显示情况,时间间隔大约为1min。相关数据记录在表1中。

表1　测试结果记录

时间点	时间	操作（测温节点一）	操作（测温节点二）	显示（温度一）	显示（温度二）	蜂鸣器
1	2013年7月4日 17:47:10 星期四	无操作	无操作	23.1℃	24.5℃	无声
2	2013年7月4日 17:48:13 星期四	无操作	无操作	23.5℃	24.2℃	无声
3	2013年7月4日 17:49:12 星期四	手握	无操作	33.2℃	24.5℃	无声
4	2013年7月4日 17:50:10 星期四	无操作	手握	23.1℃	34.6℃	无声
5	2013年7月4日 17:51:9 星期四	关闭电源	无操作	数据错误	24.6℃	发声
6	2013年7月4日 17:52:10 星期四	无操作	关闭电源	23.3℃	数据错误	发声
7	2013年7月4日 17:53:14 星期四	取下温度传感器	无操作	数据错误	24.6℃	发声
8	2013年7月4日 17:54:10 星期四	无操作	取下温度传感器	23.7℃	数据错误	发声
9	2013年7月4日 17:55:8 星期四	无操作	无操作	23.5℃	24.5℃	无声
10	2013年7月4日 17:56:12 星期四	无操作	无操作	23.7℃	23.9℃	无声

五、结语

该系统为无线温度实时测量系统，目标为实现两测温节点同时测量温度，并通过无线传输模块由液晶显示器进行显示，同时还可读取和显示时间。在实现预期目标的同时，实现了对程序的优化——能够对传输错误的情况及时发出警报提示。本系统能够保证所显示的温度就是当下的实时温度，在一定程度上实现了温度的实时性，可以在某些温度变化不是很剧烈的场所应用。但是，想要在精度要求很高的工业场所使用，仍需要对系统进行进一步优化，在温度测量方式以及多通道无线传输方式方面进行更深一层的研究和改进。

参考文献

[1]方挺、林君焕等:《基于 DS18B20 的无线温度测量电路的设计》,《台州学院学报》2010 年第 6 期。

[2]潘勇、管学奎等:《基于 NRF24L01 的智能无线温度测量系统设计》,《电子测量技术》2010 年第 2 期。

[3]颜颐欣、胡伟杰等:《MG-12864 液晶显示器在智能仪表中的应用》,《电脑学习》2007 年第 2 期。

[4]唐继贤:《51 单片机工程应用实例》,北京航空航天大学出版社 2009 年版。

[5]王晨光、孙运强:《串行时钟芯片 DS1302 在温度测量记录仪表中的应用》,《电子测试》2008 年第 12 期。

[6]陈志旺、陈志茹等:《51 系列单片机系统设计与实践》,电子工业出版社 2010 年版。

[7]王振、胡清等:《基于 NRF24L01 的无线温度采集系统设计》,《电子设计工程》2009 年第 12 期。

(指导教师:郭　新)

生物科技

活性干酵母中海藻糖的提取与应用探究

张　迪[1]　丛萌逸[2]　孟秀花[2]

海藻糖分子式为 $C_{12}H_{22}O_{11}$，它是由两个吡喃环葡萄糖分子以 α，α-1，1 糖苷键连接的非还原性双糖，它有（α，α），（α，β），（β，β）三种光学异构体，天然存在的海藻糖一般为（α，α）型（见图 1）。海藻糖广泛存在于低等植物、藻类、细菌、真菌、酵母中，因其具有保持生物活性的特殊功能而被称为“生命之糖”。

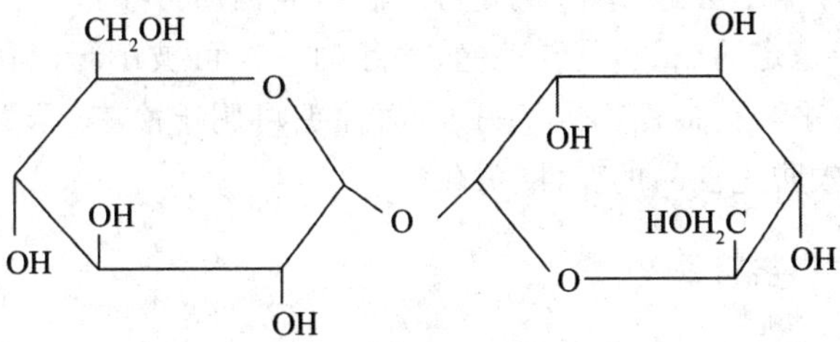

图 1　海藻糖的分子结构

本项目的主要目的为活性干酵母中海藻糖的提取及不同提取方法与条件下提取结果的测定、对比；在提取的基础上探究海藻糖的理化性质，进一步探究其保护生物细胞和生物活性物质的特性；根据海藻糖的理化性质分析其在各领域的应用，指出其发展及应用前景。

一、海藻糖介绍

（一）海藻糖的理化性质

海藻糖是白色晶体，带有两分子结晶水，能溶于水、冰醋酸和热乙醇，不溶于乙醚、丙酮。海藻糖的理化性质非常稳定，不能使斐林试剂还原，也不能被 α-糖苷酶水解，但在强

[1]海洋学院 2010 级海洋生物资源与环境专业；[2]海洋学院 2010 级药学专业。

酸性条件下能被水解为两个葡萄糖分子。

1. 熔点:含2个H_2O的海藻糖结晶温度为97℃;无水海藻糖结晶温度为210.5℃。

2. 溶解热:含2个H_2O的海藻糖结晶热为57.8kJ/mol;无水海藻糖结晶热为53.4kJ/mol。

3. 吸湿性:含2个H_2O的海藻糖在相对湿度90%以下没有吸湿性;无水海藻糖在相对湿度30%以上有吸湿性,转变为2水结晶。

4. 消化性:经口摄取能消化吸收。

5. 稳定性:

(1)pH稳定性:在pH 3.5~10,100℃,24h条件下,99%残存。

(2)热稳定性:(水中)120℃,90min,褐变;(含蛋白质水溶液中)100℃,90min,褐变。

(3)水溶液保存期:在37℃下可保存12个月。

海藻糖对热和酸都具有非常好的稳定性,在加热过程中不易与氨基酸和蛋白质发生美拉德反应。无水结晶海藻糖具有很强的吸水性,因此,无水结晶海藻糖是一种理想的热敏性的脱水剂。海藻糖不易生成不溶性的葡聚糖,而且能抑制由砂糖产生的不溶性葡聚糖的附着,因此,海藻糖不易被口腔中引起龋齿的变异链球菌所利用。甜度约为砂糖45%的海藻糖有温和的甜味,口感比砂糖更为持久,可以改善含砂糖量高的食品的甜腻感。研究已证实,海藻糖不会造成蛀牙,并可抑制由砂糖所产生的不溶性牙菌斑的附着。海藻糖是天然糖中最稳定的糖类,其与蔗糖、麦芽糖一样可被小肠消化吸收,对血糖值或胰岛素分泌的影响几乎与葡萄糖相等。另外,海藻糖可用于冷冻、干燥食品,置于含蛋白质的食品中,可以有效防止食品的变性、劣化。

(二)海藻糖的生物学特性

海藻糖对生物分子有特殊的保护作用,它能使许多生物在异常条件下,如高温、脱水时仍保持原活性,所以海藻糖对脱水干燥的生命物质有明显的保护作用。海藻糖保护生物分子的机制,目前主要有三种假说解释,分别是"水替代"假说、"玻璃态"假说和"优先排阻"假说。这些假说都是从分子角度探究海藻糖的作用机理,基本上都是与生物分子形成"分子复合物"。

1. 海藻糖对生物膜的保护作用

膜表面结合水的存在对膜的稳定及完整有着重要作用。海藻糖能稳定脂质体的结构,在干燥状态下亦能保持其结构的完整性,这便于脂质体的储存、包装和运输,有利于脂质体在制药工业上的应用。人的皮肤细胞也是典型的生物膜,海藻糖通过降低相变温度,使在脱水条件下的膜脂仍处在液晶状态,从而起到保护皮肤的作用。实验表明,海藻糖对生物膜的保护是通过防融合、防泄漏等途径实现的。

2. 海藻糖对蛋白质的保护作用

蛋白质尤其是酶在干燥过程中很容易失活,如磷酸果糖激酶(PFK)是四聚体,在干燥过程中能解离成无活性的二聚体。如果在干燥前加入一定量的海藻糖,即使极度干燥,PFK仍可以完全稳定而且保持原活性。

(三)海藻糖的应用

在食品开发中,海藻糖防止淀粉老化的效果比变性淀粉和糖醇类产品更好,尤其在低温或冷冻条件下表现更为显著。在冰淇淋中加入海藻糖,能使其具有良好的冷冻耐性,使口感更饱满。在畜禽肉蛋加工品中加入海藻糖,能抑制脂肪酸分解导致的肉臊味产生,并使产品经过冷冻、解冻和热加工后质地依然良好。在金枪鱼、鳕鱼等冷冻鱼块加工产品中加入海藻糖,能使其解冻后不会产生滴水现象,有效防止鱼肉异味的产生。海藻糖还被广泛应用于各种保健食品中。

在医学方面,海藻糖对生物制品具有保护作用,如果能开发出更多的能常温保存和使用的产品,则可使生物制品的成本大大降低。目前,已将海藻糖应用于最不稳定的限制性内切酶类,使其可以在常温下保存相当长的时间而不失活。将疫苗与海藻糖一起干燥,45℃时其稳定性和液态4℃时保存条件相当,从而不必担心储存和运输危及产品的活性。

在化妆品制备方面,海藻糖有较好的配伍性、相容性,优异的保水性、吸湿性,在严重脱水时,可代替细胞中的水分。透明质酸与海藻糖联合应用,兼具生物保鲜和智能保湿作用,可始终保持皮肤组织和化妆品本身的“新鲜”。海藻糖几乎可以添加到任何化妆品中,如乳液、面膜等,还可作为唇膏、口腔清洁剂、口腔芳香剂等的甜味剂、品质改良剂。另外,无水海藻糖可以应用于化妆品中作为磷脂以及酶的脱水剂。添加量根据其用途可在1%~10%范围内选择。

二、材料与方法

(一)材料

活性干酵母(市售)、海藻糖(分析纯)、阴阳离子交换柱。

(二)仪器

平板超滤系统TCA10000膜(膜面积0.1m^2,适用pH:4~8,Sartorius,德国)、两套玻璃离子交换柱(A30mm×500mm)、旋转蒸发仪、电热恒温水浴锅、电热恒温鼓风干燥箱、振荡器、离心机、721型分光光度计。

(三)方法

1. 标准溶液的配制

海藻糖标准溶液的配制:称取海藻糖0.1g,置于100mL容量瓶中以蒸馏水定容,摇匀,得到1mg/mL的海藻糖溶液。

0.2%蒽酮—硫酸溶液的配制:称取0.1g蒽酮,用浓硫酸溶解于50mL容量瓶中,定容后摇匀,置于棕色瓶中(现配现用)。

2. 海藻糖标准曲线绘制

分别取质量浓度为 1mg/mL 的海藻糖标准溶液 0mL，0.25mL，0.5mL，1mL，1.5mL，2mL，置于已编号的 10mL 容量瓶中，加蒸馏水定容后，从中各取 2mL 分别置于具塞试管中，再各加入 8mL 新配制的 0.2%蒽酮—硫酸溶液，振荡摇匀，沸水浴显色 5min 后，立即用流动水冷却至室温。以同样处理的蒸馏水为空白对照，迅速在波长为 590nm 处测量各管的吸光度，绘制标准曲线。标准曲线为 $Y=0.0406X-0.063$，$R^2=0.9994$。

3. 成品中海藻糖含量测定及产率计算方法

分别称取各组成品 0.1g，置于 100mL 容量瓶中，加蒸馏水定容后，吸取 1mL，置于已编号的 10mL 容量瓶中，加蒸馏水定容后，取溶液 2mL 置于具塞试管中，再各加入 8mL 新配制的 0.2%蒽酮—硫酸溶液，振荡摇匀，沸水浴显色 5min 后，立即用流动水冷却至室温。以同样处理的蒸馏水为空白对照，迅速在波长为 590nm 处测量各管的吸光度，根据标准曲线即可计算出样品的海藻糖浓度。

海藻糖产率(mg/g)＝所得海藻糖质量/活性干酵母质量

4. 热蒸馏水提取法

取活性干酵母 20g，加入热蒸馏水 100mL，加热回流 25min，抽滤收集提取液，并用少量蒸馏水洗涤滤饼。于提取液中加 10% $ZnSO_4$ 溶液 5mL，冷却离心，取上清液，缓慢加入 $Ba(OH)_2$ 溶液调节 pH 至 8.0。向溶液中加入少许活性炭，加热回流 5min，抽滤。滤液经离子交换柱处理后旋转蒸发浓缩，加入无水乙醇 100mL，静置 2～3 天，等结晶析出后干燥，得成品。

5. 热乙醇提取法

取活性干酵母 20g，加入 40%，50%，60%，70%，80%的热乙醇水溶液 100mL，加热回流 25min，抽滤收集提取液，用 100mL 60%的乙醇洗涤滤饼两次，于提取液中加 10% $ZnSO_4$ 溶液 5mL，冷却离心，取上清液，缓慢加入 $Ba(OH)_2$ 溶液调节 pH 至 8.0。向溶液中加入少许活性炭，加热回流 25min，抽滤。滤液经离子交换柱处理后旋转蒸发浓缩，加入无水乙醇 100mL，静置 2～3 天，等结晶析出后干燥，得成品。

三、结果

(一)海藻糖标准曲线(见图2)

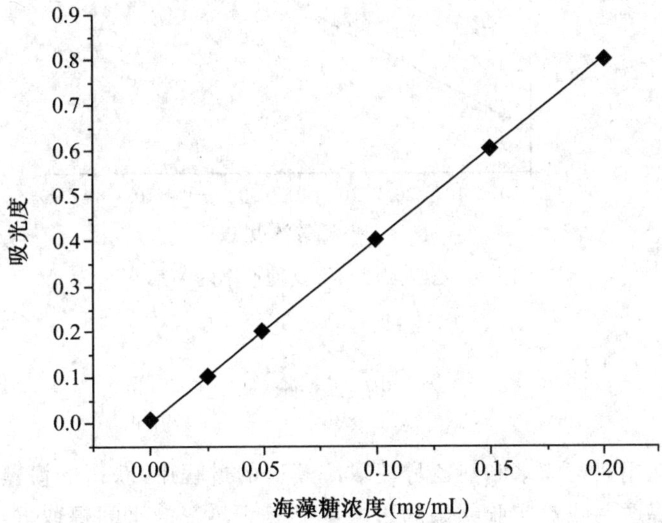

图2 海藻糖标准曲线

(二)成品中海藻糖浓度的测定(见表1)

表1 **海藻糖浓度**

乙醇浓度(%)	吸光度	浓度(mg/mL)
0	0.392	0.09615
40	0.395	0.09737
50	0.397	0.09818
60	0.394	0.09696
70	0.396	0.09778
80	0.395	0.09737

(三)酵母菌中海藻糖的产率

乙醇浓度与海藻糖产率的关系如图3所示。当乙醇浓度小于70%时,乙醇浓度与海藻糖提取率呈正相关;当乙醇浓度为70%时,酵母中海藻糖的产率最高,达9.53%;当乙醇浓度大于70%时,乙醇浓度的增大会使海藻糖的提取率下降。

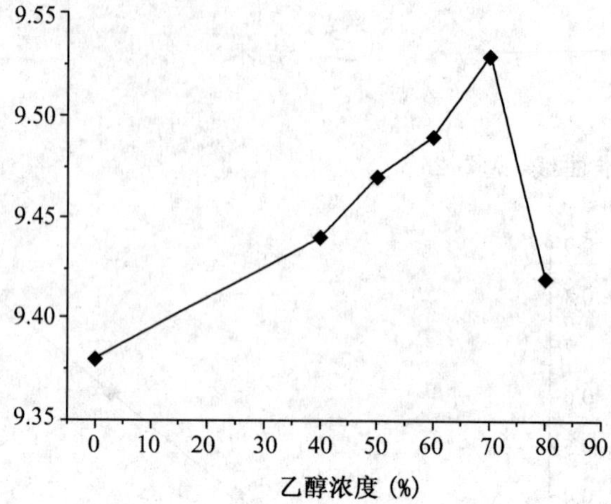

图 3　乙醇浓度与海藻糖产率的关系

四、讨论

实验证明,在用热蒸馏水和热乙醇提取海藻糖的过程中,获得的海藻糖产率相近,经数据分析,两种提取路线对实验结果的影响不显著。热蒸馏水的提取方法简单、成本低,提取过程中的部分材料和试剂可重复使用,提取后的酵母细胞无毒,可用于饲料工业。而乙醇水溶液作为除蛋白剂和提取液,其配比尤为重要,在浓度小于70%时,乙醇浓度越大,蛋白质分离与海藻糖灭活效果越好,但超过这个值,过高的乙醇浓度反而会造成酵母壁皱缩,阻碍海藻糖的溶出,导致提取率下降。在热乙醇提取海藻糖的实验中,乙醇浓度为70%时,海藻糖的产率最高。

参考文献

[1]张桂和:《几种热带海藻营养成分的分析》,《海南大学学报》(自然科学版)2002年第4期。

[2]胡宗利、夏玉先等:《海藻糖的生产制备及其应用前景》,《中国生物工程杂志》2004年第4期。

[3]谭海刚、梅英杰等:《蒽酮—硫酸法测定酵母中海藻糖的含量》,《现代食品科技》2006年第1期。

[4]刘洋、张红缨等:《酵母菌中海藻糖的几种提取方法的比较》,《中国生化药物杂志》1999年第1期。

[5]邵漪、袁勤生:《从活性干酵母中提取海藻糖的工艺条件研究》,《中国生化药物杂志》2002年第6期。

[6]张丽杰、张雪莲等:《新型食品添加剂海藻糖的发展前景》,《中国食品添加剂》2004年第2期。

[7]李浩明、高兰:《海藻糖在生物制品干燥与保存中的应用研究》,《食品与发酵工业》1994 年第 4 期。

[8]纪明侯:《海藻化学》,科学出版社 1997 年版。

[9]Fleurence J. ,"Seaweeds proteins: biochemical, nutritional aspects and potential uses", *Trends in Food Science and Technology*, 1999, 10: pp. 25-28.

[10]Parrou J. L. , et al. ,"Acid trehalase in yeasts and filamentous fungi: localization, regulation and physiological runetion", *FEMS Yeast Res*, 2005, 5(6-7): pp. 503-511.

[11]刘晓娟、田强等:《海藻糖的功能及在食品中的应用》,《中国食物与营养》2008 年第 1 期。

[12]张玉华、凌沛学等:《海藻糖的研究现状及应用前景》,《食品与药品》2005 年第 3 期。

(指导教师:韩晓弟)

干旱胁迫下壳聚糖对大豆幼苗保护酶的影响

李玉婷[❶] 刘礼苗[❶] 张樱腾[❷]

壳聚糖又称“脱乙酰甲壳素”，化学名为β-(1,4)-2-氨基-2-脱氧-D-葡聚糖(即聚氨基葡萄糖)。它对植物生长、发育具有调节作用，能抑制植物病原菌的生长。研究表明，壳聚糖可用作生防农药，在抗病诱导、杀菌杀虫、抵御逆境、果蔬保鲜、农药增效、土壤改良、地膜降解、促进生长、提高产量、改善品质等方面具有重要作用。近年来的研究表明，壳聚糖也具有提高作物抗旱性的作用，目前已在苹果、苜蓿等作物上得到证实。顾丽嫱、朱启忠等的研究表明，干旱胁迫下壳聚糖可以增强蝴蝶兰幼苗和小麦幼苗CAT，POD，SOD保护酶的活性。我国是大豆的主产国之一，但关于干旱胁迫下壳聚糖对大豆保护酶的影响的研究尚属空白。因此，文中选择壳聚糖作为处理剂，以细沙为栽培土壤，研究了在干旱胁迫下用不同浓度的壳聚糖溶液喷洒大豆叶片后，大豆叶片中不同保护酶活性以及游离蛋白的变化，旨在为壳聚糖对大豆生长以及对农业生产与应用提供理论支持与指导。

一、材料与方法

(一)材料与试剂

1. 大豆品种

供试大豆种子为“黑海一号”毛豆种，购自黑龙江北大荒种业集团有限公司。

2. 供试土壤

供试土壤为细沙，采自山东威海国际海水浴场。细沙取回后经混匀、冲洗、风干、过滤等处理。

3. 仪器

751E型分光光度计(上海光谱仪器有限公司)、Sartorius AG酸度计(德国赛多利斯股份有限公司)、TGL-16B台式高速离心机(上海安亭科学仪器厂)、恒温水浴锅(金坛市

❶海洋学院2010级药学专业；❷海洋学院2010级生物科技专业。

科兴仪器厂)。

4. 试剂

水溶性壳聚糖(80 目,脱乙酰度≥85%,水分≤10.0%,黏度≤100MPa·s,不溶物≤1.0%)购于济南海得贝海洋生物有限公司。三羟甲基氨基乙烷(Tris)、30%双氧水、愈创木酚、邻苯三酚、三氯乙酸等试剂均为分析纯。

(二)方法

1. 材料处理

挑选饱满、无霉变、无缺损的大豆种子 240 粒。每盆 8 粒大豆种子种于花盆中,正常灌水,待幼苗长出,选取生长良好、大豆幼苗长势相近的 20 盆幼苗作为实验组。在大豆生长第 20 天时,把 20 盆大豆浇足水分,以后不再浇水,进行干旱胁迫处理。把 20 盆大豆幼苗分成 4 组,然后在大豆生长到第 31 天时,用不同浓度的壳聚糖溶液分别喷施 4 组幼苗,壳聚糖浓度设为 0%,0.2%,0.4%,0.6%,连续喷洒 5 天。从第 36 天开始进行酶活性的测定,连续测定 5 天。

2. 酶活性测定

选择大豆超氧化物歧化酶(SOD)、过氧化氢酶(CAT)以及过氧化物酶(POD)的活性进行测定,三种酶活性测定均参照李合生的方法。可溶性蛋白含量的测定采用考马斯亮蓝法。

3. 数据处理

实验数据使用 SPSS 17.0 进行整理与统计分析。

二、结果

(一)干旱胁迫下,壳聚糖对超氧化物歧化酶(SOD)比活力的影响

SOD 是含金属辅基的活性蛋白酶,是生物体内重要的抗氧化酶。SOD 是膜脂过氧化防御系统的主要保护酶,它能催化活性氧发生歧化反应生成无毒分子氧和过氧化氢,在维持生物体内超氧阴离子自由基的产生和消除的动态平衡中起着重要的作用。因此,SOD 具有保护生物体免受活性氧伤害的能力。4 组大豆幼苗分别施用不同浓度的壳聚糖溶液处理 5 天后测定其 SOD 比活力。不同浓度壳聚糖溶液处理的大豆幼苗,测得的 SOD 比活力随时间的变化趋势如图 1 所示。从壳聚糖喷洒效果的角度来看,各浓度下 SOD 比活力相比对照组均有提高;综合 5 天 SOD 比活力的变化不难看出,0.4%浓度下的处理效果最为理想,SOD 比活力比对照组平均提高 17%,差异性十分显著($F=15.630, P<0.05$)。

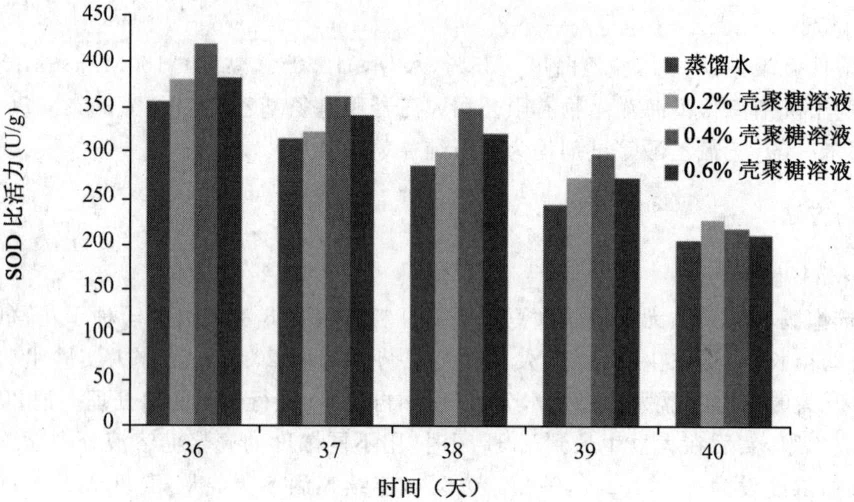

图 1 干旱胁迫下不同浓度的壳聚糖溶液对大豆幼苗 SOD 比活力的影响

(二)干旱胁迫下,壳聚糖对过氧化氢酶(CAT)比活力的影响

从图 2 的分析结果可以看出,随着干旱程度的加强,CAT 活性的总体变化趋势是下降的;在不同浓度壳聚糖处理下的分组 CAT 比活力都比蒸馏水处理组的比活力大;不同浓度的壳聚糖溶液对 CAT 比活力的影响具有显著的差异性($F=16.206$,$P<0.05$);不同浓度的壳聚糖溶液对酶都具有保护作用,且浓度为 0.4%的壳聚糖溶液处理的大豆幼苗的 CAT 比活力最高。

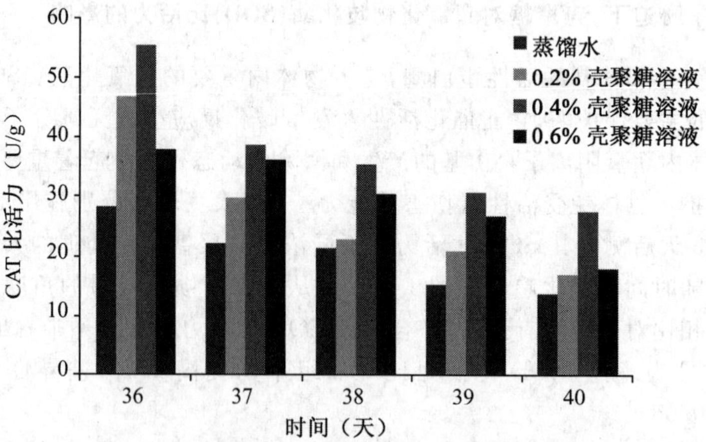

图 2 干旱胁迫下不同浓度的壳聚糖溶液对大豆幼苗 CAT 比活力的影响

(三)干旱胁迫下,壳聚糖对过氧化物酶(POD)比活力的影响

POD是植物体内普遍存在的、活力较高的一种酶,它与呼吸作用、光合作用及生长素的氧化等都有密切关系,在植物生长、发育过程中,它的活性不断发生变化。因此,测量POD的活性可以反映某一时期植物体内代谢及抗逆性的变化。在实验中,对4组大豆幼苗分别施用不同浓度壳聚糖溶液处理后,测得的POD比活力随时间的变化趋势如图3所示。从图3的分析结果可以看出,干旱胁迫下不同浓度壳聚糖溶液对大豆幼苗的POD比活力的影响规律为:随着干旱程度的加强,POD的比活力总体变化趋势是下降的。在不同浓度壳聚糖溶液处理下的分组POD比活力都比蒸馏水处理组的比活力大。不同浓度壳聚糖溶液对POD比活力的影响具有显著的差异性($F=13.398, P<0.05$),故不同浓度的壳聚糖溶液对酶都具有保护作用。干旱初期,浓度为0.6%的壳聚糖溶液处理的大豆幼苗的POD比活力较高,随干旱时间的延长,浓度为0.4%的壳聚糖溶液处理的大豆幼苗的POD比活力最高。

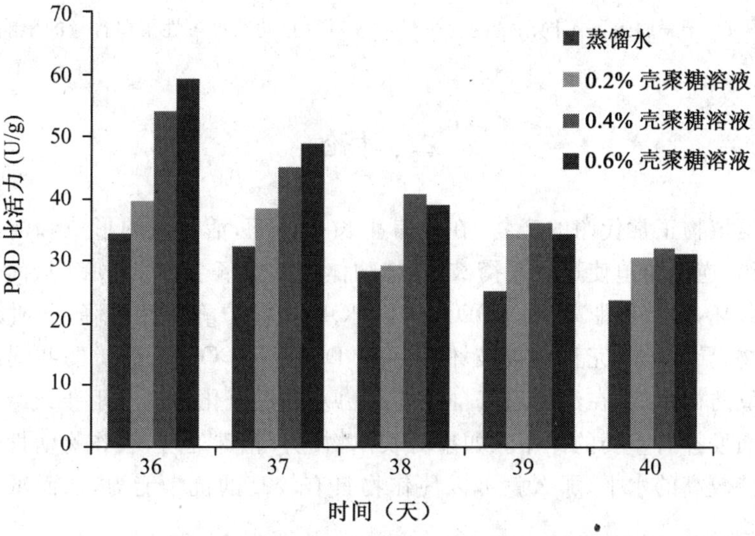

图3　干旱胁迫下不同浓度的壳聚糖溶液对大豆幼苗POD比活力的影响

(四)干旱胁迫下,壳聚糖对可溶性蛋白含量的影响

植物体内的可溶性蛋白质大多数是参与各种代谢的酶类。据报道,植物可溶性蛋白质中50%以上是酶蛋白,其含量的高低可以间接反映代谢强度的高低。因此,测定植物体内可溶性蛋白质的含量是研究酶活的一个重要项目。从图4的分析结果可以看出,干旱胁迫下不同浓度壳聚糖溶液对大豆幼苗中的可溶性蛋白含量的影响规律为:随着干旱程度的加强,可溶性蛋白含量的总体变化趋势是下降的;在不同浓度壳聚糖溶液处理下的分组可溶性蛋白含量都比蒸馏水处理组的含量大;不同浓度壳聚糖溶液对可溶性蛋白含量的影响具有极其显著的差异性($F=15.975, P<0.05$);不同浓度的壳聚糖溶液对可溶性蛋白的含量均具有提高的作用,且浓度为0.4%的壳聚糖溶液处理的大豆幼苗的可

溶性蛋白含量最高。

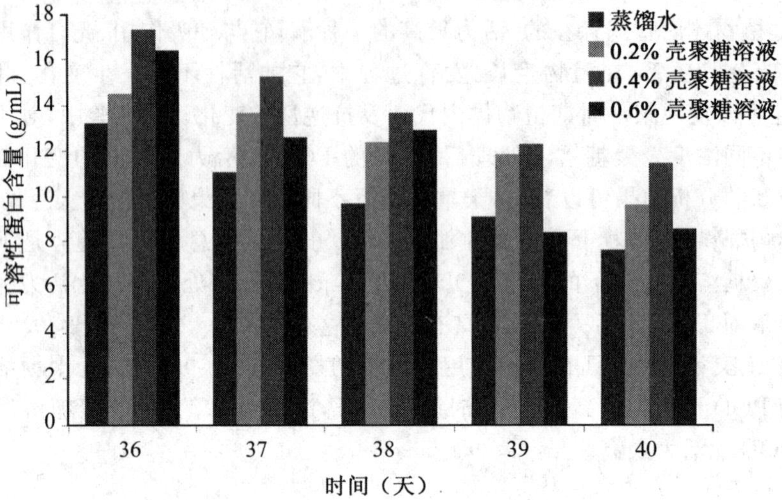

图 4　干旱胁迫下不同浓度的壳聚糖溶液对大豆幼苗可溶性蛋白含量的影响

三、讨论

活性氧是植物正常代谢的产物，在正常生长条件下，活性氧的形成和清除之间保持一种动态平衡，逆境胁迫使这种平衡破坏，植物体内活性氧会积累过多，从而造成活性氧代谢平衡被破坏，导致膜脂氧化，SOD，CAT，POD 等保护酶活性下降，同时还产生较多的膜脂氧化物，导致膜的完整性被破坏。而 SOD，CAT，POD 等保护酶共同组成了生物体内的活性氧防御系统，在清除超氧自由基、H_2O_2 和过氧化物以及阻止或减少羟基自由基形成等方面发挥着重要的作用。如果对农作物进行特殊处理，农作物活性氧防御系统的活力能保持较高的水平，那么就可以使作物具有较高的抗旱能力，从而抵御干旱等不利逆境的影响。

从以上实验结果可以得出，干旱胁迫下不同浓度的壳聚糖溶液对大豆幼苗的保护酶活性的影响规律为：随着干旱程度的增加，大豆幼苗的保护酶(SOD，CAT，POD)比活力总体呈现下降趋势；通过壳聚糖溶液处理的大豆幼苗的保护酶比活力显著高于用蒸馏水处理的大豆幼苗的保护酶比活力；浓度为 0.4％的壳聚糖溶液处理后的大豆幼苗中 CAT，SOD 比活力最高，浓度为 0.6％的壳聚糖溶液处理后的大豆幼苗中 POD 在干旱初期表现出较高的比活力，随着干旱时间的延长，浓度为 0.4％的壳聚糖溶液处理后的大豆幼苗中 POD 比活力最高。这些实验结果表明：使用一定浓度的壳聚糖溶液喷洒大豆幼苗，可以提高大豆保护酶的比活力。

随着土地资源的日益匮乏，干旱区作物的种植越来越受到人们的重视。我国是大豆的主产国之一，提高大豆抗旱性的研究具有重大的意义。干旱地区水资源缺乏，进行植物抗旱性研究是干旱地区可持续发展的必由之路。虽然有关壳聚糖处理提高植物抗旱性的研究刚刚起步，但是由于壳聚糖来源广泛、价格低廉，应用于农业生产属于废物再利用，因此对它的进一步研究很有必要且意义重大。壳聚糖作为植物生长调节剂具有高的生物相容性、生物降解性和生物活性等特点，在促进农业可持续发展方面有着广泛的应用前景。

参考文献

[1]杨峰、胡景江等:《外源壳聚糖对苹果幼苗生长及抗旱性的影响》,《西北林学院学报》2007 年第 22 期。

[2]S. Hirano, "Hitinase activity of some seeds during their germination process, and its induction by treating with chitosan and derivatives," In: B. G. Skjark, Proceedings, 4th International Conference on Chitin and Chitoean, USA, 1988: pp. 743-774.

[3]刘桂智、朱英波等:《壳聚糖在农业上的应用研究进展》,《中国农学通报》2007 年第 23 期。

[4]G. Romanazzi, "Short hypobaric treatments potentiate: the effect of chitosan in reducing storage decay of sweet cherries," *Postharvest Biology and Technology*, 2003, (29)B: pp. 73-80.

[5]G. Romanazzi, F. Nigro, A. Ippolito et al., "Effects of pre-and post-harvest chitosan treatments to control storage gray mold of table grapes," *Journal of Food Science*, 2002, (67)B: pp. 1862-1867.

[6]王延峰、郝振荣等:《壳聚糖处理对苜蓿幼苗抗旱性的影响》,《安徽农业科学》2008 年第 24 期。

[7]顾丽嫱:《外源 CTS 对干旱胁迫下蝴蝶兰幼苗生理生化指标的影响》,《西南农业学报》2011 年第 1 期。

[8]朱启忠、姜山等:《干旱胁迫下壳聚糖对小麦幼苗保护酶活性的影响》,《干旱区资源与环境》2012 年第 5 期。

[9]李合生:《植物生理生化实验原理和技术》,高等教育出版社 2000 年版。

[10]赵世杰:《植物生理学实验指导》,中国农业科技出版社 1998 年版。

[11]刘世琦、邢禹贤:"Changes of soluble sugars, Pr and POD activities in the early developing ovaries of three gourd crops,"《园艺学报》2002 年第 5 期。

[12]王玉魁、阎艳霞等:《干旱胁迫下灰白滨藜保护酶活性及抗旱生理特性研究》,《干旱区资源与环境》2010 年第 10 期。

（指导教师:朱启忠）

海洋琼胶细菌的多样性调查及其琼胶酶性质研究

袁　媛[1]

用于微生物研究的琼胶酶主要来自于细菌，其中，一部分细菌是从河流、土壤和污水中分离得到的，但能够产生琼胶酶的微生物主要来自海洋环境。由于琼胶被降解，这些细菌的菌落周围会出现凹陷或液化。目前分离到的海洋琼胶降解细菌主要分布在弧菌属(*Vibrio*)、假单胞菌属(*Pseudomonas*)、交替单胞菌属(*Altermonas*)、噬琼胶菌属(*Agarivorans*)、交替假单胞菌属(*Pseudoalteromonas*)、链霉菌属(*Streptomyces*, *Thalassomonas*, *Acinetobacter*, *Cytophaga*)等。

Sugano根据琼胶酶降解琼脂糖的作用方式不同，而把它们分为两类：α-琼胶酶(EC3.2.1.158)，作用于琼脂糖的α-1,3糖苷键，产物为琼胶寡糖，以3,6-内醚-α-L-半乳糖作为还原性末端；β-琼胶酶(EC3.2.1.81)，水解D-半乳糖残基和3,6-内醚-α-L-半乳糖残基之间的β-1,4糖苷键，产生的新琼寡糖以D-半乳糖残基作为还原性末端。

研究者们对于这些菌株的琼胶酶及其编码基因进行了较为深入的研究，发现β-琼胶酶主要分布在糖水解酶16家族(GH-16)、50家族(GH-50)和86家族(GH-86)三个糖苷水解酶家族，α-琼胶酶分布在糖水解酶96家族(GH-96)。

国内多个高校和科研机构也开展了琼胶酶的相关研究，从菌种选育、酶的分离纯化、基因克隆等方面都做了一些研究工作。相对于海洋这个细菌资源的巨大宝库，现有的工作还很不够。本课题立足于威海近海的海洋资源，进行琼胶降解细菌的系统筛选，力争发现产生新型琼胶酶的海洋细菌，并对其琼胶酶进行探究。本项课题主要从威海近海采集海洋沉积物和海藻样品，从中分离琼胶降解细菌，调查琼胶降解细菌的多样性；选取琼胶酶活力高的菌株，研究其胞外琼胶酶的性质，优化其发酵条件。本项研究的开展能够丰富多糖降解酶系列，为海洋细菌酶和海洋藻类的开发做一些前期工作，具有一定的科学意义。

---

[1] 海洋学院2011级药学专业。

一、材料和方法

(一)培养基

2216E 海洋细菌培养基:琼脂 18g/L,蛋白胨 5g/L,酵母粉 1g/L,柠檬酸铁 0.01g/L,pH 7.2~7.8,海水配制,121℃,20min 灭菌倒平板。

液体发酵培养基:琼脂 2g/L,蛋白胨 5g/L,酵母粉 1g/L,柠檬酸铁 0.01g/L,pH 7.2~7.8,海水配制。

(二)样品采集与处理

在山东省威海市近海附近采集海藻样品(包括江蓠、石花菜、蜈蚣藻、叉枝藻和小球藻),利用无菌海水冲洗表面 3 次后,取 1g 置于无菌匀浆器中加入 1mL 无菌海水充分研磨,利用无菌海水进行梯度稀释后分别涂布至 2216E 平板上,28℃恒温培养 48h。

(三)菌株的筛选与保藏

能够降解琼胶的细菌,其菌落周围会产生凹陷或透明区域。将初筛分离纯化得到的产琼胶酶菌株接种到平板培养基中 28℃培养,48h 后对平板培养基中生长出的菌落进行卢戈氏碘液染色,琼胶平板被染成深褐色,琼胶降解菌株的周围由于琼胶被降解而不能着色,因此会产生透明圈,挑取菌落周围透明圈明显的菌株平板划线纯化至单菌落。-80℃保种管保藏菌种。

(四)基因组 DNA 的提取和 16S rDNA 序列的扩增和测定

提取细菌染色体 DNA,进行菌株 16S rDNA 序列 PCR 扩增。扩增 16S rDNA 的正向引物为 27F:5’-AGAGTTTGATC(C/A)TGGCTCAG-3’,反向引物为 1492R:5’-TACGG (C/T)TACCTTGTTACGACTT-3’。

50μL 的 PCR 反应体系:1×PCR Mix 25μL;1492R 1μL;27F 1μL;模板 DNA 1μL;超纯水 21.5μL;Taq DNA 聚合酶 0.5μL(5U/μL)。

PCR 反应条件:96℃预变性 6min;94℃变性 1min,55℃复性 1min,72℃延伸 2min,30 个循环;最后 72℃温育 6min。

PCR 扩增产物经电泳检测后,直接交由上海桑尼测序生物科技有限公司进行纯化和序列测定。将测定的基因序列输入 GenBank,获得收录号,并运用 Blast 程序与数据库中已存在的细菌 16S rDNA 序列进行相似性比较分析。

(五)菌株 QM4 粗酶液琼胶酶性质的初步研究

1. 粗酶液的制备

取纯化的菌株接入发酵培养基于 28℃摇床培养 48h,所得的培养液经 4℃,8000r/min离心 5min,收集上清液作为粗酶液用于胞外酶活测定。

2. 琼胶酶活力测定

采用3,5-二硝基水杨酸法测定酶活力。操作步骤如下:用磷酸缓冲液(pH 为7.6)配制浓度为0.6%的琼胶溶液,45℃保温情况下取1.8mL于比色管中,加入0.2mL酶液,置于45℃水浴中反应30min,取出比色管并加入2mL DNS,于沸水浴中显色7min,待冷却后定容至25mL刻线,摇匀后在721紫外分光光度计的波长540nm处测定光吸收值,用灭活酶液与琼胶溶液混合液作为空白对照。

酶活力单位(U/mL)定义:在实验条件下,每分钟催化底物产生1μg还原糖所需的酶量。

3. 发酵条件优化

在发酵培养基基础上,按照表1进行单因素变量实验,其他培养条件均与发酵培养基相同。除非特定说明外,培养温度为28℃,时间为48h,摇床转速为150r/min,接种量为1%,三角瓶装液量为100mL/250mL,每组实验重复3次,每次实验3组平行样,结果求平均值,优化结果用于以后实验。

表1　　单因素实验因素与水平

组别	单因素变量	因素变量
1	发酵时间(h)	12,24,36,48,60,72
2	温度(℃)	26,28,30,32,34
3	初始pH	6.6,7.0,7.2,7.4,7.6,7.8,8.0,8.4
4	装液量(mL/250mL)	60,80,100,120,140,160
5	盐度(g/L)	0,12,24,36,48,60,72
6	接种量(%)	0.5,1.0,1.5,2.0,2.5
7	碳源	琼胶、葡萄糖、麦芽糖、乳糖、淀粉、蔗糖
8	氮源	蛋白胨、牛肉膏、NH_4NO_3、NH_4Cl、尿素
9	琼脂浓度(g/L)	1.0,1.5,2.0,2.5,3.0,3.5

4. 活性电泳研究发酵液琼胶酶组分

利用非变性聚丙烯酰胺凝胶电泳(Native-PAGE)(浓缩胶浓度为4.5%,分离胶浓度为12%)进行实验,电泳后将胶剥离贴附于含1.2%琼脂糖的平板上(用磷酸缓冲液调pH为7.6)45℃水浴下反应2h,用5%卢戈氏碘液染色后观察水解结果,有琼胶酶组分处的琼脂糖被部分水解,不能被卢戈氏碘液染色,显示水解条带,从而初步确定琼胶酶的组分构成。

二、结果与分析

(一)菌株的筛选

经过初筛,一共分离到附生在海藻表面的琼胶降解细菌20株,再将这20株进行复筛,经卢戈氏碘液显色后,一共有13株菌的菌落周围出现了较透明的水解圈,且中间出现了明显的水解坑。图1所示为其中的菌株SQ10。

(二)16S rDNA 序列测定和分析

将这13株菌进行16S rDNA扩增和测序。将所测得的基因序列提交到GenBank核苷酸序列数据库,获得收录号,并利用Blast程序与数据库中的序列进行相似性比较。一般认为,16S rDNA序列同源性大于99%可以认为属于同一个种;16S rDNA序列同源性小于98%可以认为属于不同的种;同源性小于95%可以认为属于不同的属。结果表明,13株菌中有10株可以鉴定到属,这10株菌分布在 *Persicobacter*, *Tenacibaculum*, *Cytophaga*, *Pseudoalteromonas*, *Agarivorans*, *Colwellia*, *Cellulophaga*, *Thalassomonas* 共8个属中。其中7株可以鉴定到种,其中菌株QM4鉴定为 *Persicobacter diffluens*, SQ3鉴定为 *Tenacibaculum japonica*, SQ8鉴定为 *Pseudoalteromonas tetraodonis*, SQ9, SQ10鉴定为 *Agarivorans albus*, SQ15鉴定为 *Colwellia aestuarii*, SQ16鉴定为 *Cellulophaga lytica*;另外的SQ1与GenBank里已明确鉴定到的种 *Catenovulum agarivorans* 的最大同源性为93%,SQ5与已明确鉴定到的种 *Simiduia areninigrae* 的最大同源性为92%,SQ7与已明确鉴定到的种 *Simiduia areninigrae* 的最大同源性为91%,这都不足以归为同一个种,所以这3株菌尚不能确定分类地位,有待进一步研究。

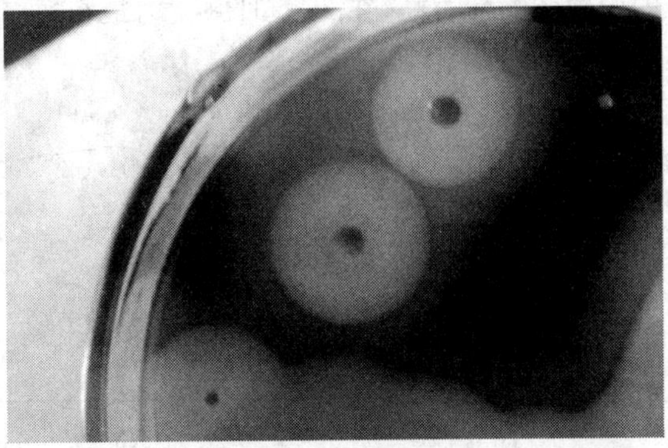

图1 菌株SQ10经卢戈氏碘液染色后产生的透明圈

(三)发酵条件优化实验结果

1. 培养时间对酶活力的影响

随着时间的增长,菌株的产酶量累积增加,发酵液总酶活力会逐渐增大,在48h产酶活力达到最大,但达到一定积累量后,增多的酶解产物会抑制琼胶酶的产生,所以达到峰值后随着时间的延长,发酵液总酶活力降低,如图2所示。

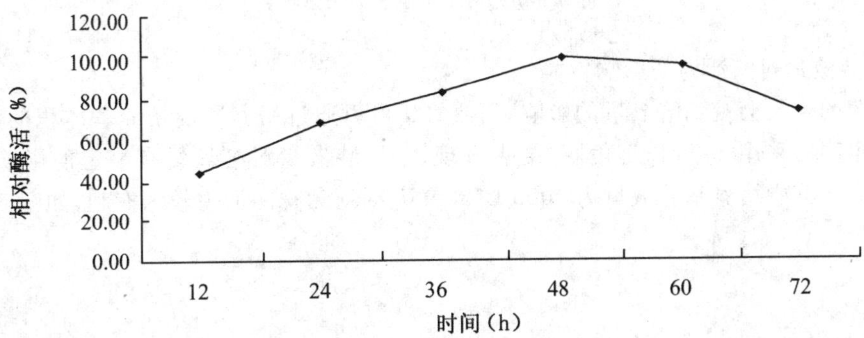

图2 培养时间对酶活力的影响

2. 培养温度对酶活力的影响

实验结果表明:在 26～34℃范围内琼胶降解菌株 QM4 都能生长,但在 28～29℃范围内菌体酶活力高,在 28℃时酶活力最高,如图 3 所示。

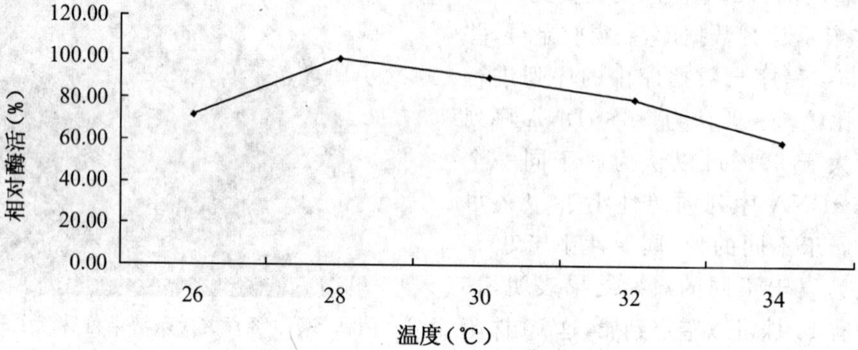

图 3　培养温度对酶活力的影响

3. 初始 pH 对酶活力的影响

一般情况下,海水的 pH 稳定在 7.9～8.4,生活在其中的微生物的生长对 pH 的适应度较宽,但是不同的 pH 能够极大程度地影响琼胶酶的产生。如图 4 所示,本实验设计的初始 pH 结果表明,菌株 QM4 的最佳产酶 pH 为 7.6,pH 过高或过低都会对酶活力产生影响。

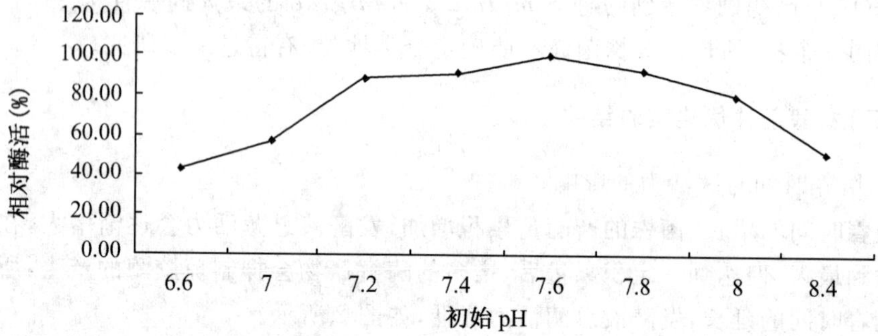

图 4　初始 pH 对酶活力的影响

4. 装液量对酶活力的影响

细菌的生长会受到溶氧量的影响,而溶氧量可以通过培养瓶内培养基体积的大小来控制。本实验采用 250mL 三角瓶,结果发现,不同装液量对溶氧量有一定的影响,但是影响不大。其中培养基装液量为 100mL/250mL 时对菌株酶活力较为有利,如图 5 所示。

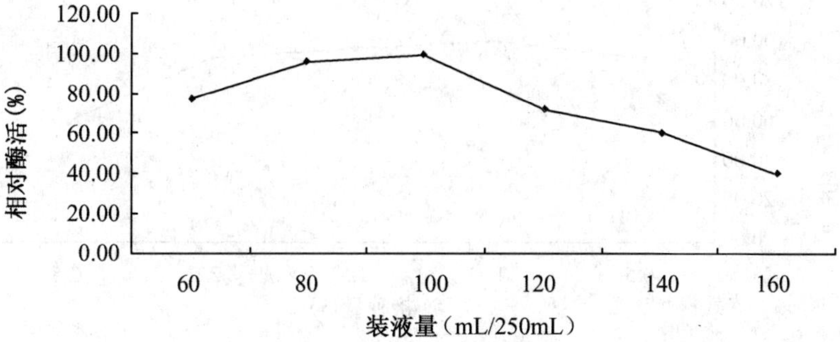

图5 装液量对酶活力的影响

5. NaCl浓度对酶活力的影响

利用人工海水配制2216E半固体(0.2%琼脂)培养基,将其中NaCl浓度调至不同浓度(0,1.2%,2.4%,3.6%,4.8%,6.0%,7.2%),将菌株QM4的种子液按1%的接种比例接种后,置于28℃,150r/min摇床中振荡发酵培养,然后测定粗酶液的酶活力。图6的结果显示,在含有1.2%~4.8%的NaCl的人工海水(含有Mg^{2+}和Ca^{2+})中,能检测到较高酶活,当NaCl的含量为2.4%时能够检测到最大的酶活,盐度过高或过低都会抑制琼胶酶的产生。

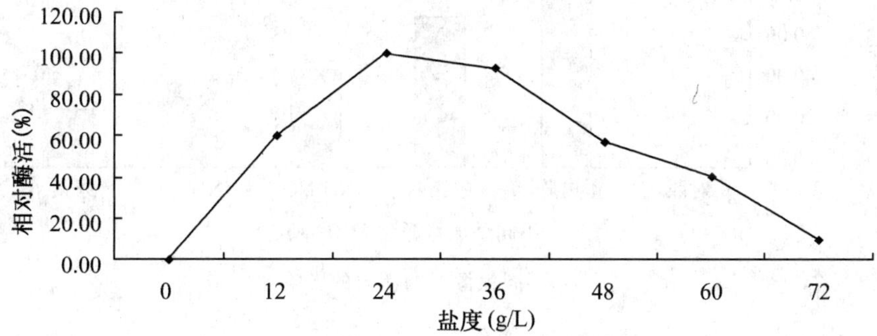

图6 NaCl浓度对酶活力的影响

6. 接种量对酶活力的影响

将菌株接入发酵培养基中,培养48h后将菌液离心后检测该菌株的酶活力情况。图7表明,接种量对酶活力的影响较小,1%和1.5%的接种量都能检测到较高酶活,二者比较,接种1%时产酶效果更好。

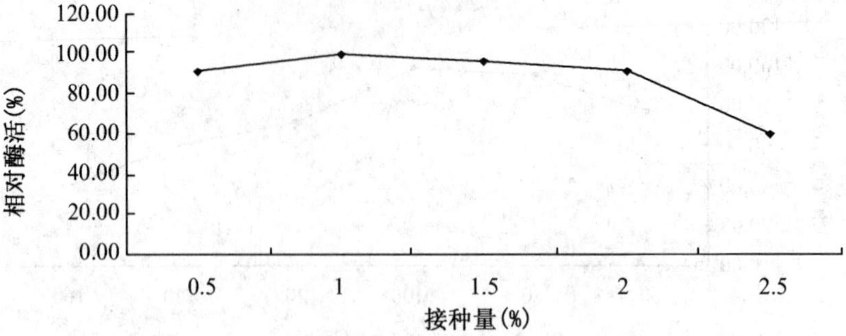

图7　接种量对酶活力的影响

7. 不同氮源对酶活力的影响

本实验选择了一些比较常见的试剂作为氮源,浓度为0.5%,其他均按照发酵培养基配制,28℃,150r/min培养48h,在不同氮源的发酵粗酶液中,酶活力不同。由图8可知,有机氮源如蛋白胨、牛肉膏相比无机氮源能更好地被菌体利用,而有机氮源中的蛋白胨作为氮源时,酶活力最高。

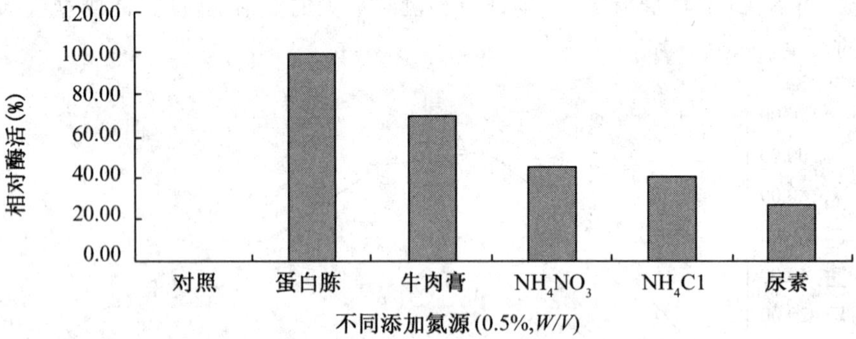

图8　不同氮源对酶活力的影响

8. 不同碳源对酶活力的影响

改变2216E发酵培养基中不同的碳源(琼胶、葡萄糖、麦芽糖、乳糖、淀粉、蔗糖),发酵后检测琼胶酶活力。图9结果表明,当利用琼脂作为附加碳源时酶的产生量最高,而当利用其他附加碳源如葡萄糖、麦芽糖、淀粉、蔗糖时,酶的产量较低,而利用乳糖时检测不到菌的生长和酶的产生。

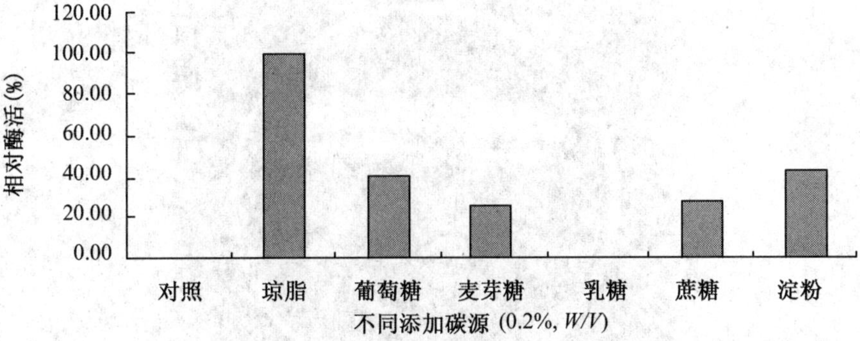

图 9 不同碳源对酶活力的影响

9. 不同琼脂浓度对酶活力的影响

由于菌株 QM4 在没有添加碳源的 2216E 培养基中不能生长和产酶,所以本实验设计了不同浓度的半固体培养基进行发酵培养,结果如图 10 所示,当琼脂浓度在 2～3g/L 范围内变化时,细菌有较高产酶的能力,在 2g/L 时达到最大值。

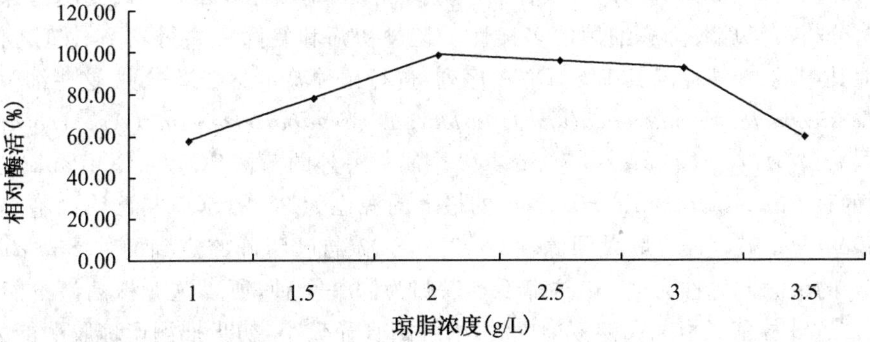

图 10 不同琼脂浓度对酶活力的影响

10. 粗酶液中琼胶酶组分的初步分析

根据对 Native-PAGE 电泳结果(见图 11)分析,在发酵粗酶液中至少存在 5 种以上的琼胶酶组分。菌株 QM4 发酵液的活性电泳结果显示酶活较大的组分主要集中于凝胶的上部,即质荷比较大的部分。其中质荷比大的部分有 2 种以上的高活性或高产量琼胶酶,质荷比居中的部分至少有 3 种低活性或低产量的琼胶酶,而质荷比较低的部分则未见明显琼胶酶条带。该菌株的琼胶酶系的分离纯化还需要进一步的实验研究。

图 11 菌株 QM4 的发酵液的 Native-PAGE 琼胶酶活性图谱

三、讨论

本课题选择从威海近海的海藻样品中分离琼胶降解细菌,并对分离到的菌株进行菌种鉴定,分析海洋琼胶降解细菌的多样性。经过初筛和复筛一共得到 20 株琼胶降解细菌,选取其中的 13 株克隆其 16S rDNA 序列,进行菌种鉴定。结果表明:这些细菌一共分布在 *Persicobacter*, *Tenacibaculum*, *Cytophaga*, *Pseudoalteromonas*, *Agarivorans*, *Colwellia*, *Cellulophaga*, *Thalassomonas* 共 8 个属。另外的菌株 SQ1 与 GenBank 里已明确鉴定到的种 *Catenovulum agarivorans* 的最大同源性为 93%,SQ5 与已明确鉴定到的种 *Simiduia areninigrae* 的最大同源性为 92%,SQ7 与已明确鉴定到的种 *Simiduia areninigrae* 的最大同源性为 91%,这都不足以归为同一个种,所以这 3 株菌尚不能确定分类地位。这 3 株菌经卢戈氏碘液染色后,水解圈直径较小,初步推测产琼胶酶能力不强,但可能还有其他的开发潜能,有待进一步研究。

实验选取产酶活较高的菌株 QM4 进行了最佳产酶条件的单因子研究,结果显示,菌株 QM4 的产酶最佳培养时间为 48h(以下的单因子研究均在培养 48h 的发酵酶液中进行),最适温度为 28℃,最适 pH 为 7.6,最适盐度为 24g/L,接种量为 1%,装液量为 100mL/250mL,发酵培养液中最适碳源为琼脂,最适氮源为蛋白胨,琼脂最适浓度为 2g/L。优化后酶活力可达到 2.689U/mL。利用非变性电泳研究粗酶液中的琼胶酶组分结果表明,菌株 QM4 发酵液中至少含有 5 种琼胶酶组分。其进一步的研究对于琼胶酶的水解机制、琼胶代谢途径、琼胶酶结构分析以及琼胶酶基因资源的补充以及琼胶的转化利用等都具有重要的意义。

参考文献

[1]杜宗军、赵苑等:《青岛近海琼胶降解细菌的筛选和多样性分析》,《中国海洋大学学报》2007 年第 2 期。

[2]韩文君、顾谦群等:《一株多糖降解菌的分离、鉴定与琼脂糖降解能力》,《微生物学报》2012 年第 6 期。

[3]解卉:《产琼胶酶菌株 *Agarivorans albus* QM38 的发酵条件优化、酶的分离纯化及酶学性质研究》,中国海洋大学硕士学位论文,2009 年。

[4]洪义国、孙谧等:《16S rRNA 在海洋微生物系统分子分类鉴定及分子检测中的应用》,《海洋水产研究》2002 年第 1 期。

[5]L. Wang et al., "Comparative research on the structure physical-chemical properties of agars from several agars from several garophyta," *Oceanologia. Ellimnologia*, 2001, 36: pp. 658-664.

[6]Y. Ohta et al., "Purification and characterization of a novel α-agarase from a Thalassomonas sp", *Curr. Microbiol.*, 2005, 50: pp. 212-216.

[7]X. T. Fu et al., "Gene cloning, expression, and characterization of a β-agarase, Aga B34, from *Agarivorans albus* YKW-34," *Microbiol. Biotechno.*, 2009, 19: pp. 257-264.

(指导教师:杜宗军)

黄精—大枣药对协同抗氧化及提高免疫活性的对比研究

褚福龙[1] 宋永佳[1] 刁立超[1] 赛 男[1] 张 健[2] 刘嘉慧[2] 张崇禧[2]

黄精为百合科黄精属植物滇黄精、黄精或多花黄精的干燥根茎，大枣为鼠李科植物的成熟果实。黄精具有益肾润肺、健脾益气之功效，而大枣为益气安神、缓和药性的常用中药，两药配伍可互补不足。现代药理研究发现，两药均具有抗氧化活性，课题组前期研究发现，黄精—大枣配伍后抗氧化能力提高，提高机体免疫力作用增强。目前，对于两药的化学成分和药理作用研究比较多，但对于两药配伍后的抗氧化活性研究较少。为了探讨黄精—大枣药对的最佳配伍比例及其可能的抗氧化能力及提高免疫力机理，作者对黄精、大枣单煎和黄精—大枣药对不同配伍比例合煎的抗氧化能力及提高免疫力作用进行了比较。

一、材料与仪器

(一)实验动物

清洁级昆明小鼠，购自山东绿叶制药有限公司，合格证号为SCXK(鲁)20110007，体重为18～22g，雌雄兼用。环境温度为(22±2)℃，在12h光照周期的动物室内饲养，自由饮水、进食，适应性饲养1周后用于本实验。

(二)实验样品

黄精、大枣购于山东省威海市燕喜堂药店，经山东大学生药学专家张崇禧教授鉴定。1～7号样品依次为：黄精、大枣单味水煎浓缩液，黄精—大枣药对的不同配伍比例(黄精∶大枣=3∶7，4∶6，5∶5，6∶4，7∶3)水煎浓缩液。每种供试品均取100g生药，煎煮3次，依次加8倍量水、6倍量水、4倍量水，分别煎煮3h，2h和1h，过滤后合并滤液并浓缩至1g/mL，置4℃冰箱保存，备用。

[1]海洋学院2010级药学专业；[2]海洋学院2011级药学专业。

(三)实验试剂

羟基自由基试剂盒、超氧化物歧化酶(SOD)试剂盒、丙二醛(MDA)试剂盒、溶菌酶(LZM)试剂盒、考马司亮蓝 G250、牛血清白蛋白。

(四)实验仪器

PL303 型分析天平[METTLER-TOLEDO 仪器(上海)有限公司]、722 型分光光度计(上海光谱仪器有限公司)。

二、方法

(一)体外抗氧化活性测定

1. 动物分组与给药方法

按随机数字表法分为 9 组:空白对照组,阳性对照组,黄精、大枣单味水煎液给药组以及药对(3∶7,4∶6,5∶5,6∶4,7∶3)给药组,每组 10 只。各给药组均采用灌胃法给药,每日 1 次,连续给药 20 天,给药体积 20mL/kg,空白组给予等体积的蒸馏水,阳性对照组给予等体积 1g/mL 的维生素 C。末次给药 24h 后,小鼠摘眼球取血后颈椎脱臼处死,测定相关实验指标。

2. 体内抗氧化活性测定

末次给药 24h 后,小鼠摘眼球取血,分离血清备用。取小鼠肝脏,200mg 组织加 9 倍质量的生理盐水,冰浴下制成 10%组织匀浆液,以 3000r/min 离心 10min,取上清液,按照试剂盒说明书测定 SOD,MDA 活性。

3. 免疫活性测定

小鼠处死前称体重,处死后,取脾脏、胸腺,分别称重。根据以下公式计算相应免疫器官指数:脾脏指数=脾脏重(g)/体重(g),胸腺指数=胸腺重(g)/体重(g)。

末抗凝血液静置后离心取血清,按照溶菌酶试剂盒说明书测定血清溶菌酶含量。

(二)统计学处理

采用 SSPS 17.0 软件对数据进行统计分析,采用方差分析检验,数据均以$\bar{x}\pm s$表示,$P<0.05$ 代表数据有显著性差异。

三、结果

(一)对羟基自由基的清除作用

与空白对照组比较,各给药组对羟基自由基的清除作用均表现显著,各配比药对对自由基的清除能力均大于两单药煎液,药对比为 1∶1 时清除作用最强(见表 1)。

表 1　　各给药组对羟基自由基的清除作用($n=10,\bar{x}\pm s$)

组别	羟基自由基清除率(%)
阳性对照组	43.62±1.20
黄精	21.14±2.2 *
大枣	25.89±0.93 *
药对(3∶7)	31.92±0.68 * * △
药对(4∶6)	38.71±1.01 * * △
药对(5∶5)	42.35±2.01 * * * △△
药对(6∶4)	33.02±1.02 * * △
药对(7∶3)	27.50±2.88 * * △

注:与对照组比较,* $P<0.05$,* * $P<0.01$,* * * $P<0.001$;与黄精或大枣比较,△$P<0.05$,△△$P<0.01$。

(二)对 SOD 活性和 MDA 含量的影响

各给药组均可提高 SOD 活性,降低 MDA 含量。与空白对照组相比,各给药组均显著提高 SOD 活性($P<0.05$),其中以药对 1∶1 配比为最显著($P<0.001$)。各给药组均可降低 MDA 含量,部分药对效果显著($P<0.05$),以药对 1∶1 配比为最显著($P<0.01$),见表 2。

表 2　　各给药组对 SOD 活性和 MDA 含量的影响($n=10,\bar{x}\pm s$)

组别	SOD 活性(U/mg)	MDA 含量(mmol/mL)
空白对照组	213.52±10.33	21.43±5.76
阳性对照组	342±11.42	13.76±2.32
黄精	253.48±12.40 *	19.74±4.59
大枣	282.83±11.54 *	18.16±4.28
药对(3∶7)	287.62±12.46 * * △	18.63±4.89
药对(4∶6)	310.16±10.49 * * △	16.74±3.90 *
药对(5∶5)	337.96±11.45 * * * △△	14.13±2.17 * * △
药对(6∶4)	295.46±12.12 * * △	17.28±3.12 *
药对(7∶3)	283.94±10.42 *	17.69±3.93 *

注:与对照组比较,* $P<0.05$,* * $P<0.01$,* * * $P<0.001$;与黄精或大枣比较,△$P<0.05$,△△$P<0.01$。

(三)对免疫器官指数的影响

与空白对照组比较,大枣组及各配比药对组对两个免疫器官指数的增大作用显著($P<0.05$),说明大枣及各配比药对能促进正常小鼠免疫器官发育,而黄精组对免疫器官的影响不显著($P>0.05$),见表 3。

表 3 各给药组对免疫器官指数的影响($n=10,\bar{x}\pm s$)

组别	脾脏指数($\times10^{-3}$)	胸腺指数($\times10^{-3}$)
空白对照组	4.5±0.4	3.7±0.3
阳性对照组	5.9±0.2	4.6±0.1
黄精	4.7±0.3	3.8±0.1
大枣	4.9±0.2*	4.0±0.2*
药对(3∶7)	5.2±0.2*	4.3±0.2*
药对(4∶6)	5.3±0.3*	4.5±0.1**Δ
药对(5∶5)	5.6±0.1**Δ	4.6±0.2**Δ
药对(6∶4)	5.1±0.1*	4.3±0.1*
药对(7∶3)	4.9±0.2*	4.2±0.2*

注:与对照组比较,* $P<0.05$,** $P<0.01$;与黄精或大枣比较,Δ$P<0.05$,ΔΔ$P<0.01$。

(四)对血清溶菌酶含量的影响

各药对组血清溶菌酶含量与空白对照组比较均有显著性差异($P<0.05$)。各药对组均可显著提高正常小鼠血液溶菌酶含量,其中配比为1∶1药对的效果极显著($P<0.01$),见表4。

表 4 各给药组对血清溶菌酶含量的影响($n=10,\bar{x}\pm s$)

组别	溶菌酶含量(μg/mL)
空白对照组	8.12±1.66
阳性对照组	10.97±1.35
黄精	10.03±1.24
大枣	10.12±1.68
药对(3∶7)	10.47±1.32*
药对(4∶6)	10.66±1.70*
药对(5∶5)	10.82±1.31**Δ
药对(6∶4)	10.62±1.47*
药对(7∶3)	10.42±1.73*

注:与对照组比较,* $P<0.05$,** $P<0.01$;与黄精或大枣比较,Δ$P<0.05$,ΔΔ$P<0.01$。

四、讨论

由于黄精—大枣药对在中药复方中的配伍比例不一,本实验对黄精、大枣单用及黄精—大枣药对合用不同配伍比例水煎剂的抗氧化能力和提高免疫力作用进行了研究,结果证明，黄精—大枣药对1∶1的配伍比例的抗氧化能力、提高免疫力作用最强。

生物机体内的超氧化物歧化酶(SOD)具有显著的清除羟基自由基的作用，随着年龄的逐渐增长，其活性开始降低而诱导脂质过氧化，脂质过氧化的最终代谢产物MDA增多将诱导细胞整合性能下降。SOD和MDA是检测体内抗氧化能力最常用的指标。同时，羟基自由基引发的脂质过氧化，能够诱导核酸代谢错误，使酶活性降低，对细胞产生较严重的损伤。本实验研究表明，黄精—大枣药对可显著清除羟基自由基，提高SOD活性和降低MDA含量。

脾脏、胸腺是哺乳动物最主要的中枢和外周免疫器官，小鼠的免疫器官指数是其免疫器官发育和反映免疫应答强弱的重要指标；溶菌酶是固有免疫分子，它能水解细菌细胞壁的肽聚糖使细菌崩解死亡，是机体非常重要的非特异性防御因子。本实验结果表明，黄精—大枣药对可以提高小鼠的免疫器官指数及血清溶菌酶含量，因此可以显著提高其非特异性免疫能力。

本研究得出了最佳药对配比，为进一步研究确定黄精—大枣药对的药效作了很好的铺垫，同时也为研究其他中药复方和药对提供了理论参考，具有一定的理论价值及实践应用意义。

参考文献

[1]陈奇:《中药药理研究方法学》,人民卫生出版社2002年版。

[2]马宏、张宗玉等:《衰老的生物学标志》,《生理科学进展》2002年第1期。

[3]郭重仪:《黄芩苷对脂质过氧化及内皮细胞氧化损伤的保护作用》,《中药材》2012年第2期。

[4]欧世平、蒋中仁等:《黄精大枣等成分口服液缓解体力疲劳研究》,《预防医学情报杂志》2008年第2期。

[5]周彦钢、贾建萍等:《康健口服液的研制》,《食品工业科技》2009年第2期。

[6]马凤巧、王爱梅等:《黄精对衰老大鼠海马组织SOD活性及MDA含量影响的研究》,《中国现代药物应用》2010年第2期。

[7]X. L. Zhang et al., "Catalpol ameliorates cognition deficits and attenuates oxidative damage in the brain of senescent mice induced by D-galactose," *Pharmacology, Biochemistry and Behavior*, 2007, 88: pp. 64-72.

[8]J. Nordberg, E. S. Arner, "Reactive oxygen species, antioxida-nts, and the mammalian thioredoxin system," *Free Radio Biol. Med.*, 2001, 31: pp. 1287-1312.

[9]杨文建:《8种传统中药药对抗氧化协同机制的研究》,山东农业大学硕士学位论文,2009年。

[10]S. E. Zhang et al., "Effects of goat placental preparations on immunity and hypoxia tolerance in mice," *Chin. J. Biochem. Pharm.*, 2008, 29(3): pp. 189-191.

[11]L. Callewaert, C. W. Michiels, "Lysozymes in the animal kingdom," *J. Biosciences*, 2010, 35(1): pp. 127-160.

[12]周爱珍、尹华等:《大黄、黄芩与黄柏药对配伍提取工艺的研究》,《中国中药杂志》2012 年第 4 期。

[13]张志东、王一飞等:《裙带菜多糖的体外抗氧化作用研究》,《中药材》2012 年第 4 期。

[14]黄梅、王学军等:《中药抗氧化成分及抗氧化活性的体外评价方法》,《重庆科技学院学报》2006 年第 3 期。

[15]李小兵:《桑叶多糖对长期大负荷运动训练小鼠免疫功能的影响》,《中国实验方剂学杂志》2012 年第 24 期。

[16]沈建利、刘利萍等:《黄精多糖对免疫抑制小鼠的免疫功能的影响》,《药物研究评价》2012 年第 5 期。

(指导教师:张崇禧)

对金针菇产生漆酶发酵条件的优化

高　璇[1]

漆酶是一种含铜的多酚氧化酶，属于氧化酶的蓝铜家族，该酶最早是在漆树的液汁中发现的，故将其命名为漆酶。漆酶能催化木质素和含酚类化合物的降解、高分子化合物的合成，在食品工业、环保工业、造纸工业等领域具有良好的应用潜力。

金针菇学名“毛柄金钱菌”，俗称“构菌”、“朴菇”、“冬菇”等，属伞菌目口蘑科金针菇属。金针菇在自然界广为分布，具有价格低廉、易于培养的特点。金针菇作为一种常见的食用白腐菌，已被证实可以产生漆酶。虽然许多微生物均可以产生漆酶，但是白腐菌比其他微生物能更快和更广泛地降解木质纤维素，而且其所产漆酶为胞外酶，便于酶的分离和提纯，因此具有广泛的工业应用前景。然而当前有关金针菇产生漆酶的研究较少。由于该酶的活性受到培养条件等诸多因素的制约，本研究通过对金针菇产生漆酶的条件进行优化，探究金针菇发酵培养的最适宜条件，为漆酶的工业化生产和应用奠定基础，这将有利于漆酶资源的进一步开发和利用。

一、材料与方法

（一）材料

1. 菌种

金针菇金杂19号，购自山东省农科院农业资源研究所，菌丝在4℃条件下保存在PDA培养基斜面上备用。

2. 试剂

邻联甲苯胺（上海化学试剂总厂，分析纯），其他试剂均为国产分析纯。

3. 仪器

722E型分光光度计（上海第三分析仪器厂）。

---

[1]海洋学院2010级药学专业。

4. 培养基

PDA 培养基：马铃薯 200g/L，葡萄糖 20g/L，琼脂 20g/L，pH 自然，121℃灭菌 20min。

液体培养基：马铃薯 200g/L，葡萄糖 20g/L，酵母膏 5.0g/L，KH_2PO_4 3.0g/L，$MgSO_4$ 1.5g/L，$ZnSO_4$ 0.05g/L，$MnSO_4$ 0.05g/L，pH 自然，121℃灭菌 20min。

(二)方法

1. 菌种活化

将保存的菌种转接于 PDA 培养基斜面上，28℃恒温培养 7～8 天，置于 4℃冰箱中保存备用，一个月左右活化一次。

2. 培养方法

将保存的菌种接到 PDA 平板上，28℃恒温培养 8～10 天，待菌丝长满平板，用打孔器制成直径为 8mm 的菌塞，接种 4 片菌塞到装有 70mL 液体培养基的 250mL 三角瓶中，28℃，180r/min 摇瓶培养。

3. 粗酶液制备

离心机 4000r/min 离心 15min，上清液即为粗酶液。

4. 酶活测定

取 0.2mol/L pH 为 4.6 的醋酸缓冲液 3.5mL，加入 3.36mol/L 邻联甲苯胺 0.5mL，再加入适当稀释的粗酶液 0.5mL，25℃保温 5min 后，立即用 722E 型分光光度计测 595nm 处吸光度值(OD 值)，酶活力以样品与底物反应 5min 后吸光度的改变值表示，以每分钟吸光度增加 0.01 为一个酶活力单位(U/mL)。

二、结果与讨论

(一)优化前产生漆酶的情况

将菌种从培养 8 天的菌种平板上接种至液体发酵培养基中，28℃，180r/min 摇瓶培养，从第 3 天起，每 24h 取样测定漆酶活力，结果如图 1 所示。菌株在液体发酵条件下，第 5 天漆酶活力有了大幅度提高，在第 7 天漆酶活力达到最高，因此选择 7 天作为后续发酵研究的培养时间。

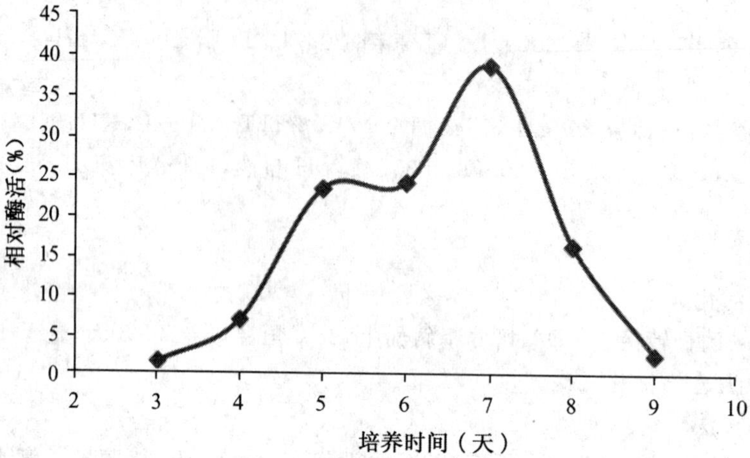

图1 优化前产生漆酶曲线

(二)金针菇产生漆酶的发酵条件优化

1. 碳源对产生漆酶的影响

分别以相同质量的蔗糖、可溶性淀粉、麦芽糖、柠檬酸、羧甲基纤维素钠作为碳源代替液体发酵培养基中的葡萄糖,28℃,180r/min 摇床恒温培养 7 天后测定漆酶活力,结果如图 2 所示。不同碳源对漆酶活力的影响不同,菌株对柠檬酸、蔗糖的利用能力较弱,产生的漆酶活力较低;对葡萄糖、可溶性淀粉、麦芽糖、羧甲基纤维素钠的利用能力较强且以葡萄糖为碳源时漆酶活力最高。因此可以说明在实验的几种碳源中,以葡萄糖为碳源时最有利于漆酶的分泌。

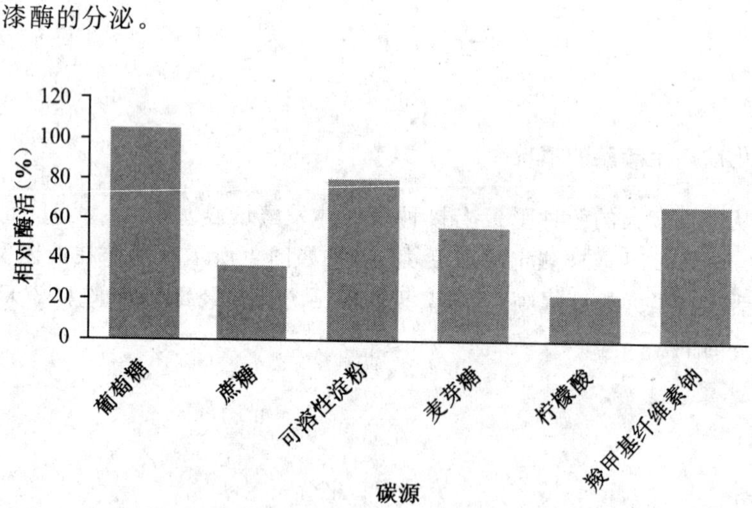

图2 不同碳源对漆酶活力的影响

2. 葡萄糖浓度对产生漆酶的影响

以葡萄糖为碳源,将液态发酵培养基中的葡萄糖浓度分别设定为 5g/L,10g/L,

15g/L,20g/L,25g/L,30g/L,28℃,180r/min 摇床恒温培养 7 天后测定漆酶活力,结果如图 3 所示。随着葡萄糖浓度的逐渐升高,漆酶活力也在逐步增加,直到葡萄糖浓度达到 20g/L 时,漆酶活力最高,此后活力逐步降低。这说明在一定浓度范围内,葡萄糖对菌株产生漆酶的能力有促进作用。

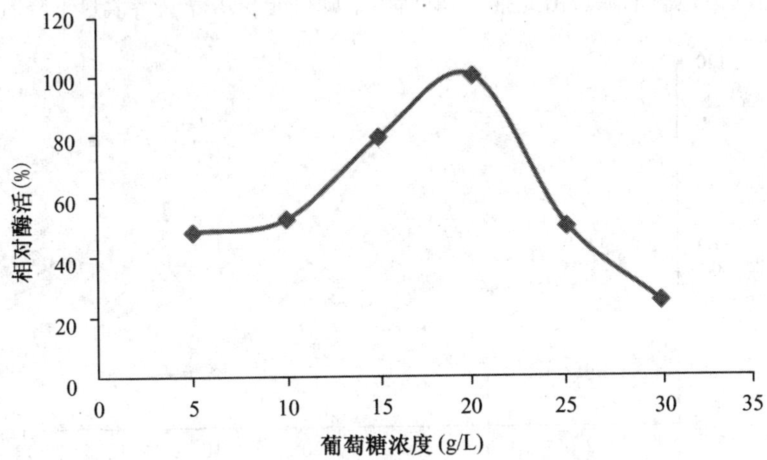

图 3　葡萄糖浓度对漆酶活力的影响

3. 氮源对产生漆酶的影响

分别用相同质量的牛肉膏、尿素、蛋白胨、硫酸铵、酒石酸铵代替酵母膏作为液态发酵培养基中的氮源进行发酵培养,7 天后测定漆酶活力,结果如图 4 所示。以牛肉膏、蛋白胨、硫酸铵作为氮源时,菌株产生的漆酶活力较低;以尿素、酵母膏、酒石酸铵作为氮源时,产生的漆酶活力较好,且以尿素为氮源时活力最好。这说明在发酵产生漆酶的培养中,有机氮源和无机氮源均有利于漆酶的分泌。

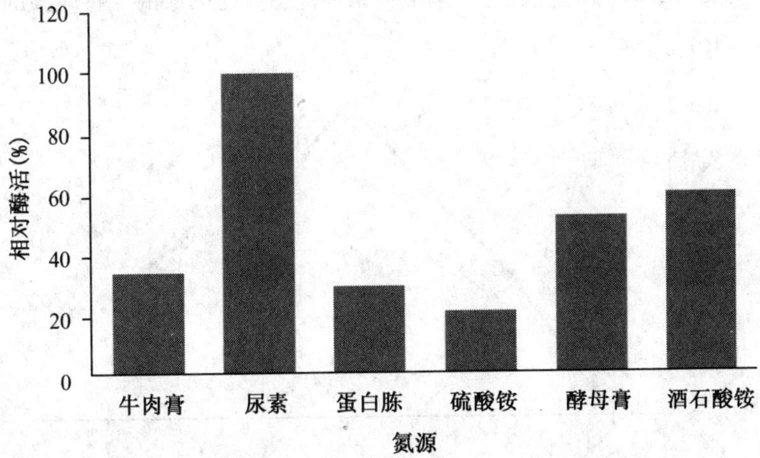

图 4　不同氮源对漆酶活力的影响

4. 尿素浓度对产生漆酶的影响

以尿素为氮源,将液态发酵培养基中的尿素浓度分别设定为2g/L,4g/L,6g/L,8g/L,10g/L,12g/L,28℃,180r/min摇床恒温培养7天后测定漆酶活力,结果如图5所示。在培养基中尿素浓度达到6g/L之前,菌株产漆酶活力随尿素浓度的升高而增加,6g/L时漆酶活力最高,之后活力逐渐下降。由此推测,酶活力下降可能与培养基溶氧量下降有关。

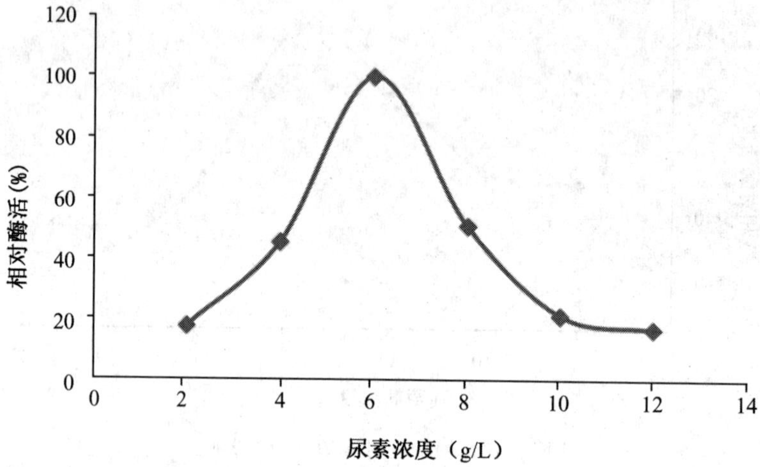

图5　尿素浓度对漆酶活力的影响

5. 培养基初始pH对产生漆酶的影响

用醋酸缓冲液把液态发酵培养基的初始pH分别调为4.0,4.5,5.0,5.5,6.0,6.5,7.0,摇瓶培养7天后测定漆酶活力,结果如图6所示。从图6中可以看出,在pH为5.0～6.0时,金针菇产漆酶的活力相对较高,且以pH为5.5时漆酶活力最高;当pH<5.0或pH>6.0时漆酶活力较弱。这可能是两方面的原因:一方面,偏酸性条件会促进菌株的生长;另一方面,由于漆酶的最适pH呈酸性,故偏酸性条件能使分泌的漆酶保持较高的活力。

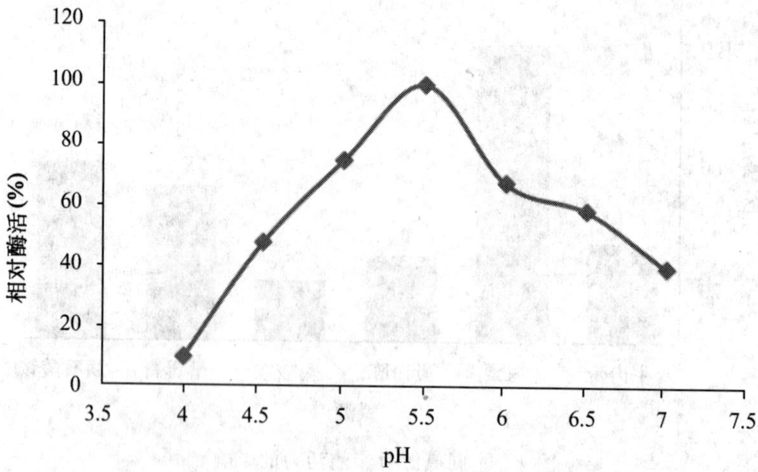

图6　培养基不同初始pH对漆酶活力的影响

6. 装液量对产生漆酶的影响

在 250mL 三角瓶中分别装入 30mL，50mL，70mL，90mL 液体培养基，28℃，180r/min摇床恒温培养 7 天后测定漆酶活力，结果如图 7 所示。研究发现，装液量越少，产生的漆酶活力相对越高，其中装液量为 50mL 时，金针菇产生的漆酶活力达到最高。这可能与菌株自身生长和产生漆酶需要消耗大量的氧有关。

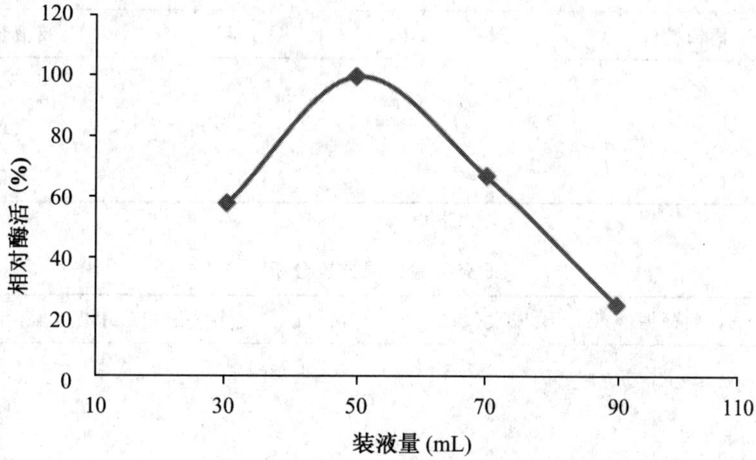

图 7 不同装液量对漆酶活力的影响

7. Cu^{2+} 对产生漆酶的影响

在培养基中加入 Cu^{2+}，使液体培养基中 Cu^{2+} 终浓度分别为 0，20μmol/L，40μmol/L，60μmol/L，80μmol/L，100μmol/L，28℃，180r/min 摇床恒温培养 7 天后测定漆酶活力，结果如图 8 所示。与不加 Cu^{2+} 相比，加入 Cu^{2+} 之后漆酶活力均有一定幅度的增加。这可能是因为漆酶是含铜的酶蛋白，漆酶基因转录合成漆酶需要 Cu^{2+}，因此在缺乏 Cu^{2+} 的情况下，漆酶的合成受影响，所以漆酶的活力相对较低。随着 Cu^{2+} 浓度的逐渐增加，漆酶活力也逐步增加，直到 60μmol/L 时酶活力达到最高，之后活力缓慢下降。

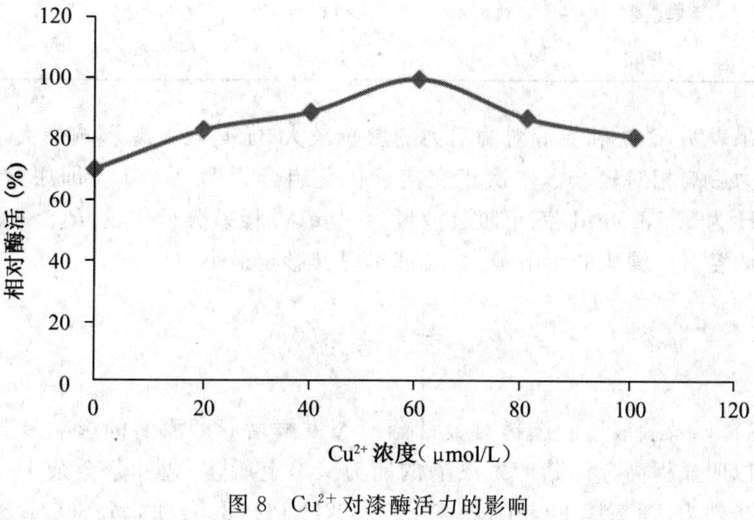

图 8 Cu^{2+} 对漆酶活力的影响

8. 正交实验

采用 $L_9(3^4)$正交实验因素水平表进行正交实验。根据实验设计表 1 进行 9 组实验，正交实验结果方差分析见表 2。

表 1　　$L_9(3^4)$正交实验设计

水平	因素			
	A:葡萄糖(g/L)	B:尿素(g/L)	C:pH	D:装液量(mL)
1	10	2	4.5	30
2	15	4	5	50
3	20	6	5.5	70

表 2　　正交实验结果方差分析

实验号/因素	A:葡萄糖(g/L)	B:尿素(g/L)	C:pH	D:装液量(mL)	酶活力(U/mL)
1	1	1	1	1	236.70
2	1	2	2	2	180.34
3	1	3	3	3	60.42
4	2	1	2	3	291.98
5	2	2	3	1	311.47
6	2	3	1	2	72.76
7	3	1	3	2	328.65
8	3	2	1	3	322.62
9	3	3	2	1	89.12
K_1	159.15	285.78	210.69	212.43	
K_2	225.40	271.48	187.15	193.92	
K_3	246.80	74.10	233.51	225.00	
R	87.65	211.68	46.36	31.08	

实验结果表明，碳源和氮源对酶活力的影响较大，尤其以氮源影响最大，而 pH 与装液量对酶活力影响相对较小。本次正交实验优化组合为 $B_1A_3C_3D_2$，即尿素 2g/L，葡萄糖 20g/L，pH 为 5.5，250mL 三角瓶装液量为 50mL。极差分析比较，$R_B>R_A>R_C>R_D$，即尿素质量浓度对产漆酶的影响最大，装液量对其影响最小。

三、结论

碳源、氮源以及装液量的选择对金针菇液态发酵培养产漆酶的影响显著，采用尿素作为氮源可以明显提高金针菇产生漆酶的能力。综上所述，金针菇金杂 19 号产生漆酶的最佳培养条件为：葡萄糖 20g/L，尿素 2g/L，KH_2PO_4 3.0g/L，$MgSO_4$ 1.5g/L，$ZnSO_4$

0.05g/L,$MnSO_4$ 0.05g/L,pH 5.5,28℃,180r/min 条件下振荡培养 7 天。此条件下漆酶活力达到 328U/mL,约为优化前的 8 倍。研究表明,金针菇在高氮的条件下有利于漆酶的分泌,Cu^{2+} 对漆酶的合成有激活作用。

参考文献

[1]王佳玲、余惠生:《白腐菌漆酶的研究进展》,《微生物通报》1998 年第 4 期。

[2]胡平平、付时雨:《漆酶催化活性中心结构及其特性研究进展》,《林产化学与工业》2001 年第 3 期。

[3]V. Elisashvili, E. Kachlishvili, M. Penninckx, "Effect of growth substrate, method of fermentation, and nitrogen source on lignocellulose-degrading enzymes production by white-rot basidiomycetes," *Journal of Industrial Microbiology and Biotechnology*, 2008, 35(11): pp. 1531-1538.

[4]R. C. Minussiy, M. Glaucia, "Potential application of laccase in the food industry," *Trend Food Sci. Technol.*, 2002, 13: pp. 205-211.

[5]叶汉玲、王传槐等:《新鲜香菇子实体漆酶的纯化与性质》,《南京林业大学学报》1997 年第 2 期。

[6]T. K. Kirk, R. L. Farrell, "Enzymatic 'combustion': the microbial degradation of lignin," *Ann. Rev. Microbiol.* 1987, 41: pp. 465-505.

[7]王宜磊、邓振旭等:《采绒革盖菌 CV-8 漆酶活性的初步研究》,《微生物学杂志》1998 年第 4 期。

[8]刘佳扬:《*Trametes* sp. SYBC-L3 发酵产漆酶条件的优化、分离纯化、酶学性质及其应用初步探究》,江南大学硕士学位论文, 2009 年。

[9]张莉:《白腐菌(*Trametes* pubescecs MB89)漆酶酶学性质及其对酚类化合物的降解特性研究》,西北农林科技大学硕士学位论文,2009 年。

[10]余惠生、付时雨等:《铜(Ⅱ)离子对白腐菌 *Panus conchatus* 产木素降解酶的调控》,《纤维素科学与技术》1999 年第 1 期。

牡蛎活性多肽的抑菌作用与抗氧化性能研究

卢学敏❶

牡蛎俗称“海蛎子”，又称“蚝”，是世界上第一大养殖贝类，也是中国四大养殖贝类之一，是一种极珍贵的海产软体动物，其蛋白质含量高，是制备生物活性肽的良好原料。牡蛎中丰富的生物活性肽，有着显著的医疗保健作用，而这些活性物质与健康的关系已经成为生物医学界的研究热点。

国内外有关牡蛎活性多肽的研究大多集中在抗肿瘤和提高免疫力等方面，对牡蛎活性多肽抑菌活性和抗氧化活性的研究却鲜有报道。本研究使用 Alcalase 碱性蛋白酶和菠萝蛋白酶分步酶解牡蛎蛋白，并对酶解产物的抑菌活性和抗氧化活性进行了研究，旨在为牡蛎活性多肽在食品及医药行业中的应用提供依据。

一、材料与方法

(一)材料与设备

1. 材料

太平洋牡蛎，市售。

2. 供试菌种

枯草芽孢杆菌(*Bacillus subtilis*)、金黄色葡萄球菌(*Staphyloccocus aureus*)、大肠杆菌(*Escherichia coli*)、哈维氏弧菌(*Vibrio harveyi*)、副溶血弧菌(*Vibrio prarhaemolyticus*)和鳗弧菌(*Vibrio anguillarium*)均由本校微生物教研室提供。

3. 试剂药品

菠萝蛋白酶(60 万 U/g，固体粉末)、Alcalase 碱性蛋白酶(20 万 U/g，固体粉末)，广西南宁庞博生物工程有限公司；邻苯三酚，上海华蓝化学科技有限公司；其他试剂均为国产分析纯。

---

❶海洋学院 2011 级药学专业。

4. 设备

分光光度计(U2008,日本日立公司)、HH-601 型电热恒温水浴锅(金坛市精达仪器制造厂)、JA2003N 型电子天平(上海精密科学仪器有限公司)、pH S-3C 型酸度计(上海雷磁仪器厂)、真空冷冻干燥机(北京四环科学仪器厂有限公司)、80-2 型低速离心机(常州国华电器有限公司)、组织捣碎机(日本日立公司)、生化培养箱(SPX2250B2Z 型,上海博迅)。

(二)实验方法

1. 牡蛎活性多肽的制备

根据酶的水解特性和有关文献,选择 Alcalase 碱性蛋白酶和菠萝蛋白酶分步酶解牡蛎蛋白。Alcalase 蛋白酶的水解条件是 4h,55℃,pH 为 8.5,加酶量 300U/g,料水比 1∶3;菠萝蛋白酶的水解条件是 3h,50℃,pH 为 5.5,加酶量 900U/g,料水比 1∶3。酶解工艺流程为:新鲜牡蛎肉清洗、沥干→匀浆→加水调底物浓度→调 pH→加酶恒温酶解→灭酶(90~100℃,10min)→4000r/min 离心,取上清液→水解液。先以 Alcalase 蛋白酶的水解条件进行酶解,然后调节至菠萝蛋白酶的水解条件,进行复合酶解,50℃旋转蒸发浓缩,制得牡蛎多肽粗品 A_1。牡蛎多肽粗品用丙酮萃取,待溶液澄清后除去丙酮,先经旋转蒸发除去残留的丙酮,再经离心取上清液,用 0.45μm 微孔滤膜过滤,制得由牡蛎多肽粗品去除蛋白、多糖和脂肪及滤去大分子杂质的牡蛎多肽样品 A_2。用三氯乙酸沉淀法测定多肽含量,用苯酚—硫酸法测定糖含量。

2. 牡蛎活性多肽抑菌实验

(1)培养基的制备

牛肉膏—蛋白胨琼脂培养基:牛肉膏 3g,蛋白胨 10g,NaCl 5g,琼脂 15~20g,水 1000mL,pH 为 7.0~7.2。该培养基用于金黄色葡萄球菌、枯草芽孢杆菌和大肠杆菌的培养。

2216E 琼脂培养基:蛋白胨 5g,酵母膏 1g,柠檬酸铁 0.1g,琼脂 15g 和过滤陈海水 1000mL,调 pH 为 7.6~7.8。该培养基用于副溶血弧菌、哈维氏弧菌和鳗弧菌的培养。

液体培养基为相应的不加琼脂的培养基。

(2)供试菌种的活化及菌悬液的制备

预先将 6 种供试菌种接入相对应的斜面培养基上进行活化,细菌置 37℃恒温培养箱中培养 24h,海洋弧菌置 28℃恒温培养箱中培养 48h,然后分别挑取一环已活化好的菌种放入 9mL 无菌生理盐水中,振荡摇匀,制成一系列菌悬液,浓度为 10^7~10^8cfu/mL,备用。

(3)抑菌圈直径测定

用打孔器将定性滤纸加工成直径为 6mm 的圆形滤纸片,灭菌后浸入浓度为 0.2mg/mL牡蛎多肽供试液,浸泡 30min。

取无菌培养皿,迅速倒入灭菌后冷却至 45℃左右的培养基 20mL,并快速而轻巧地晃动培养皿,平置冷却备用。取 200μL 菌悬液注入冷却好的培养基上,用涂布棒将其涂抹均匀。用灭菌镊子夹出含有多肽样品的滤纸片放在培养基上,每皿贴 4 片,平行做 3 组。

加样后,枯草杆菌、金黄色葡萄球菌和大肠杆菌置于37℃恒温培养箱中培养24h,测量抑菌圈直径;副溶血弧菌、哈维氏弧菌和鳗弧菌置于28℃恒温培养箱中培养48h,测量抑菌圈直径,取所测抑菌圈直径的平均值。

(4)比浊法测定牡蛎活性多肽抑菌活性

由于牡蛎多肽样品 A_1 未进行丙酮萃取和初步纯化,液体较浑浊,无法用比浊法测定其抑菌活性,所以此法只用于测定多肽样品 A_2 的抑菌率。

取牡蛎多肽样品 A_2 于6支带塞的试管中,分别加入液体培养基,配制成含多肽0.2mg的培养基各5.0mL,再分别加入50μL供试菌悬液,枯草芽孢杆菌、金黄色葡萄球菌和大肠杆菌置于37℃恒温培养箱中振荡培养24h;副溶血弧菌、哈维氏弧菌和鳗弧菌置于28℃恒温培养箱中振荡培养48h,用分光光度计测量 OD_{560nm} 值,并计算抑菌率。抑菌率(%)=(对照组 OD_{560nm} 值－实验组 OD_{560nm} 值)/对照组 OD_{60nm} 值×100%。

3. 牡蛎活性多肽抗氧化性能实验

将牡蛎多肽样品浓度调节为0.2mg/mL。

(1)还原能力测定

在比色管中分别加入0.2mL,0.4mL,0.6mL,0.8mL,1.0mL样品,以0.2mg/mL的抗坏血酸为参照,加蒸馏水至1mL。加入2.5mL 0.2mol/L的磷酸缓冲液(pH 6.6)、2.5mL 10mg/L的铁氰化钾溶液。混合物50℃水浴20min后加入1mL 100mg/L的三氯乙酸溶液。取2.5mL反应液,加入2.5mL蒸馏水和0.5mL 10mg/L的氯化铁溶液。以同样处理的蒸馏水作空白对照,反应液在700nm处测吸光度,OD_{700nm} 越高说明样品的还原性越强。

(2)清除超氧阴离子自由基能力的测定

在比色管中分别加入0.2mL,0.4mL,0.6mL,0.8mL,1.0mL样品,加蒸馏水至1mL。加入Tris-HCl溶液(pH 8.2)5mL和50mmol/L邻苯三酚溶液1mL,迅速摇匀,以蒸馏水为空白对照。每30s在325nm处测定吸光值。按下式计算清除率:

$$清除率(\%)=(F_0-F_S)/F_0\times100\%$$

式中,F_0 为邻苯三酚的自氧化速率;F_S 为加样品的反应溶液吸光值变化率。

(三)统计方法

实验数据采用SPSS 10.0进行处理,以平均值±标准差($\bar{x}\pm s$, $n=3$)表示,$P<0.01$ 为差异极显著,$P<0.05$ 为差异显著,$P>0.05$ 为差异不显著。

二、结果与分析

(一)牡蛎多肽样品 A_1,A_2 多肽和多糖含量测定结果

经三氯乙酸沉淀法测定多肽含量后,确定牡蛎多肽样品 A_1,A_2 的多肽含量分别是0.23mg/mL和0.37mg/mL,用苯酚—硫酸法测定糖含量后,结果表明 A_1 样品中多糖含量为0.08mg/mL,A_2 样品中未检测出糖。

(二)牡蛎活性多肽的抑菌活性

1. 牡蛎活性多肽对6种供试菌的抑制作用

浓度为0.2mg/mL的牡蛎活性多肽样品A_1,A_2对不同菌株的抑菌效果见表1。

表1　牡蛎多肽A_1和A_2的抑菌效果($\bar{x}\pm s$, $n=3$)　(抑菌圈直径:mm)

供试菌种	抑菌圈直径		
	A_1	A_2	无菌水
枯草芽孢杆菌	—	8.33±0.21	—
大肠杆菌	—	—	—
金黄色葡萄球菌	—	—	—
副溶血弧菌	11.32±0.15	13.44±0.43	—
哈维氏弧菌	8.08±0.19	10.76±0.27	—
鳗弧菌	—	—	—

注:"—"表示无抑菌效果,数据为3次重复实验的平均值。

表1结果表明,牡蛎多肽样品A_1,A_2对副溶血弧菌和哈维氏弧菌均有一定的抑制作用,其中对副溶血弧菌的抑菌效果最强,且A_2的抑菌效果要强于A_1的抑菌效果。A_2对枯草芽孢杆菌有一定的抑制作用。A_1,A_2对大肠杆菌、金黄色葡萄球菌和鳗弧菌没有抑制作用。

2. 牡蛎活性多肽对6种供试菌的抑菌率

比浊法测得的A_2组样品的OD值与对照组比较有一定的差异,说明牡蛎多肽样品A_2对枯草芽孢杆菌、副溶血弧菌和哈维氏弧菌均有一定的抑制作用(见表2)。抑菌率显示,A_2对副溶血弧菌的作用最强,抑菌率达到了47.1%。但各抑菌率均低于90%,均未达到对各菌种的一个对数周期的抑菌效果,表明样品抑菌性较弱。抑菌率中的负值代表样品A_2对大肠杆菌和金黄色葡萄球菌不但没有抑制作用,反而有益于两种菌的生长。

表2　牡蛎多肽A_2的抑菌率($\bar{x}\pm s$, $n=3$)

供试菌种	对照组OD值	牡蛎多肽含量(mg/mL)	
		A_2组OD值	抑菌率
枯草芽孢杆菌	1.004±0.014	0.636±0.071*	36.7%
大肠杆菌	0.972±0.102	0.813±0.014	−2.7%
金黄色葡萄球菌	1.102±0.059	1.205±0.005	−9.3%
副溶血弧菌	1.252±0.022	0.662±0.098**	47.1%
哈维氏弧菌	1.071±0.115	0.578±0.002**	46.0%
鳗弧菌	0.955±0.003	0.903±0.042	5.4%

注:与对照组比较,*$P<0.05$,**$P<0.001$。

(三)还原能力的测定

测定牡蛎多肽样品和抗坏血酸的还原能力,以反应体系的吸光值对加入样品的量作图,结果如图1所示。由图可知,样品 A_1,A_2 均具有较强的还原能力,且还原能力随其用量的增大而增强,但还原能力明显低于抗坏血酸。

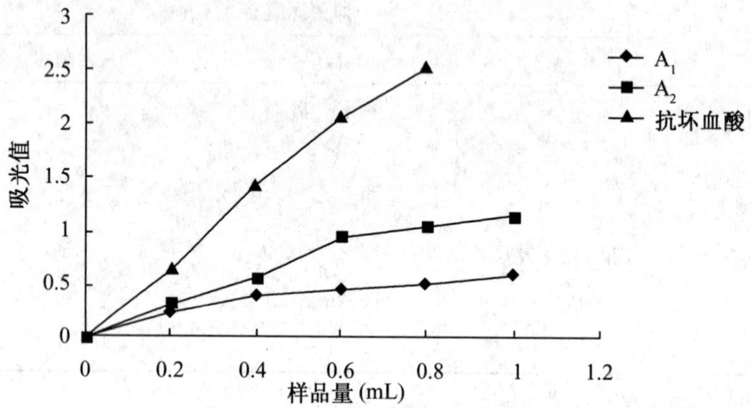

图1 牡蛎多肽样品 A_1,A_2 和抗坏血酸的还原能力

(四)清除超氧阴离子自由基能力的测定

牡蛎多肽样品 A_1,A_2 对超氧阴离子自由基的清除率测定结果如图2所示。由图2可知,样品均具有一定的超氧阴离子自由基清除能力,且 A_2 强于 A_1;清除率随其加入量的增大而增加。总体来说,在低浓度情况下,牡蛎多肽样品 A_1,A_2 的清除能力不高;在较高的浓度下,清除能力较为显著。但当 A_1 加入量达到0.4mL以后,清除率则趋于平缓,加入样品体积达到1.0mL时,清除率达到60.68%;而当 A_2 加入量达到0.6mL以后,清除率趋于平缓,加入样品体积达到1.0mL时,清除率达到最大值91.36%。

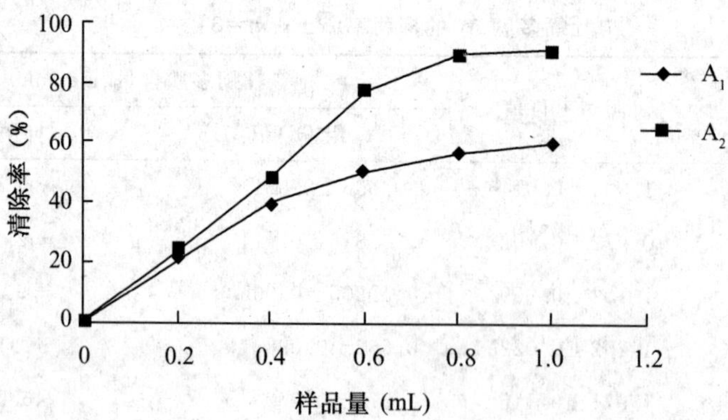

图2 牡蛎多肽样品 A_1,A_2 对超氧阴离子自由基的清除作用

三、结论

国内外对牡蛎活性多肽的提取多为单酶法水浴加热水解，此方法存在酶水解度较低、多肽获得率低、耗时长等缺点；而将几种酶结合起来使用，则可以扩大反应酶的作用范围，提高酶解效率，是牡蛎多肽提取研究的主要发展方向。本实验使用 Alcalase 碱性蛋白酶和菠萝蛋白酶分步酶解牡蛎蛋白，并对制得的牡蛎活性多肽的抑菌活性和抗氧化活性进行了研究。结果表明，牡蛎多肽样品 A_1，A_2 对枯草芽孢杆菌、哈维氏弧菌和副溶血弧菌均具有一定的抑制作用，且经初步纯化的样品 A_2 的抑菌作用要强于 A_1，但抑菌性不高；牡蛎多肽样品 A_1，A_2 均具有抗氧化活性，均随多肽浓度的升高而增大，且 A_2 的抗氧化活性高于 A_1。

参考文献

[1]管华诗、韩玉谦等:《海洋活性多肽的研究进展》,《中国海洋大学学报》2004 年第 5 期。

[2]V. Sigmund et al., "Antimicrobial peptides from marine invertebrates: Challenges and perspectives in marine antimicrobial peptide discovery," *Biotechnology Advances*, 2011, 29: pp. 519-530.

[3]宫晓静、吴燕燕:《海洋无脊椎动物抗菌肽研究进展及其在食品保鲜中的应用》,《生物技术通报》2011 年第 3 期。

[4]N. Dai-Hung, V. Thanh-Sang, N. Dai-Nghiep, "Biological activities and potential health benefits of bioactive peptides derived from marine organisms," *International Journal of Biological Macromolecules*, 2012, 51(4): pp. 378-383.

[5]徐静、于红霞:《牡蛎提取物的生物活性研究进展》,《中国公共卫生》2004 年第 11 期。

[6]郭玉华、曾名勇:《牡蛎酶解工艺的研究》,《中国海洋药物杂志》2008 年第 2 期。

[7]鲁伟、任国谱等:《蛋白水解液中多肽含量的测定方法》,《食品科学》2005 年第 7 期。

[8]张青、张天民:《苯酚—硫酸比色法测定多糖含量》,《山东食品科技》2004 年第 7 期。

[9]孙希云、赵秀红等:《红树莓花色苷粗提物抗氧化性能与抑菌作用研究》,《食品工业科技》2009 年第 3 期。

[10]尹美珍、张倩等:《艾叶水溶性部位及其分离组分的抑菌活性研究》,《黄石理工学院学报》2010 年第 5 期。

[11]M. Oyaizu, "Studies on product of browning reaction prepared from glucose amine," *Japanese Journal of Nutrition*, 1986, 44: pp. 307-315.

[12]K. Shimada, Y. Fujikawa, "Antioxidative properties of xanthin on autoxidation of soybean oil in cyclodextrin emulsion," *J. Agric. Food. Chem.*, 1992, 40: pp. 945-948.

(指导教师:张　莉)

泡盛曲霉产菊粉酶发酵条件的探究

鲍文琪[1] 任祥乐[1] 沙宝鹏[1] 蔡守财[1] 张凯鑫[1] 鲍温洁[2]

菊粉酶是能够水解β-2,1-D-果聚糖果糖苷键的一类水解酶,学名β-2,1-D-果聚糖酶,又叫"β-2,1-D-果聚糖水解酶"。菊芋的主要成分是菊粉,在菊粉酶的作用下水解为果糖,是微生物发酵生产乙醇的良好糖源。近年来,燃料乙醇已成为当今研究的热点。菊芋易种植,利用菊芋为原料发酵生产乙醇,可以降低发酵生产乙醇的成本。由于微生物菊粉酶在发酵生产乙醇中具有很重要的作用,因此优化培养高产菌株、提高水解菊粉酶的酶活力有着非常重要的意义。现在国内外对菊粉酶的应用研究中,利用菊粉酶水解菊粉发酵生产乙醇为酒精的工业生产开辟了一条具有极大意义的新能源途径。我国对菊粉酶的研究在20世纪90年代才起步,目前越来越受到人们的重视,但工业应用产菊粉酶的菌株筛选进展比较缓慢。

一、材料与方法

(一)材料

1. 菌种

泡盛曲霉:山东威海沿海滩涂土壤中筛选所得,该菌株在4℃条件下保存在查氏培养基斜面上,每月转接1次。

2. 主要试剂及仪器

菊粉(化学纯,广州泽钰生物科技有限公司)、3,5-二硝基水杨酸(化学纯,中国医药集团上海化学试剂公司)、智能生化培养箱(宁波海曙莱特仪器厂)、恒温振荡器(江苏省金坛市医疗器械仪器厂)、721型分光光度计(北京市六一仪器厂)。

3. 培养基

(1)发酵培养基:菊粉20g/L,酵母膏5g/L,NaCl 5g/L,$K_2HPO_4 \cdot 3H_2O$ 3g/L,初始pH 6.0,250mL的培养瓶中装50mL发酵培养基,115℃下灭菌30min,160r/min振荡培

[1]海洋学院2010级生物技术专业;[2]海洋学院2011级生物科学专业。

养3天。

(2)PDA培养基：马铃薯（去皮、切碎)200g/L，葡萄糖20g/L，琼脂20g/L，pH自然，115℃下灭菌30min。

(3)斜面培养基：查氏培养基。

(二)方法

1. 粗酶液制备

挑选适量已成熟的泡盛曲霉菌丝与50mL无菌生理盐水混合均匀，按2%接种量接种于制备好的发酵培养基中，30℃，160r/min振荡培养3天，得到发酵液。取发酵液以4000r/min转速离心20min所得上清液即粗酶液。

2. 菊粉酶活力测定

3,5-二硝基水杨酸法(DNS比色法)：取1mL酶液，加入4mL用0.1mol/L，pH 5.0的醋酸缓冲液配制的2%的菊粉溶液，55℃恒温水浴中反应10min。取反应液0.5mL加入1.5mL DNS混匀，置于沸水浴中反应5min，迅速冷却并稀释至25mL。在540nm处，用分光光度计测定其OD值，根据葡萄糖标准曲线计算生成的还原糖含量。

菊粉酶活力单位定义为：在上述条件下，每分钟生成1μmol还原糖所需的酶量为1个酶活单位(U)。

3. 蛋白含量测定

利用考马斯亮蓝法测定蛋白含量：取0.4mL酶液，加入1.6mL考马斯亮蓝染液，静置5min，在595nm处，用分光光度计测定OD值，根据牛血清蛋白标准曲线计算蛋白含量(mg/mL)。

4. 单因子实验

(1)碳源对菌株产酶的影响：分别用20g/L的菊粉、淀粉、葡萄糖、麦芽糖、蔗糖作为碳源，其他发酵条件不变，30℃，160r/min振荡培养3天后测定菊粉酶比活力，选出最佳碳源。

(2)氮源对菌株产酶的影响：分别用5g/L的酵母膏、蛋白胨、牛肉膏、磷酸氢二铵、硫酸铵作为氮源，其他发酵条件不变，30℃，160r/min振荡培养3天后测定菊粉酶比活力，选出最佳氮源。

(3) pH对菌株产酶的影响：在其他条件不变的前提下，分别采用初始pH为4.0，5.0，6.0，7.0，8.0发酵培养3天后测定菊粉酶比活力，确定最佳pH。

(4)无机盐对菌株产酶的影响：在不改变其他发酵条件的前提下，分别采用5g/L的NaCl，KCl，$CaCl_2$，$MgCl_2$作为无机盐，发酵培养3天后测定菊粉酶比活力，选出对菌株产酶激活作用最大的无机盐。

(5)装液量对菌株产酶的影响：其他条件相同，改变装液量，250mL的三角瓶中装液量分别为20mL，30mL，40mL，50mL，60mL，测定菊粉酶比活力，选出最佳装液量。

5. 正交实验

在单因素实验的基础上，对上述5个因素进行正交实验，在30℃，160r/min的摇床中培养72h，测定发酵液中菊粉酶比活力，运用正交实验法研究最佳培养条件。

二、结果与分析

(一)碳源、氮源对菌株产酶的影响

在其他条件不变的情况下,采用5种不同碳源、氮源对发酵培养基进行优化,测定菊粉酶比活力。碳源对菌株产酶的影响如图1所示,氮源对菌株产酶的影响如图2所示。

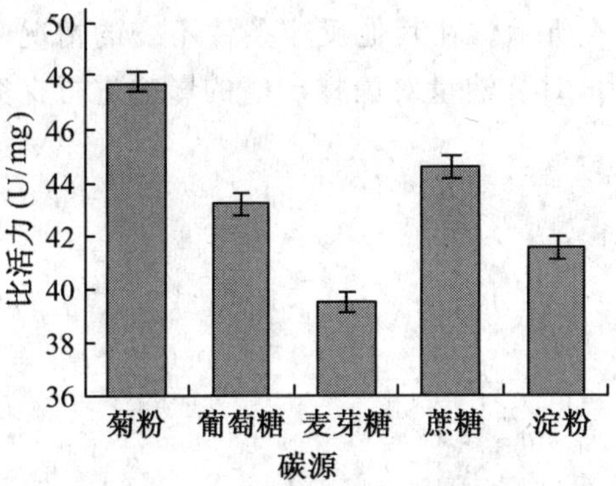

图1　不同碳源对菌株产酶的影响

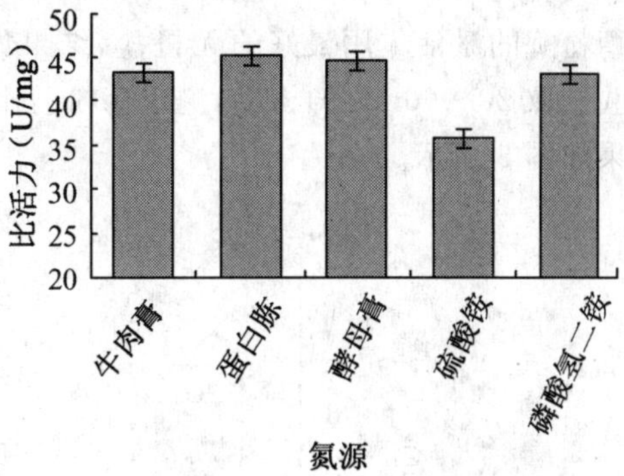

图2　不同氮源对菌株产酶的影响

由图1可见,菊粉为该菌株的最佳碳源,分析其原因可能是菊粉中含有的果糖基对泡盛曲霉产菊粉酶有诱导作用。由图2可见,酵母膏、蛋白胨、牛肉膏3种有机氮源中,蛋白胨为泡盛曲梅产菊粉酶的最佳有机氮源;无机氮源中,磷酸氢二铵为泡盛曲霉产菊粉酶的最佳无机氮源。

(二)初始pH对菌株产酶的影响

环境的pH对微生物的生长和繁殖具有重要的影响。不同的菌株具有自身最适pH。实验在其他发酵条件不变的前提下,选取pH为4.0～8.0的梯度对泡盛曲霉的最佳产酶pH进行研究,测定菊粉酶的比活力,结果如图3所示。

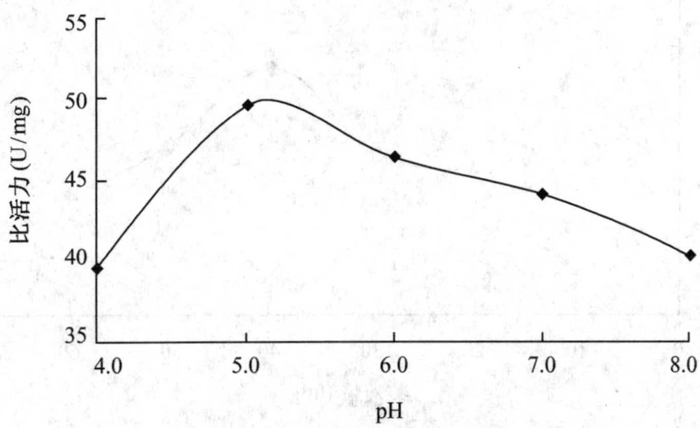

图3　初始pH对菌株产酶的影响

由图 3 可知,菊粉酶的比活力在 pH 为 4.0~5.0 时呈上升趋势,到 pH 为 5.0 时有最高的比活力,而在 pH 为 5.0 以后比活力明显下降,证明泡盛曲霉产菊粉酶的最适初始 pH 为 5.0。

(三)无机盐、装液量对菌株产酶的影响

无机盐对酶的激活作用主要表现在强化酶与底物的结合和加快酶反应的速度两方面。实验对 NaCl,$CaCl_2$,KCl,$MgCl_2$ 4 种无机盐进行分析,测定菊粉酶的比活力,选出对产菊粉酶的激活作用最好的无机盐,结果如图 4 所示。在其他反应条件不变的情况下,实验选取 20~60mL 的梯度,测定菊粉酶比活力,对装液量对菌株产酶的影响进行探究,结果如图 5 所示。

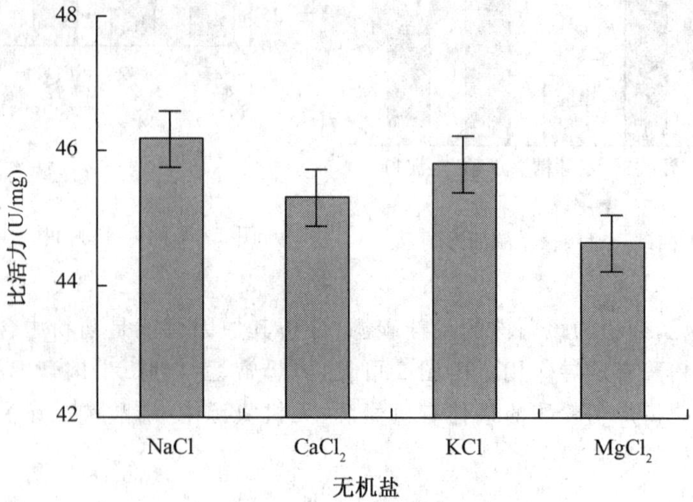

图 4 不同无机盐对菌株产酶的影响

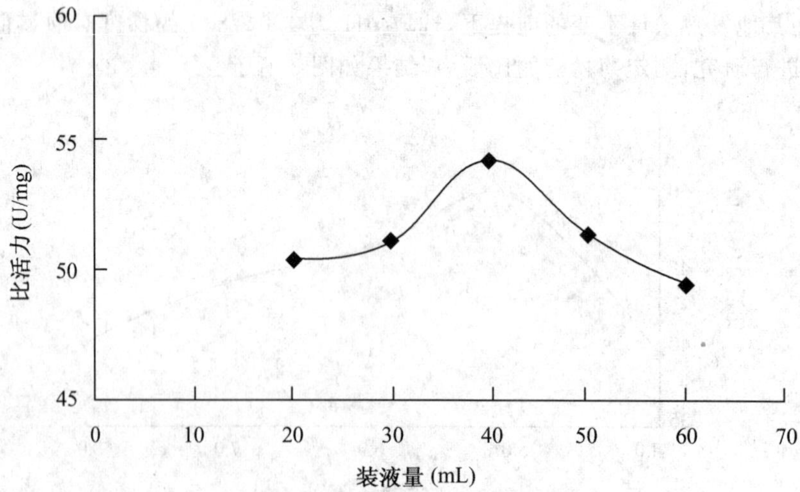

图 5 不同装液量对菌株产酶的影响

由图 4 可知，NaCl 对产菊粉酶的激活作用最好，但各无机盐间差别不大，证明无机盐并不是影响菊粉酶产生的显著因素。由图 5 可知，装液量对菊粉酶的比活力影响不大，其中 250mL 锥形瓶中装液 40mL 时菊粉酶的比活力最高，为其最佳装液量。

（四）正交实验确定最优发酵条件

将碳源浓度、氮源浓度、pH、装液量、无机盐浓度 5 种因素采用 $L_{16}(4^5)$ 正交实验对泡盛曲霉产菊粉酶的发酵条件进行了优化，结果见表 1。各因素对酶活的影响顺序为 C＞A＞B＞D＞E，各因素水平的不同使产酶水平有显著差异。确定最佳发酵条件为 $A_3B_3C_1D_2E_4$，即菊粉浓度 30g/L，蛋白胨浓度 6g/L，NaCl 浓度 7g/L，250mL 锥形瓶中的装液量为 40mL，初始 pH 为 5.0，30℃，160r/min 振荡培养 72h。

表 1　优化发酵条件正交实验结果与分析

实验号	A	B	C	D	E	比活力(U/mg)
1	10	4	5.0	30	4	49.31
2	10	5	6.0	40	5	49.27
3	10	6	7.0	50	6	49.10
4	10	7	8.0	60	7	49.02
5	20	4	6.0	50	7	49.32
6	20	5	5.0	60	6	49.86
7	20	6	8.0	30	5	49.67
8	20	7	7.0	40	4	49.68
9	30	4	7.0	60	5	49.18
10	30	5	8.0	50	4	49.27
11	30	6	5.0	40	7	51.45
12	30	7	6.0	30	6	49.25
13	40	4	8.0	40	6	49.14
14	40	5	7.0	30	7	49.52
15	40	6	6.0	60	4	49.12
16	40	7	5.0	50	5	49.59
K_1	49.175	49.237	50.053	49.438	49.345	
K_2	49.633	49.480	49.240	49.885	49.428	
K_3	49.788	49.835	49.370	49.320	49.338	
K_4	49.343	49.385	49.275	49.295	49.828	
R	0.613	0.598	0.813	0.590	0.490	

注：A 为菊粉浓度(g/L)；B 为蛋白胨浓度(g/L)；C 为培养基初始 pH；D 为装液量；E 为 NaCl 浓度(g/L)。

三、总结

本实验对从土壤中筛选的高产菊粉酶菌株泡盛曲霉发酵培养条件进行了优化,通过单因素实验和正交实验确定了其最佳发酵产酶培养基条件为:菊粉浓度30g/L,蛋白胨浓度6g/L,NaCl浓度7g/L,250mL锥形瓶中的装液量为40mL,初始pH为5.0,30℃,160r/min振荡培养72h。此条件下酶比活力达到最高,达51.45U/mg。本实验为国内高产菊粉酶菌株的研究增添了新的高产菌种研究资料,为菊粉酶工业发酵生产乙醇的开发奠定了基础。

参考文献

[1]林晨、顾宪红等:《浅谈菊粉酶酶活测定方法》,《粮食加工》2005年第1期。

[2]张泽生、王翠等:《产菊粉酶微生物的筛选及发酵工艺的研究》,《现代食品科技》2010年第5期。

[3]北京大学生物系生物化学教研室:《生物化学实验指导》,高等教育出版社1986年版。

[4]彭英云、江波等:《曲霉SK004产菊粉酶发酵条件的确定及酶学性质研究》,《食品与发酵工业》2005年第1期。

[5]M. Dilipkumar, M. Rajasimman, N. Rajamohan, "Optimization of inulinase production from garlic by streptomyces sp. in solid state fermentation using statistical designs," *Biotechnology research international*, 2011, p. 708043.

[6]王琳、刘兆普等:《产菊粉酶菌株的筛选及其产酶条件的优化》,《南京农业大学学报》2007年第2期。

[7]袁文杰、赵心清等:《一步法发酵菊芋产乙醇菌种的筛选及产酶条件、酶学性质的研究》,《生物加工过程》2008年第6期。

[8]叶淑红、张福琪等:《菊粉酶酶源菌株的筛选及其发酵条件》,《大连轻工业学院学报》2001年第1期。

(指导教师:朱启忠)

一株产黄色素海洋细菌的筛选、鉴定及其发酵条件优化

王晓磊[1]　荆康明[1]　刘　洋[1]　谢一方[1]　赵翠兰[2]　唐　薇[3]　叶瑶蓓[3]

食用色素按来源可分为天然色素和合成色素。与合成色素相比，天然色素最大的优点是安全性相对较高，能赋予食品许多新功能。黄色素是一类主要的食用色素，国内外对它的市场需求量大，使其呈现出供不应求的势头，故食用黄色素的开发研究具有广阔的前景及经济潜力。现在发现的能合成代谢黄色素的微生物资源比较少，主要是红曲霉菌。微生物发酵方法生产天然黄色素不受季节影响，成本较低，转化率高，发展前景十分广阔。但由于菌种资源缺乏，到目前为止，通过微生物发酵生产黄色素的相关研究报道较少。本文从近海藻类表面分离得到一株高产黄色素细菌，经菌落形态观察和 16S rRNA 序列分析，初步鉴定为 *Zobellia russellii*，并对该菌株产黄色素的发酵条件进行了优化。

一、材料与方法

(一)样品来源

海洋细菌 SS16，由威海近海海藻中分离得到。

(二)培养基

2216E 固体培养基：蛋白胨 5g，酵母粉 1g，柠檬酸铁 0.1g，琼脂 18g，海水 1000mL，pH 7.4～7.6。

发酵培养基：成分同 2216E 固体培养基，不含琼脂。

(三)菌种的筛选和保存

初筛：将采集的海藻用匀浆器破碎，将破碎的海藻按 10 倍梯度系列稀释至 10^1 个/mL，取菌液浓度为 10^3 个/mL，10^2 个/mL，10^1 个/mL 的液体 100μL，涂布于 2216E

[1]海洋学院 2010 级生物技术专业；[2]海洋学院 2010 级药学专业；[3]海洋学院 2011 级药学专业。

固体培养基上,置于28℃恒温箱中培养,挑取黄颜色较深的菌落,采用多次划线分离法,分离纯化得到单菌落。

复筛:挑选获得的单菌落,转接至发酵培养基中发酵培养(28℃,110r/min)48h,比较产色情况,挑选出高产菌株。

保种:将分离纯化的海洋细菌制成菌悬液,加入终浓度为15%的甘油(NaCl浓度为0.9%),并转移至菌种保存管中。每个菌种保存3~5管,预冷冻后置于-80℃的超低温冰箱中长期保存,并记录菌株信息和保存位置。

(四)黄色素含量的测定

1. 色素的提取及全波段扫描

取发酵液30mL于5000r/min离心15min,沉淀中加入丙酮5mL,混匀后,冰浴条件下超声裂解,补加丙酮15mL,5000r/min离心5min,上清液即为色素萃取液。以丙酮为空白组,使用8453E型分光光度系统对色素萃取液进行全波段扫描,得到该色素的吸收峰。

2. 色素含量测定

参照朱琳等的方法,提取色素后,用V-1100D型紫外—可见分光光度计在其吸收峰的波长条件下,测其吸光度。

(五)菌株鉴定

1. 菌体形态和培养特征观察

将菌株划线接种于2216E固体培养基上,28℃培养48h,观察菌落大小、颜色、形态等特征。

2. 16S rRNA序列测定及系统发育分析

将菌株转接入分离培养基中于恒定光源的恒温培养箱中28℃培养过夜。参照朱琳等的方法,取一环单菌落悬浮于50μL无菌去离子水中,100℃水浴加热5min,离心,取上清液作为PCR模板DNA。扩增正向引物27F对应于*E. coli* 16S rRNA序列的第8~27个碱基位置,反向引物1492R对应于*E. coli* 16S rRNA的第1492~1510个碱基位置,其序列分别为5′-AGAGTTTGATC(C/A)TGGCTCAG-3′和5′-TACGG(C/T)TACCTT-GTTACGACTT-3′。10μL聚合酶链式反应体系组成为:1×PCR缓冲液,1.5mmol/L MgC_{12},4×dNTP混合物各200mol/L,引物各0.5μmol/L,Taq DNA聚合酶1μL(5U/μL),2μL DNA原液。PCR反应条件为:96℃预变性5min;94℃变性1min,50℃复性1min,72℃延伸2min,30个循环;最后72℃温育7min。扩增完成后电泳切胶,进行基因克隆操作。克隆检测,利用克隆菌液进行PCR(25μL体系):菌液2μL,PCR Kit 12.5μL,Taq酶0.4μL,双蒸水8μL,引物(T7,SP6 10μmol)各1μL,配好以后来回颠倒几次混匀,短暂离心后进行PCR扩增。阳性结果者取1mL置于离心管中,送上海桑尼生物科技有限公司进行测序。将测定的16S rRNA序列在GenBank数据库中进行同源性比对,并用Mega5.05软件,采用邻接法(neighbor joining method)构建系统发育树。

(六)菌株发酵条件优化

1. 发酵时间对黄色素产量的影响

取斜面培养的菌株 SS16 洗脱液 50μL 于 pH 为 7.5 的 50mL 发酵培养基中，然后置于 28℃，110r/min 的恒温振荡培养箱中振荡培养。分别取培养时间为 4h，8h，12.5h，14h，24h，48h，72h，84h，96h，120h 的发酵液 30mL 提取色素，测定色素含量，确定菌株最适发酵时间。

2. 温度对黄色素产量的影响

取斜面培养的菌株 SS16 洗脱液 50μL 于 pH 为 7.5 的 50mL 发酵培养基中，然后置于 110r/min 的恒温振荡培养箱中振荡培养 48h。分别取培养温度为 20℃，25℃，28℃，31℃，35℃的发酵液 30mL 提取色素，测定色素含量，确定菌株最适发酵温度。

3. 初始 pH 对黄色素产量的影响

取斜面培养的菌株 SS16 洗脱液 50μL 于 50mL 发酵培养基中，初始 pH 分别为 4.86，6.48，6.90，7.78，8.28，8.70，9.07。然后置于 28℃，110r/min 的恒温振荡培养箱中振荡培养 48h。分别取发酵液 30mL 提取色素，测定色素含量，确定菌株最适发酵 pH。

4. 摇床转速对黄色素产量的影响

取斜面培养的菌株 SS16 洗脱液 50μL 于 pH 为 7.5 的 50mL 发酵培养基中，然后置于 28℃ 的恒温振荡培养箱中振荡培养 48h。分别设定转速为 70r/min，90r/min，110r/min，130r/min，150r/min。取发酵液 30mL 提取色素，测定色素含量，确定菌株发酵所需的最适转速。

5. 盐度对黄色素产量的影响

取斜面培养的菌株 SS16 洗脱液 50μL 于 pH 为 7.5 的 50mL 发酵培养基中，分别设定盐度为 1%，2%，3%，4%，5%。然后置于 28℃，110r/min 的恒温振荡培养箱中振荡培养 48h。分别取发酵液 30mL 提取色素，测定色素含量，确定菌株发酵所需的最适盐度条件。

6. 碳源种类及添加量对黄色素产量的影响

取斜面培养的菌株 SS16 洗脱液 50μL 于 pH 为 7.5 的 50mL 发酵培养基中，碳源种类分别为蔗糖、明胶、碳酸氢钠、葡萄糖、蛋白胨。然后置于 28℃，110r/min 的恒温振荡培养箱中振荡培养 48h。分别取发酵液 30mL 提取色素，测定色素含量，确定菌株发酵所需的最佳碳源。然后以含 2g/L，3g/L，4g/L，5g/L，6g/L，7g/L，8g/L 碳源的培养液发酵菌株，确定其最适碳源添加量。

7. 氮源种类及添加量对黄色素产量的影响

取斜面培养的菌株 SS16 洗脱液 50μL 于 pH 为 7.5 的 50mL 发酵培养基中，氮源种类分别为牛肉膏、氯化铵、酵母粉。然后置于 28℃，110r/min 的恒温振荡培养箱中振荡培养 48h。分别取发酵液 30mL 提取色素，测定色素含量，确定菌株发酵所需的最佳氮源。再以含 0.4g/L，0.6g/L，0.8g/L，1.0g/L，1.2g/L，1.4g/L，1.6g/L 氮源的培养液发酵菌株，确定其最适氮源添加量。

8. 摇瓶装液量对黄色素产量的影响

取斜面培养的菌株 SS16 洗脱液 50μL,分别加入到 pH 为 7.5 的 50mL 和 100mL 发酵培养基中,摇瓶规格为 250mL。然后置于 28℃,110r/min 的恒温振荡培养箱中振荡培养 48h。分别取发酵液 30mL 提取色素,测定色素含量,确定菌株发酵所需的最适装液量。

二、结果及分析

经过初筛、复筛等相关操作,最终从山东威海近海藻类表面筛选到产黄色素量最大菌株。

(一)全波段扫描结果

按上述方法,获得黄色素萃取液,从全波段扫描图谱(见图 1)知其吸收峰主要在波长为 215nm 处。

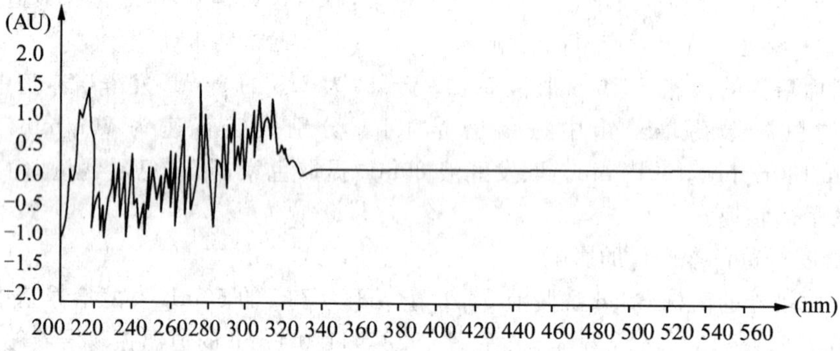

图 1　全波段扫描图谱

(二)菌株鉴定

1. 菌落形态特征观察

该菌株菌落呈圆形、中等大小,在 28℃条件下培养 1 天即可长至肉眼可见的菌落,无泳动,表面光滑,边缘整齐且颜色较浅,较湿润,菌落中心有隆起。该菌株无鞭毛,不运动,不发光,黄色素只产在胞内,不向培养基内渗透。

2. 16S rRNA 序列测定及系统发育分析

对菌株 SS16 的 16S rRNA 序列进行基因克隆,扩增获得 1490bp 的序列,将该 16S rRNA序列在 GenBank 中进行同源性比对,可知菌株 SS16 与拉塞尔佐贝尔氏菌(*Zobellia russellii*)亲缘关系最为接近,相似性达 100%(见图 2)。该序列提交至 GenBank,获得注册号为 KC758314。

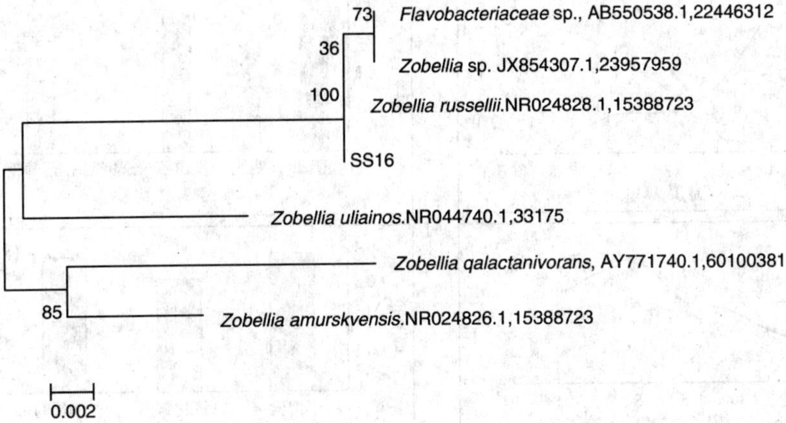

图 2　菌株 SS16 的系统发育树

(三)菌株发酵条件优化结果

在发酵培养基中,菌株 SS16 在 4～120h 范围内均有黄色素产生,且培养至 48h 时,黄色素产量最高,由此得出菌株 SS16 的最适发酵时间为 48h[见图 3(1)]。在图 3(2)中,吸光度的最高峰出现在 28℃处,故菌株 SS16 的最佳发酵温度为 28℃。由图 3(3)可见,菌株 SS16 在发酵培养液 pH 为 4.86～9.07 时均可生长并产出黄色素,且当 pH 为 6.78 时,黄色素产量最高,即最适发酵 pH 为 6.78。根据图 3(4)知,摇床转速为 110r/min 时,黄色素的产量达到最大值。在图 3(5)中,盐度对菌株 SS16 色素产量影响较小,说明该菌能够适应海洋环境。由图 3(6)～图 3(9)可知,菌株 SS16 的最佳碳源和氮源分别为蛋白胨和牛肉膏,其中,前期实验中所采用的酵母粉也为较好的氮源;碳源添加量最适为 6g/L,氮源添加量最佳为 1g/L。据图 3(10)知,随着摇瓶装液量的增加,黄色素的单位产量呈现下降趋势;通过实验和计算得出:摇瓶装液量为 50mL 时,色素总产量最高。

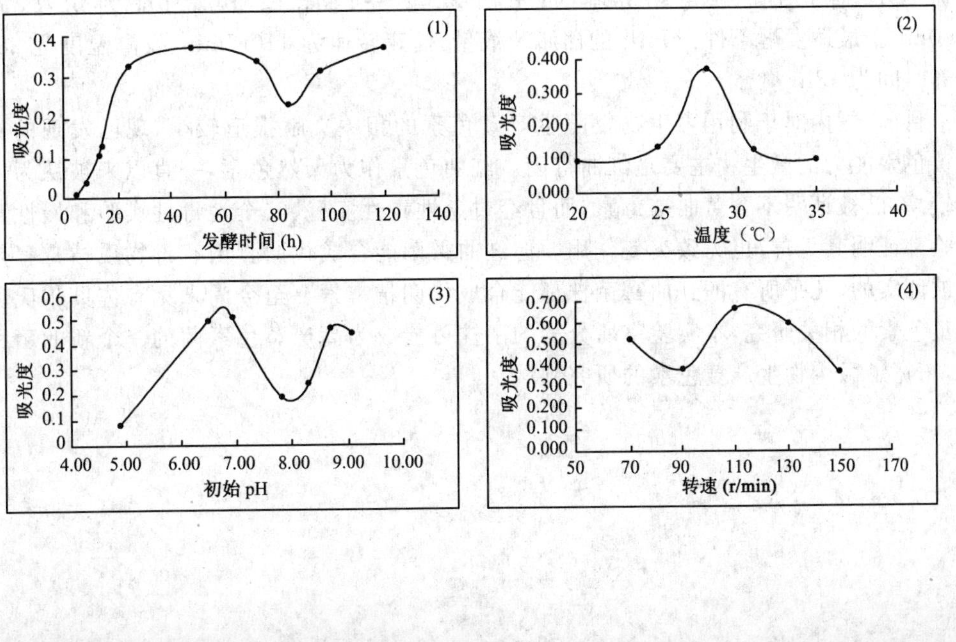

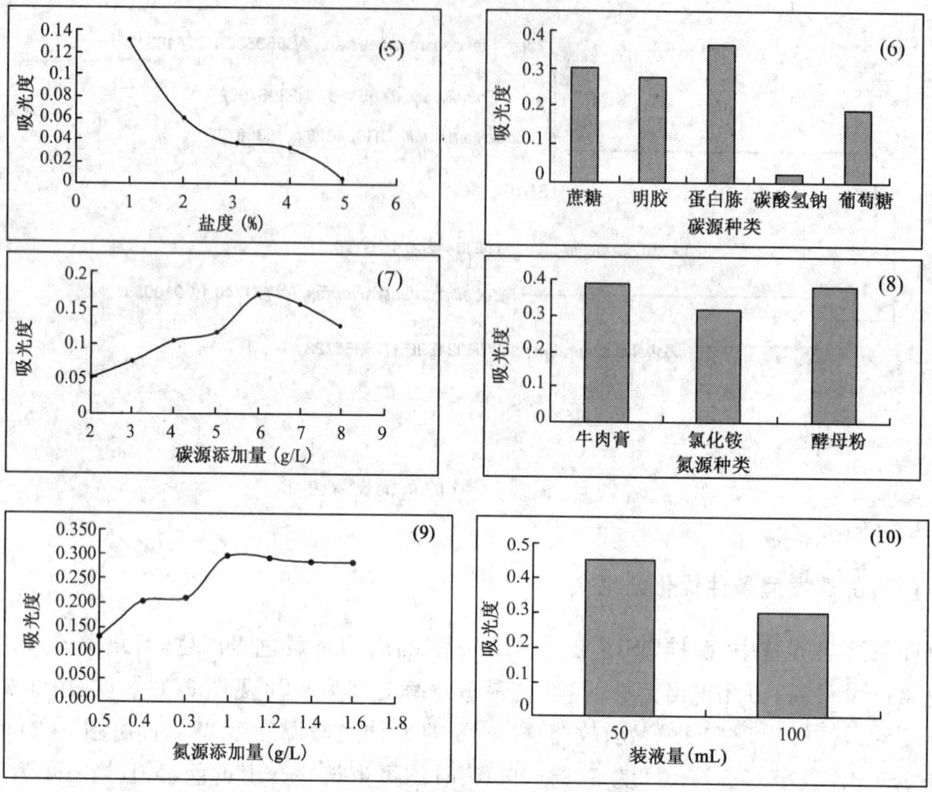

图3　不同因子对菌株 SS16 黄色素产量的影响

三、小结

通过菌体形态特征观察和系统发育学分析,鉴定菌株 SS16 为拉塞尔佐贝尔氏菌。菌株 SS16 优化后的发酵培养基为:蛋白胨 6g,牛肉膏 1g,初始 pH 为 6.78,海水 1000mL。最适发酵条件:50mL 的摇瓶装液量,摇床转速为 110r/min,发酵温度为 28℃,培养时间为 48h。

目前,国内对于利用微生物发酵生产黄色素的相关文献报道较少,现已发现的具有产黄色素能力的微生物主要是红曲霉菌。红曲色素作为天然色素,一直以来被认为安全性较高,已被证明不含黄曲霉毒素,而且经过急性毒性实验、安全性毒性实验和慢性毒性实验都证明其无毒,也无致突变作用。但红曲霉菌能合成代谢真菌有毒物质桔霉素是已经被证实的,几乎所有的红曲霉菌株都能合成代谢桔霉素。至今尚未见有佐贝尔氏菌属产黄色素的相关研究,本实验室所分离的菌株可能成为高产黄色素菌的一个新的菌种资源,拓宽了微生物生产黄色素的研究领域。

参考文献

[1]惠秋沙:《天然色素的研究概况》,《北方药学》2011 年第 5 期。

[2]周波、吴吉林等:《微生物黄色素的研究进展》,《微生物学通报》2010 年第 9 期。

[3]林新华、李清禄:《天然食用黄色素的制备与应用研究》,《福建医科大学学报》1997 年第 1 期。

[4]孙爱飞、庄荣玉等:《海洋细菌 E18 菌株的生物学特性及其蓝紫色素稳定性的研究》,《微生物学通报》2007 年第 4 期。

[5]王君、张宝善:《微生物生产天然色素的研究进展》,《微生物学通报》2007 年第 3 期。

[6]Hailian Du et al.,"Diversity and istribution of pigmented heterotrophic bacteria in marine environments," *FEMS Microbiol.*,2006,57: pp. 92-105.

[7]田黎、何培青等:《海洋细菌 S-9801 菌株的生物学特性与产色素的人工培养条件》,《海洋学报》2003 年第 S2 期。

[8]沈萍:《微生物学实验》,高等教育出版社 2002 年版。

[9]朱琳、商倩倩等:《一株产黑色素海洋细菌的筛选、鉴定及发酵条件优化》,《海洋环境科学》2011 年第 10 期。

[10]袁保红、杜青平等:《一株新海洋细菌生物学特性及其色素性质的研究》,《广东药学院学报》2005 年第 4 期。

[11]欧建红、倪丽娜等:《一株黑色素高产细菌的发酵条件研究》,《中国医药工业》2004 年第 9 期。

[12]朱启忠、朱慧文等:《海洋细菌 NBRC10260 产琼胶酶发酵条件优化》,《中国酿造》2011 年第 5 期。

[13][美]R. E. 布坎南、N. E. 吉本斯等:《伯杰细菌鉴定手册》(第八版),科学出版社 1984 年版。

[14]吕国强:《红藻附生琼胶降解细菌的分离鉴定及 HQM9 琼胶酶研究》,山东大学硕士学位论文,2012 年。

[15]杨瑞馥、陶天申等:《细菌名称双解及分类词典》,化学工业出版社 2011 年版。

[16]唐秋琳、赵海等:《天然食用黄色素研究进展》,《中国食品添加剂》2006 年第 2 期。

[17]毛宁、陈松生:《红曲霉有效生理活性物质及其应用》,《中国调味品》1995 年第 4 期。

[18]P. J. Blanc et al.,"Characterization of monascidin A from *Monascus* as citrinin," *Int. J. Food Microbiol.*,1995(27): pp. 201-213.

[19]YouZhi Wang, XiuLian Ju, YuGuang Zhou, "The variability of citrinin pro-

duction in *Monascus* type cultures," *Food Microbiology*, 2005(22): pp. 145-148.

[20]P. J. Blanc, M. O. Loret, G. Gomam, "Production of citrinin by various species of Monascus," *Biotechnology Letters*, 1995,17(3): pp. 291-294.

（指导教师：杜宗军）

Aroclor1254 对牙鲆性腺影响的组织切片观察及对性腺内 GSH,MDA 含量的影响

孙凯博[1]　刘莎莎[1]　马悦茹[1]　苗淑丽[1]　韩　磊[1]

牙鲆是牙鲆属、鲽形目中的一种底栖肉食性鱼类,主要分布于渤海、黄海、东海、南海以及朝鲜、日本、俄罗斯沿岸海区。牙鲆以其肉质细嫩、味道鲜美、营养丰富而深受人们的喜爱,市场需求旺盛,经济价值较高。从 20 世纪 90 年代起,在国内外市场的刺激下,山东沿海等地牙鲆养殖业迅速发展,取得了很好的经济效益。但其在人工养殖条件下,特别是在集约化养殖条件下,由于生活环境、养殖密度、环境污染等因素,各种疾病频繁发生,种质资源下降,成为制约养殖发展的重大障碍,各地养殖场每年都因此损失巨大。

多氯联苯(polychlorinated biphenyl, PCB)是一类苯环上与碳原子连接的氢被氯不同程度取代的联苯化合物。PCB 作为一种环境激素类物质,可以引起急性或慢性中毒,有潜在的致癌作用,对人类和动物的生殖、免疫、神经和内分泌等系统具有强烈的毒害作用,尤其是对生殖系统有很大的危害。许多研究表明,PCB 能影响动物性腺的发育和成熟,进而降低动物的生殖率。PCB 对海洋生物具有严重危害,不仅会影响水产养殖业,而且可以通过在鱼和水生生物体内的聚积,最终进入食物链。养殖环境水体中污染物 PCB 是否通过对牙鲆性腺的生殖毒理作用引起种质资源退化,并引起疾病频发的研究在国内外尚鲜见报道。本项目拟通过研究 PCB 类似物 Aroclor1254 对牙鲆性腺细胞生殖毒理影响的机理,为牙鲆生产实践中牙鲆疾病防治和牙鲆种质资源保护提供理论基础。

一、材料和方法

(一)实验材料

1. 牙鲆鱼苗的饲养

实验所用的牙鲆是已完成性腺分化的幼鱼,全长 10cm 左右,购自威海市海盛水产品开发有限公司,于带有循环水泵装置、容积为 50L 的水族箱中进行饲养。海水购自国际

[1] 海洋学院 2010 级生物科学专业。

海水浴场养殖区,饲养牙鲆前经双层过滤棉过滤,并加入双抗(1000IU/mL 青霉素,1000μg/mL 链霉素)。饲养时采用自然光照,水温为 12～18℃,每隔 2 天换 1 次水。

2. 主要试剂

Aroclor1254(Sigma)、Leibovitz 培养液(Sigma)、5%胎牛血清(Hyclone)、80 万单位的青霉素钠、谷胱甘肽(GSH)试剂盒和丙二醛(MDA)试剂盒(南京建成)。

(二)实验方法

1. 性腺组织切片

购回的牙鲆经 5 天的饲养适应后,随机分为 4 组,分别用浓度为 0ng/mL,1ng/mL,10ng/mL,100ng/mL 的 Aroclor1254 处理,每组 15 条。处理 3 天、6 天、9 天、12 天、15 天后,分别于每组中取三尾牙鲆,取其完整的性腺在包音氏溶液中固定并在 4℃下保存。取固定后 70%酒精保存的样品组织分别经 80%,85%,95%,100%梯度酒精脱水,二甲苯透明化,石蜡包埋,常规石蜡切片,切片厚度为 5μm,HE 染色。在显微镜下观察 Aroclor1254 对性腺组织的影响。

2. 细胞培养模型的建立

牙鲆性腺细胞的培养采用消化培养法,参照于秋涛等的方法。放血处理后的牙鲆,于 70%酒精中浸泡 1～2min 后进行初步消毒处理,然后立即放入超净工作台中进行解剖。用无菌解剖剪及手术镊剖取出性腺,经 L-15 培养液清洗后,剪成约 $1mm^3$ 大小的组织碎块后,用 5mg/mL 的Ⅱ型胶原酶消化 20min。消化过的组织块悬液于 1000r/min 离心 8min 后经 200 目滤网过滤,过滤后再于 1000r/min 离心 8min。离心后取少量细胞悬液加入等体积 0.1%台盼蓝,用血球计数板计数,细胞存活率应在 90%以上。调整细胞密度按 5×10^4 个/孔的密度接种到 96 孔细胞培养板,置于 20℃恒温培养箱中培养。培养液中加入 5%的胎牛血清,保证细胞培养的天然营养物质。

3. MDA 和 GSH 含量的测定

待细胞贴壁生长后,撤去血清,培养液清洗后,分别添加浓度为 0ng/mL,1ng/mL,10ng/mL,100ng/mL 的 Aroclor1254 处理细胞,每组 4 个平行。药物处理 48h,72h,96h后,吸取每个处理组中细胞板中的上清液放入 EP 管中,同时与封闭的细胞板一起置于－20℃下冷冻保存,待测细胞培养液中 MDA 含量。在测定含量之前,将细胞板取出反复冻融 3 次,超声波振荡,破碎细胞,测定细胞裂解液中 GSH 含量。

(1)MDA 含量的测定

MDA 含量的测定采用南京建成生物工程所提供的 MDA 试剂盒。操作时按表 1 向各管中加入试剂和样品。

表 1　　MDA 含量测定时各试剂和样品的加入量

	标准管	标准空白管	测定管	测定空白管
10nmol/mL 标准品(mL)	0.2			
无水乙醇(mL)		0.2		

续表

	标准管	标准空白管	测定管	测定空白管
测试样品(mL)			0.2	0.2
试剂一(mL)	0.2	0.2	0.2	0.2
试剂二(mL)	3	3	3	3
试剂三(mL)	1	1	1	
50%冰醋酸(mL)				1

混匀,试管口盖紧盖子,95℃水浴 80min,取出后流水冷却,分光光度计设定为波长 532nm,1cm 光径,蒸馏水调零,测各管吸光度值。

(2)GSH 的含量测定

取细胞板中的细胞裂解液进行 GSH 含量的测定,测定时各试剂和样品的加入量见表 2。GSH 的含量测定采用南京建成生物工程研究所提供的 GSH 试剂盒。细胞裂解液的制备:取待测样品 0.5mL,加试剂一 2mL 混匀,3500～4000r/min 离心 10min,取上清液 1mL 进行显色反应。

表 2　GSH 含量测定时各试剂和样品的加入量

	空白管	标准管	测定管
试剂一(mL)	1.0		
20μmol/L GSH 标准液(mL)	1.0		
上清液(mL)			1.0
试剂二(mL)	1.25	1.25	1.25
试剂三(mL)	0.25	0.25	0.25
试剂四(mL)	0.05	0.05	0.05

混匀,静置 5min,分光光度计设定为波长为 420nm,1cm 光径,蒸馏水调零,测各管吸光度值。

4. 数据分析

采用 SPSS 17.0 软件和 Excel 2007 对实验数据进行统计分析作图,各处理组统计数据以平均数和标准误差表示,同处理时间、不同处理浓度的组间差异通过单因素方差分析和最小显著差数法来体现,以 $P<0.05$ 作为组间差异达到显著的标准。

二、结果

(一)Aroclor1254 对牙鲆性腺组织结构的影响

牙鲆性腺组织切片结果表明,饲养 9 天后对照组牙鲆性腺膜最厚,膜腔内溶质均匀且含量较多,光镜下细胞排列整齐,形态规则,细胞核呈圆形,位于细胞中央(见图 1)。1ng/mL Aroclor1254 浸染的牙鲆性腺膜变窄,膜腔接近于空腔,说明在一定作用时间后,细胞萎缩,位于膜腔边缘(见图 2)。10ng/mL 组的性腺细小脂质空泡增多,性腺组织结构发生改变(见图 3)。100ng/mL 牙鲆性腺组织呈现撕裂状,胞浆出现大量的空泡,细胞变形且少数出现坏死,性细胞模糊,细组织结构严重受损,空泡化显著(见图 4)。

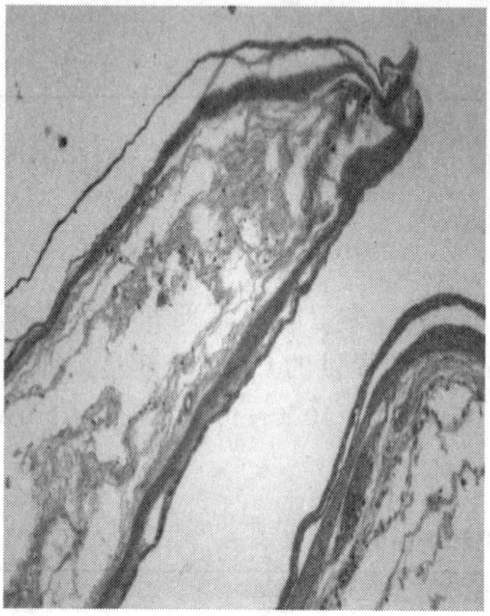

图 1　9 天 0ng/mL

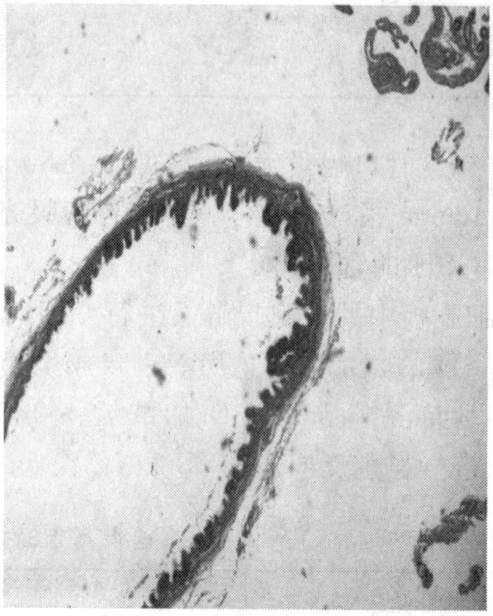

图 2　9 天 1ng/mL

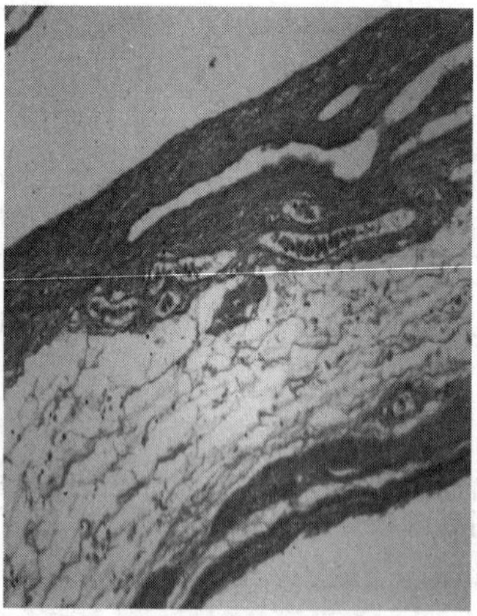

图 3　9 天 10ng/mL

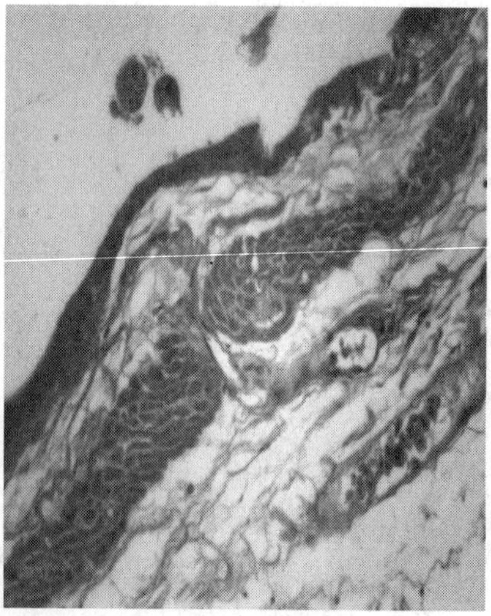

图 4　9 天 100ng/mL

(二)Aroclor1254 对牙鲆性腺细胞培养液中 MDA 含量的影响

由表 3 可知,牙鲆性腺细胞培养液中 MDA 的含量随 Aroclor1254 处理浓度的升高及处理时间的延长而增加。Aroclor1254 处理 48h 后，100ng/mL 处理组中 MDA 含量达 1.571ng/mL，显著高于其他处理组（$P<0.05$）。72h 各组间，只有 1ng/mL 组与对照组（0ng/mL 组）有显著差异。96h 各组间，虽然细胞培养液中 MDA 含量有升高的趋势，但各组间没有显著差异（$P>0.05$）。

表 3　细胞培养液中 MDA 含量(ng/mL)统计表

作用时间	Aroclor1254 作用浓度			
	0ng/mL	1ng/mL	10ng/mL	100ng/mL
48h	0.848±0.138	1.293±0.059	1.381±0.138	1.571±0.078
72h	1.380±0.096	1.576±0.038	1.697±0.038	1.793±0.015
96h	2.210±0.130	2.524±0.249	2.476±0.026	2.624±0.213

（三）Aroclor1254 对牙鲆性腺细胞内 GSH 含量的影响

由表 4 可知：Aroclor1254 处理 48h 后各组间，只有 100ng/mL 处理组与其他三组有显著差别。72h 和 96h 各组间，没有显著差别。0ng/mL 对照组和 1ng/mL 处理组，各时间段之间没有显著差别。10ng/mL 处理组，72h 组和 96h 组与 48h 组相比，有显著差别（$P<0.05$），但 72h 和 96h 组间没有显著差别。100ng/mL 处理组，72h 组和 96h 组与 48h 组相比，有显著差别，但 72h 和 96h 组间没有显著差别。

表 4　细胞内 GSH 含量(ng/mL)统计表

作用时间	Aroclor1254 作用浓度			
	0ng/mL	1ng/mL	10ng/mL	100ng/mL
48h	30.102±0.821	27.560±0.821	34.271±1.121	35.691±1.293
72h	25.019±0.867	23.823±0.867	23.598±0.383	24.122±0.473
96h	25.168±0.929	25.168±0.929	23.000±0.219	24.645±0.776

加药 48h，胞内 GSH 量除 1ng/mL 外，其他两组均高于对照组，且 100ng/mL＞10ng/mL，100ng/mL 组显著高于其他三组。说明 10ng/mL 和 100ng/mL 组加药 48h，胞内 GSH 合成已被激活，且 100ng/mL 组的被激活效果最大。随时间延长，各组变化不一，1ng/mL 组一直稍低于 0ng/mL 对照组，或许是由于 1ng/mL 处理组 48h 左右时细胞内的 Aroclor1254 含量没有达到足以激活 GSH 产生的量。随时间延长，Aroclor1254 于胞内进一步积累，导致细胞内 GSH 在 48h 和 96h 间某个时刻达到最低点，并成功激活 GSH 的产生，导致在 96h 胞内 GSH 产生了上升的趋势。但是 0ng/mL 和 1ng/mL 各组内 48h，72h，96h 之间的数据没有统计学上的差别。10ng/mL 和 100ng/mL 组随时间的

变化,在72h和96h胞内GSH出现了显著的降低,100ng/mL组下降得稍多一点。说明10ng/mL和100ng/mL组被显著激活产生的GSH随时间延长逐渐又被消耗掉,高Aroclor1254组48h激活量大但胞内GSH随时间延长降低幅度也大。72h和96h两组均没有显著差别,说明此时细胞GSH合成系统已经受到一定的损伤。

三、讨论

从本实验中各组细胞内GSH含量和细胞培养液中MDA的含量指标的差异,可以看出Aroclor1254加药处理48h后,胞内GSH的诱导表现出浓度依赖性,细胞培养液中MDA的产生(即细胞的氧化程度)也与浓度成正相关。从培养的细胞形态变化来看,48h的Aroclor1254处理组的细胞很多边缘变得模糊空泡化,这也证明了Aroclor1254造成的细胞氧化损伤。因为Aroclor1254是PCB类似物,所以这与张慧颖等研究的"低剂量PCB77急性暴露对氧化还原稳态的可能影响"中提到的PCB对小鼠肝脏中的GSH和MDA的含量走势相一致。GSH和MDA含量都在24～72h出现明显的剂量—效应关系,为Aroclor1254生殖毒性作用机制的进一步研究提供了有价值的参考依据。

综上所述,Aroclor1254短时间浸染后的牙鲆性腺组织细胞裂解液中的GSH含量随着时间和浓度的交叉作用先上升后下降,说明Aroclor1254对于牙鲆的损伤在一定程度上能激起机体的防御反应。同时,MDA的增加反映了机体内脂质过氧化损伤程度的加深。两者均在72h出现明显的剂量—效应和时间—效应关系。据报道,PCB能引起明显的氧化损伤作用,并经由氧化应激反应进一步对DNA造成损伤而导致肿瘤的发生,因为Aroclor1254是PCB类似物,这便给研究Aroclor1254致癌机制提供了线索。

参考文献

[1]柳广东、张秀梅等:《山东省威海市牙鲆增殖放流实验研究》,《海洋湖沼通报》2000年第4期。

[2]李爱杰、张道波等:《牙鲆营养需要的研究》,《饲料工业》2009年第6期。

[3]王雄清、林英等:《多氯联苯对环境的污染和对动物及人体的危害》,《乐山师范学院学报》2001年第4期。

[4]曹先仲、陈花果等:《多氯联苯的性质及其对环境的危害》,《中国科技论文在线》2008年第5期。

[5]姚永革、詹平:《多氯联苯对生殖系统影响的研究进展》,《预防医学情报》2004年第2期。

[6]方昌阁、张才乔等:《多氯联苯对鸡胚睾丸结构的损伤作用》,《中国兽医学报》2002年第2期。

[7]方昌阁、张才乔等:《多氯联苯对鸡胚卵巢发育和配子分化的影响》,《中国农业大学学报》2001年第3期。

[8]解美娜、张才乔等:《多氯联苯对鸡胚性腺发育的毒性和雌性激素作用》,《中国兽

医学报》2004年第3期。

[9]李焕婷、秦占芬等:《多氯联苯和多溴联苯醚对非洲爪蟾生长发育和性腺发育的影响》,《西北农林科技大学学报》2009年第4期。

[10]陶贤继、魏华:《多氯联苯(PCB1254)对异育银鲫血清和离体卵巢分泌睾酮和雌二醇的影响》,《水产学报》2006年第5期。

[11]郑榕辉、王重刚:《多环芳烃对鱼类生殖机能的影响》,《台湾海峡》2004年第2期。

[12]于秋涛、樊廷俊等:《宽纹虎鲨软骨细胞体外培养的启动》,《海洋科学》2005年第3期。

[13]张慧颖、祝雯雯等:《低剂量PCB77急性暴露对氧化还原稳态的可能影响》,《公共卫生与预防医学》2012年第1期。

[14]于娟、唐学玺等:《蒽对二种海洋微藻抗氧化系统的影响》,《应用与环境生物学报》2001年第4期。

[15]刘苑、李培军等:《短期菲胁迫对大豆幼苗超氧化物歧化酶活性及丙二醛含量的影响》,《应用生态学报》2003年第4期。

[16]王云、王顺昌等:《苯并(a)芘对褐菖鲉肝脏DNA损伤与抗氧活性的影响》,《癌变·畸变·突变》2009年第4期。

[17]陈荣、郑微云等:《石油对增帽牡蛎抗氧化酶的影响》,《环境科学学报》2002年第3期。

[18]李传慧、夏斌等:《胜利原油对半滑舌鳎幼鱼肝脏谷胱甘肽过氧化物酶和谷胱甘肽转硫酶活性的影响》,《海洋环境科学》2011年第6期。

[19]K. Wu et al., "Study on DNA-protein crosslinks of mice liver induced by PCBs," *Journal of Medical Research*, 2006, 11: pp. 13-15.

(指导教师:金艳梅)

对紫球藻EPA主要合成途径的初步探究

娄森森❶

紫球藻是红藻门中唯一的单细胞红藻，细胞内含有多种活性物质，如二十碳四烯酸(arachidonic acid，AA)和二十碳五烯酸(eicosapentaenoic acid，EPA)，而AA和EPA都是重要的人体必需的不饱和脂肪酸，具有广泛的生理活性。这说明紫球藻极具开发应用价值。紫球藻具有生长快、繁殖周期短的特点，且具有较强的抗逆性，可以适应于多种环境，因此是具有开发前途的多不饱和脂肪酸资源。

Khozin-Goldberg等将具有放射性标记的各种脂肪酸前体脉冲进紫球藻细胞，分析了细胞中EPA的合成途径，发现存在ω-6和ω-3两条合成路径。具体过程如图1所示，但哪一条为紫球藻EPA合成的主要路径并不清楚。本实验通过对黑暗低温条件控制获得同步细胞的方法测定了同步生长细胞分裂过程及指数生长末期紫球藻的主要多不饱和脂肪酸的含量及变化。

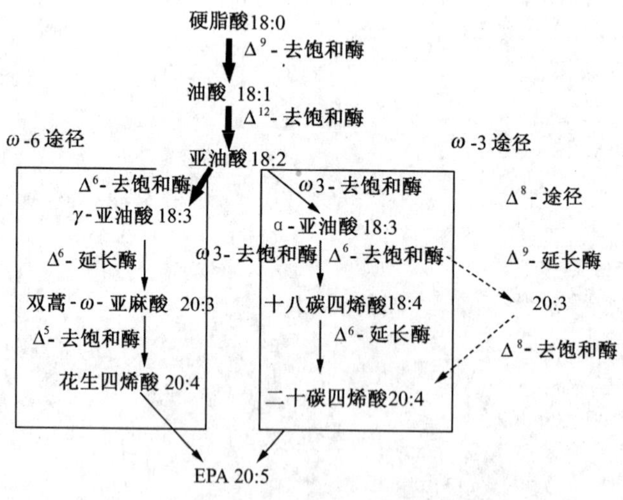

图1 紫球藻EPA的两条合成途径

❶海洋学院2010级生物技术专业。

一、材料和方法

(一)材料

紫球藻由山东大学(威海)海洋学院微生物实验室提供。

(二)方法

1. 紫球藻培养

(1)培养基:使用人工海水,配制方法见表1。每1000mL人工海水再分别加入1mol/L $NaNO_3$ 5mL,1mol/L K_2HPO_4 3mL,微量元素1mL,微量元素组成见表2。

表1　　人工海水配方

组分	每升海水含量	组分	每升海水含量
NaCl	22.4g	$MgCl_2 \cdot 6H_2O$	2.6g
$CaSO_4$	0.74g	$MgSO_4$	1.9g
KCl	0.8g		

表2　　微量元素组成

组分	浓度	组分	浓度
$ZnSO_4$	23mg/L	乙二胺四乙酸二钠	4.35g/L
$MnCl_2$	178mg/L	钼酸钠	7.3mg/L
$CuSO_4$	10mg/L	氯化钴	12mg/L
柠檬酸铁	3.9g/L		

(2)培养条件:充气培养,6000lx连续光照24h。温度为15～22℃。

2. 测定方法

(1)细胞数测定

采用标准曲线法,将藻液稀释为不同的浓度,在显微镜下用血球计数器统计细胞数,然后置于1.0cm比色皿中,在波长604nm处测定OD值,用OD_{604nm}表示。经统计,细胞数与吸光度(OD)的线性关系式为$y=1048.3x-232.7$($0.443 \leqslant OD_{604nm} \leqslant 1.333$),$R=0.9904$。

(2)多不饱和脂肪酸(PUFAs)测定

①将藻收集离心,弃上清液,冻干,研磨成藻粉。

②称取70mg藻粉与0.5mg标准对照物$C_{17}:0$(溶于50μL二甲基亚砜)加入带盖离心管,加入1mL 1mol/L $NaOH\text{-}CH_3OH$溶液,振荡后在75℃水浴中皂化15min,冷却后加入1mL 2mol/L $HCl\text{-}CH_3OH$溶液调节pH<2,再放入75℃水浴中加热15min使其甲

酯化,然后加入1mL的正己烷振荡萃取上清液进行色谱分析。

③气相色谱分析

气相色谱仪:HP5090A(美国惠普公司);

毛细管色谱柱:Coawax Carbowax, 30m×0.25mm;

进样器温度:250℃,检测器温度:230℃,柱前压:73.0kPa;

载气:高纯氮,压力:13.6psi;

程序升温:150℃ $\xrightarrow{20℃/min}$ 200℃保持1min $\xrightarrow{4℃/min}$ 225℃保持10min;

进样量:1μL。

二、结果与分析

(一)对同步生长紫球藻的PUFAs的分析(见表3)

表3 **同步生长紫球藻PUFAs的组成、含量及随时间的变化** 标准物 C_{17}:0

含量(mg/g)	时间(h)						
	0	3	6	9	12	15	18
18:2n	8.09	7.62	7.16	7.23	3.64	3.47	3.49
20:4n	15.07	15.29	14.76	14.43	7.06	6.94	7.03
20:5n	14.64	15.07	15.05	14.87	9.95	10.22	9.57

含量(mg/g)	时间(h)							
	20	22	24	27	30	33	36	38
18:2n	3.60	3.80	3.86	4.54	5.20	4.76	5.72	5.83
20:4n	6.87	6.20	7.10	7.86	8.76	9.44	9.66	10.45
20:5n	9.77	9.01	10.99	12.36	12.61	12.84	12.40	12.52

在该实验中,定时测定藻浓度和收集部分藻细胞,对其PUFAs进行测定。因为对于长时间处于休眠状态的紫球藻来说,各细胞大多具有相同的生命活力、物质组成及含量等指标。所以在培养初期,大部分藻会具有一致的生长状态及变化,且休眠的藻在重新开始生长时,细胞内的物质组成与含量会发生明显改变。这种生长一致性和物质的明显变化有利于紫球藻体内各PUFAs之间的代谢关系。

对于EPA合成途径中的各种PUFAs,在利用气相色谱检测时,能够检测到18:2n(6),20:4n(6)[AA],20:5n(6)[EPA]这三种PUFAs,但未检测到18:3n(3),18:4n(3),20:4n(3)PUFAs。所以通过分析这三种检测到的PUFAs来探究EPA合成途径。在第一组实验中,根据定时测定藻液吸光度,计算得到紫球藻浓度可确定该组藻在该培养条件下的增殖周期约为27h。从图2可以看到,在0~9h各物质并没有明显变化,说明藻细胞仍处于适应新环境阶段;在第12h,各物质均大量减少,例如AA,含量从 14.43mg/g 降至 7.06mg/g(见表 3),这是因为大部分紫球藻已开始为分裂增殖进行各项物质准备,所以细胞内多种物质转变、调运,变化明显;到 24h 左右,细胞内增殖准备工作已经完成,开始进行分裂并大量合成代谢产物,所以可以看到,24～33h 之间,18:2n(6),AA,EPA 均逐渐增加,并且随后含量基本稳定。整体上,当 EPA 不断合成、含量增加时,其与 AA 的变化趋势是接近的。AA 增加速率最大,且考虑到 AA 会通过去饱和作用形成 EPA,则 EPA 的合成会很快。EPA 在 22～30h 间合成速率很高,含量从 9.01mg/g 升至 12.61mg/g,说明 EPA 的合成是在细胞刚分裂不久即进行的;而在 30h 以后,EPA 含量趋于稳定,但 AA 含量又有一次增加。在 EPA 合成的 ω-6 途径中,AA 为 EPA 的前体,所以,这一现象表明 ω-6 途径在 EPA 合成中占重要地位,AA 与 EPA 合成关系密切。所以当 EPA 合成减弱、含量稳定时,AA 不再消耗,含量明显增加。

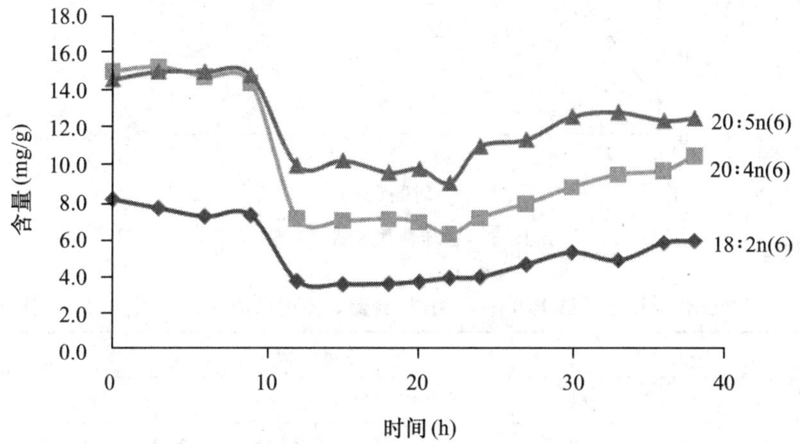

图 2　同步生长紫球藻 PUFAs 的组成、含量及随时间的变化情况

(二)对指数生长末期紫球藻的 PUFAs 的分析

该实验通过分析不再增殖的紫球藻细胞内 PUFAs 的含量及其变化来研究 EPA 合成的两条途径。在预实验中,取生长旺盛的藻种培养,通过每天测定吸光度、计算藻浓度,确定该组藻种在该培养条件下,生长至第 8 天时,紫球藻几乎不再增殖,如图 3 所示。赵薇等人认为,紫球藻在培养至指数期第 8 天时,AA/EPA 的值最大,为探究紫球藻代谢调控的最佳时期。所以在正式实验中,以完全相同的条件培养紫球藻,从第 6 天起,每天收集部分藻体,直至第 13 天。从图 4 中(图中第 1 天代表培养第 6 天,第 8 天代表培养第 13 天)可以看出,18:2n(6)在第 10 天之前一直是缓慢增加的,而当 AA 和 EPA 均不再增加时,18:2n(6)含量开始大幅增高,这很好地证明了 18:2n(6)为 AA 和 EPA 的前体物质。EPA 在培养至第 8 天时,含量达到最大,为 14.41mg/g;AA 在培养至第 10 天时,含量达到最大,为 21.43mg/g(见表 4)。AA/EPA 开始时呈增加趋势,在第 8 天时达到最大,为 1.79,随后减小(见表 5)。这两种物质和 AA/EPA 各自达到最大值的时间与赵薇等人的结果有所不同。这是因为培养条件等存在差异,故这种不同是合理的。但它们的变化趋势与赵薇等人的结果是较符合的。在 6～7 天时,EPA 与 AA 的增长是平行的;

而7～8天时,EPA合成明显减缓,AA合成速率明显增大;至第8天时,EPA达到最大值,而AA超过EPA,一直大量合成直至第10天。本研究认为:6～10天的AA与EPA的含量变化可以说明AA为EPA合成的主要前体,即ω-6途径为EPA合成的主要途径。这样,在气相色谱测定中,未检测到ω-3途径中的PUFAs的现象也是可以解释的。

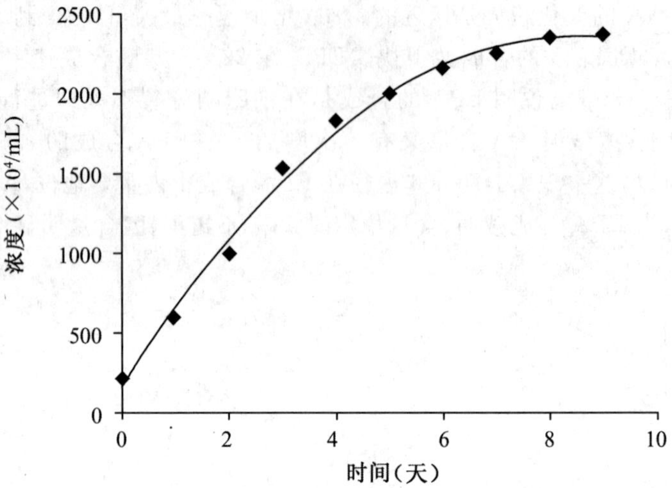

图3　紫球藻生长曲线

表4　　指数生长末期紫球藻PUFAs的组成、含量及随时间的变化　　标准物 C_{17}:0

含量(mg/g)	时间(天)							
	6	7	8	9	10	11	12	13
18:2n	5.35	5.89	6.68	7.10	7.75	8.40	12.78	17.13
20:4n	10.59	12.28	16.42	18.78	21.43	18.55	15.56	12.37
20:5n	11.47	13.53	14.41	12.25	12.00	11.08	10.04	8.74

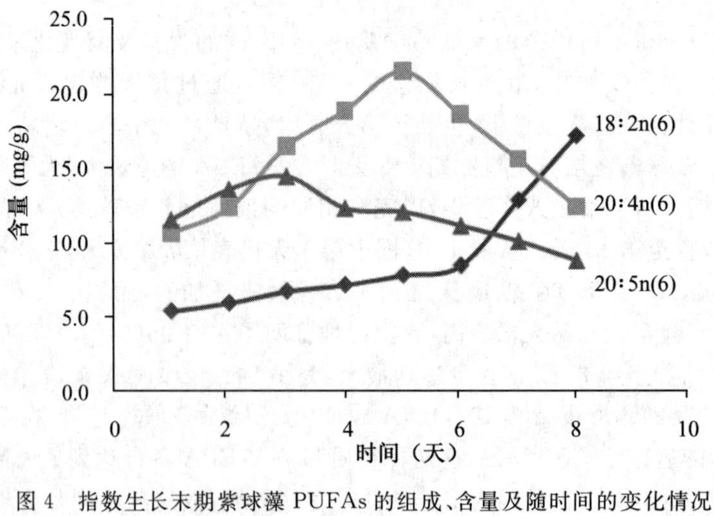

图4　指数生长末期紫球藻PUFAs的组成、含量及随时间的变化情况

表 5 **指数生长末期紫球藻 AA 与 EPA 的比值**

时间(天)	1	2	3	4	5	6	7	8
AA/EPA	0.92	0.91	1.14	1.53	1.79	1.67	1.55	1.42

本实验组进而猜想,ω-3 途径是 ω-6 途径的补偿途径,即在正常情况下,EPA 绝大部分由 ω-6 途径合成,当 ω-6 途径受阻时,ω-3 途径才会发挥作用。在 EPA 的两条合成途径中,Δ^6-去饱和酶催化 18∶2n(6)转化成 18∶3n(6),进入 ω-6 途径;而 18∶2n(6)是在 ω-3 去饱和酶的作用下形成 18∶3n(3)进入 ω-3 途径的(见图 1)。Inna Khozin-Goldberg 等人在研究水杨酰胺肟(SHAM)对 Δ^6-去饱和酶的抑制作用时,观察到当 SHAM 抑制了 Δ^6-去饱和酶的活性时,18∶2n(6)含量增加,AA 及 EPA 含量都极大地减少,而检测到了正常情况下不能检测到的 18∶3n(3)等物质。这与本实验组的分析和猜想是一致的。

三、结论

本实验通过测定短期培养休眠的紫球藻和生长末期的紫球藻的 PUFAs 对 EPA 的合成途径进行了探究,得出结论:在紫球藻中 EPA 合成的两条途径中,ω-6 途径是主要的合成途径,AA 为 EPA 的主要前体物质,二者关系密切;而 ω-3 途径所占比例极小。紫球藻中的 EPA 为具有重要经济价值的 PUFAs,许多研究致力于提高 EPA 合成量。本实验结论可为紫球藻的商业化、规模化生产提供理论基础,如通过优化培养条件、添加 ω-6 族前体物质等使 ω-6 途径优先、顺利、快速进行,从而获得大量 EPA。

参考文献

[1]曹吉祥:《用途广泛的紫球藻》,《中国海洋药物》1994 年第 3 期。

[2]Khozin-Goldberga Inna et al., "Triacylglycerols of the red microalga porphyridium cruentum can contribute to the biosynthesis of eukaryotic galactolipids," *Lipids*, 2000,35(8):pp. 881-889.

[3]梁成伟、张晓雯等:《经济微藻重要次级代谢产物合成途径的研究进展》,《安徽农业科学》2008 年第 26 期。

[4]肖华山:《5 种不同形式氮源对紫球藻生长影响的研究》,《福建师范大学学报》2001 年第 2 期。

[5]赵薇、吴义等:《提取及培养条件对紫球藻 AA 与 EPA 的影响》,《食品工业科技》2009 年第 3 期。

[6]彭兴跃:《毫克级微藻样品中脂肪酸的分离及测定》,《台湾海峡》1998 年第 3 期。

[7]Khozin-Goldberg Inna, "Salicylhydroxamic acid inhibits v6 desaturation in the microalga", *Biochimica et Biophysica Acta*, 1999,1439: pp. 384-394.

(指导教师:张小葵)

数理研究

山东省商业银行个人理财产品现状分析及营销推广

刘　哲[1]　闫鹏飞[1]　姜凯天[1]　亓秀叶[2]　李钊卿[3]　王　博[4]

近年来，商业银行的个人理财产品进入了一个快速发展的时期，无论是品种、数量，还是结构、收益都有了很大程度的发展。面对高通胀、负利率下来自非金融机构以及银行系统内部的存款争夺，发展个人理财产品这种低成本、高效率的业务成为商业银行应对竞争的重要方式。理财产品的快速增长，也给商业银行的自身结构以及金融市场带来了显著的影响。面对日益激烈的行业竞争，通过充分的市场调研，分析当前理财产品的现状并做出相应的营销推广策略已成为当前商业银行亟待解决的问题。

一、山东省商业银行个人理财产品现状分析

（一）商业银行个人理财产品现状

改革开放以来，我国国民经济持续快速地增长，人们的生活水平发生了质的飞跃。随着个人资产的增加，传统投资方式已经不能满足大众日趋多元化的理财需求，越来越多的高收入者开始寻求更有效的投资工具。但囿于当前居民投资渠道比较狭窄，缺乏相应的投资理财技能，所以人们只能在无风险、低收益的产品（国债、存款）和高风险、高收益的产品（股票）间进行选择。银行理财产品恰好可以填补中间的空白，以其收益性和安全性兼顾的特点，极大地拓宽投资的基础资产类别。因而银行理财产品受到人们的广泛青睐。各家银行均把发展个人理财业务视为未来业务利润的制高点。

尽管我国的商业银行个人理财业务起步较晚，但极具发展潜力，大部分商业银行都已经认识到开展这项业务的重要性。但与西方国家相比，我国的市场环境、居民的投资理念以及市场的配套建设都不完善，仍有许多需要改进和学习的地方。

---

[1]数学与统计学院 2011 级数理经济实验班；[2]商学院 2011 级会计专业；[3]数学与统计学院 2011 级统计学专业；[4]商学院 2011 级金融专业。

(二)商业银行个人理财产品结构分析

从图1可以看出,当前的理财产品市场,非保本浮动型占较大比重,传统的保本固定型也在逐渐向保本浮动型改变。非保本产品相比2005年(22.5%)有较大增幅,其占比的增长一方面使商业银行可以大幅度提高产品的预期收益,另一方面则使广大的客户在选择个人理财业务的时候需要面临更高的风险以及个人对最终收益的不确定性。

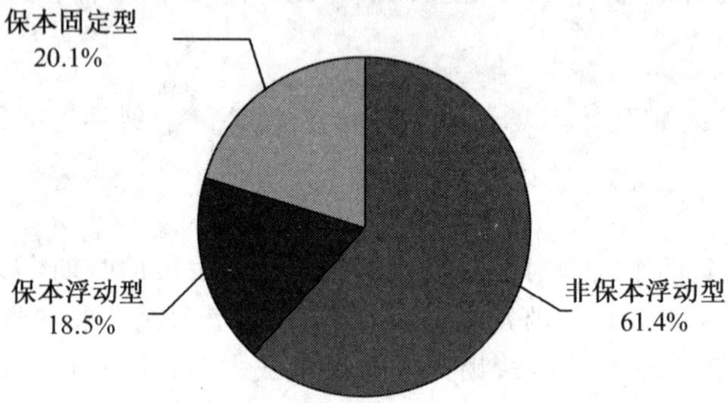

图1 理财产品收益类型[①]

从整体的收益率来看,由于受央行在2012年两轮降息的影响,个人理财产品的年收益率相对有较为明显的回落,但仍在相当程度上高于同水平的银行利率,如图2所示。同时,我们也看到收益率为3%~5%的商业银行个人理财产品逐渐成为了理财产品市场的主流。

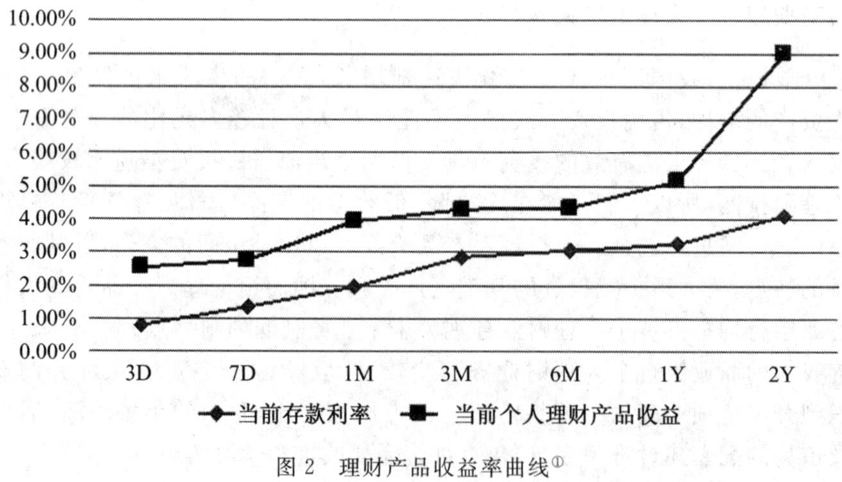

图2 理财产品收益率曲线[①]

① 数据来源:2012年1~10月所发行的个人理财产品随机取样100个。

从图 3 可以看出，个人理财产品的委托期限短期化形势相当明显。灵活的投资期限使得个人客户可以更好地抓住机遇，合理地根据自己的情况来选择适合自己的个人理财产品。

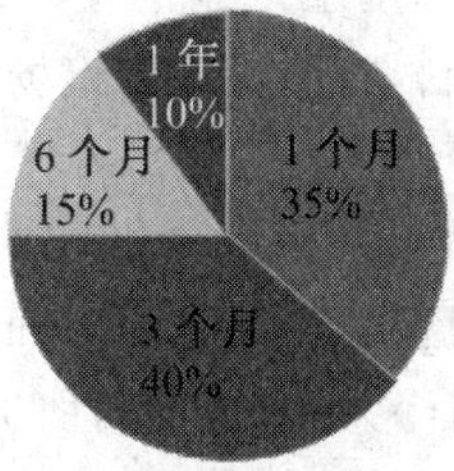

图 3　理财产品委托期限①

理财产品的基础资产结构分布如图 4 所示，由于近年来股票、信贷市场的不景气，商业银行中相对稳健的个人理财产品债券、利率以及票据成为了居民的主要选择，个人理财产品的资产组合也因此发生了较大变化。

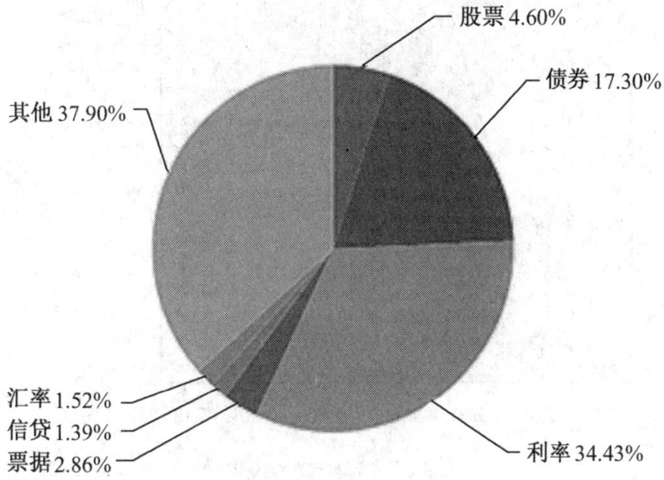

图 4　理财产品资产结构分析①

(三)商业银行个人理财业务的影响因素

根据调查，对于商业银行而言，影响个人理财业务的主要因素有宏观经济形势、金融法规监管、银行自身实力以及研发服务水平等。

1. 宏观经济形势

随着近年来宏观调控的进行以及 CPI 的下降，个人理财产品的发展在一定程度上受到了冲击，收益率下降的趋势较为明显，与利率挂钩的相关理财产品有了较大的发展。

---

① 数据来源：2012 年 1～10 月所发行的个人理财产品随机取样 100 个。

2. 金融法规监管

相关法律法规对商业银行的个人理财产品从产品研发、宣传出售以及信息披露等方面进行了严格的规定,虽然在一定程度上限制了个人理财业务的开展,但历次规范对银信合作、银证合作等业务进行了限制,为个人理财市场更加稳健地发展奠定了基础。

3. 银行自身实力以及研发服务水平

尽管众多地方性的金融机构给出的理财产品相对更加丰富,收益率更高,但是大众更加倾向于选择拥有雄厚实力的银行的产品。相对而言,大型商业银行存在着一定的劣势,它们往往客户较多,难以实现对个人客户针对性的信息反馈,一定程度上也造成了信息的不对称。

对委托客户而言,其相关影响因素主要有委托客户的年龄、个人学历、收入水平、风险承受能力等。

年龄因素的影响如图 5 所示。

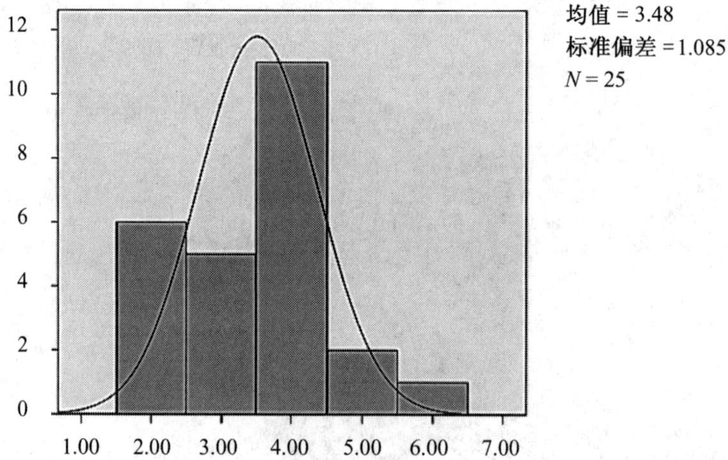

图 5 年龄因素的影响

认购个人理财业务的个人,年龄主要为 30～40 岁。这是因为,一方面,这群人具有一定的财富积累;另一方面,他们具有较为清晰的理财观念,能够接受和顺应当前金融创新的发展。

文化程度因素的影响如图 6 所示。

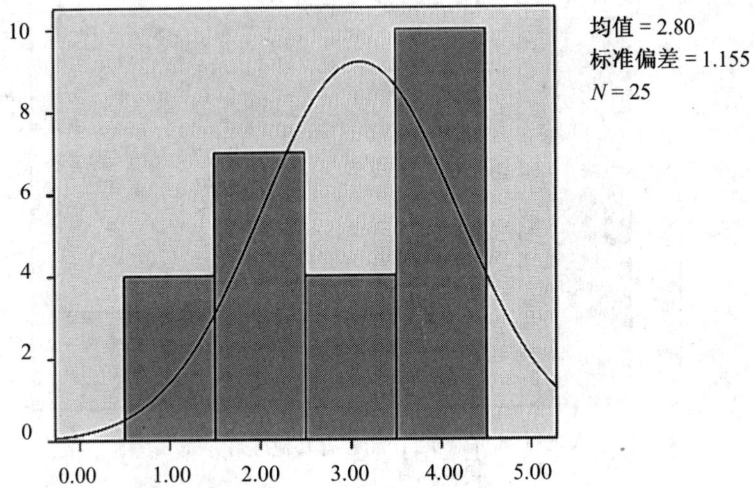

图 6　文化程度因素的影响

文化程度决定了个人对理财产品的认知能力，在一定程度上反映了当前理财市场的合理性。但当前的市场上，学历为高中以及大专的个人所占比例较大，这反映出了市场仍存在一定的盲目跟风情况。

月收入余额因素的影响如图 7 所示。

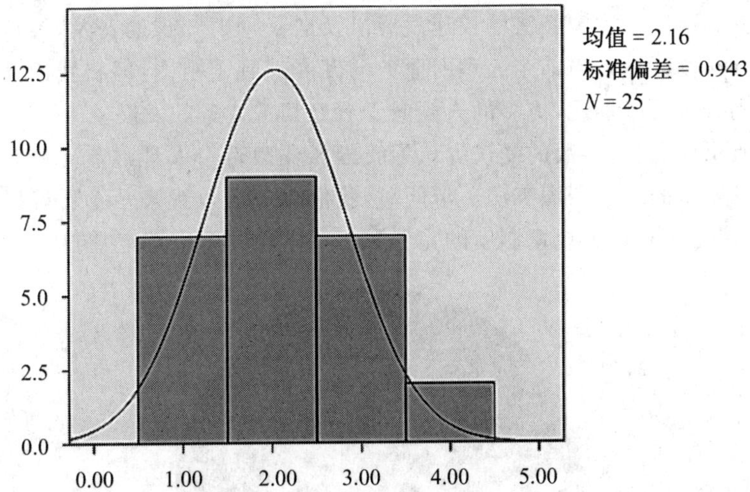

图 7　月收入余额因素的影响

对于大部分认购个人理财产品的客户来说，其月收入余额一般在 2000 元左右，相对于没有认购的个人来说，较高的收入保证了他们有较高的风险承受能力，但对于部分月收入余额在 2000 元以下的认购者来说，其认购行为需要进行合理的规划。

未认购原因如图 8 所示。

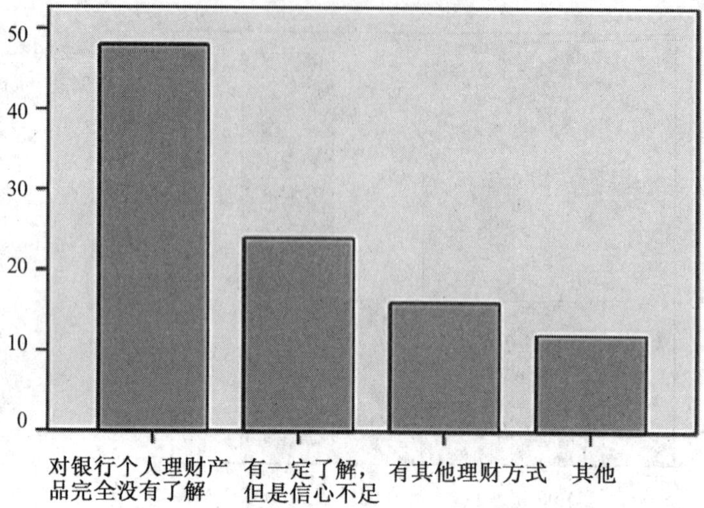

图 8　未认购原因

由图可知，没有购买个人理财产品的个人，主要的原因在于其对相关业务缺乏了解以及信心不足。

(四)商业银行个人理财业务的发展前景

随着监管的加强，个人理财产品在未来的发行规模会受到一定程度的限制，收益率也会受到影响。但基于我国经济的快速发展以及居民理财知识的普及，银行个人理财业务前景仍十分广阔。尽管当前个人理财业务的发展遇到了阻力，但在我们针对商业银行工作人员的调查过程中发现，更多的人倾向于看好相关业务的发展。

如图 9 所示，有超过半数的受访者认为我国商业银行个人理财业务将获得极大的发展并成为银行未来的主要利润来源。但同时，我们也应该重视表示不看好以及说不清的受访者的疑虑，为未来相关规章制度的完善和相关问题的解决奠定基础。

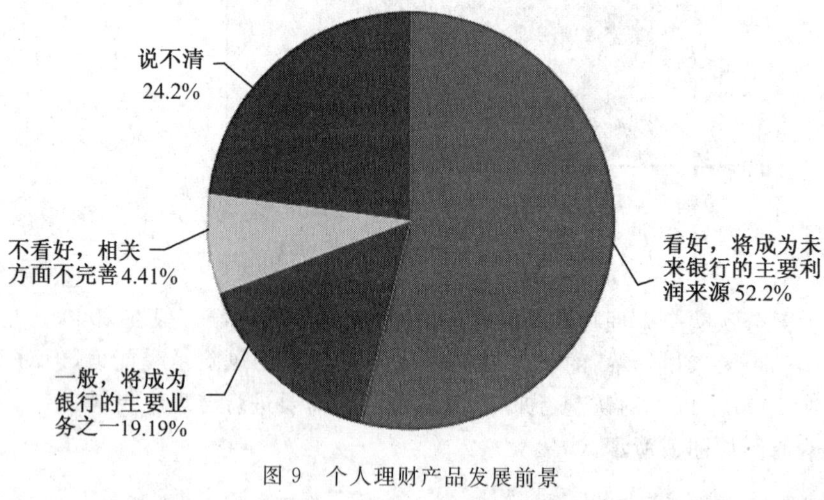

图 9　个人理财产品发展前景

(五)当前商业银行个人理财业务存在的问题及改进方法

存在的问题:从个人理财业务营销的过程看,产品风险披露不够全面,引发客户投诉;从理财产品的设计看,各商业银行的理财产品存在同质化倾向,产品创新能力严重不足。

改进方法:银行要建立与个人理财业务管理相适应的健全有效的风险管理体系;要督促商业银行大力培养一支高素质的个人理财规划师队伍,以满足个人理财业务综合化和个性化的要求,避免风险提示不充分、信息披露不完全而误导客户的行为;要积极引导商业银行提高产品创新能力,发展有自己特色的理财业务;银行在做到研发好自己的特色产品的同时也要做到让消费者了解、认知这个个人理财产品,最大限度地引进潜在消费者。

二、商业银行个人理财产品的营销推广

(一)个人理财产品投资组合模型的提出

由现代投资组合理论,个人投资者的投资总收益率 R 可表示为:

$$R = \alpha_0 r_0 + \sum_{i=1}^{N} \alpha_i r_i$$

满足

$$\alpha_0 + \sum_{i=1}^{N} \alpha_i = 1$$

其中,α_0 表示无风险投资的比例;r_0 表示无风险投资的收益率;α_i 表示第 i 种风险投资的比例;r_i 表示第 i 种风险投资的收益率($1 \leqslant i \leqslant N$)。

根据现代投资组合理论,投资者将在权衡收益与风险的基础上实现期望效益的最大化。一个理性的投资者总是通过有效的投资组合,结合自身的风险承受能力,获取最高的收益,或者在保证一定的收益水平的前提下追求最小的风险,以实现期望效益的最大化。本模型的建立,将基于个人投资者在权衡资产风险和预期收益两方面的基础上,获得一个满意的有效投资组合,以追求最大收益的情形,即:

$$\mathrm{Max}\left[\alpha_0 r_0 + \sum_{i=1}^{N} \alpha_i E(r_i)\right]$$

$$\text{s. t.} \quad \sum_{i,j=1}^{N} \alpha_i \alpha_j \mathrm{cov}(r_i, r_j) = \mathrm{Var}(R_p)$$

$$\alpha_0 + \sum_{i=1}^{N} \alpha_i = 1$$

$$\alpha_0, \alpha_i \geqslant 0 (i = 1, 2, \cdots, N)$$

其中,$\mathrm{cov}(r_i, r_j)$ 为第 i 个与第 j 个风险投资的收益率的协方差;$E(r_i)$ 为投资者对第 i 项投资组合的预期收益率;$\mathrm{Var}(R_p)$ 为有效投资组合的收益率的方差。

由于商业银行在个人理财产品到期之后需要收取相应的管理费、交易费等,相应的目标函数应为:

$$\text{Max}\left[\alpha_0 r_0 + \sum_{i=1}^{N}\alpha_i(E(r_i) - p_i)\right]$$

其中,p_i 表示管理及交易费率。

在模型的建立中,我们首先假定银行存款是除个人理财产品之外的唯一投资渠道且具有无风险以及无其他费用的特点,并记银行存款占投资总额的比重为 α_0,收益率为 μ_0。另外,存在 N 种风险投资,即有 N 种类型的个人理财产品可选择,α_i 表示组合中第 i 种理财产品的投资比例,μ_i 表示第 i 种理财产品的期望报酬,σ_i 表示第 i 种理财产品的标准差,σ_{ij} 表示第 i 种理财产品与第 j 种理财产品的协方差,ρ_{ij} 表示第 i 种理财产品与第 j 种理财产品的相关系数,p_i 表示第 i 种理财产品的管理及交易费率,则有:

理财产品投资组合的期望报酬为:

$$\mu_p = \alpha_0\mu_0 + \sum_{i=1}^{N}\alpha_i(\mu_i - p_i)$$

理财产品投资组合的方差为:

$$\sigma_p^2 = \sum_{i=0}^{N}\alpha_i^2\sigma_i^2 + 2\sum_{i=0}^{N}\sum_{j=0}^{N}\alpha_i\alpha_j\sigma_{ij}$$

将 $\rho_{ij} = \frac{\sigma_{ij}}{\sigma_i\sigma_j}$ 代入上式,即得:

$$\sigma_p^2 = \sum_{i=0}^{N}\alpha_i^2\sigma_i^2 + 2\sum_{i=0}^{N}\sum_{j=0}^{N}\alpha_i\alpha_j\rho_{ij}\sigma_i\sigma_j$$

由于 $\sum_{i=0}^{N}\alpha_i = 1$,根据有条件极值可求得理财产品投资的最佳比例为:

$$C = \sum_{i=0}^{N}\alpha_i^2\sigma_i^2 + 2\sum_{i=0}^{N}\sum_{j=0}^{N}\alpha_i\alpha_j\rho_{ij}\sigma_i\sigma_j + \lambda_1\left(1 - \sum_{i=0}^{N}\alpha_i\right) + \lambda_2\left(\lambda_p - \sum_{i=0}^{N}\alpha_i\right)$$

其中,λ_1 与 λ_2 为拉格朗日乘数;λ_p 为理财产品投资的比例乘数。

将一系列的理财产品投资比例以及收益率的对应点表示在图上,可以得到风险—收益曲线,如图 10 所示。

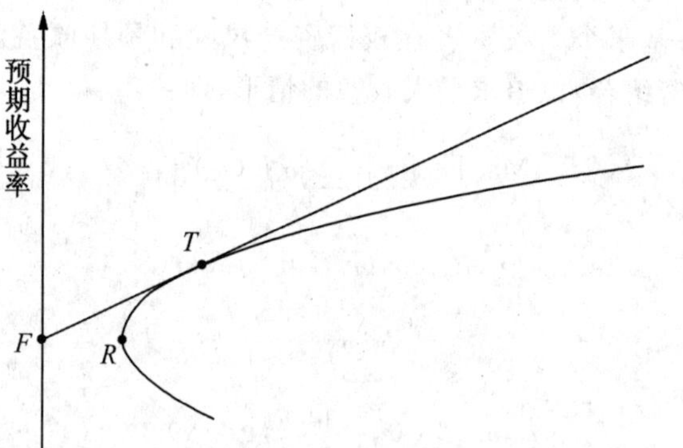

图 10　风险—收益曲线

对于图 10 中点 R 以下部分的曲线，由于其在收益率上升的同时风险水平下降，违背了风险收益对等规律，故应该舍弃。在 R 点上方，风险水平随着收益率的上升而增大，考虑到存在无风险资产即银行存款的存在，记点 F 代表银行存款的收益率，则过点 F 并与曲线相切的直线即为有效投资组合满足的条件。记 $E(r_p)$ 为有效投资组合的期望收益率，r_f 为银行存款的收益率，$E(r_m)$ 为理财产品最优组合的收益率，δ_m 为理财产品最优组合的标准差，S_p 为所有有效投资组合的标准差，则直线方程可以记为：

$$E(r_p)=r_f+\frac{[E(r_m)-p_i]-r_f}{\delta_m}\cdot S_p$$

最优组合点 T 上获得的最终收益为：

$$E(r_p)=\omega_1\cdot r_f+\omega_2\cdot[E(r_m)-p_i]$$

其中，ω_1 为银行存款所占的投资权重；ω_2 为理财产品组合所占的投资权重。

(二)个人理财产品投资组合模型的实际应用

1. 投资对象的界定

我们将个人理财投资的对象界定为：债券货币市场类投资产品、组合资产管理类产品、外币债券市场类产品以及固定收益权类产品。将无风险投资界定为普通的商业银行存款。

2. 样本的数据来源

本文中所出现的所有关于以上个人理财投资的四类产品的数据均出自中国社科院金融所金融产品中心所发布的 2011 年第 1 季度至 2012 年第 3 季度的商业银行理财产品季报。普通银行存款的利率参照理财产品的产品期限，取 2011 年 7 月 7 日利率调整后 3 个月(3.10%)与 6 个月整存整取存款利率(3.30%)的平均值 3.20%计算。

3. 为了简化变量，把各类理财产品数据的期限标准定为一年。

4. 投资组合模型自变量数值的确定

(1)各类理财产品在 2011 年第 1 季度和 2012 年第 1 季度的收益率(见表 1)

表 1　　理财产品收益率

	债券货币市场类	组合资产管理类	外币债券市场类	固定收益权类
2011.1	0.0780	0.1185	0.0558	0.0609
2011.2	0.1179	0.1479	0.0649	0.0460
2011.3	0.1606	0.2521	0.0666	0.0681
2012.1	0.1775	0.1526	0.0853	0.0724
2012.2	0.1742	0.1365	0.0804	0.0599
2012.3	0.1517	0.1347	0.0529	0.0612

(2)各类理财产品的年期望收益率和标准差(见表2)

表2 理财产品的年期望收益率和标准差

	债券货币市场类	组合资产管理类	外币债券市场类	固定收益权类
年期望收益率	0.1524	0.1616	0.0714	0.0606
标准差	0.04258	0.04552	0.01540	0.00849

(3)各类理财产品的收益率的协方差和相关性系数(见表3、表4)

表3 理财产品收益率的协方差

协方差	债券货币市场类	组合资产管理类	外币债券市场类	固定收益权类
债券货币市场类	0.0018132914	0.0008623493	0.0005201921	0.0000935498
组合资产管理类	0.0008623493	0.0020719862	0.0001815248	0.0001047643
外币债券市场类	0.0005201921	0.0001815248	0.0002370657	0.0000156338
固定收益权类	0.0000935498	0.0001047643	0.0000156338	0.0000721048

表4 理财产品收益率的相关性系数

相关性系数	债券货币市场类	组合资产管理类	外币债券市场类	固定收益权类
债券货币市场类	1	0.4448934126	0.7934062360	0.2587181569
组合资产管理类	0.4448934126	1	0.2590049554	0.2710427871
外币债券市场类	0.7934062360	0.2590049554	1	0.1195772244
固定收益权类	0.2587181569	0.2710427871	0.1195772244	1

5. 最优化投资组合的确定

将自变量数据代入到本文所建立的自由投资人的投资组合模型,得到:

$$\mathrm{Max}\left[3.2\%r_0+\sum_{i=1}^{N}\alpha_i E(r_i-p_i)\right]$$

$$\mathrm{s.t.}\ \sum_{i,j=1}^{N}\alpha_i\alpha_j\mathrm{cov}(r_i,r_j)=\mathrm{Var}(R_p)$$

$$\alpha_0+\sum_{i=1}^{N}\alpha_i=1$$

$$\alpha_0,\alpha_i\geqslant 0(i=1,2,\cdots,N)$$

求解得到的投资组合见表5。在本模型中,我们给定投资者的预期收益率,在最小化风险的条件下求得各种理财产品的投资比例及其相对应的标准差总和。

表 5 个人投资者有效的投资组合

收益率	4.0%	4.5%	5.0%	5.5%	6.0%	7.0%	8.0%	9.0%
标准差	0.0019	0.0030	0.0042	0.0054	0.0065	0.0089	0.0114	0.0144
存款	79.50%	66.68%	53.86%	41.05%	28.23%	2.60%	0.00%	0.00%
债券货币市场类	0.00%	0.00%	0.00%	0.00%	0.00%	0.00%	6.66%	14.43%
组合资产管理类	1.57%	2.55%	3.53%	4.51%	5.49%	7.45%	11.47%	15.47%
外币债券市场类	5.10%	8.29%	11.48%	14.67%	17.86%	24.23%	15.73%	4.93%
固定收益权类	13.83%	22.48%	31.13%	39.77%	48.42%	65.71%	66.14%	65.17%

从表 5 中可以看到，随着收益率的增加，风险的标准差也在增加，也就是说，风险与收益率是成正比的。银行存款的比例随着收益率的增加而减少；外币债券市场类产品随着收益率的提高有先增加后减少的趋势；债券货币市场类、组合资产管理类和固定收益权类产品随着收益率的提高所占比例也会提高，但其收益率的方差也会较大。而我们根据问卷的调查结果分析得到，收益率为 5.5%较为合理，风险适中，收益率也较高。

参考文献

[1]《银行理财产品季度报告(2011 年第 1 季度)》,《金融博览(财富)》2011 年第 4 期。

[2]《银行理财产品季度报告(2011 年第 2 季度)》,《金融博览(财富)》2011 年第 7 期。

[3]《银行理财产品季度报告(2011 年第 3 季度)》,《金融博览(财富)》2011 年第 10 期。

[4]《银行理财产品季度报告(2011 年第 4 季度)》,《金融博览(财富)》2012 年第 1 期。

[5]《银行理财产品季度报告(2012 年第 1 季度)》,《金融博览(财富)》2012 年第 4 期。

[6]《银行理财产品季度报告(2012 年第 2 季度)》,《金融博览(财富)》2012 年第 7 期。

[7]《银行理财产品季度报告(2012 年第 3 季度)》,《金融博览(财富)》2012 年第 10 期。

[8]徐立平、赵丽菊:《商业银行个人理财业务投资组合研究》,《海南金融》2010 年第 3 期。

[9]乔晋声、徐小育:《美国商业银行开展理财业务的经验及对国内银行的启示》,《金融论坛》2006 年第 10 期。

[10]李景欣、刘楠:《银行个人理财产品的法律分析》,《法商研究》2007 年第 5 期。

[11]张磊、沈水辰:《中国商业银行个人理财业务发展策略初探》,《新金融》2007 年第

8 期。

[12]赵婷婷:《我国商业银行个人理财业务发展策略研究》,东北财经大学硕士学位论文,2007 年。

[13]程丽:《我国商业银行个人理财的问题及对策》,《财经界》(学术版)2013 年第 2 期。

[14]王增武:《2012 年银行理财产品市场运行报告》,《银行家》2013 年第 2 期。

[15]司守奎、孙玺菁:《数学建模算法与应用》,国防工业出版社 2011 年版。

(指导教师:杨 兵 李依凭)

大学生体能测评软件的开发

王　玥[1]　朱文强[1]　王　典[1]　张　振[1]　李琳娜[1]　崔杰诺[1]

大学生是民族的未来，但他们由于学习负担重，往往忽视了锻炼。近几年，我国大学生的身体素质总体呈下降趋势，这已经引起了人们越来越多的关注。对大学生进行身体素质调查，了解大学生的身体状况，并设计出相关解决方案，对全面提升大学生身体素质具有重要意义。本软件旨在为大学生提供合理的日常锻炼方案。以山东大学（威海）为例，该软件通过对学生体能现状进行合理分析，根据学生目前各项体能测评成绩和运动习惯，提供一套合理完善的健身方案，为山东大学（威海）学子提供相关的科学指导，从而使学生的身体素质有了一定的提高。

目前，虽然国内面向国民的体能测评软件比较多，但是专门针对大学生的体能测评软件很少，且存在以下缺点：具体测量指标仍然不够完善，部分指标操作起来仍然有一定难度；评价体系平均赋值科学性值得怀疑；评价软件存在实用性和经济性等问题，价格比较昂贵。

基于以上几点分析，本文在全校范围内针对学生进行了全面的调研，客观、深入地了解我校大学生对身体健康的认知情况以及对体能测评软件的需求度，以期在一定程度上改善同学们的身体素质现状。

一、研究方法

运用调查统计的方法对大学生的体能现状和运动锻炼情况进行统计，用数据统计的方法对结果进行分析，用数学建模的方法建立相关数学模型对数据进行处理，用软件开发的相关方法来开发软件，通过调查问卷的方式得到产品推广价值的数据。

二、研究内容

1. 统计目前大学生的体能现状以及运动锻炼情况，对结果进行分析。

---

[1] 数学与统计学院 2011 级统计学专业。

2. 制作出体能测评软件,用户输入性别、身高、体重、各项体能测评成绩(如肺活量、立定跳远、100 米等),与全校平均水平和达标要求进行比较,据这些信息制定出一套健身计划,对每天的运动量、运动方式、运动场地等提出合理的建议,使未达标的同学达标,已经达标的同学进一步提高。

3. 制作运动地图:以山东大学(威海)的校园地图为蓝本,以 google 地图为模式生成的运动地图,可以看到学校全貌,并且在相关运动场所会出现超链接,点击可以看到运动场所外貌图片。

三、调研结论

(一)调研目的

1. 了解同学们的基本日常锻炼情况,包括体能测评成绩、锻炼规律、日常饮食搭配等情况。

2. 了解同学们对日常身体素质锻炼的重视程度,调研此类软件的需求。

3. 首次推广我们的体能测评软件,调研本软件的关注度、可实施性和可推广性。

(二)调研小结

从本次调研结果来看,目前大学生的身体素质状况不容乐观。大学期间体能测评达到优秀的人只占少数,大学生们平均每周锻炼次数少,每次锻炼的时间较短,更倾向于将课余时间用来学习和上网,选择体育锻炼的人并不多。大家普遍认为改善身体素质很有必要,但对科学的锻炼方法和饮食规律并不了解,对自己身体状况的满意度也不高。

通过本次调研得知,几乎所有的学生在此之前都没有用过体能测评软件。超过半数的同学认为大学生需要这样一款体能测评软件来指导日常的膳食。但是同学们对于这款软件的顾虑也很多,比如费用问题、使用界面的人性化问题、便携的问题等,还对我们的软件提出了一些要求与期许,比如对测试者自身情况的了解、日常锻炼计划的制订等。对于软件的设计,我们的建议如下:

1. 设计软件时,要注重软件功能,尤其是软件界面的人性化。

2. 设计软件时,根据这次的调研结果,注重合理健身建议和日常锻炼计划的给出。

3. 设计软件时,考虑同学们的购买力,尽量降低设计成本,让有限的资金发挥更大的作用。

4. 设计软件时,适当考虑软件的兼容问题,使软件推广尽可能少受硬件设施的影响。

四、软件设计

(一)软件相关介绍

以山东大学(威海)为例,该软件通过对学生体能现状进行合理分析,根据学生目前各项体能测评成绩和运动习惯，提供一套合理完善的健身方案，为山东大学（威海）学子提供相关的科学指导，从而使学生的身体素质有一定的提高。

1. 软件的特点

(1)该软件是针对高校大学生的，是为山东大学（威海）的莘莘学子特意打造的体质测评与强化软件。

(2)该软件是开放平台，免费使用，降低了软件的进入门槛，方便使用与传播。

(3)该软件的体质标准数据来源于体育部，运动地图来自实地考察，方便了我校大学生对自我运动水平的估计，也便于学生选择合适的运动场所和项目，规划时间，实践性强。

(4)该软件是开放的，不同学校只需把自己学校学生的标准数据以及运动场所分布情况输入，即可实现本校学生的体质测评以及强化锻炼，因此可推广性强。

2. 软件的开发平台

本软件的主要开发平台是 Microsoft Visual Studio 2008，是微软公司推出的开发环境，也是目前最流行的 Windows 平台应用程序开发环境。软件的最优特点是强化锻炼方案与学校小地图结合，形成类似 google 地图的运动地图。

3. 软件开发可行性分析

(1)该软件所需要的数据资料可以通过借阅图书、实地调查与网上搜集得到，基本算法合理可靠。

(2)在软件的开发过程中，有指导老师为我们解决开发过程中遇到的技术问题。

(3)通过参考借鉴市场上已有的专业营养软件，减少了不必要的弯路。

4. 软件的基本功能实现

(1)体质健康状况查询：用户输入自己的基本信息，如身高、体重、肺活量等，软件会自动帮助用户计算身体健康状况。

(2)长期体质监测：根据用户个人需要，可以生成 txt 文件或者长期的 Excel 表格以及曲线，让大学生对自己的健康情况以及变化趋势有详细的了解。

(3)强化锻炼选择：用户选择自己的强化方向，如力量、柔韧性以及爆发力等，以及自己喜好的运动项目（推荐至少选择两种）后，软件会自动计算出你的最佳运动场所与运动时间，方便个人强化锻炼。

(4)运动地图：以山东大学（威海）的校园地图为蓝本，以 google 地图为模式，生成运动地图，可以看到学校全貌，并且在相关运动场所会出现超链接，点击可以看到运动场所外貌图片以及开放时间、收费标准。

(二)软件的操作

首页是软件的欢迎界面，如图 1 所示。

图 1　软件欢迎界面

点击开始选项,开始体能测评,如图 2 所示。

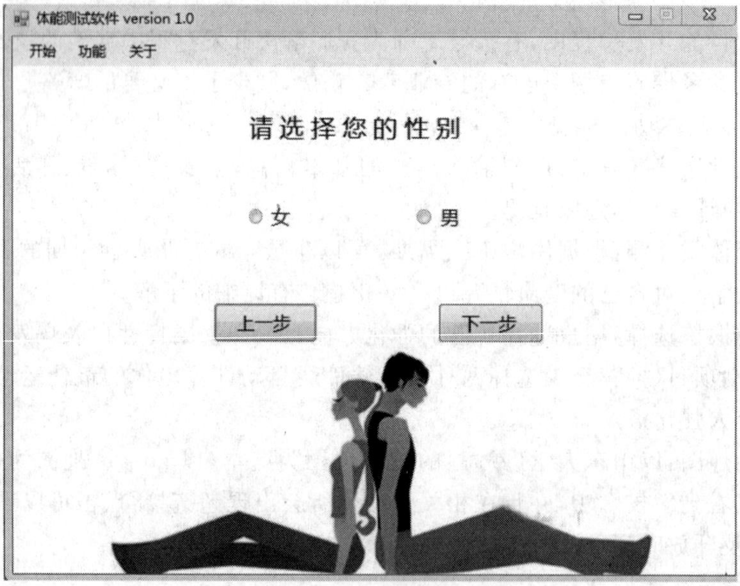

图 2　性别选择界面

输入身体基本数据，如图 3 所示。

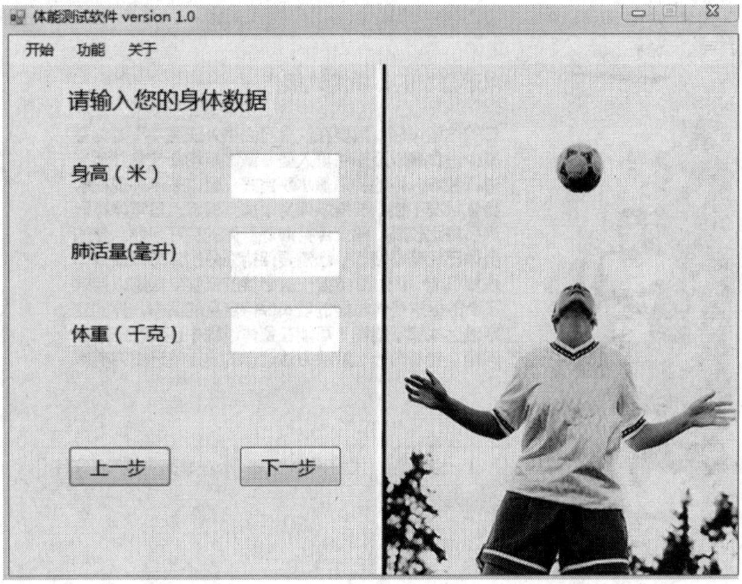

图 3　测评界面(1)

继续输入测试数据，若不清楚自己的数据可以不填，如图 4 所示。

图 4　测评界面(2)

点击“下一步”按钮，生成体质测试报告，如图5所示。

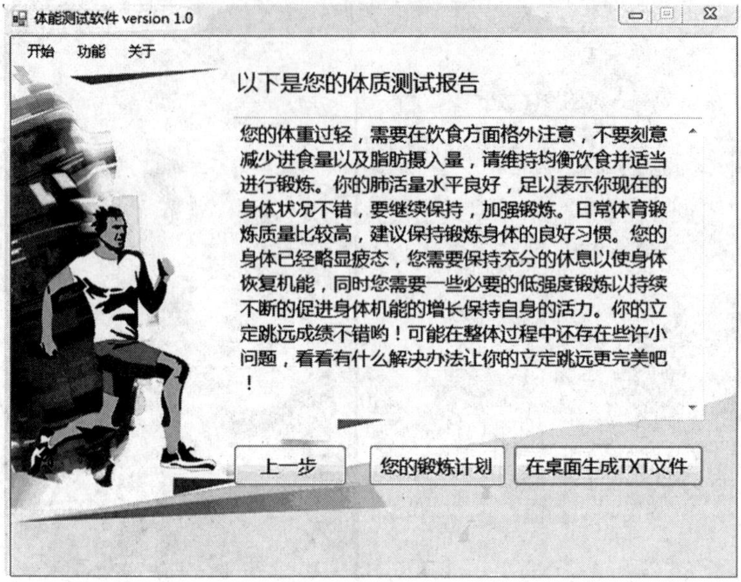

图5　体质测评报告生成界面

点击功能选项的体能加强指导，如图6所示。

图6　强化锻炼界面

点击功能选项的校园锻炼地图，地图标注了学校各类运动场所的位置，如图 7 所示。

图 7　校园地图

五、国内体能测评软件现状分析报告

(一)体能测评软件研究现状

1. 国内体能测评软件的类型

(1)学生体质健康标准管理系统 V2.2。它依照国家最新颁布的《学生体质健康标准》，在结合实际应用的基础上开发，具有学生信息导入、本校的数据汇入、向上级单位的数据上报等多项便捷、实用的功能，支持不同用户级别，保证数据的安全性。此外，它还可自动算分，支持 IC 卡和其他方式的测试数据自动录入，并具有强大的查询功能、图文并茂的统计分析功能等。目前，它已被多家用户使用。

(2)中医体质测试软件。它把人们分为 8 种不同的体质，通过科学测试后，给出他们所属体质、体质的形成原因和主要表现及易感疾病。它帮助人们认识自身是何种体质，并从饮食、生活起居、精神、药物、经络调养等方面给大家建议。

(3)体能训练健身软件。它是专为热衷运动的人所设计的运动训练软件，除了具有自己就能当自己的教练的特点外，还能了解自己的体能状况、健康情况。它主要能测试体力和心脏肺活量等，使使用者训练后体能更加强壮。

(4)美国空军 PFA(体能测验)软件。它是一款手机安卓系统平台下的测验软件。

(5)体育教师体能测试软件。它是体育教师体能测试的标准，供体育教师下载。

(6)极限体能训练(Max Capacity Training)软件。它是一款长期的高品质体能训练应用软件，可以让用户变得更强壮，减轻身体负担，提高效率。

(7)血压监测软件。它能帮助用户跟踪自身血压和体重；能将使用数据制作成表，有助于用户快速浏览，令用户便捷、快速地查看血压、体重变化状况。

(8)杏林七贤体检软件。它是一款医疗健康体检软件，是深圳市天方达科技发展有限公司旗下主导产品之一。

(9)针对人民警察和公务员的体能测评软件。

(10)基于VC++的儿童体能测试软件。

2. 国内体能测评软件功能的实现和存在的不足

我国的体能测评软件基本上都是手机用户用于进行自我测评的，有些受众指向儿童，有些指向成人，还有一些是中医进行体能测评的官方专业软件，但大部分为体检软件。体能测评软件作为一种新兴的软件，有着广阔的发展前景。但是作为新兴事物，软件还有一些不足：

(1)软件功能不完善。大部分的体能测评软件功能较单一，在软件中只能简单地测量身高、体重、肺活量等项目，并不能对用户进行系统指导，提出具有针对性的建议。

(2)软件产品品种单一。多数体能测评软件都存在市场细分不足、产品品种单一的问题。在我国目前的体能测评软件中，并没有综合类的体能测评软件。因为用户范围太广，无法针对某一特定群体进行相对应的体能测试，从而导致软件无法对人们进行系统性、针对性的指导。不同版本的体能测评软件应该各具特点，才能更好地服务特定人群。

(3)软件网络功能模块的缺失。在计算机网络化的大背景下，"共享"才是网络化体能测评软件的核心。所谓"共享"，包括实时更新提高体能的方式，用户最佳体能训练方案，用户为提高体能所需要的营养配餐等。通过交流，体能测评软件的效能才能发挥到最大。

(4)软件在设计理念和应用上仍然存在人性化的缺失。如果将提问功能、温馨提示功能等加入到进一步提高用户体能的建议当中，就可以通过计算用户实际提高了多少体能，并提供多种体能提高方式，计算哪种方式能在最短的时间之内提高最多的用户体能等。这些设计与网络化配置的提高将成为未来我国体能测评软件发展的新方向。

(二)项目可行性分析

调查大学生对健康的认知程度，提供保持和促进健康的方法、途径，可以为高校的健康教育提供参考依据。总体上来讲，大部分学生已经意识到了体育锻炼和良好的生活习惯对健康的意义。健康的概念已经向多元化方向发展，大学生对健康的不同层面存在不同的理解。虽然学生在思想上已经认识到健康的意义，但在健康行为落实方面仍不甚理想。

大学体育课是贯彻高校大学生"健康第一"思想最有力、最直接的途径。通过我们对体育课现状的调查研究及分析发现，大部分同学认为上体育课是为了锻炼身体，还有一部分同学认为是为了修学分、应付考试。因此，大学生对体育课在目的认识上还存在误区。

学生参加课外体育锻炼现状的调查分析结果表明，学生锻炼的目的和锻炼方式呈现多样化。课外体育锻炼的内容以篮球、足球、健身最多，羽毛球、跳绳、太极拳、网球占一部分。跑步占的比例也较大，原因是它不受场地、器材的影响，但学生不能合理控制运动量和运动强度。

通过对学生课余生活方式现状进行调查分析，可为提高大学生的健康水平提供参考。对大学生的部分生活方式进行简单的调查，发现不吃早饭、三餐无规律、缺乏锻炼、常坐不动、久对电脑、不能保证睡眠时间等在大学生中是较为普遍的现象。

参考文献

[1]李明、张世林:《学校体育测评理论与方法》,人民体育出版社2003年版。

[2][美]沃森·内格尔:《C#入门经典》(第五版),清华大学出版社2010年版。

[3]崔武子:《界面设计与实训教程》,清华大学出版社2006年版。

(指导教师:杨　兵　曹祝楼)

家庭因素对农村少年儿童接受教育的影响

臧金鹏[1]　张雪玉[1]　巩加美[1]　孙晓茹[1]　梁　昊[1]　庄汉星[1]

一、研究现状

近年来，社会对农村教育问题的关注度日益提高，相关研究成果显著，下面是对相关课题研究现状的搜集整理。

1. 近年来，农村学生辍学率升高，个别农村学生辍学率高达10%，且农村学生无法接受优质教育，名校中的农村学生比例逐年下降。

2. 当今社会的发展给年轻人提供了更多选择，加之大学生面临严峻的就业形势，使"读书无用论"有所抬头，以致很多家长、学生认为上大学无用。

3. 农村大量的留守儿童亟待父母在教育上投入更多的精力和时间。

4. 中国大多数的家庭教育缺乏创新，不利于孩子创造力的培养。

5. 农村家长自身文化水平有限，教育观念滞后，并且没有在孩子教育上投入足够精力，影响了农村教育的发展。

二、研究的目的与意义

瑞典教育家爱伦·凯曾指出："环境对一个人的成长起着非常重要的作用，良好的环境是孩子形成正确思想和优秀人格的基础。"

成长环境包括家庭环境、社会环境等诸多方面，其中家庭环境对人的影响最深刻。家庭生活给人身心发展所打上的烙印，终生难以磨灭，在人的一生中起着重要作用。

---

[1] 数学与统计学院2011级数理经济实验班。

三、调研成果分析

(一)问卷统计分析

1. 您对孩子上学的看法是__________。

A. 读书是农村孩子的唯一出路,不管怎样都要让孩子上学

B. 只是为完成义务教育,希望孩子读完早点挣钱

C. 上学没什么用,支持孩子经商

D. 看孩子的能力,能上就尽力供

从统计结果来看,选择“A. 读书是农村孩子的唯一出路,不管怎样都要让孩子上学”的父母占 27.1%;选择“B. 只是为完成义务教育,希望孩子读完早点挣钱”的父母占 7.7%;选择“C. 上学没什么用,支持孩子经商”的父母占 2.6%;选择“D. 看孩子的能力,能上就尽力供”的父母占 62.6%。有 5 位受访父母没有回答这个问题。

2. 您对农村学生辍学打工的看法是__________。

A. 不应该,无论如何都要让孩子上学

B. 很正常的事,家庭无力支持

C. 看孩子的意见

D. 必须有一定的学历后才可以考虑外出打工

从统计结果来看,选择“A. 不应该,无论如何都要让孩子上学”的受访者占 33.8%;选择“B. 很正常的事,家庭无力支持”的受访者占 5.7%;选择“C. 看孩子的意见”的受访者占 35.0%;选择“D. 必须有一定的学历后才可以考虑外出打工”的受访者占 25.5%。

从这个统计结果可以得出,农村地区家长对于教育的重视程度还是比较高的。因为有过半数的受访家长表示会坚持让自己的孩子上到一定程度,其中还有比较多的受访家长有让自己的孩子坚持上大学、考研究生的想法。但是,无法忽略的是,也有相当多的家长选择“看孩子的意见”,小部分家长选择了“很正常的事,家庭无力支持”这个比较令人遗憾的选项。

(二)家长对子女学习成绩的影响

通过数据分析可知,当家长对待学生的成绩态度为顺其自然时,孩子的成绩一般呈现正态分布形式,即大多数孩子的成绩处于中等水平;当家长认为孩子成绩必须好时,学习成绩处于中下等的孩子的比例明显减小;当家长认为孩子需要全面发展时,学习成绩处于中上等的孩子的比例大幅提高。从以上可以看出,家长的教育观念对孩子的成绩有比较大的影响。

数据分析表明,经常与孩子交流的家庭,是否报辅导班对孩子的成绩水平影响不大;几乎不交流的家庭,参加辅导班对孩子成绩有很好的提高作用;而交流水平一般的家庭,报辅导班却起了一定程度的反作用。由此可见,知识上和心理上的辅导同样重要,家长应该经常与孩子交流、互相沟通,这样不仅可以增进感情,而且对孩子的学习成绩有很大

的帮助。这也可以从另一方面看出,很多情况下孩子成绩不好是由于家庭教育的缺失造成的。

四、基于调研结果发现的问题及建议

(一)存在的问题

在我们进行调研的过程中,通过与受访父母的交谈,我们发现了以下几个问题:

1. 部分家长对教育的态度不科学。由于现在的农村教育不能很好地满足人们致富的需求,一部分家长便会产生“读书无用论”的观点。在我们的调查中,我们发现在受访家长中仅有不到30%的家长认为读书是学生唯一的出路;而有60%以上的家长表示会看孩子的能力供孩子上学;还有一部分家长认为读书也不一定能找到好工作,识字就好。这些父母之所以认为读书的作用不大,除了我国目前农村地区的教育比较落后外,还与一些家长对读书学习的重视程度不够有关。

2. 重视分数,轻视育人。有些家长不管孩子的特长和兴趣爱好,一味地将自己的想法强加于孩子,以强压态势逼迫孩子学习。一旦孩子考试成绩优秀,家长就满面春风,喜形于色;反之,考砸了,就埋怨、责怪,甚至动手打骂。这些家长从不把对孩子的思想道德教育放在心上,不管孩子的心理需求、行为能力,一味地追求高分数、好成绩,使孩子从心理上和家长背道而驰,甚至有的孩子明着不和家长对着干,暗地里却和家长较劲,迷恋网络游戏,倾心于男女学生的卿卿我我,导致学习成绩每况愈下。

3. 忙于赚钱,疏于管理。改革开放加速了农村多元化经济的发展步伐,有的农民外出经商、打工,有的在自己家门口承包土地搞种植、养殖等。无论是哪种形式,都使得家长把注意力放在了赚钱养家上,顾不得和孩子交流沟通,更谈不上关心孩子的学习。自制力强的孩子,能够理解父母的不容易,发奋学习;自制力差的孩子,上课不注意听讲,下课不完成作业,逃学,久而久之,学校、家长都管教不了,小小年纪只有辍学在家。

4. 家无温暖,粗暴冷漠。一些离异、单亲家庭,孩子从小就失去了家庭温暖,孩子性格变得冷漠、孤僻。也有一些家庭,因家长常年迷恋赌博,对孩子的学习,高兴起来就管管,不高兴就扔一边。一旦知道孩子的考试成绩不好,他们不是张口骂街,就是动手打人,严重伤害了孩子的自尊。

5. 读书无用,放弃上学。近几年,大学生上学成本的不断提高和大学生毕业就业难的问题成了人们茶余饭后谈论的话题。一些农村家长算账发现,培养一个大学生,一家人省吃俭用供其上学,但毕业后一旦找不到一个好工作,挣的钱和投入的钱不成比例,得不偿失。所以许多贫困家庭的子女主动放弃上大学,有些孩子只初中毕业就到工厂打工挣钱。

6. 相较于城市日益增多的辅导班,农村大多数的家庭都没有给孩子报辅导班的想法和条件。农村孩子的小学基本都是在农村上,而初中和高中则是在城镇上,这样农村小学的条件落后造成的农村孩子成绩与城市孩子成绩的差距就比较明显。再加上城市孩子上各种辅导班,多才多艺,农村的孩子难以在学校有很好的表现。

7. 一些农村孩子因为在城市上学，与家长交流很少，受到一些电子产品的诱惑而没有人管制，所以很容易沉迷于网络游戏之中。

(二)提出的建议

我国有70%的人口是农民，在一定程度上，农村富则国家富，农村教育兴则国家教育兴。为此，我们提出了以下建议：

1. 给予农村政策鼓励和优惠。对于农村地区的发展给予适当的政策鼓励和优惠，促进城乡协调发展，降低农村地区辍学学生比例。

2. 宣传和培训。老师和父母是学生成才路上的领路人。对于农村地区的教师，积极组织他们学习和进修，适当提高他们的工作待遇，大力鼓励教学能手到乡村学校任职。在农村地区积极宣传科学的教育方法和正确的教育态度，让父母认识到教育的重要性，了解到怎样才能培养孩子成才。

3. 提高家长素质。父母的文化素质是孩子成才的重要影响因素。相关部门要根据农村实际情况，适时举办家长培训班，讲述成功家庭的教育实例以及经验，大力宣传先进的家庭教育理念，倡导形成科学、民主、关爱的家庭教育方法。构建"学校、家庭、村镇三结合"指导网络，努力转变家长的教育观念，传授方法、技巧等，以提高家长的德育素养和科学育儿能力。

4. 营造和谐家庭关系和学习环境。和谐的家庭成员关系是实施家庭教育的有效保证。为了孩子健康成长，家长之间要勤于沟通，建立互敬互爱的夫妻关系，对长辈孝敬，对子女关爱。同时，家长要尊重孩子的人格，要把孩子看成是自己的朋友，平等相处，切忌采取棍棒教育。

5. 发挥母亲在家庭中的作用。母亲在家庭教育中起着举足轻重的作用。因此，母亲要在不断提高自身素质的基础上，主动承担家庭教育责任，对子女要严教与爱护并施，真正把孩子培养成德、智、体全面发展的有用人才。

6. 对孩子进行抵制诱惑教育。家长在送孩子出去上学之前，一定要对孩子进行抵制诱惑教育。家长在送孩子出去上学之后，也要重视与孩子的交流，要时常给孩子打电话询问其心理状况。同时，家长也要与老师多交流。家长不能一味只强调成绩，而应重视孩子意识、思想方面的发展。

7. 了解和尊重孩子的想法。了解孩子为什么对一些东西感兴趣，进而加以引导会更容易与孩子交流，对孩子的思想及学习都有好处。在我们的调查中发现，有几个家庭的孩子非常执着于走艺术的道路，家长在做了非常激烈的思想斗争之后作出了支持孩子选择的决定。

参考文献

[1]张庆利：《SPSS宝典》，电子工业出版社2011年版。

[2]仲德涛：《农村教育发展问题研究》，《山东省农业管理干部学院学报》2010年第2期。

[3]郭书君:《我国农村高等教育发展状况的实证分析》,《辽宁教育研究》2005年第10期。

[4]祝士明、王卿:《新农村职业教育分析》,《安徽农业科学》2007年第1期。

[5]谭春芳:《制约我国农村教育发展的因素分析》,《内蒙古师范大学学报》(教育科学版)2004年第4期。

(指导教师:崔宇明　陈　昕)

低温等离子体土壤中全汞含量的定量检测分析

刘　苹[1]　陈志强[1]　刘西民[1]　赵　多[2]　原天忠[2]　钟　泽[3]

近年来，我国重金属污染保持高发态势，突发性、群体性事件屡见报道。汞由于毒性大且在生物体内停留时间长，已被列为重金属污染综合防治"十二五"规划严格控制和重点监控的重金属污染物。由于生物富集，土壤、大气、河流、湖泊等自然环境中的汞元素进入人体和生态系统，从而对人体和生态系统造成一定的伤害。土壤中的汞可分为元素汞、无机化合态汞和有机化合态汞，其中元素汞是土壤中汞存在的主要形态，占总汞量的90％以上。除了元素汞之外，其他形态的汞加热到900℃时，就可以转化为元素汞。测量土壤中的汞含量，对于土壤汞污染的实时监测、防治，以及研究汞在生态系统中的分布、转移有着重要意义。

目前，测量汞的方法主要有原子吸收法、原子荧光法和电感耦合等离子体质谱法等，但这些方法中使用的设备体积大、结构复杂、成本高。本文采用的介质阻挡放电法能以较低的耗电、载气量激发氩气/氦气产生温度接近室温的低温等离子体(low temperature plasma, LTP)。LTP亮度高、激发能力强，已成为环境污染物痕量检测和相关仪器微型化的理想激发源。

本文基于介质阻挡放电技术，采用在线金汞齐富集、外热解吸和低温等离子体非热冷激发的方法，以廉价的成本和简单的仪器结构实现了土壤中全汞的实时在线检测分析。

一、实验部分

(一)仪器

海洋光学USB2000＋光纤光谱仪(检测波长为200～400nm，分辨率为2nm)、光纤(芯径为1mm)、马弗炉、直流稳压电源、TDGC2-0.5kVA型接触式调压器(相数1，频率50～60Hz，输入电压220V，输出电压0～250V，容量500VA，最大电流2A)、HL-306型

---

[1]空间科学与物理学院2010级应用物理专业；[2]空间科学与物理学院2009级应用物理专业；[3]空间科学与物理学院2012级空间专业。

霓虹灯电源(输入电压 200V,频率 50Hz,功率 10～65W)、TES-1310 数位温度表(－50～1300℃)、玻璃转子流量计、WL-5300 型稳压稳流阀、MP31001 型数字电子秤(精确度 0.01g)。

(二)材料

石英管、石英棉、石英窗片、石英烧瓶、高电阻合金电热丝(电阻为 1.86Ω/m)、塑料管、陶瓷舟、剑桥滤纸、聚四氟乙烯生料带、两通阀、三通阀、高纯氩气(纯度≥99.999%)、无水氯化钙粉末、碘化活性炭、标准土壤样品[GBW07402,全汞的浓度为(20±2)ppb]、石英砂、稀硝酸、浓硝酸、浓盐酸、等离子水、金线。

(三)实验过程

1. 金汞齐和金汞齐富集柱的制备

金汞齐是富集元素汞的关键装置,研究金汞齐对元素汞的富集和释放特性,对于提升系统的富集效果和测量精确度有重要意义。

金汞齐的制备:

(1)将 20g 石英砂浸泡在稀硝酸(1∶9,V/V) 溶液中 24h,然后用等离子水彻底洗干净后烘干。

(2)将浓硝酸和浓盐酸按体积比 1∶3 混合制备王水。

(3)将 1.25g 金线浸泡在 40mL 王水中至金线完全溶解后,加入先前准备好的石英砂,将溶液加热到 100℃维持 50min,通过蒸发进行提纯。

(4)纯化后,将干燥后的石英砂放入陶瓷舟中(摊成厚约 3mm 的薄层),并放置在马弗炉中加热到 150℃,持续 30min 后,再加热到 600℃持续 30min,制得金汞齐,如图1(a)所示。

金汞齐富集柱的制备:

取制备好的金汞齐 0.8g 填充到一石英管(内径为 6mm,外径为 8mm,长 150mm)中,形成一个 18mm 长的金汞齐吸附柱。将石英棉塞在金汞齐吸附柱的两端以防吸附柱被载气吹走。如图 1(b)所示,将镍铬合金电阻电热丝(直径为 1.0mm)均匀绕在石英管外壁上用来实现金汞齐的外加热。

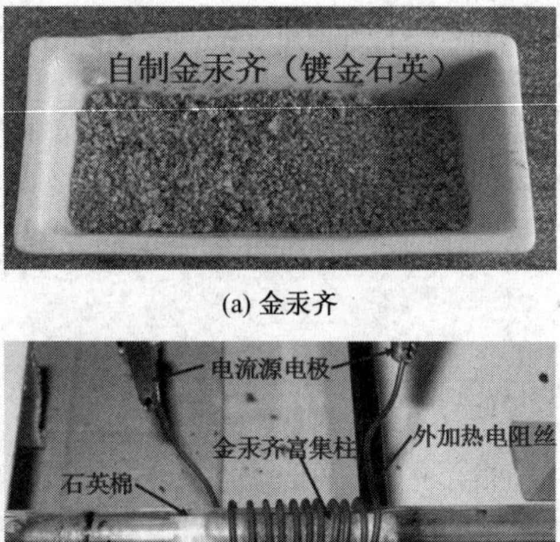

(a) 金汞齐

(b) 金汞齐富集柱

图 1　金汞齐和金汞齐富集柱

2. 介质阻挡放电管的制作

切割一根长 10cm,内径为 1.0mm,外径为 2.0mm 的石英细管备用,管内空腔为高放电区域。绝缘管壁起到了阻挡的作用,可以显著提高高频放电的稳定性和均匀性,并且实现了电极与分析物的完全隔离,消除了电极产生的光谱干扰。两个电极之间的距离为

23mm,光纤探针和相邻的一个电极之间的距离为 20mm。当介质阻挡放电的两个电极连接到高压电源时,介质阻挡放电在一个合适的电压下就会激发氩气产生低温等离子体。霓虹灯电源通过与之连接的接触式调压器实现对输入电压的控制。

3. 石英窗的制作

切割一块长 20mm,宽 35mm,厚 1mm 的铝块,在中心线打一个直径为 3.3mm 的中心孔道,然后在中心孔道的一端以孔为中心凿出一直径为 2mm 的孔道,用来固定切割好的石英细管。在靠近石英细管一侧的铝块壁上,粘上两片陶瓷片(8mm×10mm),目的是防止外加电极与铝块距离太近发生外放电,降低目标组分的激发效果。铝块另一端固定光纤探针,使激发光源与光纤处于同一轴线上。在距介质阻挡放电端 10mm 处的铝块侧面打一个孔径为 3mm 的排气孔,实现废气的有效排出。为了安全起见,用碘化了的活性炭颗粒做成一个吸附柱,实现尾气中的残留 Hg^0 的有效吸附。在 15mm 处切出一个长 2mm,宽 10mm,高 30mm 的 U 形槽,以粘贴石英片,封闭介质阻挡放电。装置结构如图 2 所示。

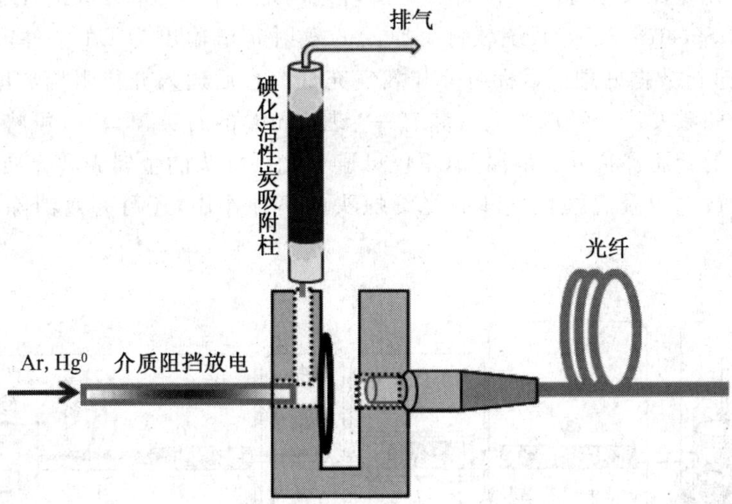

图 2 石英窗结构

4. 样品及处理

(1)样品的选取

实地挖取山东大学(威海)校园内三个不同地点的表层土壤(距地表 5~10cm),分别编号为:1 号食堂、2 号教学楼、3 号图书馆。

标准土壤样品(GBW07402)购自中国地质科学院地球物理地球化学勘查研究所,全汞的浓度为(20±2)ppb。

(2)样品的处理

将采集到的土壤样品进行充分晾晒后,筛除大块颗粒物与杂质(小树根、小草叶),把在同一个地方取得的土壤样品进行充分混匀,然后再使用 80 目的不锈钢过滤筛筛出颗粒度在 80 目以下的土样。最后,用数字电子秤从不同样品中分别称取若干份土壤样品备用。

5. 实验装置

本实验装置如图3所示。按图连接流路,将土壤装入石英瓶(有一个进气口、一个出气口,瓶盖与瓶体之间是磨砂的,可保证气密性,在1100℃下可长时间使用)中,用高温加热炉将石英瓶加热到900℃,此时,土壤中各种形态的汞都转化为Hg^0;在氩气的载动下高温蒸气进入干燥—净化管,干燥—净化管中间填充着无水$CaCl_2$粉末,两端塞着剑桥滤纸。其中,无水$CaCl_2$粉末用来吸附土壤在高温下蒸出的水分,剑桥滤纸用来吸附土壤中混杂的小树根、小草叶在高温下蒸出的烟气。过滤后的汞蒸气在氩气的载动下进入金汞齐富集柱,金汞齐在常温下吸附Hg^0,被富集的Hg^0将在外加热电阻丝的加热下实现快速解吸,并由载气带入介质阻挡放电室,介质阻挡放电激发光源与光纤探头在同一水平面上。霓虹灯电源产生700～3000V,43kHz的高频电压,通过电极激发氩气产生LTP。当通入目标组分后,目标组分的激发光谱信号经光纤传输到电感耦合组件光谱仪(CCD)中,光纤探头可以实现光信号的高效耦合,用于记录介质阻挡放电结构单元产生的发射光谱。光纤探头尽可能放在离石英窗口近的地方,以获得最大的光学发射信号。数据采集采用Spectra Suite系统软件。原始的发射光谱输出为txt文件,然后导入到MATLAB中进行数据处理。目标组分和载气充分混合后通入介质阻挡放电冷激发源,实现目标组分的激发。光纤探头上安装有一个厚1mm的石英窗口片,可将低温等离子体和光纤探头的金属保护外壳隔离开,不仅可避免光纤探头的金属壳和介质阻挡放电冷激发源之间的放电以及腐蚀性气体对光纤探头的腐蚀作用,还可有效消除空气组分的干扰。

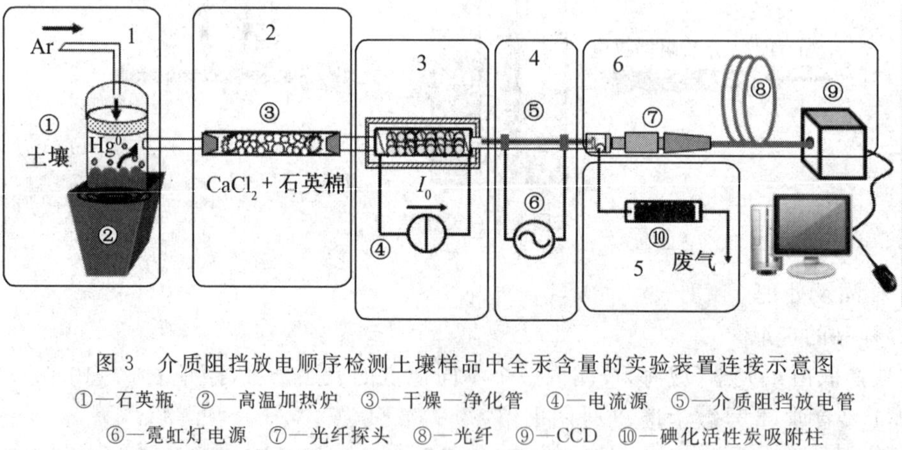

图3　介质阻挡放电顺序检测土壤样品中全汞含量的实验装置连接示意图

①—石英瓶　②—高温加热炉　③—干燥—净化管　④—电流源　⑤—介质阻挡放电管

⑥—霓虹灯电源　⑦—光纤探头　⑧—光纤　⑨—CCD　⑩—碘化活性炭吸附柱

二、结果讨论

对于本分析系统来说,放电/工作电压和载气流量是介质阻挡放电激发过程中重点调查的参数。用标准土壤样品定标,得出汞的质量与光谱信号强度的关系。

(一)目标组分的光谱性质

Hg^0 很容易被低温介质阻挡放电微等离子体激发。如图4(a)所示,Hg^0在253.7nm处的激发谱线显然是与氩等离子体发射光谱分开的,在308nm处的峰来自氩,其他较弱的发射线可能来自残留的空气或氩气中的杂质。封闭的介质阻挡放电激发源使测量精度提高,同时使光纤探针与低温等离子体分离,避免了光纤探头受到不必要的污染及低温等离子体与光纤探针金属包层的放电现象。在实验中,由于放电电压或者电流的热效应,放射峰基线会出现波动。本实验采用一阶导数法有效地消除了上述基线波动,如图4(b)所示。

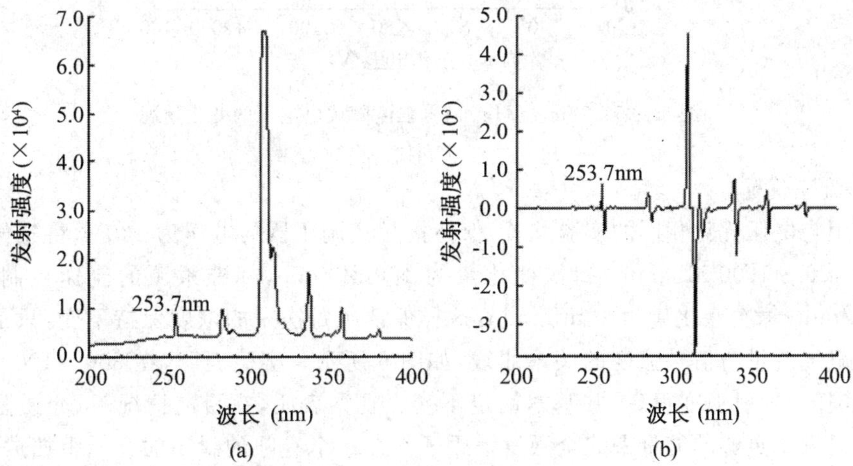

图4 Hg^0 在氩介质阻挡放电微等离子体中的特征发射光谱

(a)使用封闭的介质阻挡放电激发源记录的原始光谱 (b)平均2次扫描的一阶微分光谱,其中 Hg^0 浓度:0.20ppb,流速:0.6L/min,工作电压:100V,放电频率:43kHz,积分时间:500ms,矩形波串宽度:2

(二)实验参数的优化

1. 电压优化

实验前先通2min的氩气赶出实验装置中的空气,然后打开标准汞源,通入浓度为0.3ppb的标准汞蒸气,此时氩气流速调节为600mL/min并保持不变,调节接触式调压器,让电压从40V到150V变化,每隔10V记录一次数据,每个数据记录10次,用标准偏差来代表测量不确定度。以汞的特征谱线强度为标准,作电压与信号强度的定量关系曲线,如图5所示。实验表明,虽然可以在很宽的放电电压范围内(40～120V)得到稳定激发的低温等离子体,但在253.7nm处的 Hg^0 的特征激发信号的强度变化非常显著。当接触调压器的输入电压为100V时,Hg^0 的激发信号达到最大值,但电压高于100V时,介质阻挡放电激发腔外容易激发空气发生外放电,使电能很难耦合到介质阻挡放电激发腔内,导致 Hg^0 的激发信号降低。由此我们可得到,低温等离子体的最优激发电压为100V。

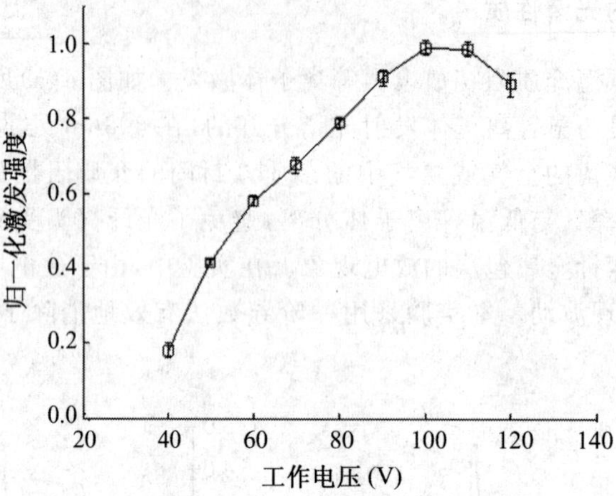

图5　253.7nm 处 Hg^0 信号强度随放电电压的变化情况

2. 流速优化

使用与电压优化相同的实验装置,保持接触式调压器的电压为100V,将氩气的流速控制为100～1000mL/min,每次变化量为100mL/min,标准汞源的流速控制为10～100mL/min,每次变化量为10mL/min,这样保证了每次汞的浓度保持不变,只是流量变化。作氩气流量与信号强度的关系曲线,如图6所示。实验表明,在300～1000mL/min流速范围内,发射强度很高,并基本恒定不变。观察表明,在目前情况下,介质阻挡放电激发源提供了足够的能量来完全激发汞原子。在一个有限的封闭的介质阻挡放电室内,一定范围的汞蒸气或载气中汞的浓度是控制激发原子数量的关键因素。在实验中,为了使等离子体具有好的稳定性,得到一个合适的灵敏度,我们采用相对适中的流速:600mL/min。

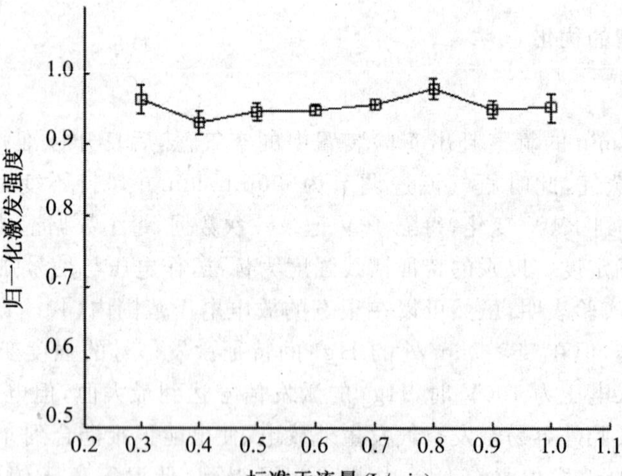

图6　氩气流量与信号强度的关系曲线

3. 金汞齐对 Hg^0 的富集及其定量分析

为了实现对土壤中 Hg^0 的连续在线检测，系统需要达到较高的灵敏度。因此有必要采用金汞齐对 Hg^0 进行富集。本研究深入调查了金汞齐吸附 Hg^0 的吸附特征。当金汞齐被加热到 910℃时，以 40mL/min 的稳定流速将浓度为 3.17ppb 的标准 Hg^0 蒸气通入早已激发的低温等离子体中。当该气体通入后，立即切断电阻电热丝的电源，让金汞齐自然降温。Hg^0 激发谱线随金汞齐温度的变化规律如图 7 所示。由图可以看出，当气体通入后，Hg^0 的激发强度有所升高，这是由于标气和载气还未达到混合平衡。混合气体中的 Hg^0 浓度会逐渐升高，当达到平衡后，由于金汞齐的吸附作用，信号强度有所下降。尤其是在 720～460℃和 420～220℃温度区间，Hg^0 的激发信号下降较明显。值得注意的是，当温度从 460℃到 420℃变化时，发射强度几乎没有变化，220℃以下几乎检测不到发射强度信号，这意味着金汞齐在 220℃下的吸附效率几乎达到了 100%。图 7 表明，金汞齐的温度高于 420℃时，金汞齐将快速释放 Hg^0，低于 220℃后金汞齐将 100%吸附 Hg^0。鉴于金汞齐随温度的吸附特征，金汞齐的富集温度设定为 120℃。

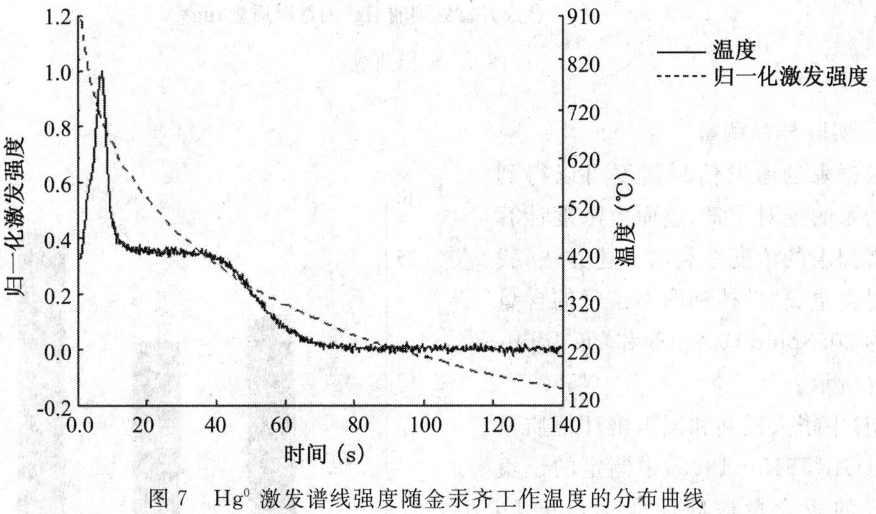

图 7　Hg^0 激发谱线强度随金汞齐工作温度的分布曲线

4. 标准土壤样品定标

称取一批质量梯度的标准土壤样品进行加热，质量从 2g 变化到 20g，每次变化量为 2g，每个质量的样品取 3 份，做 3 次实验，取平均值。利用最优的实验参数进行定标实验。利用得到的数据，建立一个包含 7 个点的定标曲线。得到的校准方程为：E(激发信号强度)$= 19.569C_{Hg} + 318.99(R=0.994)$，其中 C_{Hg} 是 Hg^0 的绝对质量(单位：ng)，E 是在 253.7nm 处的峰值。定标曲线如图 8 所示。

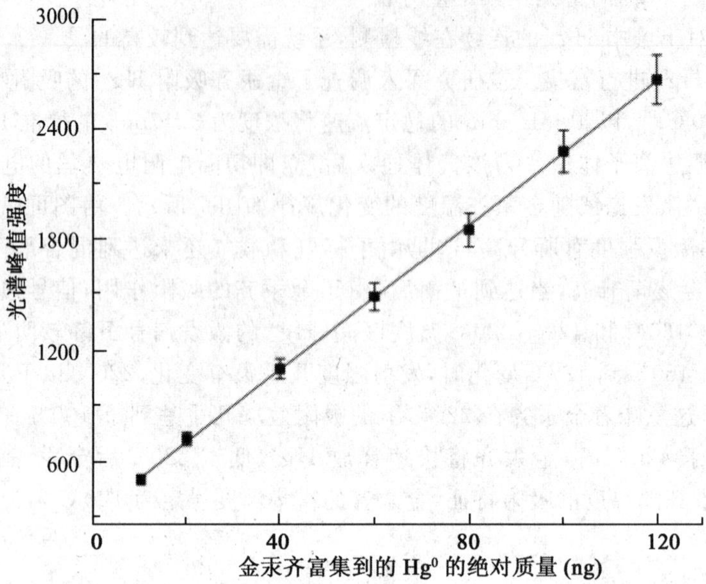

图 8　定标曲线

5. 实际样品测量

根据汞的激发信号强度可以得到对应的汞的绝对质量，进而由浓度计算公式得到汞的浓度。利用上述方法，我们测得食堂、教学楼和图书馆汞的含量分别为 20.3ppb，18.2ppb 和 26.4ppb，如图 9 所示。

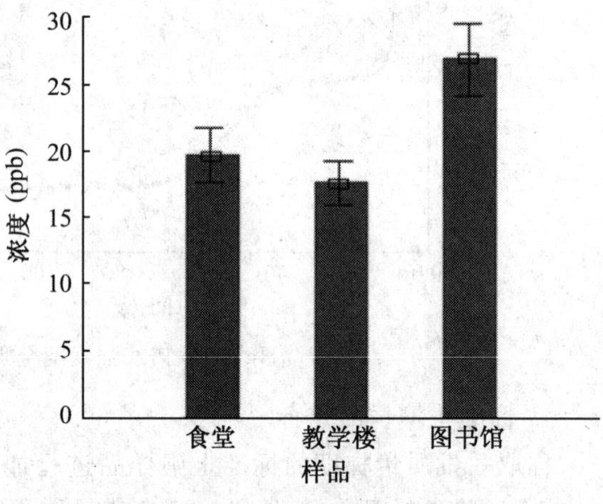

图 9　实际土壤样品测量结果

与《中华人民共和国土壤环境质量标准》(GB15618－1995)中制定的土壤中允许的汞含量最低标准 1.5mg/kg (1mg/kg＝1ppm＝1×10^3ppb)相比，实验测得的汞含量(最大值为 26.4ppb)远低于国家制定的标准(为国家标准的 1/57)。因此，以上 3 个取样地未受到污染。

三、总结

本实验属于低温等离子体激发固相中痕量和超痕量重金属污染物，实现定量检测的领域，采用土壤热解吸—金汞齐富集—低温等离子体激发的方式，成功实现了对土壤中全汞含量的定量检测分析。其中，将土壤加热到近 1000℃能将土壤中各种形态的汞都转化为 Hg^0，从而被金汞齐在常温下富集，进而检测出土壤中全汞的含量。本实验不仅提供了一种现场检测土壤中痕量汞的新方法，而且还可被广泛用于测定香烟、茶叶等固相物质中的全汞含量，具有广泛的应用前景与使用价值。

参考文献

[1]王亚平、潘小菲等:《汞和镉在土壤中的吸附和运移研究进展》,《岩矿测试》2003年第4期。

[2]鲁洪娟、倪吾钟等:《土壤中汞的存在形态及过量汞对生物的不良影响》,《土壤通报》2007年第3期。

[3]秦德萍、黄志勇等:《土壤及蔬菜中微量汞的同位素稀释电感耦合等离子体质谱测定》,《分析测试学报》2010年第2期。

[4]盖轲、董彦杰等:《等离子体化学及其应用》,《陇东学院学报》(自然科学版)2003年第2期。

（指导教师：武忠臣）

基于 AZO 和 Ag 复合薄膜的光电特性稳定性研究

李亚节[1]　赵丹丹[1]　郭瑞琦[1]　冯殿龙[1]

氧化物透明导电薄膜在电子学领域有着广泛的应用，如应用于平面显示器、热反射镜、有机发光器件、光电器件、太阳能电池、传感器件、表面发热器、热辐射反射镜等。目前应用较多的是铟锡氧化物薄膜(indium tin oxide，ITO)。ITO 具有高透过率、低电阻率、高功函数和膜层牢固等优点，在许多方面得到了应用。但是，ITO 有成本较高、有毒、易受到氢等离子体的还原作用等缺点，使其广泛应用受到一定的限制。考虑到性价比，人们力图寻找一种价格低廉且性能优异的 ITO 替换材料。ZnO 掺杂体系无疑是最具竞争力的透明导电薄膜材料。掺杂的 ZnO 具有价格便宜、沉积温度相对较低及在氢气气氛下稳定性更好等优点。

一、实验

由于透明导电薄膜被广泛应用于不同的工作环境中，所以研究不同环境下透明导电薄膜光电特性的稳定性就显得格外重要。通过研究不同环境下透明导电薄膜光电特性的稳定性，可以更充分地利用透明导电薄膜的高透过率、低电阻率的特性。通过研究外界环境对透明导电薄膜光电特性的影响，可根据使用环境的不同，从众多透明导电薄膜中选择出最佳使用者。随着科学技术的发展，所制备的薄膜不仅要标明制造厂地、出产时间、制备条件、产品成分，而且还应标明此种透明导电薄膜适用的外界环境(外界温度、湿度、酸碱度、电磁场强度等)以及产品的使用寿命，从而使透明导电薄膜的高透过率、低电阻率优点在使用的外界环境下得到更加充分的利用。本文主要对 AZO，AZO/Ag，Ag/AZO，AZO/Ag/AZO 4 种薄膜的光电特性的稳定性作了研究，将制备好的样品放置在室温环境下，每隔一段时间测量其光电特性，研究 4 种薄膜光电特性随时间的变化。再将样品经过不同温度的退火处理后，研究 4 种薄膜光电特性的稳定性。

[1] 空间科学与物理学院 2011 级应用物理专业。

(一)制备样品

采用 MIS-500B 型超高真空磁控溅射与离子束溅射联合设备,用玻璃作衬底,制备出了多批 AZO,AZO/Ag,Ag/AZO,AZO/Ag/AZO 薄膜样品。系统的本底真空度均为 1.5×10^{-4}Pa。制备 AZO 层时,采用射频磁控溅射 AZO 靶材(Al_2O_3 : ZnO＝3 : 100)。靶材到衬底的距离为 4.5cm,溅射温度为室温,溅射功率为 90W,溅射气体为氩气(纯度为 99.99%),流量为 30sccm,工作气压为 0.4Pa。制备 Ag 层时,采用离子束溅射 Ag 靶(纯度为 99.99%),工作气压为 5×10^{-2}Pa,加速电压为 200V,电流为 15mA。

(二)性能测试

利用 XP-1 台阶仪测量 4 种薄膜的厚度,利用 Cary-100 型紫外—可见分光光度计测量 4 种薄膜的光透过率,利用 RTS-8 型四探针测试仪测量薄膜的方块电阻,利用真空高温实验炉进行自然环境下的退火实验。

1. 影响薄膜稳定性的时间因素

将制备出的 AZO 40nm,Ag/AZO 10/40nm,AZO/Ag 40/10nm,AZO/Ag/AZO 20/10/20nm 4 种样品,放置在室温环境下,每隔一段时间测量其光电特性,研究其稳定性。实验结果如图 1、图 2 所示。

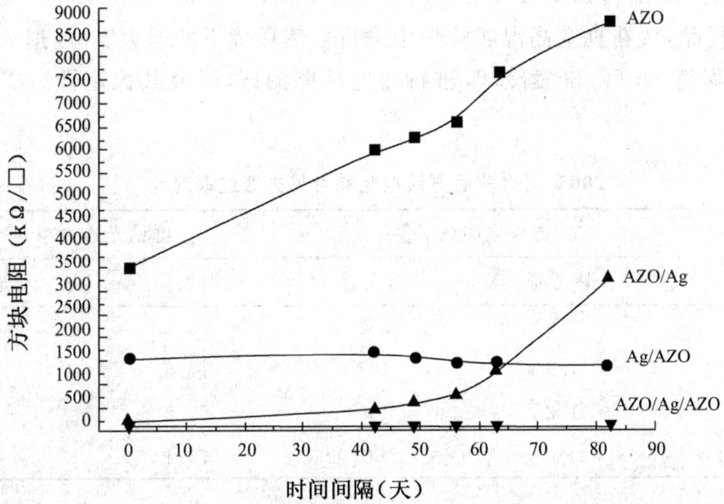

图 1　方块电阻随时间的变化

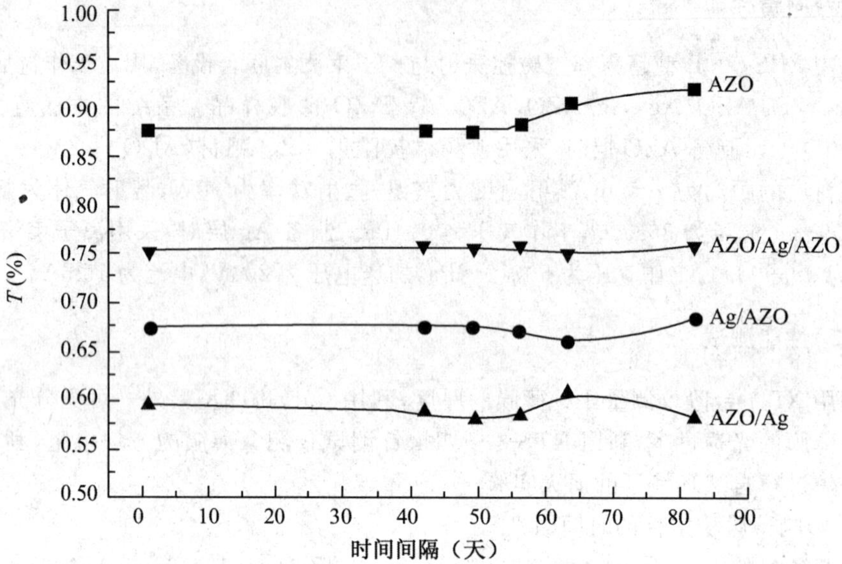

图 2　可见光透过率随时间的变化

2. 影响薄膜稳定性的温度因素

将制备出的 AZO 80nm，Ag/AZO 10/80nm，AZO/Ag 80/10nm，AZO/Ag/AZO 40/10/40nm 4 种样品，放在真空高温实验炉中进行自然环境下的退火实验，退火温度分别为 200℃，300℃，保持 1h 后，自然冷却，进行光电性能测试，研究其稳定性。实验结果见表 1、表 2。

表 1　　200℃退火前后方块电阻和可见光透过率对比

样品	方块电阻(Ω/□)		可见光透过率 T(%)	
	退火前	退火后	退火前	退火后
AZO	519	368	93.3	93.1
Ag/AZO	136	107	76.3	76.0
AZO/Ag	112	150	71.6	74.9
AZO/Ag/AZO	86	60	75.1	77.2

表 2　　300℃退火前后方块电阻和可见光透过率对比

样品	方块电阻(Ω/□)		可见光透过率 T(%)	
	退火前	退火后	退火前	退火后
AZO	1710	3841	91.5	89.6
Ag/AZO	85	60	60.8	72.6
AZO/Ag	154	过大	59.3	75.1
AZO/Ag/AZO	72	42	78.6	85.7

(三)实验分析

1. 时间对薄膜稳定性的影响

(1)时间对薄膜方块电阻的影响

从图 1 可以看出,在 AZO,AZO/Ag,Ag/AZO,AZO/Ag/AZO 4 种薄膜中,AZO 薄膜的方块电阻最大,随着时间的推移,AZO 的方块电阻不断增大。在 AZO 膜下镀上一层 Ag 膜后,薄膜的方块电阻明显降低,这是因为 Ag 是良导体,具有良好的导电性,能很好地降低薄膜的方块电阻;更重要的是,Ag/AZO 方块电阻随时间的变化曲线要比 AZO 的平稳得多,Ag 层的存在使薄膜的电学特性的稳定性有了很大程度的提高。从图 1 中的 AZO/Ag 的方块电阻随时间的变化曲线可以看出,将 Ag 膜镀在 AZO 膜上层,薄膜的电学特性有了更大的改善,导电性有了很大的提高。然而,这种改善是短暂的、不稳定的,随着放置时间的推移,薄膜的方块电阻逐渐增大。这是因为 Ag 暴露在空气中,慢慢被氧化,生成电阻较大的 Ag 氧化物。因此,将 Ag 层置于薄膜最上层会大大削弱 Ag 层的存在价值。为了既降低 AZO 薄膜的方块电阻,又保证其在室温环境下的电学特性的稳定性,我们在玻璃衬底上沉积了 AZO/Ag/AZO 3 层薄膜,下层的 AZO 起到了缓冲层的作用,使 Ag 层长得更平整,从而能更好地利用 Ag 的导电特性,上层的 AZO 起到了保护层的作用,使 Ag 层不被氧化。

在室温环境下,随着时间的推移,AZO、AZO/Ag 薄膜的方块电阻一直呈增大的趋势。Ag/AZO 在放置的前 56 天期间,电学特性保持稳定,但在 56 天后,Ag/AZO 的方块电阻呈下降趋势。AZO/Ag/AZO 的方块电阻最小,且电学特性稳定性最好。

(2)时间对薄膜可见光透过率的影响

4 种薄膜在室温环境下放置的前 56 天期间,透过率几乎没有变化。放置 56 天后,除了 3 层结构的 AZO/Ag/AZO 的透过率保持稳定外,其他 3 种薄膜的可见光透过率都有一定程度的上下波动,从图 2 可看出具体的变化趋势尚未确定,有待于继续研究。对于这 4 种薄膜来说,AZO 薄膜对可见光的透过率最大,其次是 AZO/Ag/AZO,而 Ag/AZO,AZO/Ag 对可见光的透过率比较低。

通过对比时间对薄膜的电学特性和光学特性的影响,发现透明导电薄膜的光学特性要比电学特性稳定。

2. 退火对薄膜稳定性的影响

(1)退火对薄膜方块电阻的影响

退火有助于改善 AZO/Ag/AZO,Ag/AZO,AZO 3 种薄膜的电学特性。其原因是退火有助于 AZO/Ag/AZO,Ag/AZO,AZO 释放应力,消除大量的缺陷,增大晶粒,提高薄膜的结晶程度,改善薄膜的结构性能。而退火使 AZO/Ag 的方块电阻变大,是因为在退火过程中加快了 AZO/Ag 上表面的 Ag 与 O_2 的反应速度,生成电阻较大的 Ag 氧化物,使得薄膜的方块电阻增大。而将 Ag 膜置于 AZO 膜下层后,在 200℃,300℃的退火温度下,薄膜的方块电阻有明显的降低。AZO 在 200℃下退火,方块电阻变小,在 300℃下退火,方块电阻变大。

(2)退火对薄膜可见光透过率的影响

在200℃的退火温度下,4种薄膜对可见光的透过率变化都很小;而在300℃的退火温度下,Ag/AZO,AZO/Ag,AZO/Ag/AZO对可见光的透过率有较大的提高。

通过对比退火对薄膜的电学特性和光学特性的影响,发现退火对电学特性的影响大于对光学特性的影响。

二、实验结论

薄膜在室温环境下放置的前56天期间,AZO/Ag/AZO的光电特性保持得比其他3种薄膜好。但56天后,除了3层结构的AZO/Ag/AZO的光电特性保持稳定外,其他3种薄膜的光电特性都有了大幅度的变化。退火有助于改善AZO/Ag/AZO,Ag/AZO,AZO 3种薄膜的电学特性,退火对方块电阻的影响大于对可见光透过率的影响。透明导电薄膜的光学特性要比电学特性稳定。

参考文献

[1]蔡珣、刘煊杰等:《适用于平面显示器透明电极的ZnS/Ag/ZnS纳米多层薄膜》,第四届中国功能材料及其应用学术会议论文集,2001年。

[2]李寿山、罗希文:《透明热反射镜ZnS/Ag/ZnS膜层的研究》,《太阳能学报》1985年第1期。

[3]林慧:《ITO导电基板与有机光电器件的制备及特性研究》,电子科技大学硕士学位论文,2008年。

[4]王宁:《新型透明导电氧化物薄膜的设计与制备及其在有机光电器件中的应用研究》,中国科学院研究生院(长春光学精密机械与物理研究所)硕士学位论文,2010年。

[5]吕建国、王钰萍等:《ZnO透明导电薄膜室温生长及其在太阳能电池中的应用》,中国材料研讨会论文摘要集,2011年。

[6]陶增华:《光电传感器件》,《电子技术应用》1983年第11期。

[7]汪艳伟、郑茂余等:《高效平板太阳能集热器盖板的热工性能实验研究》,《节能》2007年第5期。

[8]邱家稳:《薄膜材料在航天器热控上的应用》,全国薄膜技术学术研讨会论文摘要集,2007年。

[9]姜辛、孙超等:《透明导电氧化物薄膜》,北京高等教育出版社2008年版。

[10]D. H. Zhang, T. L. Yang, "Preparation of transparent conducting ZnO:Al films on polymer substrates by r.f. Magnetron sputtering," *Applied Surface Sciences*, 2000, 158: pp. 43-48.

[11]T. Minami, H. Sonohara, "Highly transparent and conductive zinc-stannate thin films prepared by r.f. Magnetron sputtering," *J. Appl. Phys.*, 1994, 33: pp. 1693-1696.

[12] M. Zhou et al., "Preparation of aluminum doped zinc oxide films and the study of their microstructure, electrical and optical properties," *Tinn. Solid Films*, 2007, 515: pp. 6909-6914.

（指导教师：宋淑梅）

中子星状态方程的系统研究

葛帅良[1]　杨宇晨[2]　张志峰[2]　商　燕[3]

中子星是大质量恒星在演化末期经超新星爆发后形成于中心的致密天体，具有强引力、强磁场以及极高的密度，本身包含了自然界4种基本相互作用（引力作用，强、弱相互作用及电磁作用）。因此，中子星的研究在物理学的很多领域都有重要意义。

中子星的质量约为$1.5M_{sun}$，半径约为10km，其核心密度n_c可达核平衡密度（$n_0=0.16fm^{-3}$）的5～10倍。在超核密度状态下，一些奇异物质如奇异重子、介子凝聚（π介子和K介子）甚至是解禁闭夸克都有可能出现。虽然低密度情况下的状态方程已经被很好地认识，但由于实验室中无法制造如此高密度的物质状态，我们目前还不能清楚地了解超高密度下物质的性质。人们基于不同的中子星物理模型，提出了许多种状态方程。我们分析了其中几种不同物理模型的状态方程，并结合低密度情况下的状态方程，考察了中子星状态方程可能的数学形式，计算出相应的中子星质量—半径关系。

一、准备工作

1939年，Tolman，Oppenheimer和Volkoff 3人建立了中子星结构的广义相对论静态流体力学方程——TOV方程，即中子星的结构方程，在状态方程已知的情况下，用来计算中子星的质量—半径关系。

由经典力学可知：

$$\frac{\mathrm{d}p}{\mathrm{d}r}=-\frac{G\rho(r)M(r)}{r^2}=-\frac{G\varepsilon(r)M(r)}{c^2r^2}$$

$$\frac{\mathrm{d}M(r)}{\mathrm{d}r}=4\pi^2\rho(r)=\frac{4\pi r^2\varepsilon(r)}{c^2}$$

其中，引力常量$G=6.673\times10^{-8}\,\mathrm{dyne\ cm^2/g^2}$；$\rho(r)$是距星体中心$r$处的质量密度，单位是$\mathrm{g/cm^3}$；$\varepsilon(r)$是相应的能量密度，单位是$\mathrm{ergs/cm^3}$；$M(r)$表示半径为$r$的球体内包含的质量，单位是g；$c$是常量光速。推导过程利用了公式：

---

[1]空间科学与物理学院2011级空间科学与技术专业；[2]空间科学与物理学院2011级应用物理专业；[3]机电与信息工程学院2011级自动化专业。

$$\varepsilon(r)=\rho(r)c^2$$

加入狭义相对论、广义相对论修正，得到 TOV 方程：

$$\frac{\mathrm{d}p}{\mathrm{d}r}=-\frac{G\varepsilon(r)M(r)}{c^2r^2}\left[1+\frac{p(r)}{\varepsilon(r)}\right]\left[1+\frac{4\pi r^3p(r)}{M(r)c^2}\right]\left[1-\frac{2GM(r)}{c^2r}\right]^{-1}$$

在对中子星进行数值计算时，相对论效应不可忽略。

我们使用 Fortran 语言进行程序编写。我们有成型的计算中子星结构的程序即 TOV 程序，对其加以修改，使之适应计算中子星的质量—半径关系。我们自己编写了 EOS 程序，用来计算中子星的状态方程。

各种单位换算关系为：

$$1\mathrm{MeV}=10^6\mathrm{eV}=1.6\times10^{-13}\mathrm{J},1\mathrm{fm}=10^{-15}\mathrm{m}$$

(1)单位 $\mathrm{MeV/fm^3}$ 与单位 $\mathrm{g/cm^3}$ 的转化：

利用公式 $E=mc^2$，$1\mathrm{MeV/fm^3}=(1.6\times10^{-13}\mathrm{J})/(10^{-45}\mathrm{m^3})\approx1.78\times10^{12}\mathrm{g/cm^3}$。

(2)单位 $\mathrm{MeV/fm^3}$ 与单位 Pa 的转化：

$$1\mathrm{MeV/fm^3}=(1.6\times10^{-13}\mathrm{J})/(10^{-45}\mathrm{m^3})=1.6\times10^{32}\mathrm{N/m^2}=1.6\times10^{32}\mathrm{Pa}$$

(3)单位 $\mathrm{MeV/fm^3}$ 与单位 $\mathrm{dynes/cm^2}$ 的转化：

$$1\mathrm{dyne}=10^{-5}\mathrm{N},1\mathrm{MeV/fm^3}=(1.6\times10^{-13}\mathrm{J})/(10^{-45}\mathrm{m^3})=1.6\times10^{33}\mathrm{dyne/cm^2}$$

(4)单位 $\mathrm{MeV/fm^3}$ 与核子数密度单位 $\mathrm{fm^{-3}}$ 的转化，在数密度很小时：

$1\mathrm{fm^{-3}}\approx1.6749289\mathrm{kg/fm^3}=1.67\times10^{15}\mathrm{g/cm^3}$，故

$$1\mathrm{MeV/fm^3}\approx1.78\times10^{12}\mathrm{g/cm^3}\approx1.0659\times10^{-3}\mathrm{fm^{-3}}$$

在数密度较大时，它们之间的关系为：$1\mathrm{fm^{-3}}\approx2.8\times10^{15}\mathrm{g/cm^3}$。

二、中子星的物理模型

在本部分中，我们将讨论几种主要的中子星状态方程。

一般地，中子星中如果有奇异物质（超子、介子凝聚），会导致中子星的状态方程变“软”，即中子星的压强随能量密度增加而增加的速度减小（$\frac{\mathrm{d}p}{\mathrm{d}\varepsilon}$减小），从而导致中子星结构的变化。目前中子星的研究主要分为三类：核心主要含夸克的中子星、核心主要含重子的中子星和核心主要含介子的中子星。我们重点研究核心含夸克的中子星。

（一）核心主要由夸克组成的中子星

这里，我们考虑简单的 MIT 袋模型，假设夸克没有质量和相互作用，限制在量子色动力学真空的“袋”中，这个限制由袋常数 B 来描述，它决定了标准的和 QCD 真空之间的能量密度差别。我们考虑 u,d,s 夸克，弱相互作用下有以下平衡：

$$\mathrm{d}\to\mathrm{u}+\mathrm{e}+\bar{v}_\mathrm{e},\qquad \mathrm{u}+\mathrm{e}\to\mathrm{d}+v_\mathrm{e}$$

$$\mathrm{u}+\mathrm{d}\to\mathrm{s}+\mathrm{u},\qquad \mathrm{s}+\mathrm{u}\to\mathrm{u}+\mathrm{d}$$

考虑到夸克物质的电中性，在给定的 n_b 下，有：

$$\frac{1}{3}(n_\mathrm{u}+n_\mathrm{d}+n_\mathrm{s})=n_\mathrm{b},\qquad n_\mathrm{e}+\frac{1}{3}(n_\mathrm{d}+n_\mathrm{s}-2n_\mathrm{u})=0$$

其中,n_i 表示粒子 i 的数密度。

可以得到:$n_e=0$,$n_u=n_d=n_s$。因此,数密度 $n_b=n_u$。

由 MIT 袋模型给出的能量密度是:

$$\varepsilon=\varepsilon_{kin}+B$$

ε_{kin}来自夸克物质动能的贡献量。夸克的总自由度为:$3_{color}\times3_{fiavour}\times2_{spin}=18$。利用极端相对论情形下费米气体的能量密度方程,结合体系中的味—色对称,我们得到:

$$\varepsilon_{kin}=bn_b^{4/3},\qquad b=(9/4)\pi^{2/3}\hbar c=952.37\text{MeV/fm}$$

压强由下式得到:

$$p=n_b^2\frac{\mathrm{d}}{\mathrm{d}n_b}\left(\frac{\varepsilon}{n_b}\right)=\frac{1}{3}bn_b^{4/3}-B$$

取 $B=60$,我们由上面两个方程可以得到 p-ε 的关系,如图 1(a)所示。计算得到了该状态方程决定的中子星质量—半径关系,如图 1(b)所示。得到的中子星最大质量约为 $2M_{sun}$。

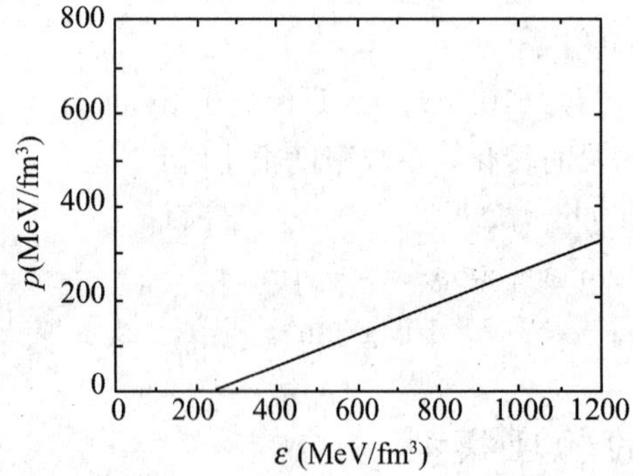

(a)取 $B=60$ 得到的夸克模型的状态方程

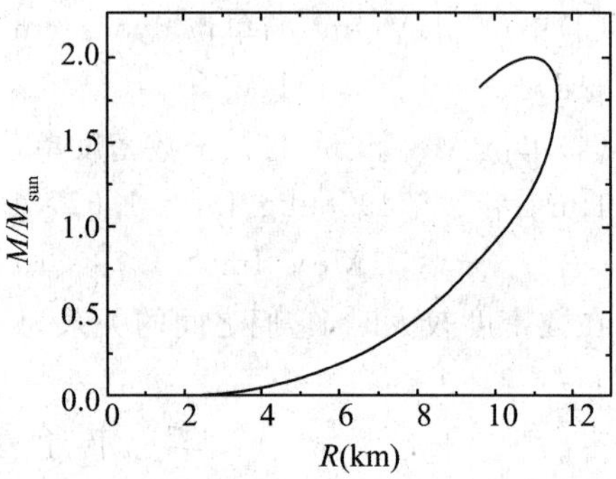

(b)对应的中子星质量—半径关系

图 1 p-ε 关系曲线和中子星的质量—半径关系

(二)核心主要由重子组成的中子星

对重子组成的中子星,用相对论平均场模型来描述各个重子之间的强相互作用。已知在相对论平均场中核物质的能量密度可写为:

$$\varepsilon(m^*,n_b)=g\mathbf{V}_0n_b-\frac{1}{2}m_v^2\mathbf{V}_0^2+\frac{m_s^2}{2g_s^2}(m-m^*)^2+\frac{B}{3g_s^2}(m-m^*)^3+\frac{C}{4g_s^2}(m-m^*)^4$$
$$+\gamma\int_0^{k_f}\frac{\mathrm{d}^3p}{(2\pi)^3}\sqrt{p^2+m^*}$$

其中,$m^*=g_s-S_0$,是核子质量;n_b 是重子密度;S_0,$\mathbf{V}_0$ 表示质量为 m_s 和 m_v 的标量场和矢量场。

假定中子星的核心主要是由重子组成的,包括核子、超子(Λ,Σ^-),还有电子、μ 子等。这些混合的粒子在弱相互作用平衡和电荷守恒下有:

$$\mu_p=\mu_n-\mu_e,\mu_{\Sigma^-}=\mu_n+\mu_e,\mu_\Lambda=\mu_n,\mu_\mu=\mu_e,\mu_b=\mu_n,n_p=n_e+n_\mu+n_{\Sigma^-}$$

其中,μ_i 和 n_i 分别表示粒子 i 的化学势和数密度。

考虑 ρ 介子的影响，文献中给出了如下的状态方程：

$$\varepsilon=\frac{1}{2}m_v^2\boldsymbol{V}_0^2+\frac{1}{2}m_\rho^3\rho_0^2+\frac{1}{2}m_s^2S_0^2+\frac{B}{3}S_0^3+\frac{C}{4}S_0^4+\sum_i\varepsilon_{FG}+\sum_l\varepsilon_{FG}$$

$$p=\frac{1}{2}m_v^2\boldsymbol{V}_0^2+\frac{1}{2}m_\rho^3\rho_0^2-\frac{1}{2}m_s^2S_0^2-\frac{B}{3}S_0^3-\frac{C}{4}S_0^4+\sum_i p_{FG}+\sum_l p_{FG}$$

其中，ε_{FG} 和 p_{FG} 分别表示重子(i)和轻子(l)的相对论非相互作用的能量密度和压强。

另外，文献中还给出了 ε 和 p 的图像，如图 2 所示。利用第一部分中预先做好的单位换算，我们将图中的单位 dyne/cm² 和 g/cm³ 换成了 MeV/fm³，作出了新单位下的状态方程图(见图 3)，并进行了拟合，得到了拟合公式：

$$p=0.4\varepsilon+3.5\times10^{-4}\varepsilon^2$$

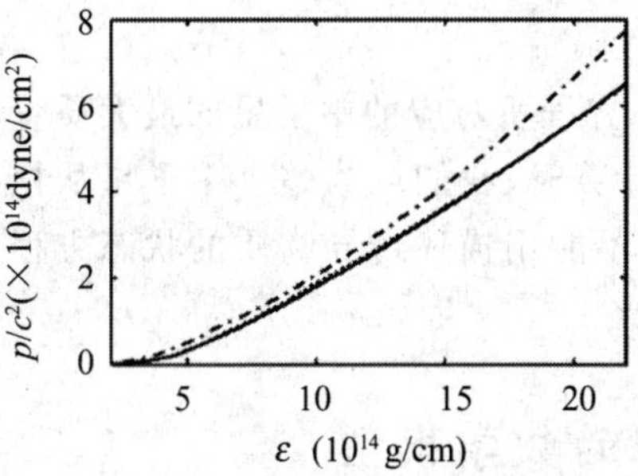

图 2 核心主要由重子组成的中子星状态方程

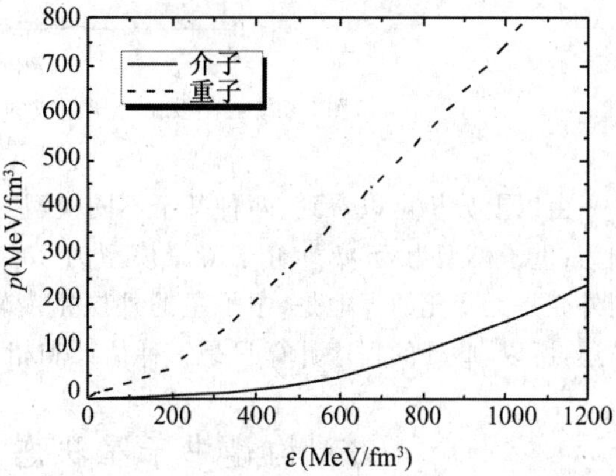

图 3 核心主要由重子组成的中子星状态方程(单位换算后)

我们将上述公式写到 TOV 程序中进行计算并作图，得到了如图 4 所示的中子星质量—半径关系。

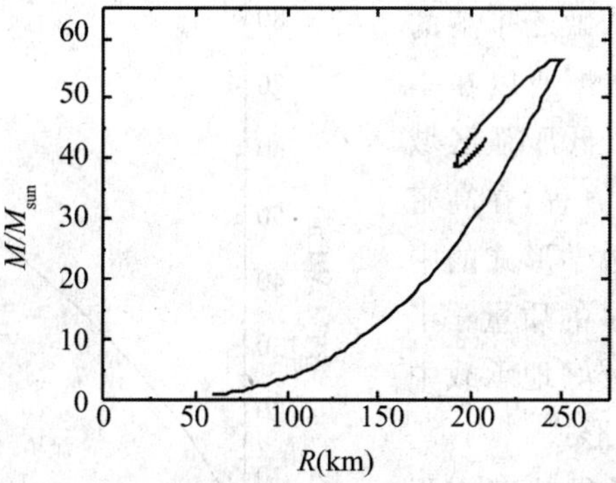

图 4 核心主要由重子组成的中子星质量—半径关系

(三)核心主要由介子凝聚组成的中子星

在密度足够大的情况下，K 介子出现。核子能量与 K 介子能量有函数关系，因此可以列出K介子参与条件下的状态方程。文献给出了此种情形下的状态方程的图像。我们提取的是混合相对应的曲线并拟合,得到的中子星质量—半径关系如图5所示。拟合公式为:

$$p=-0.026\varepsilon+1.9\times10^{-4}\varepsilon^2$$

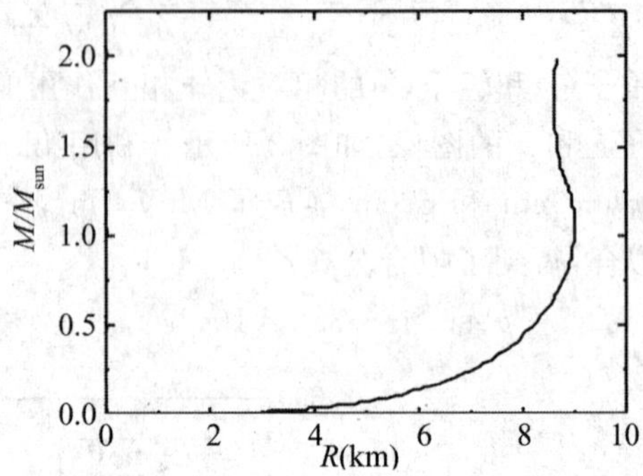

图5　核心主要由介子组成的中子星质量—半径关系

由以上分析可以看到,两种基于不同模型的状态方程所对应的中子星的最大质量分别为:重子模型为$55M_{sun}$,介子凝聚模型为$2M_{sun}$。计算时,我们认为整个中子星从核心到外壳是无变化的。但是,中子星的外层密度较低,不能用描述奇异物质的状态方程来描述,所以,此处的程序计算只是一种估计和相互对比。

三、构建中子星状态方程的数学模型

中子星的外层密度足够低时,物质会以原子、原子核的形式存在。低密度和高密度状态下物质的表现形态不同,用来描述其性质的状态方程也存在差异。如果在低密度区域仍采用处理高密度状态下物质的状态方程,得到的中子星结构性质必然与实际不符。而我们对低密度状态下的物质状态方程已经有了较好的认识,所缺乏了解的是极高密度下物质的性质。所以在本部分中,我们将在低密度、低压强区域采用低密度状态下的状态方程,在高密度、高压强区域构建多种数学形式的中子星状态方程,作出中子星的质量—半径关系图,以期找到能比较好地承载中子星状态方程信息的数学形式。

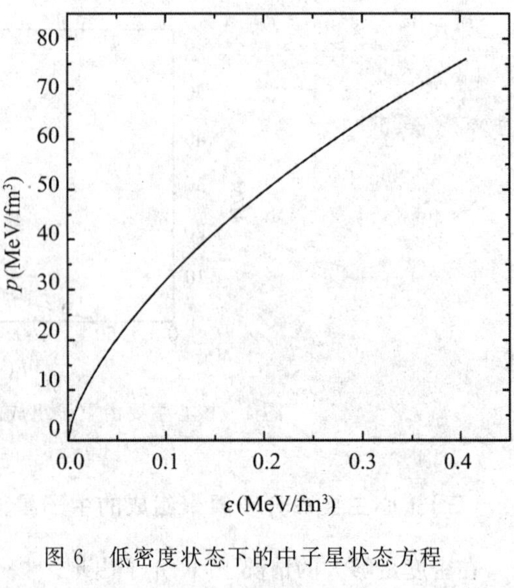

图6　低密度状态下的中子星状态方程

低密度状态下的中子星状态方程如图6所示。

我们取的低密度下的能量密度ε的范围是$0\sim0.4059\mathrm{MeV/fm^3}$。拟合结果为:

$$\varepsilon = 105 + 44.3\ln(p + 0.1)$$

低密度状态方程对于计算中子星结构的影响主要表现在以下两个方面：

(1)中子星中心压强、密度属于低密度、低压强，此时整个中子星的状态均处在普通物质的范围内，这不属于我们通常意义上所讲的中子星。

(2)中子星中心压强、密度属于高密度、高压强。但从中子星的核心向外，压强、密度逐渐减小为零。在中子星的外层附近，物质处于低密度、低压强的普通物质范围。

我们将低密度状态下的状态方程与构建的各种形式的高密度状态下的状态方程相结合，结果如图 7 所示。

图 7 中，ε 从 0～75MeV/fm^3 是低密度状态下的状态方程，其后的曲线是用各种形式的数学表达式所构建的高密度的状态方程，所构建的状态方程主要有幂形式、指数形式、对数形式。为了使状态方程保持连续性，需要适当选取各表达式中 a 和 b 的数值。我们利用 Fortran 程序对上述状态方程进行了计算，得到的中子星的质量—半径关系如图 8 所示。

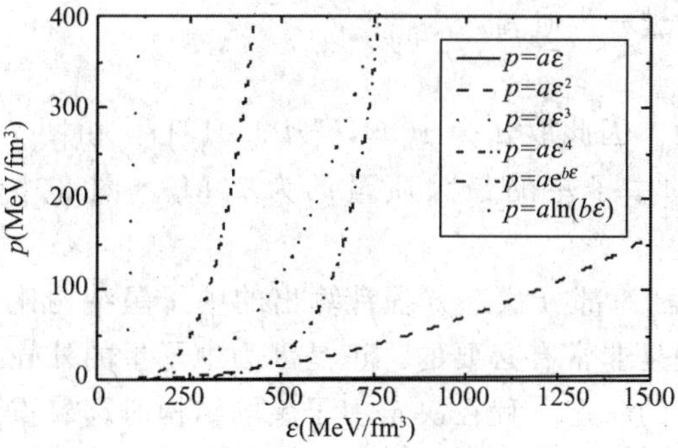

图 7 引入低密度状态下的状态方程后的中子星状态方程

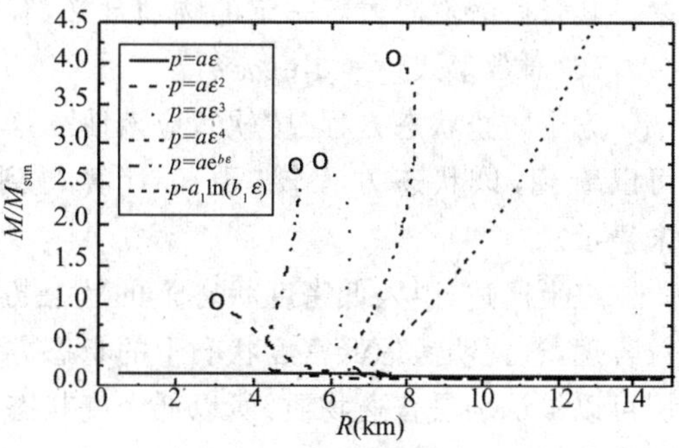

图 8 引入低密度状态下的状态方程所决定的中子星质量—半径关系

(1)幂形式($p=a\varepsilon$)

这是构建的状态方程中最简单的形式，a 的值为 5.343×10^{-3}。可以从图 7 中看到 $p=a\varepsilon$ 基本上与低密度状态下的状态方程相吻合，说明我们可以把高密度状态下的状态方程用低密度状态下的状态方程来近似描述。从图 8 可以看出，由该状态方程所决定的中子星的质量—半径曲线变化幅度并不大，中子星最大质量仅为 $0.1M_{\text{sun}}$，此种情形下的状态方程较“软”。与此较为接近的是理想中子气体模型(被认为是“软”的极限)，1939 年，Tolman，Oppenheimer 和 Volkoff 三人利用这一模型计算出了中子星的最大质量为 $0.1M_{\text{sun}}$。用较“软”的状态方程计算出的中子星的最大质量偏小。

(2)幂形式($p=a\varepsilon^2$)

取 a 的值为 7.036×10^{-5}。二次关系下，p 随 ε 增加的速度相比于一次关系时加快，我们称之为状态方程变“硬”。由图 8 可看到，这种状态方程对应的中子星最大质量约为 $1M_{\text{sun}}$，相比而言，这种状态方程更加合适，但还是太“软”，导致中子星的最大质量偏小。

(3)幂形式($p=a\varepsilon^3$)

取 a 的值为 9.262×10^{-7}。三次关系下，状态方程进一步变“硬”。由图 8 可以看出，中子星的最大质量约为 $2.7M_{sun}$，比较接近通常认为的中子星最大质量($1M_{sun}\sim3M_{sun}$)，这种模型虽然简单，但却给出了一个较为合理的结果，其所表示的物理意义还有待于进一步研究。

(4)幂形式($p=a\varepsilon^4$)

取 a 的值为 1.219×10^{-8}。由图 8 可以看到，中子星的最大质量约为 $4M_{sun}$，超过了 $3M_{sun}$，说明这种状态方程偏“硬”，但还是在合理的范围内。

可以预测，如果继续增大能量密度 ε 的幂次，即状态方程继续变“硬”，所得到的中子星的最大质量将会进一步增大，考虑到我们所研究的中子星的实际情况，此处没有进一步讨论。

(5)指数形式($p=ae^{b\varepsilon}$)

我们构建了两个参数的指数形式状态方程，并以自然常数 e 为底，其中 a 的取值为 0.1899，b 的取值为 0.01。由图 8 可知，中子星的最大质量为 $2.6M_{sun}$，比较接近通常认为的中子星最大质量($1M_{sun}\sim3M_{sun}$)，得到了类似于用状态方程幂形式 $p=a\varepsilon^3$ 得到的结果。其背后必然隐藏着一定的物理含义，有待进一步研究。

(6)对数形式[$p=a\ln(b\varepsilon)$]

为了防止状态方程过“软”，应该使 a 增大。因此取 a 为 1000，b 为 0.01317。由图 7 可以看到，该状态方程较“硬”，计算得到的中子星的最大质量约为 $10M_{sun}$(图 8 中未显示)。

综上所述，引入低密度状态下的状态方程后，部分状态方程计算出的中子星结构比较合理，这说明考虑低密度状态下的状态方程是非常有必要的。正是因为中子星的外壳层可以被认为是普通物质，所以低密度状态下的状态方程在决定中子星的结构时起着重要的作用。

幂形式的状态方程 $p=a\varepsilon^3$ 和指数形式的状态方程 $p=ae^{b\varepsilon}$ 都较好地计算出了中子星的质量—半径关系，特别是 $p=ae^{b\varepsilon}$ 还可能蕴含着中子星性质的重要信息，我们很有可能能从该形式出发，遴选现有状态方程的优劣，以得到更加合理的中子星状态方程。这是我们下一步需要做的，也是研究中子星状态方程的一个新思路。

四、总结

我们通过广泛总结各种经典的描述中子星的状态方程，对中子星的状态方程、结构性质有了较深入的认识。而且，我们还尝试构建了许多简单的中子星状态方程，在此过程中，我们对中子星状态方程的作用形式有了深入的了解。

参考文献

[1]M. Lattimer, M. Prakash, “The physics of neutron stars,” *Science*, 2004, 304(23): pp. 536-542.

[2]R. R. Silbar, S. Redd, “Neutron stars for undergraduates,” *Am. J. Phys.*,

2004, 72(7): pp. 892-905.

[3]张靖:《中子星的理论研究》,山东大学(威海)科研立项,2011 年。

[4]P. K. Sahu, "Nuclear equation of wtate at high density and the properties of neutron stars," *Phys. Rev.* C, 2000, 62(4): pp. 0458011-0458017.

[5]Guohua Wang, "Remarks concerning kaon condensation in neutron stars," *Phys. Rev.* C, 2007, 76(6): pp. 0658021-0658029.

(指导教师:亓　斌)

光纤星图与天球仪的研制

王明琦[❶]　刘　畅[❷]　李泉泽[❸]　邢凌娟[❹]

仰望星空,人们可以看到繁星闪烁的银河。视野里的这些自然发光体绝大部分都是恒星。不同的恒星除了亮度各异之外,颜色也不相同,在天文学中,这种现象被称为恒星之间具有不同的星等和光谱型。为了方便人们认识与探索浩渺星空,天文学家和天文爱好者们凭借孜孜不倦的观测活动对天空中的星区进行了细致划分,逐个记录并绘制出了四季全天星图。迄今为止,可见的天空星图和天球仪按照视觉效果划分为两种:一种是没有发光视觉效果的恒星星图和天球仪;另一种是具有发光视觉效果的恒星星图和天球仪。没有发光视觉效果的恒星星图和天球仪是在平面或球面上用不同大小与颜色的圆面标示恒星的亮度和温度,这种类型的星图和天球仪的缺点是没有给人以直观的认知感受。除此之外,如果恒星亮度足够大,圆面覆盖范围过广,会使恒星的位置标记与实际有较大偏差。具有发光视觉效果的恒星星图也存在缺陷。上述两种星图和天球仪都不能直观地为人们呈现出恒星的星等与光谱,既无法反映眼球对点状恒星亮度的感应,也无法进一步区分星等足够高、亮度足够暗的恒星。鉴于此,研制小组选取光纤作为制作星图与天球仪的材料。光纤芯径非常细,可以做出恒星点状光源的效果,以便细致划分恒星的亮度。利用STC89C52RC单片机体积小、成本低、功能强和简便易行的优势,结合光纤与LED,设计出了基于MCS-51单片机的光纤星图与天球仪的系统设计方案。

一、设计的主要内容及思路

(一)技术方案

星图的每一个星座独立设计完成,每个星座只标示出人肉眼可见的亮于6等的恒星,光谱型分为O,B,A,F,G,K和M型。使用若干束光纤,每一束光纤的一端紧粘在一起,放置在不同颜色的光源前面,另一端固定在印有艺术效果图的星座板上的特定恒星

❶空间科学与物理学院2010级应用物理学专业;❷商学院2010级国际经济与贸易专业;❸机电与信息工程学院2010级软件工程专业;❹空间科学与物理学院2010级空间科学与技术专业。

位置处。光源由发光二极管和控制电路组成,可以控制每个光源的开启、亮暗和熄灭,颜色分为蓝、蓝白、白、黄白、黄、红橙和红。根据星座中恒星的不同亮度,星等分别是0,1,2,3,4,5和6的星分别固定7,6,5,4,3,2和1根光纤,O,B,A,F,G,K和M型光谱型的恒星颜色分别采用蓝色、蓝白色、白色、黄白色、黄色、红橙色和红色的光源前引出的光纤。星座板采用透明或者半透明或者不透明的塑料、泡沫或者纸板,表面绘制星座美术画。

(二)效果

固定光纤数量的不同使得恒星的亮度不同,引出光的颜色不同标示出了恒星光谱型的不同。在电路控制7种颜色的光源变换亮度的情况下,整个星图中的恒星就会呈现出闪烁的效果,并且可以映照出半透明星座板上的美术画。

二、系统方案设计

本设计遵循三个原则:操作、维护方便;高可靠性;成本低,性价比高。

(一)系统总体方案设计

该系统主要由电源模块、按键输入控制模块、单片机数据处理模块、LED模块、光纤引光模块几部分组成。系统总体框图如图1所示。

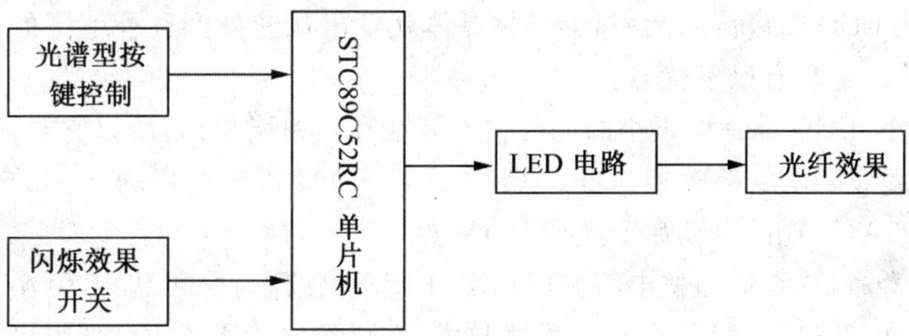

图1 系统总体框图

(二)器件的选择

1. 单片机的选择(见表1)

表1 MCS-51系列和MCS-52系列单片机对比

	MCS-51系列				MCS-52系列			
型号	8031	8051	8751	89C51 89S51	8032	8052	8752	89C52 89S52
类型	无 ROM	Mask ROM	EP ROM	EEP ROM	无 ROM	Mask ROM	EP ROM	EEP ROM
ROM	内部0KB 外接64KB	内部4KB 外接最大64KB			内部0KB 外接64KB	内部8KB 外接最大64KB		

续表

	MCS-51 系列	MCS-52 系列
RAM	内部 128B 外接最大 64KB	内部 256B 外接最大 64KB
定时/计数器	2 个 16 位定时/计数器	3 个 16 位定时/计数器
中断源	5 个(89S51 有 6 个)	6 个(89S52 有 8 个)
I/O 口	4 个 8 位输入/输出端口	4 个 8 位输入/输出端口

由表 1 对 MCS-51 系列和 MCS-52 系列单片机的对比可以看出,89C52 单片机在性能上具有很突出的优点,而且价格低廉,所以我们选择 89C52 单片机,具体型号为 STC89C52RC。

2. 光源的选择

发光二极管的核心部分是由 P 型半导体和 N 型半导体组成的晶片,在 P 型半导体和 N 型半导体之间有一个过渡层,称为 PN 结。在某些半导体材料的 PN 结中,注入的少数载流子与多数载流子复合时会把多余的能量以光的形式释放出来,从而把电能直接转换为光能。给 PN 结加反向电压,少数载流子难以注入,故不发光。这种利用注入式发光原理制作的二极管叫发光二极管,通称 LED。当它处于正向工作状态时(即两端加上正向电压),电流从 LED 阳极流向阴极,半导体晶体就发出从紫外到红外范围的光线,光的强弱与电流有关。它具有以下优点:

(1)体积小:LED 是一块很小的晶片被封装在环氧树脂里面,所以它非常小,非常轻。

(2)耗电量低:LED 耗电相当低,一般来说,LED 的工作电压为 2～3.6V,工作电流为 0.02～0.03A,消耗的电功率不超过 0.1W。

(3)使用寿命长:在适当的电流和电压下,LED 的使用寿命可达 10 万小时。

(4)高亮度、低热量:LED 使用冷发光技术,发热量比普通照明灯低很多。

(5)环保:LED 是由无毒的材料制成的,不像荧光灯含水银会造成污染;同时,LED 也可以回收再利用。

(6)色彩丰富、坚固耐用。

3. 引光材料的选择

对于引光材料的选择有以下要求:

(1)引光能力好,光线传输过程中损失少。

(2)抗干扰能力强,不易受环境中其他光源影响。

(3)口径小,引光处看上去呈点状。

鉴于以上要求,引光材料我们选择了直径为 0.75mm 的光纤。

三、系统硬件设计

(一)按键控制模块

本设计中的控制方式分别采用 DIP 拨码开关控制与船形开关控制:对光谱型的控制,我们选择 4 位 BS 系列 DIP 拨码开关;对闪烁开关的控制,我们选择船形开关。其符号如图 2 所示。

(a)4 位 BS 系列 DIP 拨码开关　　(b)船形开关

图 2　控制方式符号图

(二)抖动与去抖动设计

开关在实际操作中并不理想。实际上,操作开关时会有很多不确定的状态,也就是噪声。在刚才所介绍的输入电路中,开关的动作是理想的状态。但如果仔细分析开关的真实动作,将发现许多非预期的状态,如图 3 所示。这种非预期的状态称为抖动,而这种忽高忽低的情况可以说是不折不扣的噪声。

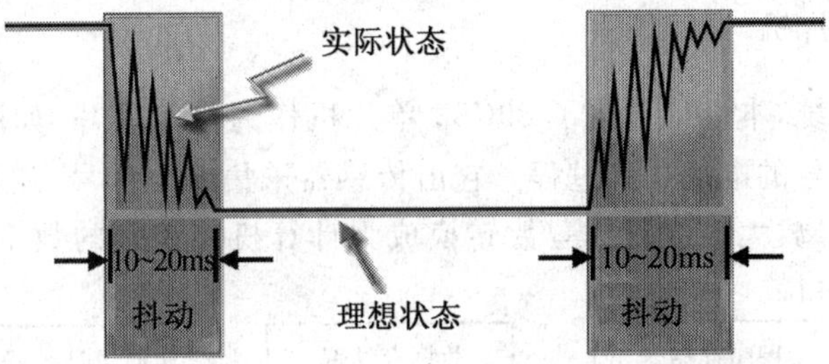

图 3　开关的动作

如果要避免这种抖动现象,可使用一个切换开关及互锁电路,组成一个去抖动电路,如图 4 所示。虽然这个电路可降低抖动所产生的噪声,但所需的元件较多,所占的电路面积较大,增加了成本与电路的复杂度,所以我们设计了一个简单的 *RC* 电路来抑制抖动电压,如图 5 所示。

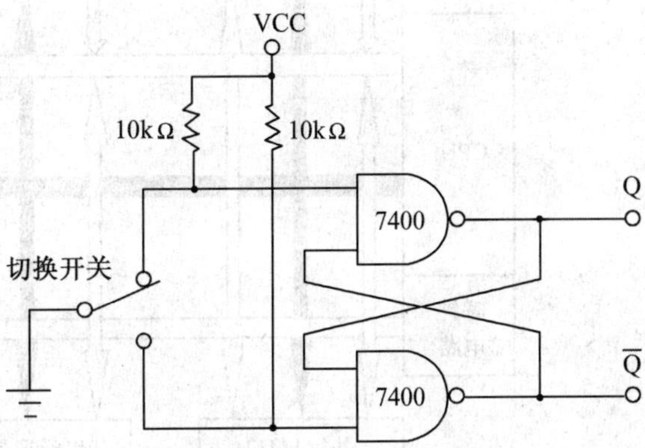

图 4　互锁电路

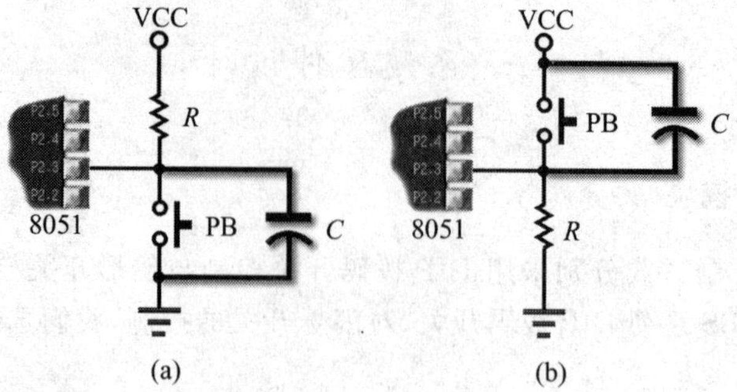

图 5　*RC* 去抖动电路

利用硬件来抑制抖动的噪声，会增加电路的复杂性与成本。而我们只是在软件上下功夫，避开产生抖动的那 10～20ms，即可达到去抖动的效果。具体做法是在读入第一个状态的输入信号时即执行 10～20ms 的延迟函数。函数如下：

```
void delay(int x)
{
    int i, j;
    for(i=0;i<x;i++)
        for(j=0;j<120;j++);
}
```

(三)89C52 单片机

为了设计此系统，本设计采用了 89C52 单片机作为控制芯片，如图 6 所示。前向通道中是一个非电信号的电量采集过程。它由传感器采集非电信号，从传感器出来经过功率放大过程，使信号放大，再经过模/数转换成为计算机能识别的数字信号，然后送入计算机系统的相应端口。

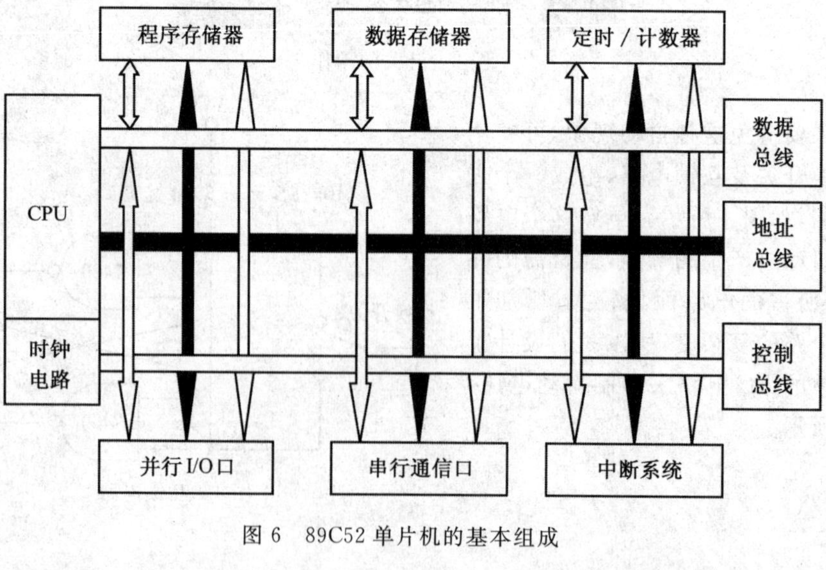

图 6　89C52 单片机的基本组成

1. 89C52 单片机的片内结构

89C52 单片机由 8 个部件组成，即 CPU、时钟电路、程序存储器、数据存储器、并行口（P0～P3）、串行口、定时/计数器和中断系统，它们均由单一总线连接并被集成在一块半导体芯片上，即组成了单片微型计算机。

CPU 中央处理器：中央处理器是 89C52 单片机的核心，它的功能是产生控制信号，把数据从存储器或输入口送到 CPU；还可以对数据进行逻辑和算术运算。

时钟电路：89C52 单片机内部有一个频率最大为 12MHz 的时钟电路，它为单片机产生时钟序列，需要外接石英晶体作振荡器和微调电容。

内部存储器：内部存储器可分为程序存储器和数据存储器。

定时/计数器：89C52 单片机有 3 个 16 位的定时/计数器，每个定时/计数器都可以设置成定时的方式和计数的方式，但只能用其中的一个功能，以定时或计数结果对计算机进行控制。

并行 I/O 口：89C52 单片机有 4 个 8 位的并行 I/O 口：P0，P1，P2，P3，以实现数据的并行输出。

串行口：89C52 单片机有一个全双工的串行口，可以实现计算机间或单片机同其他外设之间的通信。该串行口功能较强，可以作为全双工异步通信的收发器，也可以作为同步移位器用。

中断控制系统：89C52 单片机有 6 个中断源。

2. 89C52 单片机的工作方式

(1)复位方式

当 MCS-52 系列单片机的复位引脚 RST（全称 RESET）出现两个机器周期以上的高电平时，单片机就执行复位操作。如果 RST 持续为高电平，单片机就处于循环复位状态。

根据应用的要求，复位操作通常有两种基本形式：上电自动复位和按键手动复位。上电自动复位要求接通电源后，自动实现复位操作。常用的上电自动复位电路如图 7(a) 所示。图中电容 C 和电阻 R 对电源 VCC 来说构成微分电路。上电后，使 RST 保持一段时间的高电平，由于单片机内的等效电阻的作用，不用图中的电阻 R，也能达到上电自动复位的操作功能。手动按键复位要求在电源接通的条件下，在单片机运行期间，用开关操作使单片机复位。常用的按键手动复位电路如图 7(b) 所示。上电后，由于电容 C 的充电作用，使 RST 持续一段时间的高电平。当单片机已在运行当中时，按下复位键 K 后松开，也能使 RST 持续一段时间的高电平，从而实现上电或开关复位的操作。

根据实际操作的经验，下面给出这两种复位电路的电容、电阻参考值：

图 7(a)中：$C=10\mu F$，$R=10k\Omega$；

图 7(b)中：$C=10\mu F$，$R=10k\Omega$。

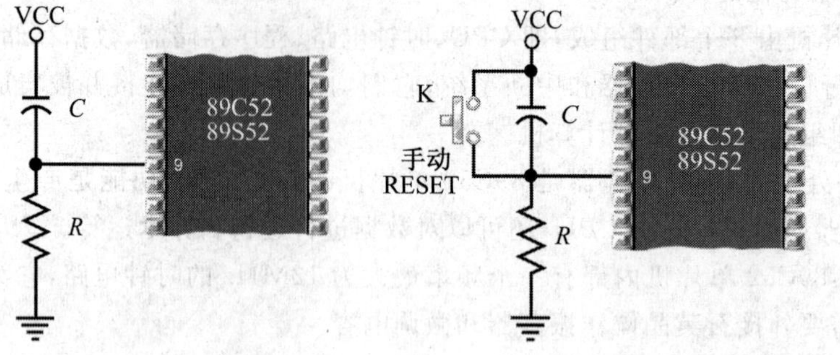

(a)上电自动复位图　　(b)按键手动复位图

图 7　单片机的复位电路图

(2)掉电和低功耗方式

如果在程序运行中,系统发生停电的故障,RAM 和寄存器中的数据内容会丢失,89C52 单片机有掉电保护功能,可先把有用的数据保存,再用备用电源进行供电。

3. LED 与光纤模块

LED 我们选择了蓝、白、黄、红等颜色,其组装方式如图 8 所示。

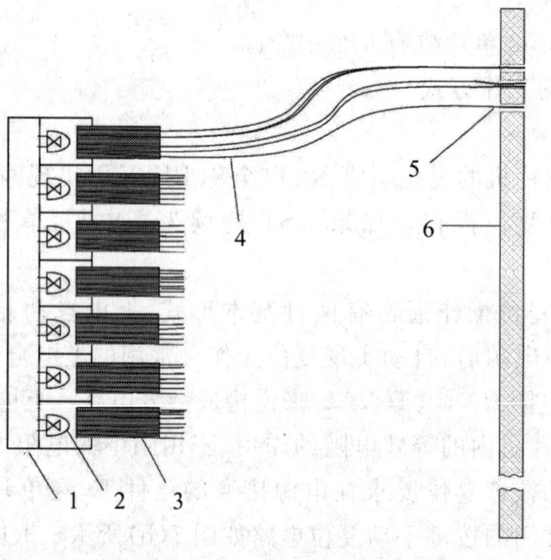

图 8　LED 与光纤模块

1—LED 座　2—LED　3—光纤罩　4—光纤　5—光纤末端位置　6—星座面板

4. 总电路图(见图 9)

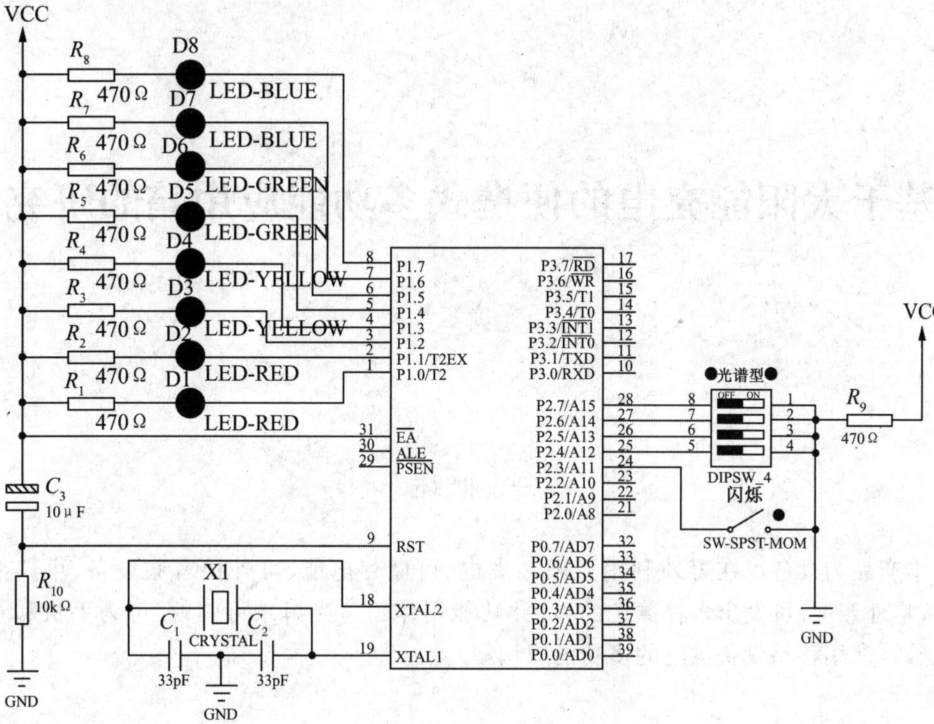

图 9　总电路图

（指导教师：高东洋　曹　晨）

基于太阳能充电的便携式多功能应用箱的研究

黄美玉[1]

一、概述

本产品为具备可在野外利用太阳能发电、可储存电能、可外接音频设备、可广播收音、可户外照明、可发出多种颜色的光(此功能用作钓鱼光饵)、可驱蚊、可为手机和笔记本电脑等常用移动设备供电的多功能应用箱。

二、产品功能

(一)基础功能

1. 为手机、平板电脑供电功能
2. 照明功能
3. 驱蚊功能
4. 播放音乐功能

(二)高级功能

1. 为笔记本电脑供电功能
2. 储物功能

(三)可选功能

1. 作为光诱饵功能
2. 信息可视化功能

可播放视频,显示部分自然参数(如海拔、气温、气压等)。

[1]空间科学与物理学院 2010 级应用物理专业。

3. 导航及定位功能

三、技术特性

本产品尺寸为 36cm×22cm×18cm，重约 3.2kg。

功能	组成器件	使用测试结果
储能装置	8 芯锂电池 电压：DC 15.4V 最大放电电流：3800mA 容量：135.8Wh	
太阳能电池板	输出电压：DC 17.8V 输出功率：50W	充电时间：2h 可充电 80%
USB 充电功能	USB 口 1 输出电压：DC 5V 输出电流：2000mA USB 口 2 输出电压：DC 5V 输出电流：1000mA	
逆变器	输入电压：DC 12～24V 输出电压：AC 220V 最大功率：150W	
LED 照明	功率：3W	
超声波驱蚊	功率：2.5W	
音乐播放器	功率：7W	
市电充电	充电电压：DC 16V 充电电流：3A 说明：配有专用充电器	充电时间：2h 可充电 90%以上
车载充电	充电电压：DC 12V 充电电流：3.5A 内置升压模块	充电时间：2h 可充电 80%以上

四、产品电路说明

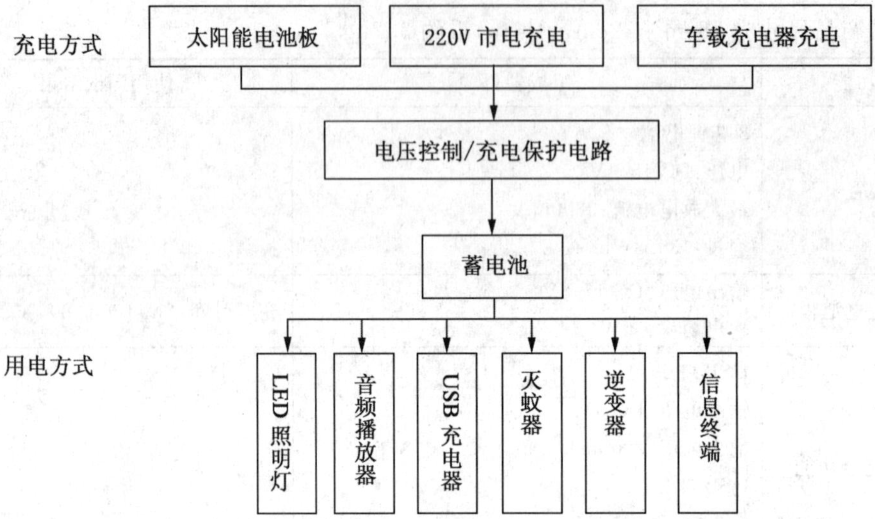

五、产品展示

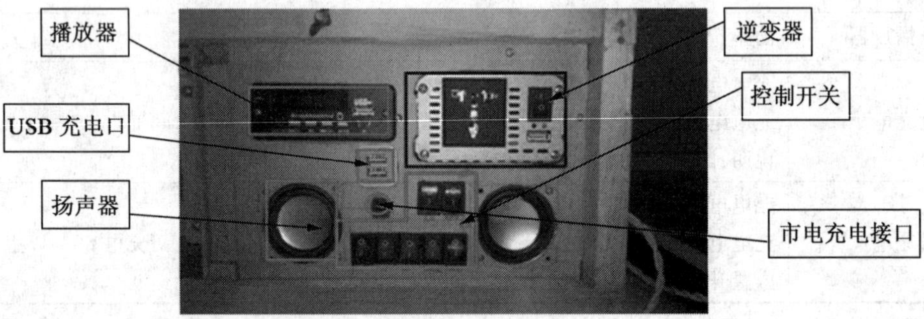

六、总结

本产品的主要功能为可在野外利用太阳能发电、可储存电能、可外接音频设备、可广播收音、可户外照明、可发出多种颜色的光、可为手机和笔记本电脑等常用移动设备供电等。其他功能作为附加模块根据客户的需要添加。

另外，该应用箱还预留出占总容量70%左右的储物空间作为工具箱，以便于使用者随身携带常用工具。该应用箱不但免去了携带繁杂移动设备和充电器的负担，而且还可高效地利用太阳能资源。

该应用箱内部采用模块化设计，进而降低了生产成本，从而具有了较大的利润空间，相比类似产品具有价格优势，适于大规模生产，可以在同类太阳能产品的市场竞争中占据主动权。

Appendix 1:

Usage and Technical Specifications of Multi-Functional Portable Application Box Based on Solar Charging

1. Overview

This product is equipped with outdoor solar power, energy storage device, external audio player, radio reception, outdoor lighting, releasing device of various color lightings (this feature is used for light bait in fishing), and power supply of commonly-used mobile devices such as mobile phones, tablet and notebook computers. (Other functions can be added according to the needs of customers as additional modules.)

Personally, I think there are two active innovation points in this product. Firstly, the functions of the product can be improved through characteristic and reasonable integration to meet the requirements of different customers. Secondly, our design can improve the efficiency of the solar battery charging circuit, which enables the product to effectively collect the solar energy even in not very strong lighting conditions.

2. Technical Characteristics

The product is 36cm×22cm×18cm in volume, and the weight is about 3.2kg.

Function	Required Components	Test Result
Energy Storage Device	Eight-core Lithium Battery Voltage: DC 15.4V Maximum Discharge Current: 3800mA Volume: 135.8Wh	
Solar Panels	Output Voltage: DC 17.8V Output Power: 50W	Duration of charging: 80% of power within 2 hours
USB Charging Function	USB Charging Port 1 Output Voltage: DC 5V Output Power: 2000mA USB Charging Port 2 Output Voltage: DC 5V Output Power: 1000mA	

Continued

Function	Required Components	Test Result
Inverter	Input Voltage: DC 12-24V Output Voltage: AC 220V Maximum Power: 150W	
LED Lighting	Power: 3W	
Ultrasonic Mosquito Repellent	Power: 2.5W	
Music Player	Power: 7W	
Mains Charging	Charging Voltage: DC 16V Charging Current: 3A Note: Equipped with Dedicated Charger	Duration of charging: 90% of power within 2 hours
Vehicle-Mounted Charging	Charging Voltage: DC 12V Charging Current: 3.5A Boost Module is Internally Installed	Duration of charging: 80% of power within 2 hours

3. Product Demonstration

(1) Main Works

①Early Model

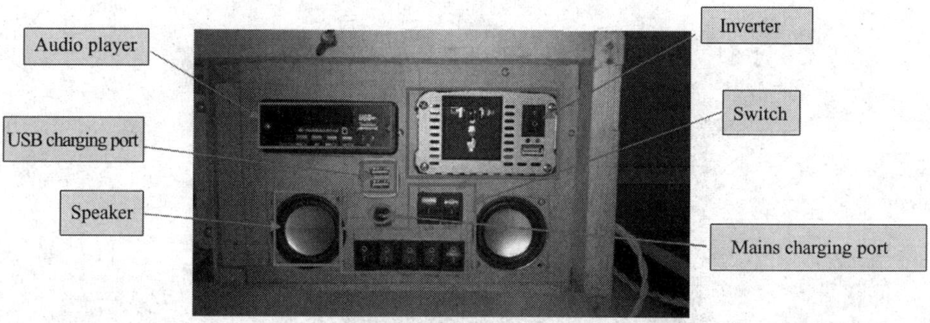

The Control Panel of the Early Models

Solar Panels

②The Circuit

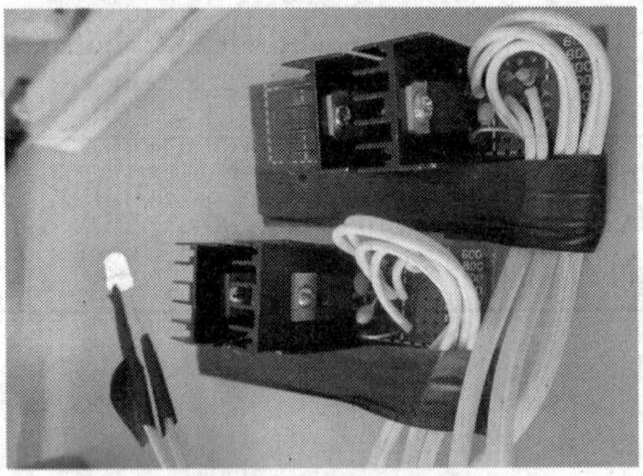

12/5V Power Supply Circuit

Testing Circuit of the Power Amplifier

Adjustable DC-DC Boost Voltage-Stabilizing Circuit

Introduction to the adjustable DC-DC Boost Voltage-Stabilizing Circuit

The transmission characteristics is 9-16V arbitrary voltage input, and the output for a specific voltage values is higher than the input 1V. We know that in order to charge the lithium battery, the charging voltage must be higher than the lithium battery voltage. Influenced by the weather, angle, and many other factors, the output voltage of the point of solar panels is lower than the voltage of the lithium, resulting in some waste of energy. Our design has two advantages. Firstly, it can stabilize the charging voltage for lithium batteries to reach the effective protection of the lithium battery. Secondly, it raises the voltage lower than rated voltage to the rated voltage so that the solar energy can be effectively used.

③The Overall Situation of the Model

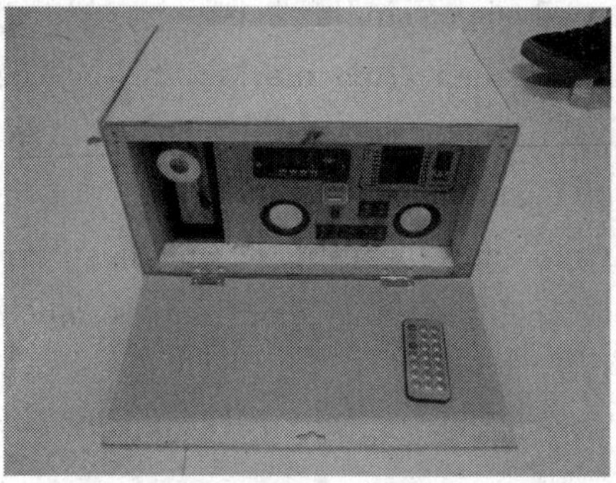

(2)Preparatory Stage of the Appearance of the Designed Model

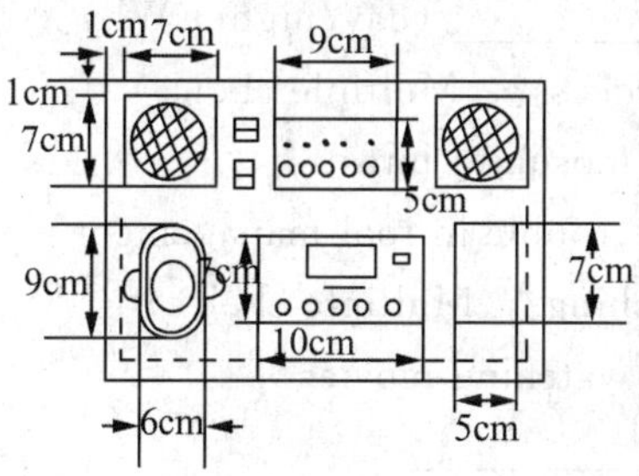

To Specify:

a. The functions above are the functional configuration at the early period of development and are designed on the basis of local market in Weihai. The main subjects are enthusiasts in fishing and camping and other outdoor activities. According to different service environments and major product users, the follow-up development of the product will be adjusted.

b. The pictures above have only displayed the model in the initial stage rather than the final approved product. The material is timber which could facilitate the production. What's more, the appearance can be optimized and beautified in the actual production.

Appendix 2：

A Fact Sheet of Pre-Market Survey on the Works

The pre-market survey of the product is divided into two parts：The market demand for the product and an investigation and analysis of similar existing product. Concerning the first part，data of reaction to this product from market can be collected through questionnaire，and the subjects are local outdoor fishing enthusiasts in Weihai. To clearly reflect the market demand，the following items are listed below：(1) the contents of the questionnaire；(2) data processing and analysis result of the questionnaires. Concerning the second part，we get the conclusion by looking，contrast，summary and empirical research，which is listed as follows.

The main content of the questionnaire：

(1)How long does your fishing last? __________

(2)When do you go fishing generally? __________ (day/night) Why?

(3)What is your trouble in the fishing process? (Multiple choice)

A. phone out of battery　　B. mosquito bites

C. inconvenient lighting at night　　D. trouble in tool management

(4)What else do you hope to do while fishing? (Multiple choice)

A. listening to songs　　B. watching movies

C. listening to the radio　　D. __________

(5)Have you used some equipments to solve the problems mentioned in (3)?

A. No　　B. Yes

(Supplementary question when choosing B：What are their shortcomings?)

(6)How much money have you put into the fishing hobby?

A. less than 200 yuan　　B. 200-500 yuan

C. 500-1,000 yuan　　D. 1,000-2,000 yuan

E. more than 2,000 yuan

(7)What price can you accept to purchase the device mentioned in (6)? Please answer this question when choosing B in (6).

A. less than 100 yuan　　B. 100-300 yuan

C. 300-600 yuan　　D. 600-900 yuan

E. more than 900 yuan

(Note：The 7 questions above are from our questionnaire.)

Through collection of the questionnaires, we get the following conclusions according to data processing and analysis:

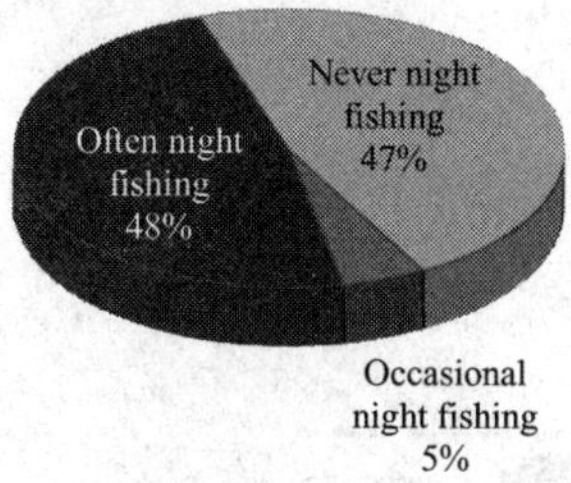

(a)Night fishing habit

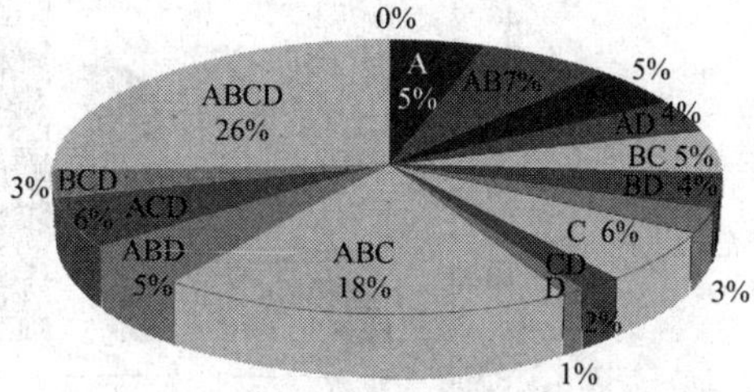

(b)Trouble in the fishing process
[A,B,C,D represents the problem mentioned in question(3)]

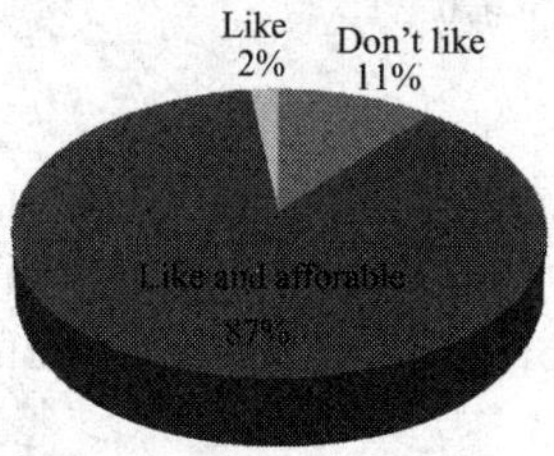

(c)Willingness to buy our products

(a)53% of the anglers have night fishing habit.

(b)Almost all fishing lovers have encountered partial problems mentioned in question (3), such as phone out of battery, mosquito bites, inconvenient lighting at night, and trouble in tool management.

(c)98% of fishing lovers are willing to buy our products, and 87% of anglers are willing to buy this product and can afford other costs.

Instructions of the Fact Sheet of pre-market survey on the works:

(1)The subjects of the survey are 107 fishing enthusiasts in Weihai. Their average age is 44.5 years old.

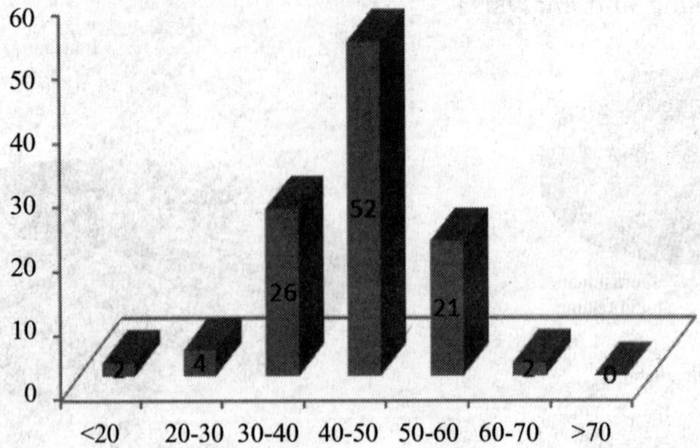

Age Distribution of the Respondents

(2)The questionnaire is only targeted for local anglers in Weihai, which may be a local representative, but it has explained the most urgent problem we intend to know to some extent.

(3)The questionnaire is targeted for local fishing enthusiasts in Weihai, thus there may be some geographical features. Therefore, these results can not be a good description of the total market demand.

Analysis of similar existing products on the market:

Similar products in the market are only designed and developed for a particular function, which is single. Related multi-functional products designed and developed for users operating environment are still relatively rare. We have contacted some related producers for some information. They provided considerable information to us and had a strong interest in our program.

Shortly after our design was completed, some firms have shown interest in our invention.

近球形核^{89}Sr的能级结构研究

李传洋[1] 蒋 磊[1] 江大桥[1] 刘 苹[1] 孙玲月[2] 李 泠[2]

原子核高自旋态的研究从20世纪60年代就有了很大的发展。所谓“原子核高自旋态”，通常是指原子核自旋的核态。对原子核高自旋态的研究可以帮助我们加深对原子核内部结构和相互作用等问题的理解，是现代原子核结构研究的热点之一。

^{89}Sr核，其质子数为38，中子数为51，属于近球形核，具有较好的单粒子特性，虽然前人对其能级结构已经有过研究，但是该核的高自旋能级结构信息较少，所以有必要对该核的能级结构做进一步的研究，这对理解整个80质量区原子核结构的变化规律也是很有意义的。

一、实验的基本原理与方法

(一)符合测量的基本原理

在核物理及粒子物理的研究中，认为不同物理事件之间在时间或空间上可能存在着某种关联，此种关联是它们的相互作用规律在这些事件中的反映。在核物理和粒子物理实验中，研究这类时间、空间上相关联的事件，我们通常需要利用两个或两个以上的探测器同时测量，通过测量输出信号之间的时间符合关系来研究粒子之间的关联性。人们最初利用这种符合测量技术来研究宇宙射线。近年来，在核物理与粒子物理研究领域，随着加速器能量的不断提升和电子学、计算机技术等相关领域的快速发展，这种符合测量技术得到了越来越多的应用。

符合测量的对象是符合事件，即两个或者两个以上同时发生，或者发生时间有确定关联的事件。例如，同一个^{198}Au原子核衰变放射出来的β和γ射线就是一对符合事件。在探测宇宙射线时，某一宇宙射线粒子以极快的速度穿透同一路径上的两个探测器，这两个探测器几乎在同一时间里因为与该粒子的相互作用而有信号输出，我们认为这也是一对符合事件。利用符合电路来筛选符合事件的方法就是符合法。

[1]空间科学与物理学院2010级应用物理学专业；[2]空间科学与物理学院2012级应用物理学专业。

用实验方法测量符合事件。当我们利用 n 个(两个或两个以上)探测器探测并记录符合事件时,每个探测器的输出信号会通过一个输入道(即符合道)输入到一个 n 道符合电路中,只有 n 个探测器同时都探测到信号时,所对应的符合电路才有信号输出,只要缺少一个探测器的信号,符合电路就不会有信号输出。我们通常称两个道的符合为二重符合,三个道的符合为三重符合,n 个道的符合为 n 重符合。我们实验要测量的就是二重或二重以上的 γ-γ 级联跃迁符合事件。图 1 所示为三重符合电路组成的触发信号系统示意图。

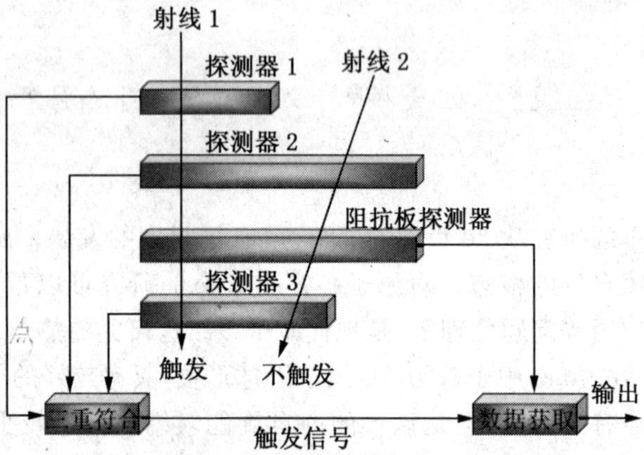

图 1 三重符合电路组成的触发信号系统示意图

(二)重离子熔合蒸发反应

重离子熔合蒸发反应是一种非常重要的布居原子核高自旋态的实验方法,到目前为止,大约 80%的原子核的高自旋态数据就是通过这种方法获得的。重离子熔合蒸发反应最先由 Morianga 和 Gugelot 在 1963 年提出,随着重离子加速器的建成,Stephens 等人最先在实验上得到原子核高自旋态的实验数据。

重离子熔合蒸发反应就是利用重离子加速器,把重离子加速到一定能量去轰击靶核,与靶核形成复合核,然后往外蒸发轻粒子,最终得到蒸发剩余核的过程。反应全过程如图 2 所示。首先,入射束流核经过加速器加速获得很高的能量,它在轰击靶核后会与靶核熔合在一起,由于入射的核带入了很高的动量、角动量和能量,体系处于高速旋转的状态中。两个核互相交换核子,激烈振荡,核间有很强烈的相互作用,形状不停地变化。在这一过程中,入射核把自己的动量和角动量不断转移给靶核。此过程大约持续10^{-22}s。接下来,将会有两种可能情况出现:

(1)入射核还没有来得及把全部能量转移给靶核便与靶核分裂开来,没有与靶核完成熔合,但这时两个核已经发生了核子交换,亦即发生了转移反应。

(2)入射离子把所有的动量转化成了体系共同的动量和角动量,两个核熔合成了一个复合核。从反应开始到形成复合核总共经历时间约为 10^{-19} s,此时的复合核具有很高的能量和角动量,旋转速度非常高且极不稳定。处于高激发态的复合核主要通过蒸发粒子的方式使自己冷却下来,当蒸发剩余残核的内禀激发能低于核子的结合能时,它将不再往外蒸发粒子，而是通过放射γ射线的方式退激到基态(此过程持续时间为 10^{-9}s)。此后不再往外放射γ射线，蒸发剩余核往外放射γ射线的过程也就是用我们的探测器阵列探测收集所需要的γ能级跃迁信息的过程。

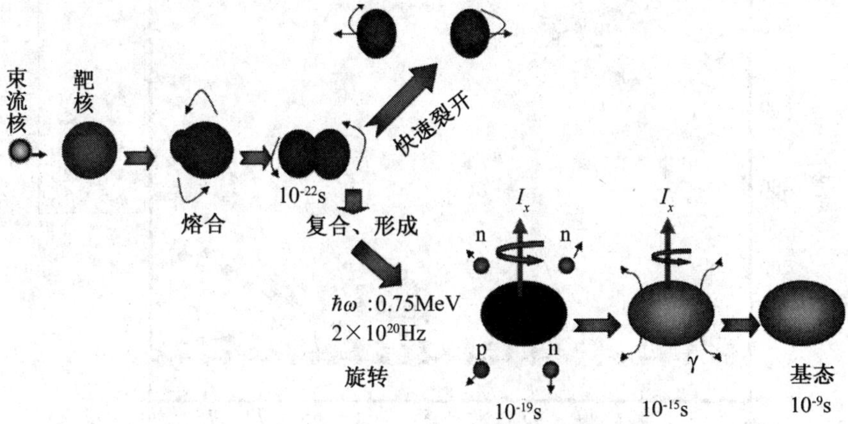

图 2　重离子熔合蒸发反应和原子核退激过程示意图

二、实验数据的获得

本文的实验数据是在中国原子能科学研究院的 HI-13 串列加速器国家实验室获得的，选取的束靶组合为 ^{11}B+^{82}Se，^{82}Se 靶材料的厚度为 1.35mg/cm^2，相应地，铅衬厚度为 9.1mg/cm^2。本次实验的目标核是 ^{88}Y 核，实验同时兼顾对 ^{89}Y 核的布居。为了确定束流能量，我们利用 pace2 程序进行了理论计算，并作出相应的激发函数曲线以帮助我们选取最佳入射束流能量，如图 3 所示。经过综合考虑，最终束流能量选为 52MeV，束流强度为 6nA，束流时间为 80h。我们用由 12 个高纯锗反康谱仪(HPGe-BGO)和 2 个小平面高纯锗探测器组成的探测阵列探测上述核反应产物退激发时产生的γ射线。本次实验共测得 130×10^6 个γ-γ级联跃迁二重符合事件。

实验结果包含了 ^{87}Y，^{88}Y，^{89}Y，^{90}Y，^{87}Sr，^{88}Sr，^{89}Sr，^{85}Rb，^{86}Rb，^{87}Rb，^{83}Br 和 ^{84}Kr 共 12 个核的数据信息。从实验数据中可以看到，除了目标核 ^{88}Y，^{89}Y 以外，还生成了一些数据量不是很大的其他核。我们的主要工作是对实验数据进行符合分析，首先验证 ^{89}Sr 原能级纲图，在此基础上探寻新的γ跃迁和能级，通过分析角分布数据，指定新发现能级的自旋和宇称，整理新的发现，给出较为完善的 ^{89}Sr 能级纲图，将新扩展能级结构与邻近原子核进行系统性比较，总结实验规律。

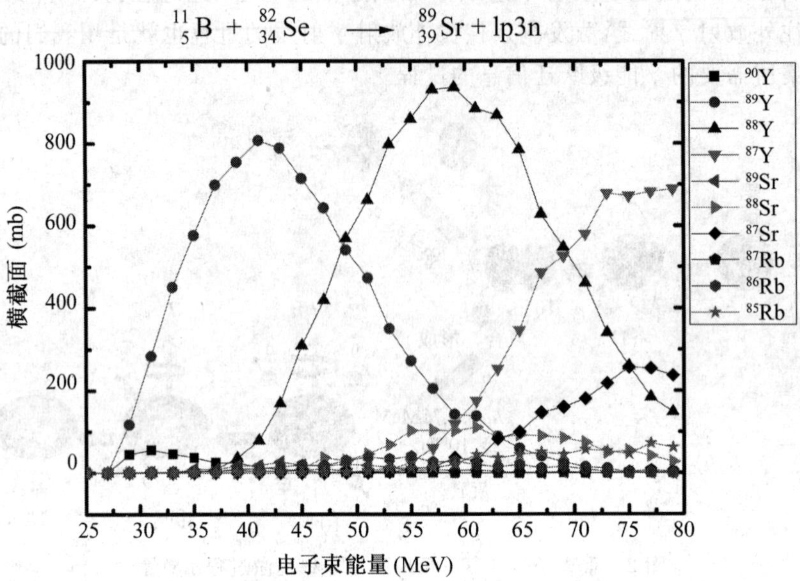

图 3 根据 pace2 程序计算结果作出的激发函数曲线

三、数据处理

(一)矩阵反演

在对实验数据进行能量刻度以后,接着进行的就是矩阵的反演。所谓“反演”,就是把做好能量刻度的事件带文件构建成符合矩阵的过程。本次实验反演了两种符合矩阵:

(1)4096×4096 道的对称化矩阵,用于分析 γ 射线的符合关系及求 γ 射线的强度。

(2)ADO(angular distribution of γ rays deexciting the oriented states)矩阵,用于 γ 射线的多极性分析。

用探测器阵列进行 γ-γ 级联跃迁符合事件测量时,根据探测器与束流方向夹角的不同,可以分为大角度和小角度两组。我们在反演 ADO 矩阵时,用到的是大角度和小角度两组探测器。我们分别把大角度和小角度两组探测器所记录的能量值放在两个矩阵的 X 轴上,把所有探测器(不论大小角度)记录到的与之符合的其他 γ 射线的能量值放到矩阵的 Y 轴上,进而建立了两个不对称 ADO 矩阵。

(二)^{89}Sr 能级纲图的建立

1. 原有能级纲图的能级验证

对于^{89}Sr 核,前人已经做过研究,其中 E. A. Stefanova 等人在 2001 年是利用核反应^{82}Se(^{11}B, 1p3n)^{89}Sr 布居了^{89}Sr 的高自旋态,在他们给出的能级纲图中,共有 18 条 γ 射线跃迁和 13 个能级。在建立^{89}Sr 的能级纲图之前,必须先验证 E. A. Stefanova 等人的工作。

根据符合关系，最终我们确定在本实验数据中可以看到前人文章给出来的能级纲图中除能量值为 284，536，1594 和 2079keV 4 条 γ 能级跃迁外的所有能级跃迁，其中看不到 2079keV 的 γ 射线是因为在反演矩阵时能量太高的部分被截断。能量为 284，536 和 1594keV 的三条 γ 能级跃迁虽然在我们的数据中未观测到，但是由于^{89}Sr 核在本实验数据中数据量不是很大，所以否定的理由不充分，我们决定暂时保留这些线。

2. 新^{89}Sr 能级纲图的建立

2010 年 9 月，在中国原子能科学研究院的 HI-13 串列加速器上，我们利用重离子熔合蒸发反应^{82}Se(^{11}B, 1p3n)^{89}Sr 布居了^{89}Sr 的高自旋态，实验结果包含了^{87}Y，^{88}Y，^{89}Y，^{90}Y，^{87}Sr，^{88}Sr，^{89}Sr，^{85}Rb，^{86}Rb，^{87}Rb，^{83}Br 和^{84}Kr 共 12 个核的数据信息。本文只分析了^{89}Sr 核，在验证过前人给出的能级纲图基础上，我们总共发现了 14 条新 γ 射线和 10 个新能级，建立了全新的^{89}Sr 的能级纲图（见图 4）。图中没有加星号的部分是前人搭建并且经过我们验证了的，加星号的部分是我们新发现的 γ 能级跃迁。

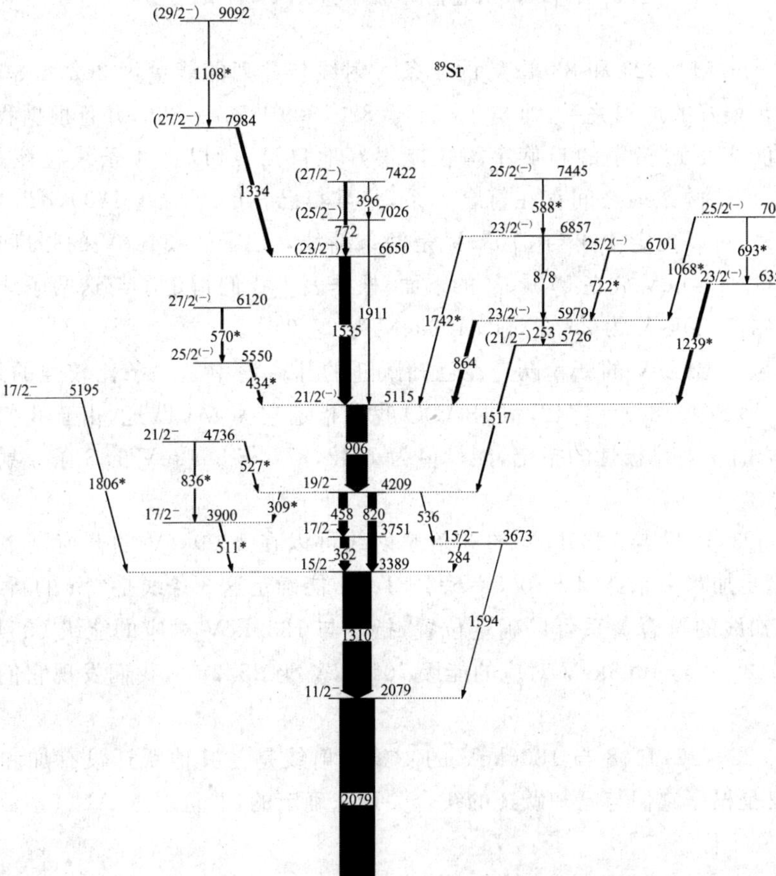

图 4 新搭建的^{89}Sr 能级纲图

从 1309keV 的 γ 射线开窗谱中可以找到对应新 γ 跃迁的 11 个峰（见图 5），剩余 3 条 γ 射线——309，527 和 1108keV 在其他已知跃迁的开窗谱中可以看到，这里不再展示。

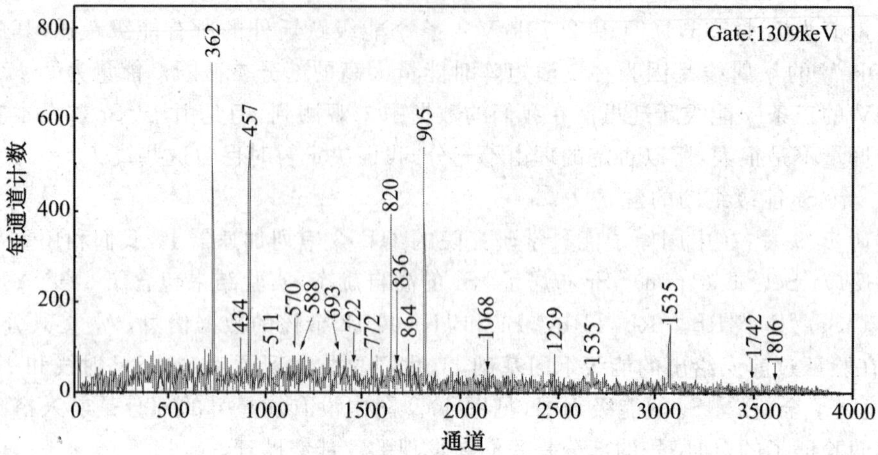

图 5　1309keV 开窗谱图(加 * 标识的为新 γ 跃迁)

能量为 309,511,527 和 836keV 的 4 条 γ 射线与并列的能量为 362,458 和 820keV 的 γ 射线满足很好的加和关系,即 309+511=820,309+527=836,并且根据我们提取的 ADO 系数值(见表 1)指定的自旋宇称也能很好地自洽,所以这 4 条线应该是正确的。434 与 570keV 这两条线之间存在符合关系,并且与已知的 γ 射线 1309,820 和 906keV 都有符合关系,可以确定 434 与 570keV 是两条新线,又因为 434keV 的强度比 570keV 的强度强,所以 434keV 放在 570keV 的下面,根据表 1 我们指定了与这两条线对应的能级的自旋宇称,5550keV 为 $25/2^{(-)}$, 6120keV 为 $27/2^{(-)}$。

能量值为 1742 keV 的新 γ 跃迁在已知跃迁的开窗谱中是一条比较强的线,并且满足加和关系,即 864+878=1742,根据 ADO 我们指定它为 M1 跃迁,由于我们修改了前人对 878keV 的 γ 射线极性的指定,能量值为 1742,878 与 864keV 的 3 条 γ 射线关系可以自洽。

能量为 693,1068 与 1239keV 的 3 条 γ 射线可以在 1309keV 的开窗谱中明显地看到,并且也满足加和关系:864+1068=693+1239,能确定这 3 条线是 ^{89}Sr 的新线,根据它们与周围已知线的符合关系可以确定位置,指定与 1239keV 对应的能级 6354keV 的自旋宇称为 $23/2^{(-)}$,与 1068keV 对应的能级 7047keV 为 $25/2^{(-)}$,我们发现它们的关系也是自洽的。

能量为 588,722,1108 与 1806keV 的 4 条 γ 射线是与其他跃迁没有加和关系的单只,我们仅仅是根据它们与已知跃迁的符合关系来确定的,并且根据 ADO 系数指定了对应能级的自旋宇称。

(三)γ 射线跃迁强度及 ADO 系数的提取

1. γ 射线的相对强度

在实验数据处理中,γ 射线的相对强度是一个很重要的物理量,在效率刻度,建立能级纲图,提取 ADO 系数和提取 DCO 系数当中都会用到它,所以有必要对如何提取 γ 射线的相对强度作一下具体介绍。

提取γ射线的相对强度 $I_i(i=1,2,3,\cdots)$，我们只要知道要求的γ射线实验测量值的计数，即峰面积 $A_i(i=1,2,3,\cdots)$ 及相对探测效率 $\varepsilon_i(i=1,2,3,\cdots)$ 即可，具体计算公式为：

$$I_i=\frac{A_i/\varepsilon_i}{A_0/\varepsilon_0}\times I_0$$

其中，A_0 为我们选取的标准峰的面积；ε_0 为标准峰的相对探测效率；I_0 为标准峰的相对强度。

本文我们选取能级跃迁能量值为 1309keV 的γ射线作为标准，其相对强度 I_0 定为 100，利用单开窗软件，我们提取了通过本次实验新建立的 ^{89}Sr 能级纲图的大部分能级跃迁的相对强度，具体数值见表 1。

表 1　^{89}Sr γ射线的能量、相对强度与误差、ADO 系数与误差和跃迁多极性

E_γ(keV)	I_γ	R_{ADO}	σλ	$E_i\to E_f$(keV)	$I_i^\pi\to I_f^\pi$
253		0.77(0.21)	(M1)	5979 → 5726	$23/2^{(-)}\to(21/2^-)$
284				3673 → 3389	$15/2^-\to15/2^-$
309	1.36 (0.13)	1.11(0.23)	M1	4209 → 3900	$19/2^-\to17/2^-$
362	30.21(0.34)	0.92(0.04)	M1	3751 → 3389	$17/2^-\to15/2^-$
396		0.64(0.19)	M1	7422 → 7026	$(27/2^-)\to(25/2^-)$
434	7.01(0.45)	1.21(0.20)	E2	5550 → 5115	$25/2^{(-)}\to21/2^{(-)}$
458	29.88(0.69)	1.63(0.06)	M1 或 E2	4209 → 3751	$19/2^-\to17/2^-$
511	4.60(0.24)	0.79(0.15)	M1	3900 → 3389	$17/2^-\to15/2^-$
527	4.38(0.31)	0.60(0.18)	M1	4736 → 4209	$21/2^-\to19/2^-$
536	2.03(0.19)	1.52(0.22)	E2	4209 → 3673	$19/2^-\to15/2^-$
570	6.24(0.33)	0.59(0.17)	M1	6120 → 5550	$27/2^{(-)}\to25/2^{(-)}$
588		0.47(0.16)	M1	7445 → 6857	$25/2^{(-)}\to23/2^{(-)}$
693		0.79(0.14)	(M1)	7047 → 6354	$25/2^{(-)}\to23/2^{(-)}$
722	4.09(0.11)	0.67(0.20)	M1	6701 → 5979	$25/2^{(-)}\to23/2^{(-)}$
772	10.14(0.44)	1.72(0.13)	(E2)	7422 → 6650	$(27/2^-)\to(23/2^-)$
820	30.35(0.69)	1.22(0.06)	E2	4209 → 3389	$19/2^-\to15/2^-$
836	3.70(0.31)	0.94(0.16)	(E2)	4736 → 3900	$21/2^-\to17/2^-$
864	12.33(0.73)	0.80(0.11)	(M1)	5979 → 5115	$23/2^{(-)}\to21/2^{(-)}$
878	4.65 (0.35)	1.40(0.22)	(M1)	6857 → 5979	$23/2^{(-)}\to23/2^{(-)}$
906	72.77(0.61)	0.75(0.05)	(M1)	5115 → 4209	$21/2^{(-)}\to19/2^-$
1068	3.59(0.34)	0.85(0.19)	M1	7047 → 5979	$25/2^{(-)}\to23/2^{(-)}$

续表

E_γ(keV)	I_γ	R_{ADO}	σλ	$E_i \to E_f$(keV)	$I_i^\pi \to I_f^\pi$
1108		0.95(0.23)	M1	9092 → 7984	$(29/2^-) \to (27/2^-)$
1239	10.83 (0.80)	1.15(0.15)	(M1)	6354 → 5115	$23/2^{(-)} \to 21/2^{(-)}$
1310	100.00(0.59)	1.27(0.05)	E2	3389 → 2079	$15/2^- \to 11/2^-$
1334	10.96(0.49)	1.52(0.14)	(E2)	7984 → 6650	$(27/2^-) \to (23/2^-)$
1517	4.93(0.45)			5726 → 4209	$(21/2^-) \to 19/2^-$
1535	39.46(1.59)	1.16(0.08)	(M1)	6650 → 5115	$(23/2^-) \to 21/2^{(-)}$
1594				3673 → 2079	$15/2^- \to 11/2^-$
1742	3.13(0.50)	0.79(0.27)	(M1)	6857 → 5115	$23/2^{(-)} \to 21/2^{(-)}$
1806	2.69(0.27)	0.52(0.29)	(M1)	5195 → 3389	$17/2^- \to 15/2^-$
1911				7026 → 5115	$(25/2^-) \to 21/2^{(-)}$
2079				2079 → 0	$11/2^- \to 5/2^+$

2. ADO 系数的提取

在处理实验数据时，为了了解 γ 能级跃迁的多极性信息，我们提取了 ADO 系数，即符合模式下 γ 射线的各向异性度测量方法。

选取目标核中较强的 γ_1 射线，利用开窗软件对两个 ADO 矩阵的 Y 轴总投影谱向 X 方向投影，即可得到分别对应小角度和大角度的两个投影谱。我们要提取与 γ_1 有级联关系的某一 γ_2 射线的 ADO 系数，那么只要求出 γ_2 在 γ_1 上述的两个投影谱中的强度比即可(小角度的比上大角度的，而且要经过效率修正)，计算公式如下：

$$R_{ADO}(\gamma_2)=\frac{A_{\gamma_1}^{\theta_s}/\varepsilon_{\theta_s}(\gamma_2)}{A_{\gamma_1}^{\theta_L}/\varepsilon_{\theta_L}(\gamma_2)}$$

其中，$R_{ADO}(\gamma_2)$表示 γ_2 的 ADO 系数；$A_{\gamma_1}^{\theta_s}$ 和 $A_{\gamma_1}^{\theta_L}$ 分别表示以 γ_1 开窗对应于小角度和大角度的投影谱中 γ_2 的峰面积；$\varepsilon_{\theta_s}(\gamma_2)$和 $\varepsilon_{\theta_L}(\gamma_2)$分别对应小角度和大角度两组探测器对 γ_2 的探测效率。

本文给出了本次实验我们提取的^{89}Sr 核大部分 γ 能级跃迁的 ADO 系数，其中包括前人给出的能级跃迁和新发现的能级跃迁，有 4 条 γ 能级跃迁由于太弱(284，1517，1594 和 1911keV)无法提取，1 条 γ 能级跃迁由于能量太大超出了我们限制的范围(2079keV)，对于其余能级跃迁都提取了其 ADO 值，具体数值见表 1。

我们首先提取了本实验数据中包含信息较丰富的^{88}Sr 核中已知的拉伸的纯偶极跃迁和纯四极跃迁的 ADO 系数，以此作为标准，确定了本次实验纯偶极跃迁的 ADO 值约为 0.72，四极跃迁的 ADO 系数约为 1.29。我们对提取出的 ADO 系数进行分析，尝试指定了 γ 能级跃迁的多极性，对原来纲图中给出的能级跃迁多极性信息进行了验证，其中对个别能级的自旋值进行了校正。前人对 253keV 没有指定极性，我们计算它的 ADO 值为 0.77keV，指定为 M1。772keV 这条 γ 射线前人指定它是 M1 跃迁，但是根据我们提取的ADO值,772keV为1.72,误差是0.13,这个值要比标准的四极跃迁ADO值大得多(至于它过大的原因我们还没搞清楚),我们指定它为E2跃迁,而且我们将1535keV由原来指定的E2改为M1,这么一改,396,772,1535与1911keV 4条γ射线的自旋宇称并不矛盾,由此可见我们的指定应该是正确的。对于864,878和906keV的γ射线前人给出的结果是不确定的,我们根据提取出的ADO值将它们的极性确定了下来,指定这3条线都为M1跃迁。对于1334keV这条跃迁,前人也没有指定,根据它的ADO系数1.52,误差0.14,我们指定它为E2跃迁。根据实验数据,对于新发现的γ能级跃迁,根据提取的ADO系数我们尝试指定了它们相应能级的自旋和宇称,具体结果见表1。

四、总结

在中国原子能科学研究院HI-13串列加速器上,利用重离子熔合蒸发反应^{82}Se(^{11}B,lp3n)^{89}Sr布居了^{89}Sr的高自旋态,实验选取的^{11}B束流能量为52MeV。对实验数据进行离线处理,生成了一个4096×4096对称化二维矩阵和两个不对称的ADO矩阵。

利用单开窗软件分析对称矩阵,探寻γ射线之间的符合关系。首先验证E. A. Stefanova等人在2001年给出的能级纲图,去掉了一些在本实验数据中并未看到的γ能级跃迁(284,536和1594keV)。在此基础上新搭建了^{89}Sr核的14条新的γ能级跃迁和10个新能级。

利用反演的ADO矩阵提取了γ能级跃迁的ADO系数,对ADO系数进行分析。首先对前人指定的γ跃迁多极性进行验证,将原纲图中不确定的极性确定了下来(864,878和906keV),改正了前人指定的能量值为772和1535keV的γ射线的极性。根据本次实验提取出的ADO系数,初步指定了新发现能级的自旋和宇称,建立了全新的^{89}Sr的能级纲图,为研究整个80质量区的原子核结构变化的规律提供了重要的数据。

参考文献

[1]丁富荣、班勇等:《辐射物理》,北京大学出版社2004年版。

[2]徐长江:《近球形核^{88}Y能级结构研究》,山东大学(威海)硕士学位论文,2012年。

[3]王烈林:《130Cs手征双重带研究》,吉林大学博士学位论文,2010年。

[4]郑勇、周小红等:《符合模式下的γ射线各向异性度测量》,《高能物理与核物理》2002年第9期。

[5]E. A. Stefanova et al., "Structure of high-spin states in ^{89}Sr and ^{90}Sr," *Physical Review* C, 2001, 63(6): p.064315.

(指导教师:王守宇)

在不懈努力中等待、创造、把握机遇

（代后记）

伊焱垚

在我最早的认知中，机会是随机出现的，是凭运气获得的。但大学四年的经历让我明白，机会并不会“公平”地出现在每个人身上，它更愿意选择乐于努力、善于把握的人。四年里，我的每一次收获都在意料之外，但现在回想起来，这些收获也在意料之中。我从不提前考虑每一次的努力付出，最终会获得什么，而是把每一次的收获当作惊喜。这是我对待收获的一种态度。

大一是等待的一年，也是最迷惘的一年。表面上，我最大的收获是成绩，实际上，我的收获是学会了努力，学会了忍耐，学会了等待。如果要我讲述大一的经历，所有人都会认为是平淡无奇的，因为比我努力、比我优秀的人实在是太多了。只有我自己明白，相较于大学前的我，自己到底改变了多少。从不参加任何学校活动的我第一次组队参加“挑战杯”，第一次组队做“科研立项”，第一次为了考试熬夜复习，等等，这许多的“第一次”证明：在大一，我真正学会了努力。虽说大一是迷惘的一年，因为那是我第一次离开父母，对陌生的环境无所适从，但却也有一个比较明确的目标——留学深造。所以，院里或学校里每一次有关留学的讲座我都会参加，最终得出一个结论：在大一、大二两年里，我努力的唯一方向就是取得较高的GPA。这是一个看似简单的目标，但只有自己经历后才知道这是需要付出多么艰辛的努力才能实现的目标。任何一次的失误，任何一丝的放松，都可能直接影响GPA。学期中，再想出去玩，也必须忍住，尽力让自己集中精力学习；即使不想学习，宁可在图书馆发呆，也不去校外随便晃荡，就是这样，渐渐使自己学会忍耐。任何的成功都在一步之遥，黎明前的黑暗，忍过去就好。每一次的考试，我从不与人争名次，只为达到自己理想的GPA而努力，最终的一等奖学金的的确确在我意料之外。即使没有获得奖学金，只要我取得了理想的GPA，我就不会有丝毫的失落，所以我把它当作实现自己目标过程中的一个惊喜。

大二是努力创造机遇的一年。第一个机遇是我争取到了去华东师范大学数学系交流的机会。当时的想法非常单纯，去交流的唯一目的就是可以去一个离家乡（宁波）比较近的城市读书，方便回家。这一简单的想法却对我的人生产生了巨大的影响，在华师大我有幸遇见了我的导师——邵军教授，在他的推荐下，我才最终被威斯康星大学麦迪逊分校统计系录取。第二个机遇是在我校海洋学院侯旭光教授、宁波大学海洋学院王春琳教授等的悉心指导下,在宁波当地一家水产养殖公司的支持下,发明了“梭子蟹离水活体保鲜技术”并申请了相关专利。当时发明和申请专利的想法仍非常单纯,就是想为出国申请增加筹码,丰富自己的简历。却不想,它带给了我太多意想不到的机会,包括参加第八届“挑战杯”。这一年最大的收获其实并不是上面提到的两个机遇,而是明白了何为学习。大学的学习不是每一次都能出现在课堂,更不是每一次都有签到,而是要尊重老师,尊重自己,尊重知识。即使有充分的理由不去上课,也必须提前跟任课老师请假并获得他的允许,这是尊重老师;除非有绝对的理由不能出勤,不然绝不请假,更不以虚假的理由请假,这是尊重自己;因为任何理由落下的课程一定要有计划地在期末之前补上,甚至可以与老师约时间进行适当的补课,不要觉得不好意思,老师绝不会因为占用了他休息的时间而讨厌一个努力学习的学生,因为这是尊重知识。因为大二下半学期需要考GRE,我经常请假去图书馆复习英语而落下了很多《复变函数》的课程,在考完GRE的连续三周,我与梁金荣教授约了多个下午补习《复变函数》。大家都说大学的教授忙,下了课就不见踪影,更别谈抽时间给你单独答疑了,可无论是在华师大还是山大,我却从没遇见过一个这样的教授。但是的确,我们应该明白每个教授的时间都是非常宝贵的,他们也有自己的研究,所以每次约见教授答疑之前我都会认真做好功课,把需要教授解答的问题都一一罗列在一张白纸上,尽快问完,回去后再作整理,这样既节省了教授的答疑时间,又能再巩固一次所问的知识。

在大家眼里,大三、大四是我收获的两年,因为我在大学期间主要的获奖,如“挑战杯”国家铜奖、数学建模省一等奖、国家奖学金、校长奖学金等都在这两年。前面已经提到,我之所以会参加第八届“挑战杯”是因为我获得的两项国家专利,其中一项还是发明专利,但提供这个机会的是组队的同学,我只是把握住了这样一个绝佳的机会。从校级到省级再到国家级的每一次比赛和答辩,我们全队都满怀忐忑,即使对自己的项目再有信心也从不自大地说肯定能通过答辩或者肯定能获得什么奖项,用一颗沉稳的心去对待每一次比赛才能最终脱颖而出,否则再好的项目也可能被埋没。一个好的项目缺的永远不是投资,而是一个好的团队,所以我想说说我对团队的理解。以我们团队为例,总共有10个学生3个指导老师,但是,我们团队真的只有这13个人吗?显然不是!指导发明技术的教授们,赛前咨询的各位学长学姐们,甚至是每一次答辩的评委们,任何一个可能给项目提出宝贵意见的人都可以是我们的团队成员,所谓的13个人只是团队主要成员,我们绝不可以轻视被我们忽略的潜在成员,他们更容易发现项目的缺陷和团队中存在的不足,他们的意见更有利于引导项目做得更精。团队主要成员间的分工和配合也至关重要,每个成员的能力或者专业特长可以有所交叉,但更要有所突出。队长可以根据不同成员的不同能力分配工作,根据成员间交叉的专业特长划分小组,这些都有利于提高团队的工作效率。还有,心态也是非常重要的。不要过分看重比赛可能获得的结果,如名次、获奖级别、保研名额等。即使对自己的项目再有信心,也要把每一次的晋级都当作一份惊喜,而不是理所当然,让看似意料之中的收获变成意料之外可以让整个团队始终保持积极向上的状态,以便更好地迎接更高级别的挑战。

其实,我认为大三、大四虽然是我把握住了机遇而有所收获的阶段,却也是我再次开始在不懈努力中创造和把握机遇的基石。当我作出放弃保研、申请出国留学的决定时,我就已不再留恋于过去获得过什么,而更愿意耐心等待和面对未知的挑战。

(伊焱垚,现就读于美国威斯康星大学麦迪逊分校统计系,2009～2013 年曾就读于山东大学(威海)数学与统计学院数学与应用数学专业。曾获得授权一项国家发明专利和一项实用新型专利。2011 年获得全国大学生数学建模竞赛省级一等奖,2012 年获得第八届“挑战杯”全国大学生创业计划竞赛国家铜奖。曾获得两次国家奖学金、一次校长奖学金,被评为山东大学(威海)“十佳大学生”。)